Johannes Röser

Auf der Spur des unbekannten Gottes

Johannes Röser

Auf der Spur des unbekannten Gottes

Christsein in moderner Welt

HERDER

FREIBURG · BASEL · WIEN

© Verlag Herder GmbH, Freiburg im Breisgau 2021
Alle Rechte vorbehalten
www.herder.de

Die Bibeltexte sind entnommen aus:
Die Bibel. Einheitsübersetzung.
Altes und Neues Testament
© *Lizenzausgabe für den Verlag Herder, Freiburg im Breisgau 1999*

Satz: ZeroSoft SRL, Timisoara
Herstellung: GGP Media GmbH, Pößneck

Printed in Germany

ISBN Print 978-3-451-03353-7
ISBN E-Book 978-3-451-82568-2

Inhaltsverzeichnis

Inhaltsverzeichnis

Einleitung – In einer Werdewelt

Wie schön wäre es zu glauben! Diesen klammheimlichen Wunsch haben nicht wenige Menschen, die mit der üblichen kirchlichen Gottesrede nichts mehr anzufangen wissen, die sich aber auch nicht abfinden wollen damit, dass alles eben einfach so sei, wie es ist. Die klassischen Gottesvorstellungen sind brüchig geworden im Horizont moderner Welterfahrung. Die Wissenschaften haben mit dem Buchstabieren der Naturgesetze vieles entzaubert, was einmal auf direktes göttliches Eingreifen zurückgeführt wurde. Aber sie haben mit neuem Wissen noch mehr Nichtwissen erzeugt und so das Dasein auch wieder verzaubert. Sie haben Fragen aufgeworfen, die sich frühere Generationen nicht stellten, gar nicht stellen konnten. Womöglich handelt es sich um Fragen, die im Letzten gar nicht beantwortet werden können – etwa die nach dem Anfang von allem Anfang oder von einer unendlichen Anfangslosigkeit. Die menschliche Anschauung und Logik scheitert bereits an Paradoxien, die sich da ganz irdisch ergeben. Gibt es womöglich doch auch gute Gründe für Gott? Nicht als Lückenbüßer für irgendwann später mal Erklärliches, sondern als eine plausible Wahrscheinlichkeit?

Irgendetwas stimmt da nicht. Das ist ein grundlegendes Gefühl selbst von gläubigen Menschen, die sich der Kirche weiterhin zugehörig fühlen, die jedoch ihre erheblichen Zweifel an der Art und Weise, wie Gott zur Sprache und ins Spiel gebracht wird, nicht überspielen können. Nach wie vor wird er unter anderem in der Gebetssprache wie eine Art Gegenüber vor-gestellt und angefleht. Die religiöse Standard-Lehre meint, recht Genaues, ja Sicheres als „Offenbarung" aussagen zu können: wie „er" sei, was „er" tut, was „er" will. Schon am „Er" scheiden sich die Geister, wobei für kritische selbst ein feministisch mitgedachtes „Sie" das Ganze nicht besser macht. Ist Gott wirklich irgendwie wie wir? Oder wenn nicht – was dann?

Trotz aller Einwände und gegenteiligen theologischen Behauptungen wird Gott weiterhin recht statisch gedacht. Und das in einem erwiesenermaßen evolutiven Universum, in dem es über Milliarden Jahre hinweg keinerlei Gottesbewusstsein gab und in dem sich einzig auf dem kleinen Erdball überhaupt so etwas wie Bewusstsein regen, ja Gottesahnung entwickeln konnte. Letzteres wiederum unter allen Lebewesen einzig beim Menschen. Doch das Glaubensverständnis hat derartige, bis an die Grenze des Absurden reichende Perspektiven bisher nicht grundlegend aufgenommen, jedenfalls nicht in der Radikalität, in der uns die mysteriöse Werdewelt existenziell berührt, erschüttert, erschreckt. Denn es sind nicht bloß irgendwann lösbare Rätsel, die unserem Geist zu schaffen machen. Es handelt sich um ein echtes Mysterium. Das reicht weit über das hinaus, was mit den Mitteln des Verstandes zu klären wäre. Muss der Verstand aber abdanken, wenn es darum geht, jene Ahnung einer ganz anderen Art ernstzunehmen? Vor allem die Ahnung einer anderen Art und Deutung von Gott?

Die mystische Verinnerlichung hatte seit jeher einen Sinn gefunden für das, was nicht platt vor aller Augen liegt. Es gab und gibt Traditionen christlicher Theologie, die auf ungewöhnliche Weise das von Gott zur Sprache bringen, was sich einem pur behauptenden Offenbarungspositivismus entzieht, darunter das Dunkle, Widersprüchliche, Widerborstige. Dabei erweisen sich die Vorstellungen von einem *Sein* Gottes zunehmend als ungenügend, je mehr sich alles, was ist, als etwas offenbart, was im Lauf einer langen Evolution *wurde* und auch weiterhin ständig *wird*. Die Zukunft von allem ist: offen. Die Zukunft des Universums: offen. Die Zukunft von Materie und Energie: offen. Die Zukunft der Naturgesetze: offen. Die Zukunft des Lebendigen: offen. Die Zukunft des Homo sapiens: offen. Unsere Zukunft: offen. Und Gott – hat er Zukunft? Ist diese womöglich ebenfalls offen?

Für Christen stellt sich darüber hinaus bedrängend die Frage, was das für das Christusgeschehen heißt, wie dieses in die evolutiven Kontexte hinein zu deuten ist. Kann es eine Christusmystik geben, die den Ansprüchen heutiger Welterkenntnis gewachsen ist? Im Kolosserbrief wird Christus als die Ikone des unsichtbaren Gottes bezeichnet (1,15). Noch radikaler wäre das dahingehend zu buchstabieren, was das bei einem nicht nur unsichtbaren, sondern unbekannten Gott bedeutet. Möglicherweise finden sich Spuren dieses unbekannten Gottes in der uns zur Verfügung stehenden verschlossen-offenen (Denk-)Welt weitaus mehr, als wir uns zumuten und zutrauen. Mehr Gott wagen! Der Mensch hat mit seinem komplexen Gehirn die Fähigkeit, sich dem Unsichtbaren-Unbekannten zu öffnen, an die Grenze der Anschauung vorzustoßen. Er kann den geistigen Blick zumindest annähernd dahin richten, wo das Auge der Empirie nicht hinreicht, eventuell niemals hinreichen wird.

Mit der Welterfahrung ändert sich einschneidend die Gottesahnung. Es ist eine Tragödie des kirchlichen Lebens, dass es diese Tatsache immer noch nicht energisch verinnerlicht hat. Weiterhin stürzt man sich – ob Lehramt oder Laien – auf die Standard-Unterhaltungsthemen, die eine gewisse öffentliche Wahrnehmung versprechen, jedoch längst schal geworden sind. Die routinierte kirchliche Betriebsamkeit scheint der Illusion zu erliegen, dass die Menschen das ernsthaft interessiere. Darüber geht jenes Existenzielle verloren, das zumindest nachdenkliche Leute – und das sind nicht wenige Suchende – im Innersten umtreibt: das Ewige angesichts des Zeitlichen, das Unverständliche angesichts des Verständlichen, das Mysteriöse angesichts des Erkannten, das Leben angesichts des Todes. Gibt es den unbekannten Gott womöglich doch? Und was würde das bedeuten für eine christliche Hoffnung, die sich entschieden dem öffnet, was über den religiösen Standard hinausweist?

Welt und Welterfahrung sind unter modernen Bedingungen völlig andere, als sie der Wahrnehmung früherer Generationen zugänglich waren. Unter dem Mysterium einer Werdewelt gibt es niemals einen „toten Punkt", vielmehr für religiös Nachdenkliche stets Bewegung statt Stillstand, Mystik statt Mythologie, ungläubig-gläubiges Staunen statt wundersam-magisches Erwarten. Mit dem Gottesverständnis wandelt sich das Sakramentale, Liturgische, Spirituelle. Mit ihm wandeln sich Lebenssinn und Lebensstil. Auf der Spur des unbekannten Gottes inmitten einer atemberaubenden Evolution weiten sich die Horizonte der Hoffnung für ein wahrhaft befreites und befreiendes Christsein wie Kirchesein.

Dieses Buch möchte sich auf die Spur des unbekannten Gottes wagen. Immer auch experimentell, vorläufig, aber wahrhaftig angesichts dessen, was uns als Wahrheit(en) in unsere zeitgenössische Geistesverfasstheit hineinscheint. So soll auch das Christsein inmitten dieser unaufhörlichen Werdewelt zukunftsorientiert beleuchtet werden. Manchmal hilft es schon, dabei die Beleuchtung ein wenig anders auszurichten, als es sonst üblich ist.

I. Das Neue

Das Rätsel ist des Lebens Quell

„Niemand hat Gott je gesehen." Selbst ein „Offenbarungstheologe" wie der Verfasser des Johannesevangeliums muss das gleich zu Beginn seiner frohen Botschaft vom Jesus-Gottessohn eingestehen (1,18). Die poetische Eröffnungsrede über das Wort, das am Anfang bei Gott, ja selber Gott war, mag christliche Leser und Hörer zutiefst ergreifen. Wer, was Gott sei – niemand weiß es wirklich. Diese grundlegende Wahrheit lässt sich nicht überspielen. Das berührende sinnliche Bild vom Leben, das dem Logos innewohnt und zum Licht der Menschen wird, treibt bei aller Strahlkraft das Denken und Empfinden bloß noch mehr ins Rätselhafte. „Das Licht leuchtet in der Finsternis", heißt es. „Und die Finsternis hat es nicht erfasst" (1,1–5). Die philosophisch-spekulativ weit ausgreifende Vorrede zur großen Gottesoffenbarung mündet erst einmal in einer großen, auch religiösen Ernüchterung, will aber dennoch die ebenso große Hoffnung nicht aufgeben, dass es in dieser Welt eine Spur vom Höchsten, eine Kunde vom Heiligsten gibt.

Auch der Autor des ersten Johannesbriefs räumt ein: „Niemand hat Gott je geschaut" (1 Joh 4,12). Der Verfasser sucht den Ausweg aus seiner Ratlosigkeit, die jedoch auf das Gottesgerücht, auf die Gottesvermutung nicht verzichten möchte, in mitmenschlicher Nähe: „Wenn wir einander lieben, bleibt Gott in uns und seine Liebe ist in uns vollendet." Ist das alles?

Im Lauf der Christentumsgeschichte wollten sich die gelehrten Gottesmänner – und einige Gottesfrauen – damit nicht zufriedengeben. Von Anfang an nicht. Das Kompendium der Glaubensbekenntnisse und kirchlichen Lehrentscheidungen aus über zweitausend Jahren, der sogenannte *Denzinger*, umfasst inzwischen über 1800 Seiten mit gut 5000 Ziffern. Mit jeder neuen mehr oder weniger verbindlichen Entscheidung des obersten Lehramts wird das voluminöse Buch ständig erweitert. Der sogenannte Weltkatechismus der katholischen Kirche bringt es auf mehr als 800 Seiten und fast 3000 Absätze. Unüberschaubar ist die Menge dogmatischer Lehrbücher und Traktate, die Fülle theologischer Bibliotheken, die den Schatz des Glaubens in seiner vielfältigsten Widersprüchlichkeit gesammelt haben und aufbewahren für unbestimmte Zeiten. Das alles also wissen wir über Gott? Das alles sollen wir glauben, für wahr halten?

Die gewaltige Glaubenskrise unserer Zeit und insbesondere des Christentums wurzelt womöglich gerade darin, dass zu viele allzu lange allzu viel über Gott und von Gott zu kennen vorgaben. Dabei sind unter dem Druck der rationalen Welterkenntnis wie der emotionalen Welterfahrung, angesichts der Rätselhaftigkeit von Sein und Zeit, Leben, Liebe und Tod, Werden und Vergehen viele einst vermeintlich sichere Wahrheiten über „ihn" brüchig geworden. Dies umso heftiger, je mehr die Natur- und Humanwissenschaften einen Erkenntniserfolg nach dem anderen verbuchen, weil sie gelernt haben fortzuschreiten, indem sie bisherige Ansichten, Einsichten und Verstehensmodelle als ungenügend, wenn nicht falsch, ausweisen, korrigieren und stets verbesserte Paradigmen vorlegen. Sie entzaubern die Welt mit immer neuer Verzauberung durch Wissen, um so nochmals tiefer ins Spiel der Fragen, ins faszinierende Reich des Nicht-Wissens einzudringen. Das Glaubensverständnis hingegen scheint festzustecken im Immergleichen. Es meint – vor allem in den mit Autorität verkündeten Lehraussagen –, die definitive Wahrheit genau erfasst und für alle Zeiten verbindlich festgelegt zu haben. Gerade diese Anmaßung des perfekten religiösen Wissens, die Arroganz, den rechten Glauben auf ewig längst zu besitzen, kennzeichnet das Kernproblem der mittlerweile heftig wackelnden Offenbarungsreligion Christentum.

Das ist allerdings nicht die einzige Ursache dafür, dass sich die Kirchen – inzwischen auch außerhalb der wohlhabenden Zonen der Erde – ungebremst leeren, dass sich die Leute massenhaft vom Christentum verabschieden. Nicht immer geht das einher mit einem Abschied von Gott oder von der Ahnung, dass es irgendetwas Höchstes, und sei es eine universale Energie hinter allem, geben könnte. Der Psychologe und Psychotherapeut Allan Guggenbühl vermutet, dass noch andere Gründe bei der Entfremdung eine Rolle spielen, allem voran die spirituelle Dürftigkeit im organisierten religiösen Betrieb. Die Kirchen würden ihr Eigentliches, das Heilige, das Innerliche, vor lauter Geschäftigkeit auf verschiedensten Gebieten dramatisch vernachlässigen, wenn sie es nicht bereits aufgegeben haben. Stattdessen versuchen sie, weltlichen Service und Projekte anzubieten, „die möglichst anschlussfähig, politisch korrekt und bedürfnisorientiert sind und auf einer profanen Einstellung"[1] gründen, verpackt in ein Übermaß an ethischen Mahnungen und Warnungen vor allem sozialer Art. Die „sakrale Energie" sei aus dem Raum der Kirche verschwunden. „Sie bietet keinen magischen Ort, wo man zu Gott Kontakt aufnehmen und auf seine Botschaften hoffen kann, sondern verliert sich in konkreten Aufgaben. Sie will sich mit Dienstleistungen für gute Sachen profilieren, statt das spirituelle Potenzial der Menschen zu nutzen." Doch die Menschen wollen nicht noch mehr vom stets Gleichen hören, das sie auch von anderswoher bekommen. Sie wollen nicht „Mainstream-Sühneleistungen übernehmen, sondern sich, wenn überhaupt, mit der Frage nach Gott auseinandersetzen". Religiöse Tiefe werde gesucht, ist Guggenbühl überzeugt. Man brauche keine „moralischen Höhenflüge". Die Menschen bei ihren Alltagsproblemen und Anliegen abzuholen, sei zweifellos wichtig. Aber tragend sei, „sich immer wieder der großen offenen, existenziellen Frage zu stellen: Was bedeutet Gott?". Wenn sich Gott in den Kirchen nicht mehr finden lasse, bleiben sie leer. „Nur Gott kann die Kirche retten."

Der französische Philosoph und Politologe Olivier Roy ortet in der sogenannten Säkularisierung den entscheidenden geistesgeschichtlichen Faktor der Abwendung vom Christentum. Sie ist in den westlichen Gesellschaften weit fortgeschritten. Die Folge sei eine umfassende „Dekulturierung" der Religion. Parallel zur verschärften Trennung von Religion und Staat, Glauben und Politik schwindet der Einfluss religiöser Institutionen und Autoritäten auf die Gesellschaft. „Aufgaben wie Bildung oder Gesundheitswesen sind in die Hände des Staats oder des Privatsektors übergegangen."[2] In Europa haben sich die Kirchen weitestgehend aus dem „Management der Gesellschaft" zurückgezogen beziehungsweise zurückziehen müssen, weil ihnen das Vertrauen von unten entzogen wird. Die Entzauberung der Welt durch die Wissenschaften, durch fortgesetzte Aufklärung und Entmythologisierung vieler Lebensbereiche geht allerdings einher mit neuen Mysterien, die das Dasein auch wieder verzaubern. Das wird aber kaum mehr aufs Religiöse bezogen.

Für Olivier Roy heißt das nicht zwingend, dass die Menschen zu Atheisten würden. „Aber die Bedeutung der Religion in unserem Leben und Alltag nimmt ab, noch wenn wir uns weiterhin als Glied einer religiösen Gemeinschaft definieren. In dieser Hinsicht bedeutet Säkularisierung eher eine Marginalisierung denn eine Exklusion der Religion." Jedenfalls leben wir in säkularen Gesellschaften in dem Sinn, „dass Religion allenthalben aus der Leitkultur verschwunden ist". Roy verweist auf die beiden Vorgänger des jetzigen Papstes, der zu diesen Glaubens- beziehungsweise Unglaubensentwicklungen noch wenig gesagt hat, vielleicht weil er aus einem vermeintlich ungebrochenen volkstümlichen Glaubensumfeld Lateinamerikas kommt, das allerdings mittlerweile ebenfalls zerbröckelt und sich den globalen Säkularisierungstendenzen anschließt. Anders als Franziskus I. hätten Johannes Paul II. und Benedikt XVI. klar erkannt, „dass Europa keine christliche Kultur mehr sei".

Olivier Roy beobachtet eine klare Tendenz in den Bevölkerungsschichten unter sechzig beziehungsweise in den besten Jahren: „Das religiöse Terrain diversifiziert sich, Säkularismus und Atheismus bieten einer jungen Generation, die sich gegen patriarchale Machstrukturen auflehnt, neue Optionen. Diese jungen Menschen unterstellen sich nicht mehr traditionellen religiösen Hierarchien, sondern diskutieren über die Fragen, die sie beschäftigen, im Internet."

Ist Gott dabei der „Altbekannte" hinter uns? Überholt? Oder kann er der menschlichen Neugierde in einer Welt voller Rätsel und wahrscheinlich nie durchschaubarer letzter Geheimnishaftigkeit womöglich zum Ganz-Neuen vor uns werden?

Lob der Neugier

Was gibt's Neues? Was ist geschehen? Wer geht mit wem, wer hat wen verlassen? Der Mensch ist neugierig, jeden Tag neu. Von den kleinen und großen Erregungen durch „News" leben Einzelne wie ganze Gesellschaften und Kulturen. Egal ob die Botschaften echt sind oder fake, ob Faktum oder Gerücht – die Medien, darunter vor allem die sogenannten sozialen Netzwerke, senden uns per Massenkommunikation im Sekundentakt alle möglichen und unmöglichen Nachrichten aufs Smartphone, Tablet, auf den Bildschirm. Wer sehen will, kann sehen, wer hören will, kann hören und sich seinen Reim darauf machen oder aber das übernehmen, was ein Mainstream ihm vorgibt. Ohne Neugier gäbe es kein Erkennen, keine Kultur, weder Kunst noch Wissenschaft, weder Liebe noch Hass. Ohne Neugier wäre sogar Sex, die angeblich stärkste Triebfeder im und zum Überleben, langweilig. Erst wenn wir vor Neugier sterben, können wir wirklich leben.

Doch Neugier ist keine besonders gut beleumundete Tugend. Religiös schon gar nicht. Neugier erscheint da eher als Krankheit zum Tode. Wer sein will wie Gott, muss sterben. Nirgendwo ist das drastischer geschildert als im biblischen Mythos vom Paradies. Sobald Adam und Eva – verführt von der Schlange – vom Baum der Erkenntnis gegessen haben, müssen sie die Konsequenzen tragen. Sie erkennen, dass sie „nackt" sind, also weiterhin erkenntnisarm. Und schließlich: dass sie zum Tode verurteilt sind. Ausgerechnet das, was den Homo sapiens, den weisen Menschen, auf seinem großartigen Entwicklungsweg leitete, ist böse, schlecht? Er wollte doch gar nicht sein wie Gott, sondern einfach nur: Mensch!

Die grundlegendste aller kulturgeschichtlichen Rebellionen kündigt sich schon in den ersten Zeilen der Heiligen Schrift an. Ohne Revolte gegen die „gottgesetzte" Ordnung gäbe es keine Kultur, bloß Natur. Nicht einmal uns gäbe es. Denn erst mit dem gegenseitigen Sich-„Erkennen" werden Kinder gezeugt und die Nachkommen unter Schmerzen geboren. Nur durch den Tabubruch kommt Geschichte in Gang. Sie befreit den Menschen zum ganz großen Fragen, zum ganz großen Suchen nach Erkenntnis: Gotteserkenntnis. Ohne Risiko kein Wissen, nicht einmal Glauben.

Erst der Ungehorsam gegenüber einer „paradiesischen", jedoch starren, vermeintlich göttlich so festgelegten Naturordnung, erst die Auflehnung gegen das angeblich für immer und ewig Verbotene lässt den Menschen zum Menschen werden. Er experimentiert, er probiert etwas aus und probiert somit sich aus. Versuch und Irrtum, Fortschritt und Verhängnis – das erst macht Kultur möglich. Auf diese Weise startet der Ausgang aus selbstverschuldeter Unmündigkeit, zuerst für die Frau, wie die Politikwissenschaftlerin und Regisseurin Laura Laabs die entsprechende Erzählung im Buch Genesis deutet: „Eva durchschaut das abgekartete Spiel der Männer, das für sie nur die Rolle der Gehilfin Adams in einem erkenntnislosen Dahinsein vorsieht. Erst indem sie ihrer Neugier nachgibt, gehen dem Menschen ‚die Augen auf'. Die anschließende Verurteilung Evas ist zwar eine feste Größe in der kirchlichen Lehre, aber eine andere Lesart ist möglich: Die Neugier als Voraussetzung für Erkenntnis und Emanzipation ist ein innerster Drang des Menschen ..."[3] Mit dem Segen verbindet sich zwar mancher Fluch, mit dem Gewinn manches Verhängnis, mit dem Entdeckten immer wieder eine

Katastrophe. Aber ohne Neugier gäbe es nichts, nicht einmal die Sehnsucht nach dem Göttlichen. „Für den Sternengucker Kepler ist die Neugier gar ein göttlicher Auftrag."

Der ungarische Literaturwissenschaftler, Soziologe und Psychologe György Konrád (1933–2019) hat die Neugier als besonderes Kennzeichen und als entscheidende Fähigkeit gerade Europas beschrieben. Das begierige Lernenwollen gehört zum Kern abendländischer Identität: „Der Mensch lernt aus den Rätseln der Natur, der Natur außerhalb von ihm und in ihm selbst. Forschen heißt Lernen, und Lernen bedeutet kritische Bewahrung, Korrektur und Weiterentwicklung alles Seienden, manchmal jedoch auch Systemwechsel und Revolution."[4] Der Budapester Gelehrte, der einer agnostischen Haltung zuneigte, sah – überraschend – in der unvergleichlichen Offenheit Europas einen Zusammenhang zur Religion: „Lernen als tägliche Praxis, ähnlich wie das Beten, begleitet seine Lebensgeschichte. Gleich ob wir Gott auf dem Antlitz des anderen Menschen sehen, gleich ob wir das Gesicht selbst auch ohne Gottesvorstellung sehen, eins ist sicher, wir hauen nicht mit der Faust darauf los."

Wie die religiöse Offenbarung im monotheistischen jüdisch-christlichen Erbe wesentlich durchs Wort ergeht, so sei Europa in erster Linie ein „verbaler Kontinent". Nicht durch den Imperialismus, sondern durch die große Vielfalt seiner Sprachen, künstlerischen Werke und philosophischen Entwürfe habe das Abendland die Welt „erobert" und fasziniert, hält Konrád trotz aller Schattenseiten und Kriege dieses Kontinents fest. Deshalb ist Europa geistig derart anerkannt und global geachtet: „Wir artikulieren uns, schreiben Tagebücher, wir rechtfertigen und kritisieren uns, die Geschehnisse hinterlassen schriftliche Spuren. Hier werden Liebe und Essen, Politik und Literatur von mehr Worten, Zitaten und Analysen umgeben als anderswo. Unter Nutzung des europäischen Text- und Bilderbes denken wir über uns nach … In immer wieder neuem Gewande stellen wir uns die alten Fragen. Dank der Übersetzer ist das vielsprachige Europa hier und da zu einem kulturellen Gewebe geworden."

Konrád scheute sich nicht, Europa als „schönen Kontinent" zu bezeichnen – wegen seiner Vielfalt, Vielfarbigkeit, gegen die Monotonie. Der Autor meinte keineswegs eurozentrische Überheblichkeit. Schön seien gewiss auch andere Erdteile. Aber die einzigartige Abwechslung und Dynamik Europas gebe es so nirgendwo sonst. „Dank der allgemeinen Neugier ist die europäische Kultur *rezeptiver* Natur. Seine Kraft und Macht hat Europa zu einem nicht geringen Teil seiner Kultur zu verdanken, dem Umstand, dass seine Bewohner relativ viel lesen, und obwohl ihr Anteil abnimmt, gibt es noch immer viele leidenschaftliche Leser." Diese Leser vor allem machten und machen Europa so kommunikativ, dialogisch, grenzenlos. Sie bekunden Interesse an anderen Kulturen. Man will eben wissen, wie es anderswo ist, was andere denken, meinen, fühlen, wie sie leben, was sie glauben und hoffen – und warum. Das hat stets den eigenen Horizont erweitert: Bildung durch Lesen, durch lesende Aneignung des Anderen und lesenden Disput mit Anderen.

„Unsere Geschichte ist die Geschichte unseres Lernens", sagte György Konrád. Der lernende Mensch sei „Europas Wappen". „Aus einem unbewussten Menschen wird einer, der in der Lage ist, über Leben und Tod nachzudenken." Neugierig auch in der Religion öffnet sich die Gottesfrage. Was wollen, was können und was sollten die Bewohner eines ehemals christlichen Abendlands im sich ständig erweiternden Horizont der Welterfahrung da weiter hinzulernen? Beten und Arbeiten: In diesem Spannungsbogen haben die Mönche und Nonnen in den Klöstern zusammen mit den vielen Gelehrten an den Hofschulen, frühmittelalterlich unter anderem an den bedeutenden karolingischen Bildungszentren, die Völker Europas auf einen faszinierend erfolgreichen Kulturweg gebracht. Der wird inspiriert von einem weiteren Spannungsbogen: Beten und Lesen. Das Lob der Neugier darf nicht auf halbem Wege steckenbleiben. Zur Neugier des Lebens gehört seit Adam und Eva die Neugier des ewigen Lebens. Ohne religiöse Bildungsfrage bleiben auch unsere aktuellen Bildungsdebatten hohl. Reformierter müssten gerade da die Bildungsreformer sein. Und mutiger.

Auf dem (Selbst-)Erziehungsweg

Wie eigentlich kommt es, dass Menschen beginnen, Religiöses zu ahnen und in einem weiteren Schritt zu glauben? Der Philosoph Rüdiger Safranski sagte einmal: „Religionen kann man nicht einfach erfinden. Auch einen Gott nicht, denn dann könnte man auch nicht an ihn glauben. Es muss irgendetwas in unserer Seele geschehen, damit wir auf authentische Weise zu religiösen Menschen werden. Das Religiöse ist, obwohl es zu unseren

Bedürfnissen gehört, zugleich etwas, über das man nicht einfach verfügen kann. Wenn man Sinn stiften will, geht der Sinn verloren.“[5]

In der Erziehungsgeschichte war es traditionell so, dass das Kind die Religion, den Glauben der Eltern Stück für Stück durch Nachahmung aufsaugte und durch Verinnerlichung lernte. So wurde es über das häusliche Beten und im gemeinschaftlichen Gottesdienst ganz natürlich in die kirchliche Praxis eingeführt, berührt von der reinen Symbolkraft körperlicher Gegenwart: im Umfeld des Heiligen, in der puren Teilnahme an zunächst unverständlichen Ritualen, Gebeten, Gesängen, Symbolen, Liturgien, durch Kreuzzeichen, Kommunion … Die fremde Welt – und nicht die bekannte – ist es seit jeher, die im Menschen stärkste Aufmerksamkeit, freilich auch Unheimlichkeit weckt. Muss das Christliche erst wieder zum Fremden werden, ist es uns noch nicht fremd genug, um darin eines Tages womöglich wieder Heimat zu finden?

Der Mensch sieht zuerst mit den Augen, dann mit dem Herzen. Das gilt für die Religion wie fürs gesamte sonstige Leben. Warum habe ich gerade diesen Lebenspartner, diese Lebenspartnerin gefunden und diesen Beruf? Warum lebe ich ausgerechnet hier und nicht dort, jetzt und nicht damals und nicht in ferner Zukunft? Ist alles Zufall, blindes Schicksal, nichts anderes als ein Rausch der Hirnzellen oder eine zwangsläufige Vorherbestimmung durch die Gene? Und dann wieder die seltsame Ahnung von Freiheit, Kreativität, Wille und Wahl. Selbst das religiöse Sehen bleibt darunter nie gleich. Es verändert sich. Alles ist Wandlung, heilige Transsubstantiation der Materie durch Geist – für den, der es sehen will, auf Gott hin.

Der Religionspädagoge Rudolf Englert vermutet den entscheidenden Katalysator für religiöse wie weltliche Erfahrung in einem Beziehungsgeschehen – und verweist auf die Resonanztheorie des Soziologen Hartmut Rosa. „Weder die Welt der Objekte noch die Vernunft der Subjekte“ ist „entscheidend für das, was wir erfahren, sondern das ‚in between‘ …: die Schwingungen zwischen Außenwelt und Innenwelt – die Resonanz. Wo nichts schwingt, bleibt alles stumm, leblos, tot. Wo wir hingegen Resonanz empfinden und eine Beziehung zur Welt gewinnen, fängt diese an zu singen: die Augen leuchten, die Wälder rauschen, die Herzen schmerzen.“[6] Das könnte helfen, die besondere Wirklichkeit Gottes neu wahrzunehmen: „Gott als Quelle möglicher Resonanzbeziehungen, als der Geist, der alles lebendig macht.“

Glauben – mehr ein Tätigkeitswort, ein Tun, als ein Haupt- oder Ding-wort – kommt von innen im Spiel mit außen, aus Nachdenken und Nach-fühlen. Genauer: aus Hineindenken und Hineinfühlen. Und wird so zu einem Vordenken und Vorfühlen. Unser ganzes Leben entwickelt sich am stärksten oft gerade dort, wo man es gar nicht bemerkt. Entscheidend ist, wie die Verbindungen der Wahrnehmung geknüpft werden, ob es zum Au-ßen ein Innen gibt, zur Oberfläche eine Tiefe. So kann jedem Einzelnen der eigene Lebensweg zum Glaubensweg werden.

Glauben als immerwährendes Unterwegssein auf dem (Selbst-)Er-ziehungsweg mit der Gottesfrage und zur Gottesfrage hin braucht Hirn-bildung wie Herzensbildung. Der Neutestamentler Thomas Söding sieht dies in der biblischen Sicht des Menschen grundgelegt: Demnach „ist ein Mensch vom ersten bis zum letzten Atemzug entwicklungsfähig – ohne dass er gezwungen wäre, um seines Menschseins willen eine Höchstform von Bildung zu kreieren, und ohne dass er in seiner Menschenwürde von einem Bildungsgrad abhängig wäre. Es ist aber auch seine Bestimmung, sich so zu entwickeln, wie es seinen Möglichkeiten in seiner Zeit und an seinem Platz in seinen Beziehungen entspricht, ohne dass er sich mit einem resignierten Pragmatismus bescheiden müsste, der nicht über den eigenen Tellerrand blickt … Weil jeder Mensch von Gott geschaffen ist, unabhängig von Geschlecht und Stand, Familie und Sippe, Stärke und Schwäche, Reli-gion und Ethos, und weil nach dem Neuen Testament Gott sich in Jesus mit jedem Menschen identifiziert, gibt es für jeden Menschen die Möglichkeit, aber auch die Notwendigkeit der Bildung."[7]

Wie alle Bildung mündet allerdings auch religiöse Bildung nicht in ein glattes Für-wahr-Halten, sondern in Widersprüchlichkeiten und Zweifel. Wir sind Suchende. Gott macht nicht einfachhin glücklich, oft eher un-glücklich. Aber er macht neugierig. Das Unbekannte und Unerklärliche – und nicht das Bekannte und Erklärte – ist des Lebens Quell. Und Quell des Glaubens. Die Ungereimtheiten sind es, die uns als etwas Staunens-wertes zur Erkenntnissuche antreiben, ganz weltlich. Aber genau dasselbe ist auch das, was in der Unvertrautheit wie Unbehaustheit unseres Daseins den religiösen Erkenntniswillen bewegt, was Gott zumindest als vage Ah-nung überhaupt erst näherbringen kann. Wir halten Ausschau nicht nur nach den Schärfen von Religion, sondern viel intensiver noch nach ihren Unschärfen. In allem, was wir von der Welt wissen oder ahnen, steckt mehr noch das, was wir nicht wissen und nicht ahnen. Ohne Bescheidenheit vor dem Unbekannten kommt niemand ins Leben und auch nicht in den Glauben.

Aber falsche Bescheidenheit ist nicht angebracht. Gewiss: „Es" kann ganz zufällig kommen, dass ein Mensch beginnt zu glauben. Es sind nicht selten abseitige Augenblicke, wenn „es" einen trifft, manchmal im Abschweifen, wenn wir alles lassen und nur noch wenig fassen. Dann ist „es" unberechenbar wie eine Schöpfung aus dem Nichts, wie ein Energiesprung in eine andere Dimension. Der Mensch entdeckt auf einmal eine Sprache, wo er zuvor keine Sprache hatte, im Beten, im Gottesdienst, im Sehnen nach dem Ewigen. Doch Sehnsucht muss gepflegt, sprachlich entwickelt und stetig weiterentwickelt werden. Ohne Spracharbeit verkümmert das Glauben. Das aber bedeutet: Anstrengung, Geistesarbeit, Geisteswitterung, Wachheit, Aufgeschlossenheit, Versammlung, Versenkung, Stille, Andächtigkeit, ja: Verehrung.

In den Tragödien wie in den Glücksfällen sind für den, der tiefer schauen möchte, nicht einfachhin nur blinde Mächte am Werk. Es gibt eine tiefere Fügung, selbst wenn wir sie nicht sofort begreifen. Manches kann sich lichten, wenn wir an kontemplativer Versenkung, klassisch Andächtigkeit genannt, arbeiten. Das Leben und Glauben kann dem Individuum nicht nur zum Schicksal, sondern auch zum Geschickten, zum Geschick werden, zu einer Fähigkeit, nach dem umfassenderen Mysterium zu suchen und andere an dieser Suche anregend teilhaben zu lassen. Christsein als Christwerden.

Für religiöse Belebung ist es nie zu spät, auch nicht für Bekehrung, für geistige Reformen. Gläubige Menschen sind nicht einfach nur Nachfahren und Nach-Beter ihrer Ahnen, geschweige denn Sklaven der Vergangenheit, der puren Tradition. Als Kinder Gottes bleiben sie Gestalter, als pfingstlich Getaufte Geistbegabte, als Geschöpfe Neugierige – vor dem Göttlichen nie fertig, mit Gott nie fertig. Das Religiöse ist in der Geschichte der sogenannten Offenbarung selber Geschichte. Es setzt Eigenverantwortung voraus zum Selber-Glauben, Selber-Denken, Selber-Suchen.

Gebildete Leute glauben nicht an Gott. Das war einmal eine Art „Bildungsideal" der neuzeitlichen Aufklärung. Es setzte sich fort in der Emanzipationsgeschichte der neueren Zeit. Der Mensch will und soll sich befreien aus Unmündigkeit, Aberglauben, von falschen Autoritäten. Es gab und gibt gute Gründe, sich von archaischen, mythologischen, magischen, anthropomorphen Vorstellungen von Gott zu verabschieden. Im Licht der Vernunft scheint immer weniger Platz für das „Jenseitige" zu sein. Doch wie vernünftig ist die vermeintliche Vernunft? Nur Licht, nichts als Wahrheit?

Im 20. Jahrhundert mit zwei Weltkriegen und einem Kalten Krieg sowie furchtbaren Massenmorden haben Generationen erlebt, wohin die Arroganz einer Pseudo-Vernünftigkeit ohne Gott führt. Diese setzt sich im 21. Jahrhundert offenkundig fort. Die Dialektik der Aufklärung stürzt Völker und Individuen nicht selten in geistige Umnachtung. Aufgeklärter müssten die Aufklärer sein. Wie aber klären sie und wir uns auf? Wie lassen wir uns aufklären über das letzte Mysterium, das uns treibt?

Bin ich ungebildet, wenn ich nüchtern sehe, wie wenig die „Welt" mir von der Welt erklärt? Bin ich ein Narr, wenn ich nüchtern sehe, wie eine Vernunft zu kurz springt, die vorgibt, nichts zu wissen und nichts wissen zu können über das, worüber wir viel mehr wissen wollen? Ist der ein gebildeter Mensch, der das Entscheidende ausklammert? Muss ich mich schämen, wenn ich mehr wissen will als das, was mir eine seltsame Art von Bevormundung zu wissen erlaubt? Ist es dumm, darüber hinaus etwas ahnen und fühlen, wissen und erkennen zu wollen? Gott – wie peinlich?

„Ich denke, also bin ich." Der provokative Satz des René Descartes gilt genauso für das religiöse Fragen nach Mehr. Gebildeter müssten da die Gebildeten sein. Es gibt weiterhin die Nachdenklichen, die sich nicht abspeisen lassen mit den Gemeinplätzen, was man meint, was man vermutet, was man glaubt oder nicht glaubt, was „in" sei oder „megaout". Die Gottesfrage ist nicht „in". Aber sie ist auch nicht „out". Die letzten Dinge treiben kritische Leute um. Ich muss mich nicht schämen, wenn ich mir dies vor mir selber eingestehe. Ich muss mich nicht schämen, wenn ich mich ihnen behutsamer, vorsichtiger, skeptischer nähere, als es vielleicht ein Kirchen-Katechismus oder eine Sonntagspredigt von mir erwartet. Denn ich weiß aus guten geschichtlichen Gründen, wie fehlbar selbst eine vermeintliche Unfehlbarkeit sein kann – und wie befreiend es ist, sich der einen großen, der ganzen Wahrheit bescheiden in den vielen Facetten von Wahrheiten zu nähern. Nicht alles ist wahr, nicht alles ist richtig, auch in altehrwürdigen Glaubenstraditionen nicht. Auch da bedarf es immer wieder der Reinigung und vor allem der Gewissenserforschung. Doch im Licht der Vernunft von heute zeigt sich vieles neu und anders in der Gottesfrage und Gottesvermutung, als es früheren Generationen aufging und bewusst werden konnte.

Das Gottesgerücht stirbt nicht, weil es zwischen Himmel und Erde mehr gibt, als unser schwacher Verstand ergründet, als unsere Anschauung zu ergreifen vermag. Solche Einsicht ist vernünftig.

Auch Christen sind nicht die, die unabänderlich feststehen auf einem Standpunkt, also auf einem Steh-Punkt. Christen sind nach frühkirchlicher Überlieferung die, die auf dem Weg sind (vgl. Apg 9,2). Offenbarung kommt nicht einfachhin von außen und nicht allein durch Tradition. Sie kommt durchs Innen. Nachdenklichkeit führt auch religiös aus dem Tal der Ahnungslosen auf die Höhen des Geistes. Alles aber beginnt mit: Staunen.

II. Rätselhaftes Universum

Ein Sommernachtstraum oder: Sternenstaunen

Religiöses Ahnen wie Zweifeln beginnt in den Tiefenschichten der Seele – immer wieder im Zusammenspiel mit dem großen, vielleicht größten Rätsel: dem Universum. Ein zugleich ungläubiges wie gläubiges Staunen. Die sinnlich und rational unfassbare Dimension des Kosmischen ergreift weiterhin selbst die religiös Distanzierten. Vom „Himmelszelt" wurde die intelligente Menschheit seit ihrem Anfang bewegt, oft erschüttert. Wahrscheinlich setzte mit dem Aufschauen des aufrecht gehenden Zweibeiners zu den nächtlichen Lichtquellen die erste spirituelle Erfahrung in der Frühzeit der Hominisation, der Menschwerdung des Menschen, ein, eventuell schon bei Vormenschen.

Spätestens dem geistbegabten Homo sapiens wurde es zum Ur-Anliegen, Aufschluss darüber zu erhalten, an welchem Ort unter dem bestirnten Himmel er sich befindet. Daher haben so gut wie alle Kulturen versucht, sich eine Kalenderordnung zurechtzulegen, ein Maß für Zeit und Raum zu finden mit Hilfe von Himmelsbeobachtung. „Nur eine verschwindend kleine Anzahl von Kulturen hat überhaupt keine Vorstellungen über das Universum", vermutet der Schriftsteller, Philosoph und Unternehmer Ernst-Wilhelm Händler. Die kosmische Erkundung erstreckt sich über zig Jahrtausende und mündet nach den bahnbrechenden physikalischen Erkenntnissen der Neuzeit vorerst in abenteuerliche mathematische Konstruktionen sowie hochspekulative Hypothesen sowie Theorien, die dafür sorgen, dass das Universum mittlerweile „auch nicht mehr das" ist, „was es einmal war"[8].

„Weißt du, wie viel Sternlein stehen? ... Gott, der Herr, hat sie gezählet, dass ihm auch nicht eines fehlet an der ganzen großen Zahl." Wenn wir in klaren Sommernächten – bevorzugt in höheren Gebirgsregionen ohne Streulicht und ohne atmosphärische Trübung – ins Universum hinausschauen, können wir selbst als naturwissenschaftlich aufgeklärte Menschen ins Grübeln geraten. Denn Gott müsste in jedem winzigsten Sekundenbruchteil seine Statistik korrigieren und ergänzen, weil sich diese „Schöpfung" ständig verändert. Üblicherweise betrachten wir „Schöpfung"

– auch in der religiösen Deutung – als ein Ereignis von gestern, unermesslich weit zurückliegend. Doch „Schöpfung" ist nicht bloß Vergangenheit, sie ereignet sich in der Gegenwart, von Augenblick zu Augenblick, und geschieht noch viel mehr in der uns verschlossenen Zukunft. Ständig passiert Neues. Nichts ist fertig, alles ist in permanenter Veränderung, dauerhaft in Bewegung. Der Züricher Astrophysiker Arnold Benz erklärt das so: „Im beobachtbaren Universum sind zurzeit ungefähr eine Trillion (eine Eins mit achtzehn Nullen) Sterne am Entstehen. Dieser Vorgang dauert bei einem Stern mittlerer Größe etwa eine Million Jahre. Als Geburt eines Sterns könnte man den Zeitpunkt nennen, wenn die nukleare Energiefreisetzung im Innern beginnt und der Stern eine stabile Phase der Wasserstoffverschmelzung erreicht. Demnach werden im Universum rund 30 000 Sterne pro Sekunde geboren und vielleicht ebenso viele Planeten. Bei der Entstehung des Universums sollte man daher nicht nur vom Urknall reden. Keines der Dinge im heutigen Universum ist im Urknall entstanden. Selbst die Materie, die chemischen Elemente, alle Galaxien und natürlich Sonne, Planeten und Lebewesen haben sich erst im Laufe der 13,8 Milliarden Jahre seit dem Urknall gebildet."[9] Sterne sind interessante Belege dafür, wie sich unaufhörlich Neues im Universum bildet.

Auch das Universum als Ganzes hat sich seit dem Urknall grundlegend verändert. Die Sterne etwa, die heute entstehen, unterscheiden sich sehr von jenen im frühen Universum. Die Atmosphäre der Planeten wie die Zusammensetzung der Luft, die wir einatmen, änderte sich. Zudem sind Phänomene aufgetaucht, die es früher – soweit wir wissen – nicht gab. Das für uns spannendste Geschehen ist die Herausbildung des menschlichen Bewusstseins ab einer bestimmten hohen Komplexität des Gehirns, frühestens vor einigen hunderttausend Jahren. Die Evolution des Gehirns endete damit nicht.

Zum faszinierend Neuen gehört aber nicht nur das Entstehende, sondern genauso das Vergehende. Sterne sind keine ewig leuchtenden Kugeln. Sie sterben eines Tages. Weniger massereiche wie unsere Sonne blähen sich zu einem Roten Riesen auf, um zu einem Weißen Zwerg zu kollabieren und in einem Nebel zu verschwinden. Andere, extrem massereiche Gebilde hauchen in einem letzten hochexplosiven Akt als Supernova ihr „Leben" aus, schleudern dabei ihre gesamten äußeren Schichten ins All hinaus, um dann zu einem Neutronenstern oder einem Schwarzen Loch zusammenzustürzen. Die Lebensdauer dieser Sterne mit gewaltigster Wasserstoff-Kernfusion und einer Lichtstärke vom Viertausendfachen – oder mehr – unserer Sonne dauert im Gegensatz zu unserem langsam verbrennenden Heimatgestirn oft nur fünfzig bis hundert Millionen Jahre. Eine kosmische Katastrophe jagt die nächste.

Wenn unser Sonnensystem stirbt, vergeht auch unser Blauer Planet. Zuerst wird das Leben von unvorstellbarer Hitze vernichtet, wenn sich die Brennzone unserer Sonne immer weiter vom Kern nach außen verlagert und sich unser Energiespender dadurch immer mehr aufbläht, während er ständig mehr Wärme abstrahlt. Benz: „Es wird heißer auf der Erde, und in anderthalb Milliarden Jahren wird es Orte geben, wo die Temperatur den Siedepunkt des Wassers übertrifft."[10] Spätestens in 7,8 Milliarden Jahren hat unsere Sonne ihren Energievorrat aufgebraucht. Sie fällt zu einem Weißen Zwerg in sich zusammen und erkaltet. „In Billionen von Jahren wird im ganzen Sonnensystem Weltraumkälte herrschen. Sonne, Erde und das Leben werden ein Ende haben. Die kosmische Entwicklung weckt nicht nur Staunen, sie kann auch erschrecken."

Das betrifft weitere Phänomene wie die noch kaum verstandenen Schwarzen Löcher, die inmitten der Galaxien oder in der Mitte von extrem leuchtstarken Quasaren gewaltige Mengen an Materie in sich verschlingen, um andererseits wieder Jetstreams von Plasma, Gammastrahlen und sonstigen Teilchen über zigtausende Lichtjahre Entfernung hinauszustoßen. Ist auch das alles – wie es im frommen, beschaulichen Lied heißt – göttlich gezählt?

Die Kosmologen haben nicht gezählt, sondern aufgrund von Berechnungen geschätzt, dass es mindestens zweihundert Milliarden Galaxien gibt mit jeweils um die zweihundert Milliarden oder noch viel mehr Sonnen und weiteren seltsamen Objekten, deren Licht, elektromagnetische Strahlung beziehungsweise Radiowellen bereits viele Millionen bis Milliarden Jahre zu uns unterwegs waren, wenn wir sie empfangen. Sobald wir sie „sehen" oder aufzeichnen, existiert das Ursprungsobjekt möglicherweise oder höchstwahrscheinlich schon gar nicht mehr.

Unterm heimelig romantischen Mond kann uns also rasch sehr unheimlich ums Herz werden, wenn man die Ausmaße von Raum und Zeit bedenkt – und immer weniger weiß, was genau Wirklichkeit sei. Wie flach, wie begrenzt ist das vermeintlich unbegrenzte Universum tatsächlich? Und was kommt „dahinter"? Überhaupt keine Anschauung verbindet sich mit der Frage, was „außerhalb" sei, weil es mathematisch-physikalisch kein „Außerhalb" dessen gibt, was durch die Raumzeit bestimmt und seit dem Urknall ins Dasein getreten ist. Noch seltsamer ist der Befund, dass sich die Galaxien aufgrund der postulierten – bisher aber noch nicht nachgewiesenen – dunklen Energie immer mehr voneinander entfernen, immer weiter hinaus, dorthin, wo bisher weder Raum noch Zeit waren. Die Spekulationen und Hypothesen kennen im Gegensatz zum Universum keine Grenzen. Fortlaufende Experimente und Messungen der Teilchen- und Astrophysiker sowie Berechnungen der theoretischen Physiker münden in zum Teil recht abenteuerliche Deutungsversuche beziehungsweise völlig andere Paradigmen von Physik. Sie befördern ständig neue Rätsel und Paradoxien „ans Licht", je mehr Rätsel gelöst zu sein scheinen – unter anderem mit mathematischen Berechnungen und aberwitzigen Deutungen, die jeden gesunden Menschenverstand aushebeln, verrückter als jeder Mythos, verwirrender als selbst spekulativste theologische Behauptungen.

Unter den Forschern gibt es, so Ernst-Wilhelm Händler, immer mehr „Möglichkeitsmenschen", die unter anderem eine schier unendliche Vielfalt von Universen neben und im beobachtbaren Universum nahelegen; Gebilde, die ohne Bezug zueinander stehen und von unserem Universum aus nicht wahrgenommen werden können. Während die allermeisten Menschen schon Schwierigkeiten damit haben, sich einen ultraenergetischen Urknall – Big Bang – aus einer Singularität, aus einem Vakuum des puren Nichts, vorzustellen, wie ihn der belgische Priester und Physiker Georges Edouard Lemaître (1894–1966) bereits in den zwanziger Jahren postulierte und begründete, wird von großen Teilen der Forschergemeinde sogar eine unendliche Zahl von Urknallen „vorher" und „nachher" und „mittendrin" vermutet, ohne dass wir davon etwas bemerken.

Händler verweist auf den russischen Kosmologen Andrei Dmitrijewitsch Linde: „Sein Szenario der ewigen Inflation beschreibt die Entstehung unendlich vieler Universen, die sich wie Gasblasen in kochendem Wasser bilden. Die kosmischen Blasen sind durch unermesslich große Raumbereiche getrennt, die Naturgesetze und Naturkonstanten können in den verschiedenen Blasen völlig verschieden sein. Auch wenn einzelne Blasenuniversen in sich zusammenstürzen oder in der Ausdehnung kalt und leer werden, das inflationäre Multiversum kommt nie zu einem Ende. Dieses Szenario legt nahe, dass alle physikalischen Bedingungen, die überhaupt möglich sind, irgendwo und irgendwann realisiert werden."[11]

Wenn es jedoch kein Ende gibt und daher auch rückwärts nie ein Ende gab, gab es auch nie einen Anfang. Was aber war dann „vor" der Anfangslosigkeit? Da scheitert jedes menschliche Vorstellungsvermögen. Gibt es Zeit überhaupt, oder ist sogar diese unserem Gehirn intuitiv eingeschriebene Vorstellung falsch? Und was ist Wirklichkeit, wenn verschiedenste Wirklichkeiten bestehen, unserem Sinn jedoch fremd bleiben, fern jeder empirischen Bestätigung? Hat jede mathematische Realität auch eine echte Realität, oder sind die kosmischen Konstrukte reine Fantasieprodukte?

Manche Kosmologen vermuten, dass die Mathematik die Grundstruktur von allem ist – und dass ihr damit Wirklichkeit innewohnt. Wir könnten zwar nicht alle Welten kennen, so erklärt Händler diese Sicht. „Aber wenn wir imstande sind, eine mögliche Welt widerspruchsfrei zu beschreiben, dann gibt es diese Welt", auch wenn zu ihr keinerlei räumliche, zeitliche oder kausale Beziehung besteht. „Das Universum, die physikalische Welt, ist eine mathematische Struktur", so diese Auffassung. „Unsere Welt ist nicht lediglich durch Mathematik *beschrieben*, sie *ist* mathematisch, wir sind mit Bewusstsein ausgestattete Teile eines gigantischen mathematischen Objekts."

Diese Eigenschaften können laut Händler allerdings zu zwei Fehlschlüssen verleiten. Der erste bestehe darin, „in der Mathematik einen Königsweg zu unbezweifelbarer und ewiger Wahrheit zu sehen". Der zweite Fehlschluss sei „die unter Kosmologen weitverbreitete Überlegung, dass die Welt irgendwie an der Zeitlosigkeit der Mathematik teilhaben müsse". Skeptiker wenden ein, das mathematisch Mögliche beweise noch nicht die Existenz von Paralleluniversen. Mathematische Begriffe seien im Gegensatz zu erfahrungswissenschaftlichen grundsätzlich unanschaulich und zeitlos. Der sogenannte gesunde Menschenverstand steht den unendlichen Fantasiemilliarden von Parallelwelten aber auch noch aus einem anderen Grund reserviert gegenüber: „weil sie in unserer Gegenwart nicht mit unserer Welt wechselwirken". Ausgeschlossen ist es freilich nicht, dass es eine ganz andere Art physikalischer Wirklichkeit gibt als jene, die wir einzig mit unseren Standardmodellen – ohnehin voller Schwierigkeiten, Brüche und Aporien – gültig zu beschreiben versuchen.

Falls es die unzugänglichen Welten dennoch geben sollte, würden diese den biblischen Schöpfungsglauben nochmals heftig durcheinanderwirbeln. Wozu das alles, wenn sie für die „Krone der Schöpfung" Mensch ohnehin nicht real wären? Produziert Gott Überflüssiges, um sich selber zu imponieren? Oder was hätte es mit derart weiteren stetigen Neuschöpfungen im Dauerprozess des Werdens ohne Zuschauer auf sich? Warum, wozu sollte es solchen Reichtum von Universen geben, ohne dass sie sich „offenbaren"?

Im Kontext der physikalischen Annahme vieler Universen wäre eine religiös-spekulative Mutmaßung freilich nicht ganz abwegig: dass – im Sinne der Prozesstheologie – etwas göttlich Prozesshaftes, ein Gottes-„Feld", Gott selber als umfassendes „Paralleluniversum" in, mit und hinter allen Universen, diese gleichzeitig durchdringend, zu vermuten sei. Zu diesem universalen Universum könnten wir wie zu den anderen – physikalischen – Universen keine räumliche, zeitliche oder kausale Beziehung haben. Warum aber zeigt Gott sich nicht, warum will dieses Gottesmysterium als Mysterium aller Mysterien sich nicht auf jene empirische Weise „kundtun", die menschlicher Wahrnehmung zugänglich ist? Handelt es sich ebenfalls nur um ein Fantasieprodukt des „Möglichkeitsmenschen"? Oder doch um mehr? Und könnte die religiös behauptete Auferstehung dann womöglich sogar eine reale Dimension eines anderen realen Universums meinen?

Für die konventionelle Theologie würde es ungemütlich, jedoch spannend, wenn sie sich auf die von der Physik vorgetragenen unkonventionellen Theorien, Berechnungen und Hypothesen zur „Wirklichkeit" ebenso innovativ einließe. Also mit einer tatsächlich kreativen Sprache, ebensolchen Bildern und Verstehensmodellen – Paradigmen –, die keinen Anspruch auf Endgültigkeit erheben, wohl aber wie die der Wissenschaft auf partielle Plausibilität und vorläufige Wahrheit.

Denn der Mensch – ob gläubig oder nicht – plagt sich, zumindest in ruhigen, nachdenklichen Stunden, weiter, sich und das mysteriöse Dasein zu verstehen und dabei von wissenschaftlicher Entzauberung zu neuer Verzauberung durch Verifikation und Falsifikation voranzuschreiten. Gott im Werden, im Prozess: Der Gottesprozess wäre diesen natürlichen Bewegungen des Geistes nicht entzogen. Das Problem liegt eher da, wo sich Kirche solchem Glaubens-Werdeprozess entzieht und mit ihrem fixen Glaubensgut dem „Weltlichen" schlichtweg überlegen dünkt.

Viele wissenschaftliche Vermutungen widersprechen der „normalen" menschlichen Anschauung und Logik, darin Glaubensvorstellungen nicht unähnlich, wenn auch im Gegensatz dazu mit dem Anspruch, Überholtes, als falsch oder unzulänglich Aufgewiesenes der Vergangenheit anheimzugeben. Zum Beispiel muss es nach gängigen Theorien im Weltall weitaus mehr dunkle Materie als sichtbare Materie geben, weil sonst viele Schwerkrafteffekte nicht zu erklären wären, etwa dass Sterne in den Galaxien auf ihren Bahnen gehalten werden oder dass Strahlung, deren Quelle eigentlich hinter einem anderen Himmelsobjekt liegt, auf ihrer Bahn abgelenkt, gekrümmt, somit für uns als Empfänger „sichtbar" wird. Andererseits muss es – so eine weitere Vermutung – ebenso eine dunkle Energie geben, die dafür sorgt, dass das Universum sich unaufhörlich ausdehnt, wobei die Galaxien sich immer weiter voneinander entfernen. Händler: „Unabhängig davon, ob das Universum offen, flach oder geschlossen ist – die dunkle Energie sorgt dafür, dass sich das Universum in alle Ewigkeit ausdehnt, und zwar geschieht dies beschleunigt."[12]

Die Astrophysikerin und Wissenschaftsjournalistin Sibylle Anderl bemängelt am kosmologischen Modell, das bisher die eindrucksvollsten Erfolge zur Erklärung vieler Phänomene aufweisen kann, einen gravierenden „Schönheitsfehler": „Es füllt das Universum zu 95 Prozent mit dunkler Energie und dunkler Materie und reduziert damit die uns bekannte Materie auf kümmerliche fünf Prozent."[13] Doch auch dunkle Materie müsste eigene Teilchen haben. Allen Anstrengungen zum Trotz gibt es bisher keine Spur davon, keinerlei Wechselwirkung mit normaler Materie. Eine Minderheit von Forschern beginnt daher zu zweifeln, ob es die postulierte Materie der anderen Art überhaupt gibt. Manche Physiker verlangen, die hochspekulativen Theorien zu verabschieden und sich auf das Empirische zurückzubesinnen, selbst wenn die wirkliche Wirklichkeit des Gemessenen sich der Standardlogik und den Standardmodellen in vielen Grenzfällen widersetzt. Wird es jemals die Theorie von allem geben, die physikalische Weltformel? Oder wird man sich in verschiedensten Theorien – unter anderem der Theorie vieler Welten – verlieren? Jedenfalls gibt es Skepsis, ob die Mathematik fähig ist, die paradoxen Phänomene zusammenzubringen, ja ob die „Schönheit" und schlussendlich „Einfachheit" von Gleichungen und deren Lösungen wirklich das Maß aller (Erkenntnis-)Dinge ist. Etliche Forscher verlangen daher, an strikt kausalen Beziehungen zwischen verschiedenen Phänomenen des Universums festzuhalten, selbst wenn sich der übliche Charakter von Kausalität ändert, erweitert und manche Art von Kausalität – noch – nicht oder niemals verstehbar ist.

Wie auch immer der Forscherstreit ausgehen mag – Händler vermutet: „Für den Anhänger des Multiversums wie für den Verfechter des *einen* Universums ist es gleichermaßen wichtig, ob unser Universum endlich oder unendlich ist. Die monotheistischen Religionen beschreiben Gott als Schöpfer des Universums und Lenker aller Geschicke. Die Anfänge der Naturwissenschaften sahen den Menschen im Zentrum des Universums, gottähnlich zumindest als Beobachter. Die naturwissenschaftliche Methode … versucht mit aller Macht, den Verlust der Mitte zu kompensieren."[14] So werde der Mensch entweder weiter der „Vorzugsbeobachter" bleiben, oder er versucht, unter Zuhilfenahme technischer Mittel und verschiedenster mathematischer Möglichkeiten „alles von jedem Standpunkt aus zu beobachten". Mit verwirrenden Ergebnissen für einen Verstand, der mit seiner konventionellen Anschauung und trotz seiner starken Abstraktionskraft kapitulieren muss.

Besonders schwierig wird es für die religiösen Vorstellungen, sofern sie sich auf die seltsamen physikalischen Berechnungen, Spekulationen, Konstruktionen und Verstehensmodelle auch nur ein wenig einlassen und diese mit den unmittelbaren Anschauungen von Zeit und Ewigkeit verbinden wollen. Denn sämtliche klassischen Begrifflichkeiten versagen. Vor allem dann, wenn wir Ewigkeit intuitiv doch mehr oder weniger als eine unendlich verlängerte Zeit denken. Aber wenn es keine Zeit „vor" dem Urknall „gab", in dem Zeit zusammen mit Raum überhaupt erst entstand, was gab es dann? Jedenfalls keine „Ewigkeit" im landläufigen Sinn.

Und Gott? „Wo" war Gott, als „Nichts" war, „als" es „nichts" „gab" außer „Nichts" – in der Singularität „vor" dem „Urknall", „vor" der Energie aller Energie? „Woher" „kam" Gott? „Wer" „zeugte" Gott? Warum überhaupt Gott?

Jedes Wort, das sich hier einen religiösen Zutritt zu verschaffen sucht, ist falsch, untauglich zur Beschreibung einer Dimension, die keine Dimension hat und keine Dimension ist. Dann aber kommen die nächsten Fragen: Wo war Gott in den Milliarden Jahren seit dem Urknall, als niemand und nichts an ihn dachte, als es überhaupt nichts gab, das an ihn hätte denken können? Nur Materie, Energie, kein Leben, kein Geist. Wozu dieser lange Atem der Zeit ganz ohne ein Gottesbewusstsein, ganz ohne Gottesbeziehung? Gott, so sagt es die konventionelle Theologie, habe sich im Geistwesen Mensch einen Dialogpartner erschaffen wollen. Warum aber blieb Gott derart lange so „einsam"? Bis irgendwann – erst sehr spät – der Mensch aufgrund evolutiver Zufälle und Gesetzmäßigkeiten als intelligentes Wesen entstand, sodass sich über sein komplexes Gehirn Offenbarung ereignen konnte. Ein Geistesblitz, eine Art zweiter Urknall, ließ den Menschen das Mysterium als Mysterium ahnen.

Nicht zufällig waren die frühesten Regungen menschlicher Intelligenz mit Himmelsbeobachtungen und kalendarischen Berechnungen verbunden – und mit der schockierenden, in erster primitiver Höhlenmalerei sich künstlerisch Ausdruck verschaffenden Bewusstseinserfahrung von Geburt und Tod: dass aus Nichts etwas kommt und dass das Gekommene ins Nichts verschwindet. Woher und wohin? Warum ist überhaupt etwas und nicht vielmehr nichts?

Unterm nächtlichen Himmelszelt kommen erschreckende Fragen hoch: Auf radikale Weise die, ob wir in diesem unermesslichen Universum möglicherweise „inmitten" vieler Universen allein sind. Der Mensch – das einzige intelligente Wesen? Und Gott?

Wo wird Gott sein, und wer wird an Gott denken, wenn alles irdische Leben in spätestens fünf Milliarden Jahren mit der beginnenden Endphase unserer Sonne, die sich vor etwa 4,6 Milliarden Jahren bildete, ausgelöscht, verschwunden sein wird? Wer wird dann den Namen Gottes anrufen, wenn als einziges menschliches Artefakt womöglich die Voyager-Sonden mit den Botschaften unseres Menschseins und unserer Kultur auf goldenen Datenscheiben für Außerirdische noch immer interstellar durch unsere Milchstraßen-Galaxie sausen, während ansonsten nichts mehr besteht, das an irgendetwas erinnert, was einmal vom Menschen hervorgebracht wurde? Was war und was ist „dann" mit Gott ganz ohne sein dialogisches Gegenüber Mensch?

Wissen verändert Glauben

Die physikalischen Erkenntnisse verändern den christlichen Glauben, wenn er redlich sein will. Die Forschung schreitet unaufhaltsam voran. Und mit der Welterfahrung muss sich auch das Gottesverständnis substanziell weiterentwickeln, um bestehen zu können. Arnold Benz stellt fest, dass die

„Karte des Wissens" heute noch „weißer" sei als früher. „Das uns bekannte Unwissen ist schneller gewachsen als das Wissen. Die Naturwissenschaft kann die Wirklichkeit nicht ausloten."[15] Aber die Religion kann das ebenfalls nicht. So wie die Entwicklung des Universums nicht vorhersagbar ist, ist es auch nicht die Entwicklung des Glaubensbewusstseins. Die Zukunft bleibt offen, die Komplexität allein schon der kosmischen Vorgänge ist gigantisch. Im physikalischen Sinne spricht man von „chaotisch". Damit aber ist nach Benz das, was im Kosmos geschieht, durchaus vergleichbar „mit dem menschlichen Leben oder der Geschichte der Menschheit, in denen ebenfalls viele Einflüsse gleichzeitig wirken und deren Zukunft daher offen ist". Jedenfalls sei die Wirklichkeit des Universums weit entfernt von einem mechanischen Uhrwerk, das unablässig und berechenbar weitertickt, wie man sich das noch im 18. Jahrhundert vorstellte.

Arnold Benz sieht erhebliche Probleme für die konventionellen theologischen Verstehensweisen von Gott und Welt, aber auch Chancen. Die Vorteile liegen seiner Ansicht nach in einer besonderen Facette der christlichen Tradition, in ihrem „offenen Geschichtsbild, ihrer linearen Zeit und ihrem nach vorwärts gerichteten Blick". Die religiöse Weltdeutung könne daher recht gut „aus diesem neuen Brunnen schöpfen, den die naturwissenschaftliche Erfahrung des sich entwickelnden Universums anbietet". Siehe – ich mache alles neu. Das biblische Wort der Öffnung auf Zukunft hin, das einen dynamischen Gott behauptet (Offb 21,5), wird der evolutiven Erkenntniswelt eher gerecht als mythologisch kreisende Auffassungen anderer Religionen. Allerdings hat sich viel Mythologisches auch im Christentum eingenistet.

In einer heutigen christlichen Sicht von „Schöpfung" muss man den entmythologisierenden Erkenntnissen der Naturwissenschaften gerecht werden. Daran führt nach Benz kein Weg vorbei. „Im neuen naturwissenschaftlich geprägten Weltbild der kosmischen Entwicklung, die auch die biologische Evolution auf der Erde einschließt, entstand das Universum nicht vor langer Zeit, sondern entsteht noch heute und vielleicht auch in Zukunft. Schöpfung geschah nicht in mythologischer Zeit, als noch andere Regeln galten. Vorstellungen über die Schöpfung des Kosmos müssen sich auf das beziehen, was sich im Universum sichtbar abgespielt hat."[16]

Da aber hat eine Theologie, hat ein Glaube, der sich darauf einlässt, Fähigkeiten und bereichernde Deutungsmöglichkeiten. Arnold Benz erläutert das so: Naturwissenschaften versuchen, einen Zustand aus Ursachen zu erklären, die ihn bewirkten. Dabei werden die Zusammenhänge streng mathematisch erfasst. Um eine solche Art der Erklärung könne es beim Glauben natürlich nicht gehen. Seine Aufgabe liege vielmehr darin, die „Bedeutung der Welt" zu erhellen, allerdings nicht unabhängig von dem, was wir wissenschaftlich erkennen.

Benz deutet die Richtung an, in der die Theologie und die christliche Spiritualität sich voranbewegen können und sollten. Das Göttliche habe sich in den vergangenen vier Jahrhunderten seit Galileo Galilei nicht mit naturwissenschaftlichen Methoden dingfest machen lassen. Es müssten also noch andere Erfahrungen sein, die unserer Religiosität zu Hilfe kommen. Der Astrophysiker erwähnt insbesondere: „die unverdiente Lebenskraft, eine geschenkte Lebenszeit und die immer wieder erfahrene letztendliche Güte". Aber: „Bietet das Universum solche Erfahrungen an?" Der Naturwissenschaftler verweist auf „die unfassbare Kreativität in der dynamischen Entwicklung", die immer wieder Neues ermöglicht. „Aber auch die fortwährend neue Zeit, die wie aus dem Nichts auf uns zukommt. Zeit wird als nicht selbstverständlich erlebt, wenn uns unsere Endlichkeit bewusst wird. Ferner können die erstaunlich fein abgestimmten Werte der physikalischen Grundkonstanten auch als Ausdruck eines gütigen Schöpfungswillens gedeutet werden." Natürlich seien Kreativität, Zeit und Feinabstimmung weder als Gottesbeweise noch als „Fingerabdrücke des Schöpfers" zu verstehen. „Die Naturwissenschaft lässt jedoch Raum offen." Diese drei Phänomene, die durch die Astrophysik belegt werden, könnten durchaus transparent werden für das Göttliche – jedenfalls für einen Menschen, der sich die Sensibilität für Schöpfungserfahrung bewahrt hat. Die kosmischen Phänomene „sind dann nicht grundsätzlich anders als die anderen Dinge im Universum, weisen aber wie Ikonen auf Schöpfung hin".

Ein Diesseits mit Jenseits

Schon bei den Ahnen der Menschheit setzte die Frage nach dem Erhabenen ein mit Fragen nach dem Universum, nach Leben und Tod, Sein und Nichts, Raum und Zeit. Allem voran wendeten die frühen Menschen und vielleicht sogar schon Vormenschen den Blick dorthin, woher das erste

Licht kam. Und das ewige Licht leuchtet? Die Ankunft von Licht wurde zum Bild für die Präsenz des Göttlichen. Ein Gottesverständnis, das im Lauf der Geistesgeschichte und einer immer komplexer werden Hirnentwicklung immer abstrakter wurde und abstrakter wird – wie die Welterkenntnis selber. Wobei Gott in der Welterkenntnis mit ihren je eigenen Paradoxien nicht aufgeht. Die entsprechende Weisheit hat Salomo anlässlich der Einweihung des Tempels formuliert. Sie hat sich nicht überlebt angesichts der neu eingeweihten Erkenntnis- und Wissenstempel unserer Tage: „Wohnt denn Gott wirklich auf der Erde? Siehe, selbst der Himmel und die Himmel der Himmel fassen dich nicht, wie viel weniger dieses Haus, das ich gebaut habe" (1 Kön 8,27).

Der Mensch wird in seinen Gottesvorstellungs-Versuchen weiterhin hin- und hergerissen zwischen vermeintlich geoffenbarten Gewissheiten, bisherigen Vermutungen, Zweifeln und neuen Ahnungen. In der Evolution des Universums und des Lebens gibt es genauso eine Evolution des Glaubens und Wissens. Wenn also Welten und Geschehnisse jenseits aller menschlichen Vorstellungskraft möglich sein sollen und gemäß naturwissenschaftlichen Theorien als möglich, wahrscheinlich, ja wirklich gelten, warum sollte in derselben Logik voller Paradoxien nicht auch das Ewige in Raum und Zeit und jenseits von Raum und Zeit – Gott – möglich sein? Wobei niemand weiß, was aus dem Menschen in einer weitergehenden Evolution wie Kosmogonie noch werden kann und wird. Und damit auch, was aus dem heutigen Gottesglauben werden wird. Die Zukunft ist offen – für die Wissenschaft wie für die Religion.

Die Lücken im Wissen sollten allerdings nicht mit neuen Mythologien des Göttlichen als Kausalerklärung gefüllt werden. Sonst weicht Gott mit jedem Erkenntnisschritt weiter zurück, bleibt im unendlich fortschreitenden Prozess von Aufklärung und Entmythologisierung nichts mehr von ihm übrig. Andererseits gibt es womöglich doch ein letztes, absolutes Nichtwissen, das dem forschenden Geist verschlossen bleibt – ein echtes Mysterium aller Mysterien von Etwas und Nichts, Anfang und Ende, Zeitlichkeit und Ewigkeit. Vielleicht doch Gott. Nicht als Lückenbüßer, sondern als Fülle einer faktisch nicht zu füllenden Lücke. Gott – nicht Lehre, sondern Leere, dichteste Leere.

Eigenartigerweise wird die Naturwissenschaft mit ihrem Fortschritt immer mehr Geisteswissenschaft, während die Theologie demgegenüber inzwischen seltsam blass, reduziert erscheint. Was fällt ihr ein, um die bedeutenden modernen Erkenntnisbewegungen aufzunehmen, staunend, fragend, bohrend? Vor allem selbstkritisch. Nur nicht darüber nachdenken!? So verdrängt das Kirchenleben mitsamt einer Mainstream-Theologie die heftigsten und urtümlichsten Erschütterungen des Homo sapiens. Dieser verdrängt sie allerdings selber gern, indem er so tut, als könne er mit ein bisschen Glück, ein bisschen Spaß, ein bisschen Liebe, ein bisschen Wohlstand und ein bisschen Geborgenheit inmitten des Paradoxen, Mysteriösen, die gewöhnliche Anschauung Brechenden in die Unmittelbarkeit des Tages hineinleben. Als sei alles aufs Menschsein hin zentriert, als sei unser geschäftiges, mit dem Alltäglichen beschäftigtes unmittelbares Dasein der ganze Horizont der Dinge.

Ist es aber nicht. In die Nacht – auch des Glaubens – hineinleben kann man mit derartiger Seinsvergessenheit nicht. Irgendwann tauchen sie auf, die großen Irritationen, die Sinnfragen. Als ungläubiges Staunen weichen sie dem um Glauben und Verstehen Ringenden nicht von der Seite. So fanden und finden entscheidende „Offenbarungen" weltlicher wie religiöser Natur nicht selten weiterhin nachts statt, im „Traum", in einer Eingebung voller Faszination, Furcht und Zittern.

Eigentlich wusste man in der religiösen Tradition – in der jüdisch-christlichen ganz besonders – stets um derartige heilige Nächte, in denen sich gerade angesichts des Befremdlichen so etwas wie Gotteserfahrung anbahnt, Gottesgeburt ereignet: in der Seele von Einzelnen. In unserer Zeit, die alles auf den Tag und das Taghelle setzt, scheint es dieses wahrhaft Mystische, weil Dunkle des Sehens, schwerzuhaben. Solche Nacht des Widerborstigen, der Erschütterung wird im Kirchenbetrieb lieber ausgeblendet und bevorzugt durch triviale Lebensberatungs-Weisheiten ersetzt. Nur noch Diesseits statt Jenseits. Wo doch das Universum so viel Jenseits nahelegt.

Die Schriftstellerin Sibylle Lewitscharoff beklagte, dass sich in den Kirchen im Grunde eine „areligiöse Gesellschaft" breitgemacht habe. Sie hätten „vom Jenseits überhaupt keine Vorstellung mehr"[17]. Aber das Jenseits ist das Entscheidende des Religiösen, es ist das eigentlich Aufregende. Dieses Jenseits legt sich beim nächtlichen Blick auf das Firmament und dessen „Jenseitiges" – jenseits menschlicher Anschauungskraft und Logik – ganz diesseitig nahe. Nachdenkliche Leute stellen sich solche Fragen, oft eher unbewusst als bewusst, nicht zwingend mit intellektueller Schärfe. Nächtens kann es über einen kommen. Dann spüren die davon Ergriffenen, dass es mit den üblichen religiösen Vorstellungen nicht mehr übereingeht. Hier liegen die eigentlichen Ursachen religiöser und christlicher Entfremdung, die Ursprünge der epochalen Glaubens-, ja Gotteskrise.

Unterdessen wird im Kirchenbetrieb weiter so getan, als gäbe es die faszinierenden Sommernachtsträume, die sich manchmal zu Albträumen auswachsen können, nicht. Dabei könnten die Wunder über Wunder des Sichtbaren den Keim legen für ein modernes Transzendieren mit Transzendenz. Dann träumen wir vielleicht auch wieder mal vom neuen Himmel und von der neuen Erde, von der frohen Botschaft der Auferstehung, von dem, was unserem sterblichen irdischen Leben zum Besten gereicht. Eine Lust am Leben, die Lust auf Gott weckt. Schöpfung nicht als bedrohtes Jammertal, sondern bei allen – auch kosmischen – Katastrophen als Wunder der Naturgesetze, als Wunder des Sichtbaren, der Sinne, der Sinnlichkeit und als Trost der Seele. Hoffnung, nichts als Hoffnung angesichts der Rätselhaftigkeit und Schönheit des Kosmischen, das die Seele hineingleiten lässt in die Schwerkraft eines anderen Raums und einer anderen Zeit. Mit einer Energie, die Gefühl und Verstand erhebt und schweben lässt: reines Schauen, Lauschen und Sich-weg-Sinnieren ins Weite unterm Sternenzelt. Wie es der nicaraguanische Priesterdichter Ernesto Cardenal (1925–2020) in seinem *Kosmischen Gesang* versucht hat:

„Am Anfang | – vor der Raum-Zeit, | war das Wort. Alles, was ist, ist also wahr. Gedicht. | Die Dinge existieren in der Form von Wörtern. | Alles war Nacht, usw. | Es gab weder Sonne noch Mond, noch Menschen, noch Tier, noch Pflanzen. | War das Wort. (Das Wort der Liebe.) | Geheimnis und gleichzeitig sein Ausdruck. | Das, was ist und gleichzeitig ausdrückt, was es ist: | ‚Als es am Anfang noch niemanden gab, schuf er die Worte … und gab sie uns …‘ | Am Anfang war also das Wort. | Der, der ist und sagt, was er ist. | Das heißt: | der sich vollkommen ausdrückt. | Geheimnis, das sich gibt. Ein Ja. | Er ist an sich ein Ja. | Enthüllte Wirklichkeit. | Ewige Wirklichkeit, die sich ewig enthüllt. | Am Anfang … | Vor der Raum-Zeit, | bevor ein Davor war, | am Anfang, als es nicht einmal einen Anfang gab, | am Anfang, | da war die Wirklichkeit des Wortes. | Als alles Nacht war, als | alle Wesen noch dunkel waren, bevor sie Wesen wurden, | war es eine Stimme, ein klares Wort, | ein Gesang in der Nacht … | Hörst du jene Sterne? Irgendetwas müssen sie uns sagen. | Der Chor der Dinge. | Geheime Melodie der Nacht.

/ Äolische Harfe, die allein erklingt nur durch die Berührung der Luft. / Der Kosmos singt."[18]

Kleine Farbenlehre oder: Was ist „wirklich"?

Der Kosmos singt – auch in der Sinnlichkeit seines Farbenspiels. Mit jedem Frühling beginnt von Neuem ein Spiel aus Farben, Formen und Gerüchen. Ein ganzer Kosmos pflanzlichen Erwachens sprengt die winterliche Starre und Dürre auf, das monotone Grau in Grau. Kaum macht sich das erste Weiß der Schneeglöckchen bemerkbar, legt sich schon das satte Blau, tiefe Gelb und zarte Lila der Krokusse darüber. Abgelöst wird es von gelb-weißen Blütenteppichen aus Osterglocken, Narzissen, bald gefolgt von Forsythien, aufgemischt mit dem dunklen Violett der Stiefmütterchen. Schon schießen die Tulpen heraus. Mit ihren im Wind wogenden Köpfen tauchen sie ganze Vorgärten in ein gelb-rotes Wellenbad.

Die Menschen – ob gläubig oder nicht – lassen sich alle Jahre wieder verzaubern von diesem Naturwunder der Schöpfung aus dem Nichts, zumindest in Weltgegenden mit Jahreszeiten, die sich stark voneinander unterscheiden, mit dem abrupten Wechsel vom winterlichen Tod zum frühlingshaften neuen Leben, vom Vergehen zum Entstehen. Plötzlich keimt, sprosst, rankt empor und öffnet sich, was kurz zuvor für die Sinne nicht fassbar war: vom Dunkel ins Licht, von der Kälte in die Wärme. Mit der botanischen Pracht der Farben und Gestalten, mit dem Wachstum der Pflanzen erhebt sich die Seele. Die Menschen streben ins Freie, freuen sich über das Wunderbare der aufbrechenden Natur und damit über das Wunder aller Wunder der eigenen Existenz. Selten verbinden sich die Farben des Lebens so unmittelbar sinnlich mit den Farben der Sehnsucht.

Alles nur Täuschung, Trugschluss, Illusion? „Es ist eine bunte Welt voller Farben, Hellem und Dunklem, voller Gerüche, Geschmäcke, Töne, Geräusche, von Warmem und Kaltem, Hartem, Rauhem, Weichem, Samtenem … Wer von uns könnte sich wirklich vorstellen, wie es wäre zu leben, gäbe es diesen Sinnesreichtum der Welt nicht?"[19], fragt der Philosoph und Mathematiker Holm Tetens. Er tritt dem Dauerverdacht entgegen, die menschlichen Sinneswahrnehmungen seien im Grunde nur Einbildung, ein Konstrukt, unwirklich, unexakt und damit der exakten Wissenschaft unterlegen, zweitrangig und minderwertig. Demgegenüber sei die physikalisch-mathematische oder chemische Formel der alleinige wahre und verlässliche Maßstab fürs Wirkliche. Als einzig real erscheint dann der Elektronenfluss, die räumliche Ausdehnung, die Ladung, die Masse, die Geschwindigkeit. Real sei die farblose elektromagnetische Welle, die Farbe dagegen ein Irrtum. Das Eigentliche ist unsichtbar, das Sichtbare uneigentlich?

Die Arroganz einer wissenschaftlichen Engführung, die das sinnenhafte Leben des Menschen und damit sein Gefühlserleben minimiert und somit ins Abseits stellt, lässt Tetens nicht kalt. Natürlich soll Wissenschaft durchs Sinnliche hindurchstoßen. Das macht ihren Erfolg aus, dass sie subjektiv Unvergleichliches auf einer anderen Ebene, in einem von der Forschungsgemeinschaft anerkannten Paradigma, deutet. Die gemeinsame Beschreibungs- und Vorstellungswelt kann die Dinge allerdings nur so lange „objektiv" miteinander vergleichen, solange die vorgeschlagenen Modelle die Phänomene einigermaßen angemessen beschreiben. Das heißt: ohne allzu große Widersprüche. Wenn in den Verstehensmodellen Brüche auftauchen und sich Paradoxien breitmachen, die allzu unerträglich werden, verwerfen die Forscher irgendwann recht plötzlich die bisher gültigen Verständnisweisen. Neue Erklärungswelten ziehen dann herauf, andere mathematische, physikalische, chemische, biologische Beschreibungen, welche die Phänomene besser begreifen lassen, wenn auch gleichfalls nicht perfekt. So kommt es zu wissenschaftlichen Revolutionen mit einschneidenden Paradigmenwechseln. Die Fähigkeit zur Korrektur bisheriger Verstehensmodelle macht den gewaltigen Erfolg aller Naturwissenschaften aus. Messen, Wiegen, in Formeln fassen, diese auf Wesentliches reduzieren – so versuchen sie mit immer neuen Anläufen, jene Eigenschaften der Dinge ausfindig zu machen, die unabhängig von menschlicher Befindlichkeit gelten und unter gleichen Bedingungen in gleicher Weise jederzeit experimentell wiederholt werden können. So werden Naturgesetze entdeckt. So erscheinen im Universum der Physik die Farben tatsächlich nicht farbig, sondern farblos, als elektromagnetische Wellen unterschiedlicher Länge und Frequenz. „Wenn Licht auf materielle Hindernisse stößt, wird es absorbiert, reflektiert, gebrochen, gebeugt, polarisiert. Dabei treten die verschiedenen Wellen, aus denen sich das Licht zusammensetzt, auseinander oder interferieren auf neue Weise miteinander, und so wird schließlich jeweils unterschiedlich farbiges Licht sichtbar, entstehen Licht, Schatten, Dunkelheit."[20] Aber: Sind Farben deshalb nichts anderes als diese Wellen?

Die elektromagnetische Strahlung kann der Mensch nicht sehen. Dafür hat er kein Auge, keinen Sinn. Er sieht nur Rot, Gelb, Blau, Grün ... – in tausenden Variationen. Was aber heißt da: „nur"? Denn gewaltig ist seine Leistung, groß ist seine Macht. Ohne Licht schaut er das Licht, den bunten Regenbogen, den blauen Himmel. Diese Naturerscheinungen sind nicht minder real als die elektromagnetische Kraft.

Der Philosoph lädt ein, die Herabsetzung sinnlicher Wahrnehmung kritisch zu überprüfen. Dabei erkennt er die wissenschaftliche Erfolgsgeschichte selbstverständlich uneingeschränkt an. Ihr Erkenntnisweg macht sie frei. Die Physik der Bewegung eines Körpers funktioniert unabhängig von der persönlichen Sinnlichkeit des Experimentators im Labor. „Was am Ende zählt, ist allein, dass der Beobachter in der Lage sein muss anzugeben, zu welchem Zeitpunkt sich der Körper wo befindet ..." In der Optik etwa könnte auch ein farbenblinder, ja sogar ein gänzlich blinder Physiker über Wellenlängen, Amplituden, Frequenzen und mathematische Formeln das Licht und die Farben exakt beschreiben. Aber exakt sehen kann er sie nicht.

Die Optik beginnt nicht mit der imaginären Welle, sondern mit der anschaulichen Farbe, mit ihrer Erscheinung. Wir sehen die Welt immer farbig, falls unsere Sinnesorgane und das Gehirn funktionieren. Ein Blinder kann Optik betreiben. Doch ein Blinder hätte diese Physik nicht erfunden. Weder hätte er ein Motiv gehabt noch damit begonnen, sie zu entwickeln. Das heißt: Erst das, was wir als Phänomen sehen, und die Neugier, experimentell tiefer ins Sehen vorzudringen, bewegen die Wissenschaft voran. Was wir sehen, hat keine geringere Qualität als das, was wir als seine physikalische Beschreibung nicht sehen. Auf dem Erkenntnisweg ging die Farbe der Welle voran, nicht die Welle der Farbe.

Tetens ermutigt, diese Tatsachen wieder zu würdigen, die Wahrnehmung des Menschen nicht abzuwerten. Alles Messen beginnt mit den Sinnen. „Die Physiker ... nahmen immer schon unter anderem die Farbe Rot in der Welt wahr, genauso wie wir es auch tun, und deuteten dies nachträglich unter dem spezifischen Gesichtspunkt der experimentellen Voraussage und Reproduktion von Rotphänomenen als elektromagnetische Welle bestimmter Wellenlänge." Das Sein kommt vor dem Modell, nicht das Modell vor dem Sein. Wir sehen die Welt farbig, nicht virtuell, sondern real. Erst daraufhin beschreiben wir „unsere unterschiedlichen Farbeindrücke als elektromagnetische Wellen unterschiedlicher Wellenlänge, weil sich diese Neubeschreibung unter einem speziellen Gesichtspunkt als außerordentlich erfolgreich bewährt hat, nämlich unter dem Gesichtspunkt, die unterschiedlichsten Farbphänomene einheitlich voraussagen und mit Hilfe geeigneter Apparaturen technisch reproduzieren zu wollen"[21]. Ohne das sichtbare Licht der Farbe gäbe es keinen Grund, nach dem unsichtbaren Licht zu fragen.

Der Philosoph plädiert für den gesunden Menschenverstand, gegen reduktionistische Leichtgläubigkeit. Unsere Sinne sind alles andere als irreal oder irrational. Im Gegenteil: Auf ihnen gründet Wahrnehmung, Wahrheit, Rationalität. Auf ihnen gründet sogar das Urteil über Sinn und Unsinn bestimmter Berechnung, Logik, Deutung. Das intellektuelle Verstehen koppelt sich vom sinnlichen Verstehen nie ab. „Im Alltag stellt sich bei uns geradezu instinktiv das Gefühl ein, in der sinnlichen Wahrnehmung die Welt so zu erleben, wie sie ist. Wir müssen uns dieses Gefühl nicht ausreden lassen." Alles Wissen, auch das wissenschaftliche Wissen, beginnt mit dem Wahrnehmen.

Was heißt das für das religiöse Glauben? Die Warnung, Wirklichkeit auf bestimmte materielle oder energetische Zustände wie Wechselwirkungen festlegen zu wollen, kann auch auf dem Feld der „letzten Dinge", des religiösen Fragens hilfreich sein. Zum Beispiel meinten Hirnforscher, Erfahrungen religiöser Ergriffenheit auf das Feuern gewisser Neuronen in einzelnen Regionen des Gehirns rückführen zu können. Reale Zusammenhänge und Wechselwirkungen sind nicht zu bestreiten. Doch greifen die Vermutungen, Religion sei im Grunde nichts anderes als eine gewisse Art elektrischen Stroms, den man unter anderem bei epileptischen Gewittern im Gehirn ähnlich messen kann, genauso kurz wie die Behauptung, Farbe sei nichts anderes als eine bestimmte Wellenlänge und Frequenz. Auch Christen müssen sich kein „falsches Bewusstsein" einreden lassen, wenn sie religiöse Wahrnehmung hochschätzen, wenn sie sich zu den sinnlichen Erfahrungen ihrer Offenbarungsgeschichte bekennen. Die historische Gottesahnung ist ebenso wenig Fiktion wie die Farbe Rot.

Um göttliche „Offenbarung" zu beschreiben, greifen die Sprachspiele des Religiösen gern Bilder von Licht und Farbe auf: „In seinem Licht schauen wir das Licht" (Ps 36,10). Oder wie es im Glaubensbekenntnis über Jesus Christus heißt: „Gott von Gott, Licht vom Licht, wahrer Gott vom wahren Gott". Ähnlich wie den Farben des Wissens gehen auch den Farben des Religiösen die Farben des Lebens voraus. Die Gottsuche und Gottesahnung mit allen Sinnen, mit Gefühlen und mit kritischem Verstand, kombiniert und exprimiert im Gehirn und über das Gehirn, müssen sich Glaubende gleichfalls nicht als unwissenschaftlich ausreden lassen. Die Farben Gottes sind nicht minder „wirklich" als die Farben des Daseins, voller frühlingshafter, schöpferischer Sinnlichkeit.

III. Die Geburt des Menschen
im Haus der Evolution

War es das BolA2-Gen?

Die Paläoanthropologen haben in den letzten hundert Jahren Unmengen an Überbleibseln menschlicher oder menschenähnlicher Vorfahren des Homo sapiens gefunden, gesichtet, bestimmt – und damit die weit zurückreichende animalische Vergangenheit der „Krone der Schöpfung" aufzuschlüsseln versucht. Doch trotz aller Erkenntnisgewinne, welche Rolle die verschiedensten Faktoren in der Evolution gespielt haben, bleibt es mysteriös, wie der Mensch schlussendlich zum Menschen wurde. Eine Theorie jagt die andere. In keiner modernen Wissenschaft ist einmal sicher Geglaubtes so häufig innerhalb kürzester Zeit wieder umgestoßen worden wie auf diesem Forschungsgebiet. Aufgrund der permanenten Revolutionen der Erbgutentschlüsselung mischen hier inzwischen auch die Genetiker mit ihren Ergebnissen kräftig mit – dem ersten Anschein nach recht einleuchtend, bei näherem Hinsehen jedoch noch häufiger abenteuerlich verstiegen, hochgradig spekulativ.

Laut einer der jüngeren derartigen Hypothesen liegt der Schlüssel auf dem Weg zum heutigen Menschen an einer recht „wackeligen" Stelle in der DNA. Der betreffende Ort im genetischen Code soll für Mutationen, also willkürliche Änderungen der Erbinformation, besonders anfällig sein. Dort würden häufiger zusätzliche Gene erzeugt oder weitere Kopien des Abschnitts erstellt, mit teilweise dramatischen Folgen, worauf der Wissenschaftsjournalist Ulrich Bahnsen hingewiesen hat. Die entsprechenden (Fehl-)Informationen beziehungsweise (Fehl-)Funktionen könnten schwere Behinderungen verursachen, andererseits aber auch erstaunlich innovative Prozesse in Gang setzen.[22]

Der amerikanische Genetiker Evan Eichler meint, mit dem Gen namens BolA2 auf dem menschlichen Chromosom Nummer 16 die zentrale Schaltstelle der Menschheitsentwicklung identifiziert zu haben. Dort ist ein Code hinterlegt, der die Produktion eines Eiweißes steuert, ohne den der Eisenstoffwechsel im Körper nicht funktionieren würde. Die Aufgabe des betreffenden Eiweißes ist es, dafür zu sorgen, dass der Organismus Eisen aus der

Nahrung aufnimmt und speichert. Alle Tiere, so heißt es, haben zwei Gene jenes Typs vom Vater und von der Mutter mitbekommen. Auch Menschenaffen und die ausgestorbenen Neandertaler besitzen beziehungsweise besaßen jeweils zwei Kopien in ihren Zellen. Schon seit Längerem war bekannt, dass Schäden an dieser sensiblen Stelle bereits in der Embryonalentwicklung weitere Gene negativ beeinflussen und Behinderungen auslösen.[23]

Bei der Untersuchung derartiger schwerer Defekte und ihrer Ursachen haben die Forscher eine aufregende Entdeckung gemacht: In manchen Menschen befinden sich weitaus mehr Kopien des Gens als die beiden notwendigen, zum Teil bis zu zwölf. Im Lauf der Evolution scheint der Zufall dort kräftig eingegriffen zu haben, vermuten die Experten. Schon vor über 280 000 Jahren soll dieses BolA2-Gen durch zusätzliche Kopien verstärkt worden sein, was sich über viele weitere Generationen ausgebreitet habe bis zur Entstehung der Menschheit.

Was aber bedeutet das? Da beginnen noch größere Spekulationen. Dank der Mehrfach-Kopien jenes Gens hätten die damit ausgestatteten vormenschlich-menschlichen Lebewesen deutlich mehr vom fraglichen Eiweiß produzieren können. Folglich konnten sie mehr Eisen aus der Nahrung aufnehmen und auf diese Weise ihren Blutkreislauf optimieren. Im roten Blutfarbstoff Hämoglobin ist das Eisen gelagert, das Sauerstoff bindet. Je mehr Eisen im Blut, umso mehr Sauerstoff kann der Organismus aufnehmen, umso fitter ist das Individuum bei ausdauernder körperlicher Anstrengung. Wie beim Eigenblutdoping oder beim Höhentraining von Sportlern seien die Lebewesen auf dem Weg zur Menschwerdung durch jene genetische Verbesserung körperlich aufgerüstet worden. Das habe in der frühen Menschheitsphase die Fitness der Jäger gesteigert, ja überhaupt erst die Umstellung von pflanzlicher auf tierische Ernährung ermöglicht. Nun konnte man zum Beispiel dem Wild besser über weite Strecken folgen, bis es ermüdete und leichter zu erlegen war. Mehr Eisen bedeute mehr Sauerstoff, mehr Jagdbeute, mehr Fleisch – und schlussendlich: mehr Gehirn. Allein der massive Fleischverzehr habe die riesigen Energiemengen liefern können, die das Hirn zum intensiven Arbeiten braucht. Das Hirnvolumen bis hin zum Homo sapiens soll sich gegenüber dem der affenähnlichen Vorfahren mindestens verdreifacht haben. Das sei die Voraussetzung gewesen für den Geistessprung, den das weise, intelligente Geschöpf auszeichnet.

Der Beginn dieses Prozesses wird in Afrika verortet, ausgehend von einem Urmenschen namens Homo rhodesiensis, dessen Nachkommen sich nach Asien und Europa ausbreiteten. Zuvor schon sollen allerdings mehrere Wellen von Vormenschen in diese Richtungen entlassen worden sein. Der rhodesische Mensch habe sich später mit diesen Vorläufern außerhalb Afrikas vermischt – aber auch in Afrika selber.

Genau an diesem Punkt aber wird die Hypothese schwammig. Sie mutmaßt weitere „Intelligenzfaktoren" bei anderen menschenartigen Stämmen und zaubert diese wie einen Gott aus der Maschine auf die Bühne der Evolution. Mit diesen anderen menschenartigen Typen, so lautet das Postulat, habe sich der Homo rhodesiensis sexuell gepaart und Kinder gezeugt. Sehr vage heißt es: „Die verbesserte Eisenrekrutierung mithilfe der BolA2-Genfamilie könnte sich in einem der Stämme vollzogen haben. In anderen Kohorten dürften sich zeitgleich durch Gendoppelungen kognitive Fähigkeiten erweitert haben: das Talent zum abstrakten Denken etwa, das präzise räumliche Vorstellungsvermögen und – wahrscheinlich der entscheidende Faktor – die soziale Intelligenz, also die Fähigkeit, in großen Gruppen mit komplexen Beziehungen zu leben. Letzteres war wohl der höchste Trumpf des modernen Menschen."[24]

Wie das aber alles zusammengekommen sein soll, wie es sich verdichtete, dafür gibt es keine schlüssigen Belege. Wenn es darum geht, die entscheidenden Übergänge zum modernen Geistwesen Homo sapiens zu markieren, flüchten sich alle noch so vermeintlich gut begründeten Hypothesen aus dem vordergründig Schlüssigen hinaus ins Wolkige. Der Beitrag schließt nicht ohne Grund mit einem inneren Seufzer: „Ein Wunder, dass es uns gibt."

Nicht minder wundersam allerdings ist, warum Raubtiere und deren Vorfahren, die schon weitaus früher als der Mensch ergiebig Fleisch und somit massenhaft Eiweiß verzehrten, ihre Gehirnentwicklung nicht annähernd derart beschleunigten wie der Mensch. Löwe, Tiger, Krokodil müssten gemäß der Fleischlogik ein weitaus bedeutsameres Gehirn und eine weitaus mächtigere Intelligenz entwickelt haben und dem aufrecht gehenden Säugetier und Kulturen produzierenden Menschen um ein Mehrfaches überlegen sein.

Mysteriös faszinierend bleibt es also, wie und warum es zur kognitiven Explosion ausgerechnet beim Menschen – und nur bei ihm – kam. Durchschlagend ist es seine geistige Fähigkeit selber, die weitere geistige Fähigkeiten produzierte. Der Hirnforscher Robert-Benjamin Illing verweist darauf, dass der Mensch die ihn umgebende Welt über seine Sinnesorgane ja nie einfach nur wahrnimmt, wie sie ist. Vielmehr ist er in der Lage, sie zu deuten, auszuschmücken, etwas zu imaginieren, was so nicht ist. „Die Welt ist viel zu komplex und ändert sich von Moment zu Moment viel zu schnell, als dass wir unsere Situation jederzeit vollständig wahrnehmen und beurteilen könnten. Es bleibt gar nichts anderes übrig, als der Welt mit einer Fülle von Interpretationsschablonen zu begegnen."[25] Aber auch diese werden weiterentwickelt.

Der Mensch ist irgendwann irgendwo durch irgendwelche Prozesse zu einem kreativen Wesen geworden – zu Adam und Eva. Zum Beispiel als er einen Stein nicht mehr bloß als einen Stein, einen Stock nicht mehr nur als einen Stock betrachtete, sondern als Werkzeug oder Waffe benutzte, verfeinerte, modellierte – bis zur Abstraktion von Schmuck, von Kunst. Illing: „Stein und Stock werden zu etwas, das sie aus sich selbst heraus nicht sind, durch eine außerhalb ihrer in ihnen liegende Intention, durch eine Zweckbestimmung, zu etwas Neuem." Dabei sei „das Geistige zur Ursache des Physischen" geworden.

Das kehrt die Perspektive der Genetiker um, die das Geistige allein aus dem Molekularen der DNA ableiten wollen. Allerdings bleibt alles Geistige rückgebunden an das Körperliche, Organische, Materielle. Sogar die menschliche Selbstermächtigung zum transzendierenden Überschreiten der Dinge durch das Geistige wäre ohne die physiologische Voraussetzung – oder besser Begleitung? – nicht möglich. Wie aber genau dieses „Zusammenspiel" aus dem „Nichts" purer Materialität erzeugt worden sein soll, ist bisher nicht überzeugend begründet. Ohne Materielles gibt es nichts Geistiges, aber ohne Geistiges gibt es Geistiges auch nicht. Kann es ohne Geistiges, also Energetisches – welcher Art auch immer –, überhaupt Materie geben? Die Fragen bleiben offen. Das Mysterium Geist bleibt auch mit BolA2 ungelöst.

Zumindest gibt es gute Gründe, mit dem Fragen nach der Menschwerdung und seiner Geistbegabung nicht nachzulassen. Der moderne Mensch will wissen, „wie es zugegangen sein muss, damit ein Affe Mensch werden konnte" – so der Philosoph Peter Sloterdijk. „In der Ideengeschichte der Menschheit wurde die Menschwerdung sowohl von oben her wie von unten her gedacht. Bei diesem Befund ist es im Grunde geblieben, nur dass die Mehrheit der Heutigen das Menschwerden als evolutionäres *Bottom-Up*-Drama versteht. Das menschliche Phänomen bleibt aber so unwahrscheinlich, dass eine Erklärung von oben gar nicht so abwegig ist.“[26]

Sprachentwicklung – Sprechentwicklung: Aller Anfang ist Klang

„Im Anfang war das Wort.“ Die Menschwerdung Gottes beginnt gemäß christlichem Glaubensverständnis im Wort, im Logos. Wie aber begann die Menschwerdung des Menschen?

Ebenfalls im Wort. Dieser Prozess liegt allerdings in dunkler Vorzeit. Seit Langem bemühen sich Evolutionsbiologen, Anthropologen, Hirnphysiologen, Ethnologen und Linguisten, dieses Geschehen zu erhellen. Ohne Klang wären wir nicht, was wir sind. Und ohne das Ur-Menschenwort gäbe es für uns auch kein Gotteswort, keine der vielen heutigen und der zum Teil vor Urzeiten bereits abgestorbenen Religionen. Unzählige Theorien versuchen, das Rätsel zu lösen, natürlich mit einem sehr hohen Maß an Spekulation. Die Gelehrten widersprechen sich. Dennoch finden sich gewisse Anhaltspunkte, wie es gewesen sein könnte. So suchen die Forscher nach Parallelen bei Naturvölkern, in der frühen Sprechentwicklung der Säuglinge – und im Verhalten der Menschenaffen, am liebsten bei unseren nächsten Verwandten, den Schimpansen, deren Evolutionslinie sich von der unsrigen bereits bei den Homininen vor fünf bis sieben Millionen Jahren abspaltete.

Gab es neben dem – vermuteten – Urknall des Kosmos auch einen Urknall der Sprache? Manche Wissenschaftler vermuten dies. Andere meinen jedoch, es handele sich um einen allmählichen Prozess über unvorstellbare Zeiträume hinweg, der keineswegs abgeschlossen ist. Die Neurowissenschaftlerin und Anthropologin Dean Falk ist sogar der Auffassung, dass der Entstehung einer „Protosprache“ vor etwa zwei Millionen Jahren eine noch weitaus längere Phase von Ur-Ursprachen vorausging.[27] Tiergeräusche hätten sich unter Einbeziehung von Gesten zu Lauten unterschiedlichster Tonhöhen und Rhythmen geformt, die anfangs wohl nicht viel anderes signalisierten als Futter, Gefahr, Macht, Unterwerfung, Lust auf Sex. Alle Verständigung begann recht primitiv und war in der Wirkung dennoch schon erstaunlich komplex: Grunzen, Schmatzen, Brummen, Brüllen, Winseln, Knurren, Husten, Bellen, Kreischen, Fiepsen, Weinen. Bei Schimpansen fallen die Huuh-Laute auf, die evolutionsgeschichtlich möglicherweise sehr alt sind. Aber wie kam es zur ersten Ausformung und Ordnung, zu einer Art frühester „Verständigung"?

Auch da wuchern die Hypothesen. Allerdings gibt es auffällige Befunde. So sind viele Forscher davon überzeugt, dass gewisse Ähnlichkeiten mit dem Lallen und Brabbeln menschlicher Neugeborener bestehen – und damit, wie sich daraus wiederkehrende Laute formen, die durch eine mütterliche „Ammensprache" verdichtet und geordnet werden. Irgendwann werden aus Wiederholungen, Nachahmung und Betonung, verstärkt durch den damit einhergehenden besonderen Gesichts- und Körperausdruck der Bezugsperson, einfache Silben, dann Silbenkombinationen, schließlich Worte. Deren Sinngehalt kann ein Säugling anfangs noch nicht erfassen. Aber mit der Zeit „versteht" er ihn aufgrund der mit dem Gesagten verbundenen Emotionen. Unter Anleitung seiner Umwelt – zum Beispiel durch Zeigen auf die gemeinten Personen und Dinge – füllt er die Verknüpfungen mit Bedeutung und Informationsgehalt. Die rätselhafte Sprachwerdung, die sich beim Säugling individualgeschichtlich im Zeitraffertempo vollzieht, könnte laut Dean Falk in der Frühzeit vergleichbar abgelaufen sein, nur stammesgeschichtlich erheblich gedehnt.

Die Initialzündung jeder Sprachentwicklung ist ohne die enge Bindung von Mutter und Kind nicht zu verstehen. Genauer: Sprache beginnt mit einem Problem, mit einer Urangst, einem Trauma – der zeitweiligen Trennung des Kindes von der Mutter, sobald es auf der Welt ist. Während sich der Nachwuchs der affenartigen Entwicklungslinie mit starker Greifkraft stets eng an die Mutter klammert, fast ununterbrochen Körperkontakt hält, ist diese Fähigkeit auf dem Weg zum Menschsein verlorengegangen. Schuld daran war der aufrechte Gang, vermutet Dean Falk.

Bei den Homininen, die sich nicht mehr auf allen vieren fortbewegten, sondern irgendwann begannen, auf zwei Beinen in die Welt zu schauen, habe sich aus physiologischen Gründen der Geburtskanal gegenüber den affenartigen Vorfahren drastisch verengt. Nur solche Kinder der Vor-Vormenschen hatten eine Überlebenschance, die ein nicht zu gewaltiges Hirnvolumen aufwiesen. Sonst wären sie im Geburtskanal steckengeblieben und gestorben – samt Mutter. Dean Falk stellt es sich so vor: „Am Anfang standen zunehmend längere und schmerzhaftere Geburten bei den Vorfahren des Homo erectus (des aufrecht gehenden Menschen; *d. Verf.*). Als die natürliche Selektion die Gehirne immer größer werden ließ, muss die Säuglings- und Müttersterblichkeit auf ein nie dagewesenes Niveau angestiegen sein, und mit der Zeit wurden Neugeborene begünstigt, die einen Teil ihrer Gehirnentwicklung auf die Zeit nach der Geburt verlagert hatten."[28] Darunter litt in erster Linie die Motorik, vor allem das Greifen. Weil sich das Kind nicht mehr an die Mutter geklammert halten konnte, musste diese das Neugeborene etwa zur Nahrungssuche auf den Erdboden ablegen. Den Trennungsschmerz, Angst und Kälte drückte das Kind mit Winseln, Schreien und anderen durchdringenden Rufen aus. Die Mutter wiederum baute den Kontakt zum Vereinsamten auf, indem sie ebenfalls mit Lauten antwortete. So gab es ein ständiges Hin und Her aus Klängen, eine Vorform von Kommunikation und gegenseitiger Beruhigung, dass alles in Ordnung sei. Das Kind wusste, die Mutter ist noch nah. Die Mutter wusste, dem Kind geht es gut. Die früheste Sprache war demnach eine Art Geborgenheitsersatz für Körperkontakt, gegen das Unglücklichsein.

Interessanterweise geben Schimpansen in ihren Interaktionen viele Geräusche von sich. Auch von der Mutter getrennte Schimpansenbabys „nörgeln". Glückliche Schimpansenbabys am Körper ihrer Mutter hingegen sind stumm wie ihre Mütter. Wegen der ständigen Körpernähe waren sie nie gezwungen, eine eigene Sprache zu formen. Menschliche Neugeborene jedoch schweigen nicht. Sie drücken nicht nur Unwohlgefühle, sondern auch solche der Zufriedenheit und des Glücklichseins aus, zum Beispiel durch glucksende, jauchzende Laute. Verschiedene Tonhöhen und Rhythmen spielen dabei eine Rolle. Neugeborene erkennen die Mutter an ihrer Sprache. Dass es einen engen Zusammenhang zwischen Sprechen und Lieben, zwischen Redebedürfnis und Bindungssehnsucht, gibt, zeigt zudem die Körpersprache von Babys, die unter Wimmern und Jammern Greifbewegungen ausführen und die Arme hochstrecken. „Wenn ein sehr kleines Kind schreit, will es in vielen Fällen nichts anderes, als auf den Arm genommen und geknuddelt werden", so Dean Falk. Körperkontakt tröstet. Lautmalereien und „singende" Klänge haben den gleichen Effekt. Sprechen in vertrauten Lauten schafft Bindung und bestätigt Geborgenheit.

Am Beginn selbst primitivster Sprache stehen also Gefühlsregungen, der Wunsch nach Verlässlichkeit und Geborgenheit. Die Hirnforscherin sieht darin deutliche Hinweise auf grundlegende evolutive Verbindungen zwischen den heutigen Mutter-Kind-Kontakten und vormenschlicher Sprachentwicklung. Gesten der Zuwendung beflügeln und verstärken die Sprachmuster: „Mütter ... beäugen ihre Säuglinge aufmerksam, wiegen, streicheln, herzen und küssen sie ... Auf der ganzen Welt wenden Mütter ihren Kindern ein betont freundliches Gesicht zu. Vorläufer davon finden sich bei anderen Primaten. Zu den mimischen Universalien zählen das Heben und Senken der Augenbrauen, das Neigen des Kopfes, Lächeln und Nicken. Mütter und Babys sind für das Verhalten des jeweils anderen in besonderer Weise empfänglich, und beide sind imstande, in die momentane Welt und den Gefühlszustand des anderen hineinzuschlüpfen."[29] Die Säuglinge sind aktiv, indem sie schreien und so den Kontakt der Mutter auslösen. Umgekehrt beruhigt und tröstet die Mutter das Kind durch Reden. Rund um den Erdball singt man Säuglinge zudem mit einfachen Melodien, mit Wiegenliedern in den Schlaf. Gleichzeitig werden sie geschaukelt. Nicht die Bedeutung der Worte ist entscheidend, sondern die ausgelöste Emotion. Vor allem kognitiven Verstehen verständigt man sich über Gefühle.

Schon von früh auf wenden sich Mütter aller Kulturen ihrem Nachwuchs mit einer kindgerechten Sprache zu. Diese sogenannte Ammensprache sucht ein einfaches Niveau. Sie wird unterstützt mit Singsang, weist langsame Rhythmen auf, gedehnte Betonung auf Vokalen wie „a" und „u". Verse werden wiederholt, wobei die Mutter freundlich den Kopf beugt, ihr Gesicht zum Kind hin bewegt. Das weckt dessen Aufmerksamkeit. Zudem werden einfache Silbenverbindungen kombiniert, zum Beispiel das „Ma" zum universalen Ma-ma, das „Wau" zum Wau-Wau. Das „Muh" wird zu Muh-Kuh. Möglicherweise waren Tierlaute sogar die ersten Verständigungslaute der Menschen. Die erwähnten kommen noch ohne schwierige Zungenbewegungen aus.

Erst im Lauf der Zeit bildet sich mehr. Irgendwann formen sich Wörter, die eventuell mit Namen aus der nächsten Verwandtschaft, von vertrauten Personen verknüpft und dann mit Bedeutung aufgeladen werden. Wörter verbinden sich miteinander zu Phrasen und – gemäß syntaktischen Regeln – zu Wortblöcken, zu Sätzen. Damit einhergehend baut sich Gespür für Grammatik auf. Das sind äußerst komplexe Abläufe, die ein hochkomplexes Gehirn voraussetzen. Mit der Sprachentwicklung bilden sich organisch immer komplexere Hirnzellenverknüpfungen über die sogenannten

Synapsen. Umgekehrt wirken die Hirnzellenverknüpfungen zurück auf die Fähigkeit, eine immer komplexere Sprache zu verstehen, anzuwenden und weiterzuentwickeln.

Vergleichbare Prozesse könnten in der Frühzeit der Vormenschen abgelaufen sein – von Tönen und Lauten über Silben bis zur Erfindung von Namen und Wörtern und schließlich zur Verständigung über deren „universale" Bedeutung innerhalb einer Gruppe. Dabei scheinen Kinder von den Eltern, insbesondere den Müttern, die Bedeutung der Wörter gelernt und diese an Geschwister und Spielkameraden weitergegeben zu haben, wobei die Kinder Sinn und Bedeutung bestimmter neuer Wörter wiederum an die Erwachsenen weitervermittelt haben. Auf diese Weise sind komplizierte Sprachsysteme und Bedeutungszusammenhänge entstanden, mit neuen Selektionen. Wie rasch dies funktioniert, kann man an der rasant sich wandelnden und innerhalb kürzester Zeit global sich ausbreitenden heutigen Jugendsprache beobachten. Deren Neuerfindungen und Bedeutungen werden ständig weitertransportiert, quer durch ganz verschiedene Kulturen und Gesellschaften. Und sie werden überall verstanden und gesprochen. Ähnlich verhält es sich mit der innovativen IT-Sprache, die alle kennen, sofern sie sich mit PC und Internet etwas intensiver befassen und sich in den sozialen Medien austauschen.

Eine besonders aufregende Entdeckung ist, dass im Gehirn gewisse Bereiche der Sprache nah bei denen der Motorik liegen. Es wird sogar vermutet, dass im Lauf der Evolution gewisse für Motorik zuständige Gebiete mit solchen der sprachlichen Verständnisfähigkeit überschrieben wurden. Das heißt: Das Begreifen mit dem Verstand löste auch organisch in bestimmten Hirnregionen das dort angesiedelte ursprüngliche Greifen mit der Hand ab. Möglicherweise ist das ebenfalls ein Hinweis darauf, dass und wie Sprechen und Verstehen den ursprünglichen Klammer-Körperkontakt ersetzten. Für die moderne Kommunikation über den Geist braucht man nicht mehr den unmittelbaren Körperkontakt. Sicherheit, Geborgenheit und Vertrauen gewinnt man durch die Glaubwürdigkeit der Sprache und dessen, der sie spricht.

Allerdings lernt der Mensch weiterhin bereits als Säugling am Du das Ich. Durch das Einfühlen in den Anderen und im Nachahmen des Anderen entsteht das Selbst, in Spiegelung. Dieser Befund ist durch die aufsehenerregende Entdeckung sogenannter Spiegelneuronen im Gehirn bestätigt und sogar mit einer materiellen Grundlage versehen. Das Individuum beginnt durch Sprache, es selber zu sein, indem es aus Beziehung Sprache wahrnimmt und nachahmt.

Ist Sprache womöglich so etwas wie eine Art soziale Fellpflege? Statt das Fell anderer zu kraulen lieber: reden? Jedenfalls entsteht Sprache im Wechselspiel aus Körpernähe und Körperdistanz, durch Einfühlen in den anderen und durch Rückkoppelungen. Diese eigenartige Fähigkeit des Homo-sapiens-Gehirns, sich in Entsprechung des eigenen Fühlens und Denkens ins Gegenüber hineinzufühlen und hineinzudenken und das mit immer höherer Abstraktion nochmals rückzubinden, beschreibt Dean Falk in einem interessanten Gedankenexperiment. In einem Raum befinden sich zwei Personen, die einander gegenübersitzen, und ein Apfel, den allerdings nur die erste der beiden Personen sieht. Diese denkt über die zweite Person: „Ich glaube, die weiß, wo der Apfel ist, und wartet nur darauf, dass ich weggehe, damit sie ihn holen kann, und sie weiß, dass das der Grund ist, weshalb ich nicht weggehe."

Die Anthropologin und Neurowissenschaftlerin fasst ihre durch viele Beobachtungen und Experimente geschärfte Theorie so zusammen: „Babys, die sich nicht mehr ohne Hilfe an der Mutter festhalten konnten, werden lautstark protestiert haben, sobald die Mütter sie ablegten, um Nahrung zu suchen oder auch einfach nur zu ruhen. Zum ersten Mal in der Frühgeschichte haben Mütter mit ihrer Stimme auf die Klagen reagiert, als Ersatz für Geborgenheit spendende Arme erste Wiegenlieder und eine beruhigende Ammensprache erfunden. Nach und nach haben sich als Nebenprodukt dieser Neuerungen die ersten Wörter entwickelt, aus denen dann irgendwann eine erste Sprache erwachsen ist … Und all das, weil Füße zum Gehen umgemodelt wurden und hilflose kleine Hände die Fähigkeit verloren haben, sich selbsttätig an etwas festzuhalten … Die evolutionären Veränderungen der Anatomie und der Funktion von Händen und Füßen gingen einher mit Veränderungen ihrer Repräsentationen im Gehirn …"[30] Netzwerke im Gehirn, die einst dem Ergreifen und Herbeiholen von Gegenständen gewidmet waren, wurden umprogrammiert, um Sprache begreifbar zu machen. Das alles geschah aus Sehnsucht nach Bindung, nach Geborgenheit, nach Liebe. Dean Falk: „Wenn die Vergangenheit der beste Prophet für die Zukunft ist, dann wären Menscheneltern überall auf der Welt gut beraten, diesem Bedürfnis größte Aufmerksamkeit zu schenken."

Wort um Wort

Für die Entwicklung der Menschheit wie jedes Einzelwesens Mensch beginnt alles mit dem Wort – im Gehirn: Sprechen, Kommunizieren, Verstehen, Fühlen, Denken. „Sprache ist ohne Zweifel eine spezifische kognitive Fähigkeit des Menschen", bestätigt die Neurowissenschaftlerin Angela D. Friederici. „Keine andere Spezies verfügt über Sprache, obwohl auch diese auf mannigfaltige Weise miteinander kommunizieren können. Die biologisch nächsten Verwandten des Menschen, die nichtmenschlichen Primaten, aber auch Hunde können einzelne Symbole oder Wörter als Bezeichnungen für verschiedene Dinge und Objekte lernen."[31] Aber sie sind nicht in der Lage, „Wörter nach bestimmten Regeln zu kombinieren". Um Buchstaben, Buchstabenkombinationen, Zeichen, optische und akustische Elemente zusammenzufügen, sodass sich obendrein Sinn ergibt, braucht es Regelwerke, die sogenannte Syntax, die Grammatik.

Kinder lernen das mühelos, Affen nie. Es gibt keine „Sprache" außerhalb des Menschen, die der natürlichen Sprache auch nur annähernd ähnlich wäre. Einzelne Wörter, Symbole, Piktogramme mögen zwar auf bestimmte Dinge verweisen – nicht aber auf mehr. Nur der Mensch versteht es, mit Wörtern kreativ zu jonglieren, sie zueinander in Beziehung zu setzen, einen Satz aufzubauen und diesen mit anderen Sätzen zu verknüpfen. Sex, Liebe, Hass, Trauer und die DNA mag der Mensch mit vielen anderen Lebewesen teilen. Seine Sprache trennt ihn. Die Sprachbegabung ist – in religiöser Sicht – das einzigartige göttliche Geschenk an den Homo sapiens und seine biologische wie kulturelle Evolution, ständig innovativ. Diese Sprache kommt an kein Ende. Selbst bei begrenztem Wortschatz bleibt sie schöpferisch, hält sie Überraschendes und Undenkbares als denkbar bereit.

Bei Spracherwerb und Sprachverarbeitung arbeiten mehrere Hirnareale zusammen. Das Broca-Areal im linken Stirnlappen und das Wernicke-Areal im linken Schläfenlappen leisten dabei die „Hauptarbeit". Ersteres ist benannt nach seinem Entdecker, dem französischen Chirurgen Pierre Paul Broca (1824–1880). Es spielt die entscheidende Rolle beim Satzbau, bei der Syntax, beim Bilden und Erkennen von Lauten, bei der Sprachmotorik, auch beim Entstehen und Entwerfen neuer, abstrakter Wörter. Der zweite Bereich ist vom deutschen Neurologen Carl Wernicke (1848–1905) erstmals identifiziert und beschrieben worden. Diese Region ist verantwortlich für das sensorische Hören und die Verarbeitung, sodass Sprache Bedeutung erhält beziehungsweise ihre Bedeutung erkannt wird, also ein semantischer Sinn entsteht. Die Hirnareale sind durch Nervenfaserbündel mehrfach miteinander vernetzt. Jeweils getrennte Schaltkreise sorgen in dem Netzwerk für semantische oder syntaktische Prozesse. Für den Informationsaustausch, der im ausgereiften Gehirn in Millisekunden geschieht, ist die Myelinschicht bedeutsam, eine Isolierschicht, die die einzelnen Fasern umgibt. Je dicker diese Schicht, umso rascher die Informationsübertragung.

Faszinierend ist, wie jedes Kind „jede Sprache der Welt, in die es hineingeboren wird, mühelos im Laufe seiner Entwicklung lernt", so die Neurowissenschaftlerin. Das Kind kann sogar mehrere Sprachen gleichzeitig lernen, braucht dazu aber Kommunikationspartner in der jeweiligen Muttersprache. „Der generelle Verlauf des Spracherwerbs erweist sich dabei über die verschiedenen Sprachen der Welt als sehr ähnlich: von der Schreiphase über die Lallphase zum Erwerb erster Wörter und syntaktischer Regeln bis hin zur Verarbeitung von komplexen Satzstrukturen."[32] Insgesamt sind drei Nervenfaserbündel an diesen Prozessen der Informationsübertragung beteiligt, allerdings zu Beginn noch nicht alle in gleicher Weise ausgebildet beziehungsweise mit der Isolierschicht umgeben. Zwar aktiviert das Neugeborene schon von Anfang an alle für die Sprache bedeutsamen Hirnareale, doch arbeiten zunächst nur jene Verbindungen schon voll leistungsfähig, die für die Fähigkeit des Hörens und für die Motorik zuständig sind, damit der Sprechapparat zur Nachahmung in Bewegung versetzt werden kann, etwa beim Lallen, also beim Versuch, Laute nachzubilden. Außerdem funktionieren bereits die Faserverbindungen, die für das Erkennen der Bedeutung von Wörtern wichtig sind. Das Faserbündel für die Syntax, also für das grammatikalisch korrekte Zusammenfügen von Wörtern zu sinnvollen Sätzen, baut sich jedoch nur allmählich mit der Myelinschicht auf. Erst im Alter von drei Jahren ist anfängliches syntaktisches Wissen vorhanden und das Gehirn so weit entwickelt, dass ein Kind grammatikalische Fehler in der Muttersprache erkennt und darauf verstört reagiert. Doch selbst dann kann es Feinheiten im Sprachsystem noch nicht wahrnehmen und unterscheiden.

Angela D. Friederici bringt als Beispiel: „Den Bär schubst der Tiger." Obwohl es sich um einen einfachen, kurzen Satz handelt, kann das Kleinkind ihn nicht richtig verarbeiten, weil das Objekt – „den Bär" – am Anfang steht und nicht das Subjekt – „der Tiger". Ab etwa acht Jahren erreicht das Kind die sprachliche Fähigkeit eines Erwachsenen.

Neuere hirnphysiologische und hirnpsychologische Erkenntnisse bestätigen, was das Volk schon früher wusste: Der Spracherwerb beginnt sehr früh. Davon hängt viel ab. Sogar Föten nehmen die Sprachmelodie und Akzentuierung wahr, je nach Sprachfamilie. Zum Beispiel liegt bei deutschen Wörtern die Betonung auf der ersten, bei französischen auf der zweiten Silbe. „Dieser Unterschied zwischen den Betonungsmustern der beiden Sprachen zeigt sich bereits in den Schreien von Neugeborenen: Deutsche Säuglinge schreien ‚deutsch', und französische Säuglinge schreien ‚französisch', indem sie die jeweiligen Betonungsmuster von zweisilbigen Wörtern in ihrer Muttersprache nachahmen."[33]

Die Erkenntnisse über den Spracherwerb und damit Sinnerwerb haben höchste Bedeutung ebenso für den religiösen Sprach- und Sinnerwerb. Er beginnt – wenn überhaupt – genauso von kleinauf. Auch da bleibt vieles mysteriös. Zum Beispiel, wie ein unanschauliches Wort wie „Gott" – ohne jedes Objekt, auf das man zeigen könnte – ins „Verstehen" kommt. Auch „Gott", jener oder jenes große Unbekannte, Vermutete und Ersehnte, das kein Auge geschaut, kein Ohr gehört, keines Menschen Sinnlichkeit je ergriffen hat, ist sprachlich nur über das Gehirn zu lernen. Das für Abstraktes angelegte, hochkomplex entwickelte Organ im Kopf beschäftigt sich damit seit Menschengedenken, spätestens seit Beginn des Homo sapiens, nicht zuletzt durch die Sprache der Kunst. Was aber passiert, wenn der religiöse Spracherwerb – wie momentan vielfach zu beobachten – abbricht, von kleinauf ausfällt: Wird dann auch „Gott" und der damit gegebene Sinn nicht nur dem Namen und dem Wort nach evolutiv ausgemustert?

Dazu äußert sich die Hirnforscherin freilich nicht. Doch weist sie auf einen weiteren spannenden Gesichtspunkt hin, der auch für die religiöse Frage anregend und aufregend ist: Dasselbe Wort kann mit der Zeit seine Bedeutung verändern. Und verschiedene Menschen verknüpfen mit einem Wort verschiedene Gedanken- und Gefühlsregungen. Dies umso mehr, je mehr die schier grenzenlosen Möglichkeiten, über die Syntax Wörter zu Sätzen zu bilden und neue Sprachbilder zu erzeugen, ausgeschöpft werden. Dann kann sich neuer Sinn entwickeln, wo vorher kein Sinn oder ein anderer Sinn war. Das geschieht ständig in der Geschichte. Deshalb fällt es Heutigen schwer, selbst bei ein und demselben Wort zu begreifen, was frühere Generationen darunter verstanden haben könnten. Meinten sie dasselbe? Die Klangfarben der Poesie übersteigen das vermeintlich Eindeutige.

Angela D. Friederici gibt außerdem zu bedenken, dass jeder Einzelne die Wörter seiner Sprache in je anderen Zusammenhängen gelernt hat. Daher entstehen beim gleichen Wort vom Ursprung des Lernens her oftmals recht unterschiedliche Bilder, Gefühle, Gedankenverbindungen. „Das Wort ‚Rose' kann Assoziationen wecken, die Form und Farbe betreffen oder auch den Duft, und das Wort kann Erinnerungen an bestimmte Situationen wachrufen, in denen eine Rose eine besondere Bedeutung hatte. Dies führt je nach Assoziation zu unterschiedlichen Hirnaktivitäten, die sich weit über das Gehirn verteilen und in den funktionellen Hirnstudien zu großen Variationen zwischen verschiedenen Individuen führen." Außerdem bleibt der Sinn eines Wortes selbst für eine Person nie stabil. Die Bedeutung kann sich im Lauf eines Lebens ändern, „abhängig von neuen Erlebnissen".

Für die Religion, insbesondere die Theologie, ihre Dogmatik, hat diese Erkenntnis einschneidende Relevanz, vor allem bei der Verwendung des Wortes „Gott". Tatsache ist: In jedem Gehirn „existiert" eine andere Wahrnehmung von „Gott", ein anderer „Gott". Die diesem Wort zugeschriebene Bedeutung, Vorstellung, Sinngebung ändert sich im Lauf eines Lebens womöglich erheblich. „Gott" wandelt sich. Er bleibt auch im frommen, vermeintlich religiös korrekten Sprachgebrauch nicht ein und derselbe für immer. „Gott" *wird* – je anders. Allein schon sprachlich. Bereits Paulus bemerkte solch einen lebensgeschichtlichen Wandel: vom Kinderglauben zum Erwachsenenglauben. „Als ich ein Kind war, redete ich wie ein Kind, dachte wie ein Kind und urteilte wie ein Kind. Als ich ein Mann wurde, legte ich ab, was Kind an mir war" (1 Kor 13,11).

Angesichts der Befähigung des Menschen, Sprache unendlich reich zu kombinieren und so auch „Gott" sehr variationsreich zu deuten, den Sinn „Gott" in je andere Zusammenhänge zu übertragen, sollte auch die amtliche wie populäre religiöse Rede von „Gott" bescheidener mit ihren Fest-Stellungen sein. Glauben ist ebenfalls ein Sprachspiel: Sprechen in Weite und Wandel.

Der Mensch ist hirnphysiologisch dazu angelegt, innovative Wortkombinationen zu erzeugen und diese zu interpretieren. Angela D. Friederici: „Hier fangen persönliche Gedankenwelten, hier fangen Literatur und Poetik an." Die Neurowissenschaftlerin räumt ein, dass da auch die Grenzen der Hirnforschung liegen. Sie mag zwar in der Lage sein, „die generelle emotionale Wirkung eines Gedichts zu ermitteln", indem sie zum Beispiel die bekannten Hirnregionen, die unterhalb der Großhirnrinde für die Gefühlsverarbeitung zuständig sind, misst. „Was jedoch die Faszination eines Gedichts für jeden von uns letztlich ausmacht, wird schwer zu messen sein, denn sie ist von Mensch zu Mensch verschieden. Sie ist abhängig von bereits Erlebtem und Gedachtem, von jenen Parametern, die den Menschen zu einem Individuum machen."

Das betrifft genauso den unermesslich sprachschöpferischen Bereich des Glaubens, den semantischen und syntaktischen Umgang mit „Gott", so unbekannt und sprachlich so „bekannt", so fern und in der Sehnsucht vieler so nah. Auch „Gott" hört nicht auf, buchstabiert und kombiniert Wort um Wort.

Auch wenn der evolutionsgeschichtliche Weg der Sprache hin zu einem Bewusstsein des Göttlichen nicht mehr zu rekonstruieren ist, so ist doch aufgrund der Forschung klar: Der Mensch war auf seinem hirnphysiologischen Entwicklungsweg schon recht früh irgendwann sprachlich dazu befähigt, jenseits des Konkreten, Unmittelbaren, Anschaulichen, Gegenständlichen das Nicht-Dingliche, Nicht-Sichtbare, Transzendente, Abstrakte zu ahnen und zu erforschen: das Geistige, Erhabene, Heilige, Ganz-Andere. Der Mensch hat nicht nur für die Kommunikation unter seinesgleichen eine Sprache mit verschiedensten Deutungen gefunden und entwickelt, sondern auch für die Kommunikation mit dem von ihm getrennten Gott: die Sprache des Gebets, der Sehnsucht nach Trost, Liebe und Rettung aus Angst und Tod, aus dem reinen Nichts. Es ist eigenartig und zutiefst berührend, wie die Vorrede des Johannesevangeliums ohne evolutionsbiologische Kenntnisse eine Kommunikation des göttlichen Logos annimmt entsprechend der Kommunikation über menschliche Sprache. So wie sich evolutionsgeschichtlich zwischen Mutter und Kind, Kind und Mutter zuerst das Wort der Zuwendung aufbaut, ist es theologisch das Wort der Zuwendung zwischen Schöpfer und Geschöpf. Für das vom mütterlichen und väterlichen Gott getrennte Gottes-Menschen-Kind gibt es ebenfalls ein Wort der Vermittlung von Nähe: den Menschensohn und Gottessohn. Christus ist in der Sicht des christlichen Glaubens das einzigartige Wort des Vaters – die Sprache schlechthin. Der Logos Christus überwindet den

Trennungsschmerz, bewahrt unsere Sehnsucht auf unendliche Liebe, Geborgenheit, Versöhnung und Erlösung.

Wir wissen nicht, wie der weise Mensch im Lauf seiner Geschichte tatsächlich erstmals „Offenbarungen" machte und zu Gott fand. Aber eines ist gewiss: Es geschah in der geistigen Wahrnehmung über sinnliche Sprache, über Klänge, Farben und Formen, über die Sprache der frühen Musik und darstellenden Kunst. Ohne Sprache gäbe es keine Offenbarung, ohne Offenbarung gäbe es im Menschen kein Bewusstsein für Gott. Erst die Sprache, insbesondere die expressive Sprache der Gebete, öffnete die religiösen Horizonte einer Wahrnehmung weit über das hinaus, was dem Menschen unmittelbar vor Augen steht, für das Mysterium des Unsichtbaren inmitten der Rätsel des Sichtbaren. Das komplexe Gehirn des Homo sapiens, das für komplizierte Sprache fähig wurde, wurde dadurch ebenso fähig für Gotteserkenntnis, für eine Sprache, die die verlorene Bindung zum Unendlichen wiederherstellt im Endlichen, zur Vergewisserung, zum Trost – und zum Heil der Welt.

Frühes Sprechen, erstes Beten

Das erste Sprechen schlägt sich nieder im ersten Beten, womöglich dem Urknall moderner Sprachmächtigkeit überhaupt. Im Beten ist der Urschrei des Homo sapiens angesichts von Sterben und Geborenwerden weitergetragen. Das Beten geschieht im Laut, dann auch im Bild. Mit dieser Bewusstseinsbildung durch Sprache wird überhaupt erst ein Sinn – auch für Moral – möglich. Alles beginnt mit dem atemberaubenden Staunen: dass überhaupt etwas ist und nicht vielmehr nichts. In einem derart lichten Augenblick der Evolution wurde Gottesahnung lebendig, wurde der Mensch fähig für Gott, für Gottesbilder, wurde er liturgiefähig. Eines Tages malte ein Mensch das erste Gebet der Weltgeschichte an eine Höhlenwand, sang einer das erste Gotteslob in den Wind oder trommelte es auf abgenagten Knochen. Im Bruchteil einer Menschheitssekunde begann ein Mann oder eine Frau, von der eigenen Gottesfurcht zu erzählen, diese an Kinder weiterzugeben. Über Laute, Töne, Klänge, Rhythmen, Farben und Linien kam Gott erstmals zu seinen Menschen und der Mensch erstmals zu Gott. Der Mensch wurde Mensch als Mensch Gottes. Der sich selbst unbekannte Mensch erkannte sich vor dem unbekannten Gott. Er erkannte Gott.

Ich bete, also bin ich – Mensch. Das Beten, oft auch ohne Worte, ist in allen Kulturen die ausdrucksstärkste Form von Sprache, eine Art Urform der Kommunikation überhaupt. Ohne den religiösen Ur-Impuls einer Kommunikation zwischen Mensch und Gott hätte sich die geistige Entwicklung des Menschen nicht derart dynamisiert hin zu einer unglaublich vielfältigen, fantasiereichen verbalen wie nonverbalen Kommunikation zwischen Mensch und Mensch, einschließlich der Wertekommunikation über Gut und Böse, Richtig und Falsch. Kein anderes Lebewesen kennt, soweit wir wissen, eine vergleichbare Vielfalt und Ausdifferenzierung von Sprache und Sprachsystemen.

Wenn dem Menschen die Gottesahnung abhandenkommt, stirbt dann womöglich auch diese besondere zwischenmenschliche Kommunikation in ihrem Tiefsten ab – und damit ebenso die Kommunikation unter anderem über Gut und Böse? Anzeichen dafür gibt es. Andererseits wissen wir aus der Hirnforschung, dass geistige Prozesse die Gehirnentwicklung auch physiologisch anregen, neu in Gang setzen und steuern können. Sprache, dieses einmalige Phänomen der Schöpfung, trägt die Spur der Ur-Sprache Gottes in sich. Sprache aber steht nie fest. Sprache entwickelt sich. Sprache wird – durch Sprechen.

Der Entwicklungspsychologe Klaus Großmann hat darauf hingewiesen, dass der Sprechprozess des Menschen eigentlich immer vorsprachlich beginnt, in der nonverbalen Sprache der Gefühle. Besonders wichtig ist es, dass der Mensch von Geburt an lernt, eigene und fremde Emotionen zu deuten, in Sprache zu bringen. Zwischen dem sogenannten limbischen System im Gehirn, in dem unter anderem Emotionen wie Glücksgefühle, aber wohl auch religiöse Wahrnehmungen und andere Reize verankert sind, und der Großhirnrinde, in der rationale Erkenntnis- und Denkprozesse stattfinden, stellen sich Nervenverbindungen her. In dem Maß, in dem die Eltern auf die Wohl- und Unwohlgefühle bereits des Säuglings eingehen und diese sprachlich zu deuten versuchen, entwickelt das Kind erste sprachliche Verständnisfähigkeit, selbst wenn es kognitiv noch nicht versteht, was die Worte seiner Bezugsperson bedeuten.[34] Der Gebrauch von Sprache stiftet Sprache. Die Eltern sind die ersten Übersetzer im Selbstfindungs-, im Identitätsprozess ihrer Kinder. Und damit auch im Gottesfindungsprozess. Denn in gewisser Weise wiederholt sich im elterlichen Sprechprozess mit dem Kind der Sprech-Lernprozess des Homo sapiens zu Beginn seiner Evolutionsgeschichte. Im dialogischen Prinzip liegt die entscheidende Grundlage dafür, dass der Heranwachsende sich emotional verständigen, eigene Beziehungsfähigkeit später etwa zu einem Liebespartner aufbauen kann. Das gilt in vergleichbarer Weise für die transzendente Beziehungsfähigkeit, den Aufbau einer Beziehung zu Gott. Vertrautheit, Bindung und Sprachvermögen in frühen Lebensjahren stiften Bindungs- und Sprechfähigkeit für später. So ist und bleibt es die vorrangige Aufgabe, Sprach- und Denkvermögen zu entwickeln und weiterzuentwickeln und dabei auch die religiöse Dimension einzubeziehen.[35] Sprechen ist Denken, auch religiös. Das bedeutet weitaus mehr als nur Informationswissen aufnehmen, verarbeiten und weitergeben. Mit der Sprech- und Denkkompetenz entwickelt sich soziale Kompetenz – und genauso religiöse Kompetenz.

IV. Wie der Mensch Mensch wurde – und Gott fand

Moralmacher Religion?

Nach wie vor spekulieren Anthropologen und Biologen darüber, warum und wozu im Lauf der Menschwerdung des Menschen überhaupt Religion entstand. Was ist ihr evolutionsbiologischer Sinn? Hat man damit einen Überlebensvorteil? Bekommt man dadurch gegenüber anderen Lebewesen oder sogar gegenüber anderen Gruppen der eigenen Art einen günstigeren Rabatt fürs Existieren?

Bei Autoversicherungen kann man sich solche Vorteile erwerben. Die Konzerne berechnen ihre Tarife nach individuellen Merkmalen. Wer zum Beispiel eine Garage besitzt, kleine Kinder hat und seine großen Kinder zwischen 18 und 21 nicht ans Steuer lässt, hat mehr vom Geld, weil er weniger bezahlt als ein Single und Laternenparker, der noch dazu vielen Freunden nächstenliebend sein Fahrzeug ausborgt. Beamte sind ohnehin günstiger eingestuft, weil sie angeblich weniger Unfälle verursachen als andere. Frauen – das sagen viele Statistiken – fahren vorsichtiger. Das „schwache" Geschlecht verursacht zwar häufiger Blechschäden als das „starke", jedoch weniger Personenschäden. Die gehen mehr aufs Konto von Männer-Raserei und Männer-Trinkerei. Preisgünstige Frauentarife wären also nur gerecht.

Einen Punkt hat man bisher unverständlicherweise ausgeklammert: Eigentlich müssten Autoversicherer grundsätzlich fromme Menschen durch Rabatte mehr belohnen als Ungläubige. Oder haben die Konzerne etwa nicht gelesen, was Soziobiologen behaupten: dass Religion im Gang der Evolution eigentlich nur deshalb erfunden worden sei, weil sie den Einzelnen moralisch besser, fürsorglicher und gemeinschaftsfähiger macht? Wer an Gott glaubt, fährt besser? Tatsächlich: Die allerfrömmsten Männer – und inzwischen auch Frauen – Gottes, die Geistlichen, erhalten bei einer bestimmten Versicherung besonders günstige Konditionen. Pfarrer fahren demnach „gemeinnütziger". Wenn das kein Wasser auf die Mühlen der Evolutions-Soziobiologen ist! Einen Selektionsvorteil bringt das den Pfarrern leider allerdings nicht, wie die mangelnde und immer schwächere Nachfrage nach diesem Beruf belegt. Und auch bis zum Volksmund scheint jener Mehrwert des Frommseins noch nicht durchgedrungen zu sein. Wenn es heißt, jemand fahre mit Gottvertrauen, bedeutet es im Gegenteil voller Schrecken: „Oh Gott, wie der nur wieder fährt …!"

Dennoch haben einschlägige Erklärungen, dass der religiöse Glaube nichts anderes sei als eine von der Evolution hervorgebrachte günstigere naturale Ausstattung für den Kampf ums Dasein, immer wieder Hochkonjunktur. Der amerikanische Soziobiologe David Sloan Wilson zum Beispiel vermutet, dass auch Glaubenssysteme nach den Regeln von Darwins Evolutionstheorie entstanden seien, durch Zufall und Notwendigkeit, Mutation und Selektion. Wilson belebte die alten Projektionstheorien von Feuerbach, Marx und Freud neu: „Gott ist eine soziale Erfindung." Das Gottdenken habe sich zum Überleben des Fittesten ähnlich herausentwickelt, wie sich einzellige Lebewesen zu einem organisierten Organismus von Vielzellern zusammenfanden. Keine einzelne Zelle kann da „egoistisch" aus dem Verband ausscheren, ohne das Ganze – und damit sich selbst – zu zerstören. Für den harmonischen Überbau im Kollektiv Mensch sorge die Religion. „Religion ist ein symbolisches System, mit dem eine Gemeinschaft effizient organisiert werden kann … Religion ist ein Produkt kultureller Evolution."[36] Sie arbeitet für den Biologen nach denselben Gesetzen wie alle übrigen evolutiven Systeme. Der Gottesgedanke in sich sei unsinnig. Gott gebe es nicht. Aber als psychohygienisches, gemeinschaftsstiftendes Instrument sei er extrem nützlich. „Religion ist ein kulturelles System, das Gemeinschaften hervorbringt und stabilisiert, Ausbeutung und Betrug minimiert."

In solcher Sicht müsste man den evolutiven „Erfolg" von Religion eigentlich statistisch messen können. Und „Belege" scheinen sich dafür finden zu lassen. Zum Beispiel wird in populärpsychologischen Zeitschriften immer wieder von – bevorzugt amerikanischen – Studien berichtet, die angeblich bewiesen haben, dass Christen im Durchschnitt gesünder leben. Sie sollen auch ihre Kinder besser erziehen. Sie hätten sogar besseren, lustvolleren, weil zufriedeneren Sex. Da sie außerdem die sexuelle Treue höher achteten als die übrige Bevölkerung, ließen sie sich weniger scheiden. Das fördere die Geborgenheit des Nachwuchses, verringere dessen Neurotisierung und komme somit letztendlich der Gesamtgesellschaft zugute. Auch übten Gläubige mehr Nächstenliebe. In Notsituationen seien sie eher bereit zum Verzicht, zum Opfer, begünstigt durch die Hoffnung auf Auferstehung, die sie im Jenseits belohne. So würden Gläubige engagierter als

Nicht-Gläubige unter Lebensgefahr sogar das eigene Vaterland verteidigen und so weiter.

In gewisser Weise bestätigt sogar die alle Jahre wiederkehrende Wertedebatte die Behauptungen der Soziobiologen – zumindest in dem Maß, in dem die Kirchen bevorzugt als Tugendwächter und Moralmacher fürs soziale Spiel gefordert und respektiert werden. Religion als kritischer Glaube und kritische Spiritualität wird ins private Kämmerlein verbannt. Auch in die Privatmoral soll sich die Kirche gefälligst nicht einmischen. Aber als öffentlicher Mahn-Sonntagsredner ist sie „gefragt", als Spendenaufrufer, als Tröster bei Katastrophen, als Anwalt für Migranten, als Fürsprecher für Gerechtigkeit und Ankläger sozialer Kälte wie als Warner vor zu viel Fortschritt, etwa in der Biotechnologie, von deren Früchten man, wenn die Zeit reif ist, dann allerdings gern profitieren möchte, frühere Skrupel hin oder her.

Auch Kirchenführer lassen sich gern vor den Karren derart gemeinnütziger Dienste spannen. Jedenfalls ist es auffällig, wie die Medien aus Predigten etwa zu christlichen Hochfesten bevorzugt die ethisch-sozial mahnenden und anprangernden Passagen in die Öffentlichkeit transportieren. Das Gottesproblem im Kern interessiert bei solchen Anlässen weniger. Die allgemeine Wahrnehmung des Christseins reduziert sich so auf bestimmte Gemeinplatz-Äußerungen von Kardinälen, Bischöfen, Landesbischöfen und Landesbischöfinnen. So wird zeitweise der Eindruck erweckt, sie seien für den „öffentlichen Dienst" am Gemeinwesen vielleicht doch so etwas wie Staatskapläne oder Staatsvikarinnen. Die entsprechenden Verlautbarungen enden dann meistens mit der kleinen Münze des Appells ans Miteinander, Füreinander, an Einheit, Geschlossenheit, Zusammenhalten und Zusammenstehen. Kritisch wäre zu fragen, ob sich das geistliche Amt womöglich selber allzu bereitwillig dafür hergibt, das schwer verdauliche Geheimnis Gott in die leicht konsumierbaren Moral-Häppchen von massenhaft bestallten PR-Öffentlichkeitsarbeitern pressen zu lassen, sodass man, ohne es zu wollen, im Grunde nur die Auffassung der Soziobiologen bestätigt: Religion nicht mehr als Opium, sondern als Kitt des Volkes? Nur für einen „Ruck durch die Gesellschaft" ist Gott aber wohl nicht Mensch geworden. Nur zur soziobiologischen Stärkung der freiheitlich-demokratischen Grundordnung wurde der Menschensohn und Gottessohn Jesus Christus wohl kaum an Kreuz geschlagen, ist er nicht gestorben und begraben worden – und am dritten Tage auferstanden nach der Schrift, wie Christen es im Credo bekennen. Auch sollten wir nicht vergessen, dass das Christsein in den Anfängen eher als staatszersetzend denn als staatsfördernd empfunden und verfolgt wurde, weil es für den Götzen-Kaiser-Kult des Römischen Reiches überhaupt nichts Produktives beizutragen hatte.

Wilson behauptet, er habe 35 sehr verschiedenartige Religionen untersucht, stets mit demselben Ergebnis: Sie stabilisierten das System, indem sie nützen. Das herauszufinden, ist allerdings trivial. Natürlich hat Religion – wie alles in Kunst und Kultur – im weitesten Sinne immer auch mit Dialog, Gemeinschaftlichkeit, Beziehung, Verhalten und so weiter zu tun. Alles, was der Mensch unternimmt und feiert – bis hin zur sexuellen Befriedigung –, dient selbstverständlich auch seinem Wohlergehen, Glücksempfinden, der Erbauung und Auferbauung anderer, wenn er sich nicht als Einzelgänger von jeder Berührung mit der Gemeinschaft verabschiedet. Selbst Asketen, Einsiedler haben in diesem Sinne eine eminent kulturstiftende, manchmal realpolitische Bedeutung gehabt, wenn man nur an einen Heiligen wie Niklaus von Flüe denkt. Ob das Gemeinwohl jedoch der erste und entscheidende Zweck von Religion ist, kann man bezweifeln. Denn es gibt Faktoren, die der in jedem Fall reinen Nützlichkeit des Glaubens widersprechen.

Wenn Religion zum Beispiel für den Überlebenskampf derart erfolgreich und bedeutsam war, warum haben dann einzig die Menschen ein solch komplexes Gehirn und entsprechend komplexe Religionssysteme entwickelt? Warum haben andere Lebewesen, wenigstens die Säugetiere oder zumindest die Menschenaffen, diesen vermeintlichen Selektionsvorteil nicht genutzt? Man denke in diesem Zusammenhang nur an ein vergleichbar wichtiges, vorteilhaftes und kompliziertes Organ wie das Linsenauge. Das ist evolutionär mehrfach und unabhängig voneinander „erfunden" worden und verbindet Tiere unterschiedlichster Art mit dem Menschen. Und warum sind bestimmte Religionssysteme ausgestorben, während dieselben Völker weiterlebten? Warum gibt es einzelne und größere Bekehrungen aus Überzeugung, wenn es doch soziobiologisch völlig ausreicht, irgendwie in irgendein günstiges Religionssystem eingebettet zu sein, das alle harmonisch zusammenbringt? Warum stellen sich Menschen – nicht selten unter Gefahr für das eigene Leben – gegen die Religiosität der Gemeinschaft, in der sie aufgewachsen sind, nur weil sie eine andere Religion als plausibler und wahr empfinden? Warum hat sich das religiöse Bewusstsein wie andere „Erfindungen" der Evolution mühsam in einem extrem langen Zeitraum von zig Jahrtausenden entwickelt, nur um dann – so jedenfalls in unseren kulturellen Breiten – innerhalb von nicht einmal zwei Jahrhunderten seit der Epoche der Aufklärung zu kollabieren, also in einer evolutionsbiologisch unerklärlich kurzen Zeit? Wenn Glauben ein evolutiver Vorteil ist, was ist dann der evolutive Vorteil heute, nicht mehr zu glauben?

Die Soziobiologen, gern gefolgt von Medienleuten, erklären das alles nicht, sie behaupten bloß. Wie in der Geschichte des Wettlaufs vom Hasen und vom Igel sind sie – ähnlich dem Igel – immer schon da mit einer neuen Erklärung, sobald die bisherige nicht mehr funktioniert. Im Grunde glauben die betreffenden Protagonisten auf ihre Weise an eine Art *Intelligent Design*, an einen intelligenten Plan, wenn auch ohne Gott. Als ob die Evolution als Designer das Ziel schon von Anfang an gewusst hätte, insbesondere das, was im Lauf des Prozesses irgendwann einmal guttut. Geradezu absurd sind dann die unaufhörlich gern verwendeten Formulierungen der Art: „Die Natur hat vorgesehen …", „Die Evolution hat gemacht …, um zu …", „Die Evolution hat ausprobiert …" Dass sich aufgeklärte Leute solchen Denkfehlern unterwerfen und derartige Mythen ständig verbreiten und wiederholen, irritiert. Denn: Die Evolution macht nicht(s) und weiß nichts und erfindet nichts. Sie probiert auch nichts aus, ebenso wenig die Natur, weil sie kein Subjekt, keine geistige „Hypostase" ist, daher gar nicht wie ein intelligenter Planer reflektierend etwas versuchen, verwerfen oder gewollt neu entwerfen kann. Die Evolution denkt auch nicht. Schon gar nicht hat sich die Evolution das Denken ausgedacht. Sie ist passiv, nichts als ein Objekt, ein Neutrum, ein Geschehen, ein Prozess. Evolution geschieht einfach. Allein der Mensch denkt, soweit wir denken können. Wohl aber hat er die Fähigkeit entwickelt, aus welchen Gründen und aufgrund welcher Stimulation oder Veranlagung auch immer, sogar das zu vermuten und zu denken, was die gewöhnlichen Denkmöglichkeiten sprengt.

Daher macht er sich seine Gedanken über das Dasein, nicht zuletzt über den Ursprung und Grund von allem. Daher kann er auch über das Werden, die Entwicklung, die Evolution nachsinnen und für sie anhand von Funden oder aufgrund von Experimenten – bis hin zu Computersimulationen – Hypothesen bilden, Theorien erstellen und Modelle konstruieren. Der Mensch erforscht die Evolution, nicht die Evolution den Menschen. Der

Mensch denkt nach über sich selbst, nicht die Evolution über sich selbst. So machte der Homo sapiens sich im Gang der Evolution eines Tages mit seinem irgendwann tatsächlich einmal transzendenzbegabten Gehirn seine Gedanken auch über „Gott". Wie kam Gott in die Evolution? Durch einen womöglich winzigen, unscheinbaren Quantensprung mit großer Wirkung, durch eine Mutation im Erbcode? Selbst wenn es so gewesen wäre: Ein Beweis gegen eine Realität Gottes wäre das nicht. Selbst wenn es ein „Gottes-Gen" gäbe, würde dies nur umso mehr die Frage aufwerfen, was es war und ist, dass dem Menschen eine Spur zu Gott irgendwann einmal auf seinem evolutiven Pilgerweg in die Intelligenz „gelegt" wurde. Gott – mit der Evolution, nicht gegen die Evolution!

Religion ist selber ständig in Evolution, sogar die biblische Offenbarung. Das spricht nicht gegen sie, sondern für sie und ihre Wahrheit. Die heiligen Schriften und sonstigen symbolischen wie kultischen Zeugnisse zeigen Glaubensentwicklungen in unermesslichem Reichtum und faszinierender Rätselhaftigkeit. Der Homo sapiens scheint eben doch irgendwie „natürlich" religiös begabt zu sein. Gerade diese rationale wie emotionale Intelligenz spricht nicht gegen Gott, sondern – wenn auch mit einer „schwachen Kraft" – *für* eine Plausibilität Gottes. „Schlummert" Gott doch von Anfang an irgendwie im Erbgut, das den Prozess des Lebens, des unmittelbaren Fühlens wie des weit ausgreifenden Denkens, universal in allen Lebewesen „codiert"? Warum nicht! Unbestreitbar hat das Erkenntnispotenzial des Menschen irgendwann jedenfalls jene Komplexität im Gehirn erreicht, dass es Transzendenzfähigkeit ausbildete und sich sogar einen Schöpfungsakt „aus dem Nichts" vorstellen konnte. Dieser lichte Augenblick einer frühen Aufklärung und Selbstaufklärung war verknüpft mit der Fähigkeit zur Selbsttranszendierung, zum Bewusstsein von Ich und Du und Wir, von Einheit und Differenz.

Die Fähigkeit des Menschen, im Gang der Evolution irgendwann einmal „Gott" zu denken, erklärt sich jedenfalls nicht monokausal aus einem Bedürfnis nach Glück und kollektiver Geborgenheit. Der Mensch denkt Gott nicht, weil er ihn „braucht", wie es in populärwissenschaftlichen Erklärungen heißt. Sondern er denkt Gott, weil er ihn denken *kann*. Nicht weil der Mensch Trost nötig hat, ist Gott plausibel. Sondern weil Gott dem intelligenten Menschen plausibel wird, kann jener auch trösten. Aber Gott tröstet ja nicht nur, er wühlt auch auf, erschüttert, regt an, lässt zweifeln. Die Soziobiologie kehrt in ihrem Argumentationsmuster willkürlich – fixiert auf ihre Pseudo-Beweisführung – Ursachen und Wirkungen um. Sie setzt voraus, was sie eigentlich erst bestätigen und belegen müsste.

Wenn der Gottesglaube sozial so vorteilhaft war, wie behauptet – warum wird die Religion von Menschen heutzutage so häufig abgelegt? Natürlich könnte man auch das soziobiologisch erklären damit, dass sich der Gottesgedanke überlebt habe, dass er überflüssig geworden sei wie andere Relikte der Evolution. Im Grunde sei er ebenso unnütz wie ein Blinddarm oder wie ein „Flossenansatz" zwischen den Fingern bei Neugeborenen oder wie Flügel bei Straußen, die längst nicht mehr fliegen. Wir leben in Demokratien, in Wohlfahrtsgesellschaften mit unzähligen Versicherungen, die uns bei Lebensrisiken beistehen und vor ihnen schützen. Wir besitzen ein Gesundheitssystem, von dem frühere Generationen nicht einmal träumen konnten. Moderne Staaten haben ausgeklügelte Rechtssysteme und Rechtssicherheit entwickelt, um die Menschen Sitte und Anstand zu lehren. Interpol, Geheimdienste und weltweite Rechtsabkommen helfen, Verbrecher global zu verfolgen. Zur Vorbeugung gegen das Böse und zur Vergeltung ungesühnter Straftaten braucht man keine Androhung ewiger Höllenverdammnis mehr. Wo als Frucht des Wohlfahrtsstaats das Sozialhilfenetz stark und weit genug gespannt ist und die Kontrolle durchs Einwohnermeldeamt Sozialmissbrauch eindämmt, benötigt man Gott ebenso wenig als Belohnungsinstanz für edle Spender wie als Drohinstanz für Schmarotzer.

Aber auch in sogenannten primitiven Kulturen brauchte man Gott nicht notwendig zur Moralabsicherung als umfassendere zweite Kontrollinstanz, wenn irdische Gerechtigkeit versagt. Denn in archaischen Gesellschaften funktionierte die soziale Überwachung im Nahbereich ja noch viel lückenloser als in heutigen anonymen Stadtgebilden, in denen die Bewohner Gott am ehesten ablegen. Und man hatte viel wirkmächtigere Mechanismen sowie Instrumente der Strafbewehrung und Verbrechensvorbeugung an Stelle der Hölle im Jenseits zur Hand: zum Beispiel die Blutrache. Schon jetzt im Diesseits! Sie funktionierte gerade in – teilweise nomadischen – historischen Stammesgesellschaften sehr gut und sehr direkt. Da war ein Gott als Erfüllungsgehilfe des Rechts noch viel überflüssiger, als er es heute wäre. Der biblische Hinweis auf das Kainsmal als Zeichen, unter dem Schutz einer besonderen Gruppe zu stehen und somit keineswegs Freiwild für die Willkür anderer zu sein, ist ein starker Hinweis darauf, wie Sippensolidarität autonom selbst in unorganisierten Kulturen gelingen kann, ganz ohne „Gott" und ohne ewige Feuerqualen. Allerdings findet sich da ein interessantes Einsprengsel, ein Hinweis auf eine Ausnahmesituation: „Gott" selbst ist es, der dem heimatlos in der Fremde umherirrenden Kain jenes Zeichen mit auf den Weg gibt und somit jenen Menschen, die ihm begegnen, den Eindruck erweckt, dass Kain unter einem höheren Schutz steht, selbst wenn es in seiner Verlassenheit und Individualität momentan nicht danach aussieht. Jeder, der Hand an ihn legt, müsste eine letzte Rache befürchten (vgl. Gen 4). Aber woher soll der Andere einer fremden Sippe, eines fremden Stammes wissen, dass Gott selber Kain schützt, vor allem dass dieser Gott mächtig ist, sogar noch mächtiger, als die eigenen Gottheiten sind? Eher doch würde der fremde Gott Kains als ein Schwächling betrachtet, sofern man nicht von Zweifeln übermannt wird, ob es diesen Kain-Gott überhaupt gibt. Also auch in diesem Sonderfall funktioniert die Theorie der Soziobiologie nicht.

Umso mehr kann man fragen, warum eine monotheistische Religion wie das Christentum zur Weltreligion wurde. Was ist der evolutions-soziobiologische Mehrwert einer universalen Religion, die anders als eine mehr oder weniger auf bestimmte Clans beschränkte Blut-und-Boden-Stammesreligion des Nahbereichs im Grunde wenig für den Überlebenskampf je einzelner Völker, Nationen und Gesellschaften beitragen kann? Natürlich gab es immer wieder Versuche, das universale Christentum provinziellen Interessen dienstbar zu machen: nationalpolitisch-landeskirchlich, sezessionistisch, rassistisch, kolonialistisch, imperialistisch ... Nur sind solche Rechnungen im Laufe der christlichen Religionsgeschichte nie wirklich aufgegangen. Für mein „egoistisches" Überleben als Kleingruppe oder Volk ist eine derart universale Religion, der sogar mein Feind angehört, völlig wertlos, sinnlos, nutzlos. Eine Religion wie das Christentum funktioniert nicht nach soziobiologischen Mustern von Gruppenerhalt und Kampf ums Dasein.

Bereits die Mose-Religion erwies sich als widerspenstig gegenüber den Fleischtöpfen Ägyptens. Die alttestamentlichen Propheten wiederum klagten die politische Kultreligion der königlich-staatstragenden Tempelpriesterschaft an. JHWH verlange Gerechtigkeit, nicht Brandopfer. Da mag ein kleines Stück Nützlichkeit mitschwingen: der Traum von einer besseren Gesellschaft, von einer Gesellschaftsreform. Andererseits kündigten die Propheten den Zorn Gottes und den Untergang der gesamten Gemeinschaft an. Besonders aufbauend war das nicht, eher volksschädigend. Der Glaube kann sogar Dissidenten hervorbringen, die sich in Opposition zum vorherrschenden religiösen oder politisch-gesellschaftlichen System stellen. Evolutionsbiologisch wäre das eher kontraproduktiv. Auch die in der Bibel in vielen Strängen überlieferten mächtigen Gotteszweifel bei Leuten wie Hiob, Kohelet oder Jona laufen kollektiven Nützlichkeitserwartungen zuwider. Wie sozial ist der Gotteszweifel, der allzu simple Gottesbilder eines stets für mich und die Meinen handelnden, beschützenden Höchsten schonungslos entlarvt und zertrümmert?

Und warum nur „erfand" Mose einen derart unbequemen, bilderlosen, schwierigen Gott JHWH, obwohl Israel mit der Übernahme eines netten, harmonischen Fruchtbarkeits- und Sexgottes Baal viel besser gefahren wäre: im Sinne der Psychohygiene, der Wohlfahrt und der Gesundheit für alle? Warum eine derart verquere Offenbarung im brennend nicht verbrennenden Dornbusch wider alle andere „Offenbarung"? Die Wahrheitsfrage bricht da schonungslos in die Gottesfrage ein. Wer, was, wo, wie ist der wahre Gott? Dieser Stachel der Unterscheidung, des Konflikts, der Zerreißprobe inmitten ein und desselben Volkes ist soziobiologisch alles andere als von Vorteil. Ein abstrakter, unvorstellbarer Gott, wie ihn Mose gegen den anschaulichen Goldenes-Kalb-Nützlichkeitsgott seines Bruders Aaron verteidigt, ist schon gar nicht gemeinschaftsförderlich.

Außerdem: Was soll ein Evolutionsvorteil daran sein, dass Jesus sich ans Kreuz schlagen ließ und dass er scheiterte? Damit war doch eher das Auseinanderfallen seiner Jüngerschar vorprogrammiert. Die religiöse Entdeckung des Auferstehungsglaubens wiederum provozierte Verfolgung. Die christliche Urgemeinde in Jerusalem wurde fast ausgelöscht und überlebte nur durch Flucht und Zerstreuung. Nein, sozial förderlich und produktiv war die Botschaft von der Erniedrigung und Entäußerung Gottes in Jesus Christus nicht, eher ein Skandal, ein Ärgernis, eine Torheit. Grund zur Distanzierung.

Und dann noch die großen religiösen Gestalten, die vor allem die Nacht, die Abwesenheit, das Schweigen Gottes in tiefster Einsamkeit und radikalster Individualität reflektierten: bedeutende Mystiker wie Johannes vom Kreuz, Teresa von Avila ... Viel Nützlichkeit ist daraus nicht zu gewinnen. Oder: Was soll eigentlich der evolutive Selektionsvorteil des Spirituellen, des Religiösen für Mönche sein, die keine Nachkommen zeugen und insofern gar nichts für die Weitergabe ihrer Gene tun?

Und selbst wenn es einmal ein evolutiver Vorteil gewesen wäre, an etwas Göttliches zu glauben – was ist der evolutive Vorteil eines womöglich militanten Atheismus in späterer Geschichte? Darauf geben die Evolutionsbiologen keine auch nur geringstmöglich plausible Antwort.

Nicht zu vergessen sind schließlich die vielen modernen Gottsucher, die sich weigern, die Rätsel und Paradoxien von Sein und Zeit auf Nützlichkeitserwägungen oder Moral herunterbrechen zu lassen. Welchen Nutzen hat es für den Kampf ums Dasein, sich herausgefordert zu fühlen, die Unendlichkeit zu denken, oder gar zu versuchen, sie kosmologisch-physikalisch zu beschreiben und zu deuten? Welchen Nutzen hat abstrakte, alles andere als anwendungsbezogene Mathematik fürs Überleben der Fittesten? Um hier von Religion einmal ganz zu schweigen. Welchen soziobiologischen Nutzen hat Neugier um der Neugier willen, einfach weil man neugierig sein kann, Fragen stellt und Antworten finden will, ohne Zweck und ohne Absicht? Warum quält man sich ab mit Dingen, die nicht einmal Freude und Glücksgefühle auslösen? Warum macht man Sachen, deren Scheitern vorprogrammiert ist?

Der Philosoph Otfried Höffe überschrieb daher ein Plädoyer für die Geisteswissenschaften – besonders für die Philosophie – und gegen eine Überbewertung der „profitschaffenden" Naturwissenschaften einmal so: „Vom Nutzen des Nutzlosen"[37]. Zwar entging Höffe dabei nicht ganz dem soziobiologischen Nützlichkeitsdenken, indem er einen „Nutzen" – und sei es nur jener zugunsten der pädagogischen Förderung von mehr Kreativität und Fantasie – für die freien Künste und das freie Denken reklamierte. Doch führte er einen Gesichtspunkt an, der es wert wäre, auch in der evolutions-soziobiologischen Debatte über Religion bedacht zu werden: „Bei Aristoteles heißt ‚eleutheros' (frei), wer sein Leben nicht auf den Tausch funktionaler Beziehungen verkürzen lässt, es vielmehr um seiner selbst willen führt."

Das gilt genauso für das frei zweifelnde und frei glaubende Fragen nach Gott: einfach weil die Gottesfrage in sich spannend ist. Gott – wie „nutzlos", doch unerhört anregend, aufregend, lebendig, mitten in der Evolution des Geistes.

Warum glaubt der Mensch? „Der Mensch glaubt, weil er, wenn er über sich hinausdenkt, eine transzendente Heimat braucht. Einen Himmel. Ein metaphysisches Dach über dem Kopf, Gott genannt", hieß es in der Zeitschrift *Geo*. Der Fragende brauche eine einleuchtende Erklärung, „um seine Nicht-Notwendigkeit aushalten zu können"[38]. Braucht er das wirklich? Die Gottesvorstellung als Glücks-Gen, um Optimismus zu produzieren?

Der Gottesglaube macht den, der glaubt, oft genug aber ganz und gar nicht glücklich, eher unglücklich, weil die Paradoxien der Gottesvorstellungen viel häufiger von einer Frage zur anderen, von einem Schmerz zum nächsten treiben. So also ist „Gott"? So also ist „Gott" nicht! Wer Gott hat, der hat ihn nicht. Das ist die Tragik des Glaubens: ein immerwährendes Scheitern. Gott schafft uns oft genug gar keine Heimat, sondern Heimatlosigkeit. Er macht nicht geborgen, sondern einsam. Und gibt doch Hoffnung, oftmals verschämt jenseitig, dabei aber immer wieder zweifelhaft und bedeutungslos fürs Diesseits.

Vom Nichts zum Jenseits: der nächste Selektionsvorteil?

Und der Mensch entdeckte das Nichts. Was war, bevor jemand da war? Und was ist, wenn er nicht mehr ist? Geburt und Tod werden zu Schnittstellen des Unfassbaren. Und zu Spuren des faszinierend-erschreckenden Ewigen. Was aber ist das Nichts, das „Wesen" des Nichts? Solange der Mensch lebt, erfährt er – an sich – ja gar nicht, was das Nichts ist. Das Nichts gibt es in menschlicher Anschauung gar nicht, vielmehr stets Etwas. Und wenn das Nichts ihn im Tod ergreift, spürt er nichts von diesem Nichts.

Evolutionsgeschichtlich hat es lange gedauert, bis ein Vormensch in seinem Bewusstsein vom Schrecken des Todes erfasst wurde, vor dem abstrakten Nichts erschauderte, ohne sich jedoch eine echte Vorstellung vom Unvorstellbaren machen zu können. Damit eröffnete sich eine zweite Art von Transzendenz über den empirischen Befund hinaus, nicht zu wissen, was im Nichts, was Nichts ist. An dieses Nichts, an die Ahnung, dass aus Nichts eigentlich nichts kommen kann, sehr wohl aber etwas gekommen ist, einen Anfang hatte, hat sich allmählich die ebenfalls geistig extrapolierende Vermutung geknüpft, dass es ebenso Etwas geben könnte, das das Nichts negiert, aufhebt. Also so etwas wie ewiges Leben, ein Leben über den Tod hinaus, einen Sinn durch den Tod hindurch, mit Bestand jenseits der Sterblichkeit. Eine Wanderung von der Zeit in die Zeitlosigkeit, in die Ewigkeit. Gibt es etwas Göttliches, das mitwandert oder am Jenseits-Zielpunkt wartet?

Nicht in allen Kulturen und nicht zur selben Zeit hat sich ein solcher Ewigkeitsglaube herausgebildet und durchgesetzt, schon gar nicht in gleicher Weise. In die Frömmigkeit des Gottesvolks Israel fand die Vorstellung einer Auferstehung trotz des starken JHWH-Glaubens anscheinend erst zu einem recht späten Datum Eingang. Höhlenmalereien oder die ägyptischen Pyramiden sowie sonstige frühmenschliche Begräbnisstätten legen nahe, dass der Gedanke eines Weiterlebens oder eines anderen Lebens schon viel früher in der Menschheitsgeschichte entstand. Und das unabhängig von einem Funktionalismus, den Evolutionsbiologen behaupten und einfordern: als ob der Jenseitsglaube allein deshalb „erfunden" worden sei, damit er bestimmten Menschengruppen einen Selektions- und Überlebensvorteil im Kampf ums Dasein bringe. Wer den Tod nicht fürchtet, weil dann nicht alles aus ist, könne – so die Hypothese – risikoreicher leben und mutiger kämpfen. Wenn das aber alle tun, wo bleibt dann der evolutive Vorteil? Und welcher Wettbewerbsvorteil geht verloren, wenn heutzutage so viele Menschen nicht mehr an ein ewiges Leben glauben? Anscheinend gar keiner.

Kampfes- und Todesmut haben die Menschen seit jeher weniger aus religiös-transzendenten Gründen bewiesen, vielmehr aufgrund rein innerweltlicher Erwägungen. Es ging darum, die Macht der Sippe, des Clans, der Dynastie zu erhalten, auszubauen oder wirtschaftlich erfolgreicher zu sein als andere. Mit Ruhm und Ehre war eine diesseitige „Unsterblichkeit" zu erringen. Der Jenseitsglaube trug dazu funktionell wenig bis gar nichts bei. Der Wissenschaftsjournalist und Theologe Wolf-Rüdiger Schmidt bezweifelte daher, dass sich Religion auf einen Selektionsvorteil, auf Überlebensfunktionen reduzieren lässt. Bereits in ihrem „dunklen Beginn, vielleicht schon im Tier-Mensch-Übergangsbereich" habe sie kulturelle Potenziale gezeigt, „deren Nützlichkeit nur mühsam in den Vordergrund zu bringen ist". Zumindest in den frühesten der Forschung zugänglichen Dokumenten, also ungefähr 40 000 Jahre alt, seien „religiöse Elemente eng mit Kunst und Musik" verbunden, „später auch mit der Poesie, seit mehreren tausend Jahren auch mit dem wachsenden Wissen über die Welt, mit der Weisheitsliteratur, der Philosophie". Selbst wenn es durch die Religion da oder dort einen Vorteil fürs Überleben gegeben habe, „so hat diese doch zugleich früh eine Eigendynamik und innere Differenzierung entfaltet, die sich in sich selbst fortentwickelt. Der evolutionäre Nutzen wird von Charakterisierungen überlagert, die etwas mit Schönheit, Freude, Spaß am Spiel, Fest, Feier und Ähnlichem zu tun haben. So lässt sich etwa fragen: Erklärt die Bereitschaft des menschlichen Gehirns, Beziehungen zu fiktionalen Gestalten herzustellen, um sich durch diese religiös und illusionär zu stärken, ... die Fähigkeit und die Lust des Menschen, Psalmen zu formulieren, Gregorianische Gesänge zu singen oder die Matthäus-Passion zu komponieren? Wo liegt der Selektionsvorteil, der evolutionäre Nutzen?"[39]

Der Gottesglaube beziehungsweise der Glaube an ein Leben im Jenseits hat offenkundig ebenso wenig geholfen, die Menschen moralischer zu machen. Die schweren Sündenregister über Jahrtausende hinweg, selbst in den allerchristlichsten Herrschaftszonen, widerlegen nachhaltig diesen gern behaupteten und immer wieder nachgebeteten Funktionalismus von Religion. Mit Gott ist kein Geschäft zu machen, das den Menschen ins Paradies der reinen Moral transportiert. Der Mensch blieb Sünder, bleibt Sünder und wird Sünder bleiben – Gott und Jenseits hin oder her. Allenfalls eine leicht graduelle Hilfe zur Gewissensbildung mag sich bei religiösen Menschen im Durchschnitt nachweisen lassen. Die Angst vor einem Jüngsten Gericht oder vor Höllenstrafen hat jedoch kaum jemanden jemals davon abgehalten, aufs Schwerste zu sündigen, schuldig zu werden, ebenso wenig wie die Androhung von Todesstrafen Verbrechen nachhaltig vorbeugt.

Der evolutionsbiologische Funktionalismus, der eine Erfindung von Gott und Jenseits für ein besseres Überleben reklamiert, ist selber eine Erfindung, ein Ammenmärchen. Dem sitzen sogar Kirchenleute auf, wenn sie zur Verteidigung des Christlichen in weniger christlichen Zeiten die Sprachregelung mancher Evolutionsbiologen übernehmen und meinen, der Mensch brauche Religion, er brauche Rituale, er brauche Gott, er habe ein Bedürfnis, eine Sehnsucht danach. Und sei es zur Rettung des abendländischen Humanismus.

Transzendieren ohne und mit Transzendenz

Den Ausgriff auf Jenseitiges – Transzendieren, Überschreiten und Übersteigen – kann das Religiöse nicht einzig für sich reklamieren. Es ist der wissenschaftlichen Welterkenntnis gleichfalls nicht fremd. Auch sie überschreitet

75

immer wieder die Grenzen des vermeintlich Logischen, wo sich der Geist der Theorien weiter bewegt als das, was der Anschauung zugänglich ist. Besonders auffällig in der Kosmologie, die Endlichkeit mit Unendlichkeit, Anfang und Anfangslosigkeit, Materie und Energie, Masselosigkeit und Masse zusammenzubringen versucht, wo allenfalls noch abstrakte Mathematik mit ihren komplexen Gleichungen weiterhilft und Gebilde entwirft, von denen niemand weiß, ob ihnen eine Wirklichkeit entspricht. Was ist der Geist, der solches offenbart, ja derartige Offenbarung überhaupt erst möglich macht?

Die paradoxe religiöse Gotteserkenntnis ist aus ähnlichen Gründen interessant um des reinen Erkenntnisgewinns willen. Sie ist letzten Endes funktionslos wie der Jenseitsglaube, aber doch spannend, wie das Dasein spannend ist, um weiter zu denken, weiter zu ahnen, weiter zu fühlen, als konventionelles Denken, Ahnen und Fühlen zulässt. Der Neurobiologe Robert-Benjamin Illing nennt als Beispiel die Mathematik und die Naturwissenschaften. Sie hätten die „Methode, Phantasiegeburten zu nutzen, um Tatsachen zu schaffen, von einer implizit-instinktiven Lebensweise zu einer explizit-offensiven Denkweise erhoben". Berühmte Mathematiker wie Kurt Gödel oder Georg Cantor „erhielten verbindliche Erkenntnisse über das Unendliche, indem sie Annahmen machten, sie ad absurdum führten und dadurch ihr Gegenteil bewiesen. Max Planck und Albert Einstein verankerten die rationalen Inseln ihrer physikalischen Theorien auf Annahmen von Raum, Zeit und Energie, die gegen jede Plausibilität verstoßen, aber unverzichtbar dafür sind, Vorgänge im ganz Großen und ganz Kleinen unserer materiellen Welt handhabbar zu machen. Beweise durch Widerspruch stehen in unmittelbarem Kontakt zur logischen Struktur der Welt und sind Königswege zu Erkenntnissen über das Unendliche, das Jenseitige, das Transzendente."[40]

Die Mystik und die sogenannte negative Theologie mit ihren eigenen Paradoxien über Gott, Sein und Nichts, Erkennen und Schweigen, das Viele und das Eine kommen derartigen Deutungsversuchen von „Wirklichkeit" jenseits des unmittelbar Eingängigen recht nah. Jede Entzauberung verzaubert das Wissen mit noch mehr Nichtwissen. Warum kann der Mensch denkend über sein eigenes Denken nachdenken, sich als Objekt und Subjekt sich selber gegenüberstellen und befragen? Sogar das Nicht-Denkbare kann er – wenn auch ohne Anschauung – denken, dass ein Nichts „sei".

Wieso soll dann eine abstrakte Idee von etwas Geistigem, Göttlichem, Gott – von niemandem je gesehen, von niemandem je gefasst oder erfasst, jedweder unmittelbaren Anschaulichkeit, Gegenständlichkeit, Sinnlichkeit und eingängigen Logik entzogen – abwegig sein? Vielleicht gibt es für derart transzendierendes Denken – ob ohne oder mit Transzendenz – doch einen Grund: Geist kommt aus Geist. Geist schafft weiteren Geist. Geist findet Gott – Geist.

Das Christliche war und ist wesentlich mit einem optimistischen Menschenbild verbunden, auch wenn mancher wiederkehrende Moralismus, Dogmatismus und Pessimismus dem zu widersprechen scheint. Der Homo sapiens ist der von Natur aus durch Gnade geistbegabte Mensch: als Gottes Ebenbild berufen zu Entwicklung und Fortschritt, ausgestattet mit der Fähigkeit, sich und seine kleine Welt ständig neu zu entwerfen, aber auch zu überschreiten trotz seiner Unvollkommenheit. Er ist selbst als Sünder mit Sinn und Verstand geheiligt, keineswegs von Gott gedemütigt als ewiger Versager. Der Mensch soll vor dem großen unbekannten Gott von sich selber nicht klein denken. Das meint christlich: progressiv, entwicklungsfähig und entwicklungswillig der Zukunft zugewandt. Wer vor Gott kniet, darf auch vor ihm stehen. Die Welt ist nicht von Gott verlassen, weder die geistige noch die materielle. Im Angesicht Gottes vibriert alles im Pulsschlag Gottes. In religiöser Sicht lebt alles angeregt vom Atem, vom Geist Gottes. Die Schöpfung mit ihren Kreaturen seufzt hoffend auf die Rettung durch Gott. So hat alles und jedes eine sakramentale Dignität. In allem kann das Göttliche selber durchscheinen, ein Gott alles in allem.

Erst auf den Bergen, dann im Himmel

Auch wenn viele Probleme der Evolutionstheorie nicht geklärt sind, gilt sie als das momentan am besten belegte wissenschaftliche Verstehensmodell. Charles Darwin erschütterte mit seinem bahnbrechenden Werk *Die Entstehung der Arten durch natürliche Zuchtwahl*, vor allem mit den folgenden Debatten, mächtig die Gottesfrage. Wie kam der Mensch überhaupt auf die Idee „Gott", wie kam er zu Gott beziehungsweise wie kam dabei Gott zum Menschen? Galileo Galilei hatte bereits die Erde aus dem Mittelpunkt des Universums gerückt. Mit Charles Darwin wurde der Mensch endgültig als

„Krone der Schöpfung" entthront und ins allgemeine Werden des Lebens – ob tierisch oder pflanzlich – eingeordnet. Was ist der Mensch, dass Gott seiner gedenkt? Und was ist der Mensch, dass er an Gott denkt?

Mit der Erkenntnis der Evolution sämtlicher Arten durch natürliche Auslese – Zuchtwahl – hatte die religiöse Frage eine völlig neue Dramatik erhalten. Plötzlich ist es nicht mehr Gott, der in den Betrieb von Leben und Sterben, Kommen und Gehen, Geschehen und Geschehenlassen eingreift. In der Autonomie der natürlichen Abläufe geschieht alles kraft unabänderlicher physikalischer, chemischer, biologischer Naturgesetze. Für die ungeheure Glaubenskrise, die in der Folge Darwins ausgelöst wurde, war weniger das erste Erschrecken über die Erkenntnis, dass Affe und Mensch gemeinsame Vorfahren haben, entscheidend, als vielmehr, dass es einen handelnd eingreifenden Gott, wie wir ihn uns gemäß biblischer Überlieferung „handgreiflich" vorstellen, so nicht gibt. Ja, der allmächtige Erhabene kann nichts tun gemäß einem Vorsehungsplan, weil nichts vorhergesehen ist, was sich nicht autonom aus den Gesetzen von Selektion und Anpassung ergibt.

Hat die Schöpfung überhaupt ein Ziel? Oder reimen wir uns Ziele und Zwecke später nur zusammen, rückblickend von dem, was durch Zufall und Notwendigkeit letztendlich planlos entstanden ist, was uns nun aber, da es geworden ist, als sinnvoll und gewollt erscheint? Manche flüchten sich in Ersatzkonstrukte: Wenn Gott schon nicht mehr eingreifen kann, dann habe er zumindest als Anfang vor allem Anfang diesen ins Werk gesetzt. Die Autonomie der Zweitursachen habe er gewollt. Das sei eben Gottes Bescheidenheit. Nur: Auch ein solches Gottesbild, das philosophisch das Mittelalter befriedigt haben mag, ist heute nicht mehr plausibel. Denn was hilft uns ein Gott, der etwas macht, damit die Dinge sich selbst machen, um die Hände daraufhin in den Schoß zu legen und sich an den unendlichen Katastrophen des Gangs der Dinge zu er-götzen oder sich wie eine Majestät als Zuschauer an den Clownerien seiner verwirrten Kreatur zu erfreuen? Nein, auch solche Versuche, Gottes Allmacht vor seiner Ohnmacht zu retten, überzeugen nicht mehr, wenn der grausame Kampf ums Dasein in unser Gesichtsfeld tritt.

Wir brauchen also gar keinen atheistisch-ideologischen Darwinismus, um erschüttert zu werden davon, dass sich die Welt gar nicht als Götterwelt dreht, wie es sich die Menschheit jahrtausendelang vorgestellt hat. Heftig ergreift es uns, wenn wir die Zeiträume bedenken, die noch weiter in die

Vergangenheit reichen: Warum musste es spätestens seit dem Kambrium vor rund 400 Millionen Jahren derart viele Irrläufer der Evolution nach einer Explosion der Arten geben, nicht nur in der Pflanzen- und Tierwelt, sondern auch auf dem Weg zur Menschenwelt? Warum mussten derart viele Prozesse des Lebens gnadenlos ins Leere laufen, in Sackgassen absterben, samt vielen Linien von Primaten-Vorfahren? Warum kam Gottes Sohn als Homo sapiens erst vor 2000 Jahren in die Welt, wo es da doch schon mindestens 100 000, wenn nicht 350 000 Jahre lang den Homo sapiens gab, ausgestattet mit komplexem Gehirn und modern-kognitiver Erkenntnisfähigkeit, in der sich der weise Mensch sogar schon Offenbarungen auslegte? Angesichts der Fakten wäre es zynisch zu behaupten, der Mensch sei überhaupt erst mit dem Jahre Null unserer Zeitrechnung für das Christusereignis reif gewesen. Nicht minder arrogant gegenüber Gott wäre es zu behaupten, dass die vielen evolutiven Prozesse, die zu zahlreichen Religionen bereits in der Vorzeit führten, eigentlich nichts anderes gewesen seien als Abwege, wohingegen das wahre Christentum als einzig wahres Evolutionsziel Gottes aufstrahle!

Menschheitsgeschichtlich gibt es spätestens seit der Herausbildung des Homo sapiens einen engen Zusammenhang zwischen der Sprachentwicklung und der Entwicklung religiöser wie sozialer Fähigkeiten. Die erste Sprache des Menschen, die über bloße Signalmitteilung hinausging, scheint mit einem Du-Bewusstsein und schließlich einer Jenseitsahnung, ja Gottesahnung verbunden gewesen zu sein. Die Fähigkeit, sich in Worten kommunikativ auszudrücken, setzte das Vorstellungsvermögen eines Ich mir gegenüber voraus.

Entscheidend für die geistige Entwicklung des Menschen war laut dem Neurobiologen Robert-Benjamin Illing seine Fähigkeit zur Empathie: dass sich das Ich hineinversetzen kann in ein Du, von dem das Ich annimmt, dass es ähnlich ist, fühlt, denkt wie ich. „Dem Anschein nach handeln meine Artgenossen aus ähnlichen Gründen wie ich. Deshalb ist die Annahme nützlich, dass sie ein Innenleben haben wie ich. Dann kann ich meine Innenwahrnehmung als Modell für das Innenleben meiner Artgenossen nutzen."[41] Trotzdem bleibt rätselhaft, wie und warum sich überhaupt ein Ich-Bewusstsein bilden konnte.

Der Mensch wurde und wird am Ich zum Du und umgekehrt am Du zum Ich aus der Fähigkeit, sich abstrakt in den Anderen hineinversetzen zu können. Mit der Einsicht: Denn er ist wie du. Aus der Wechselwirkung dieser ersten Abstraktion folgte eine weitere, auch das denken zu können, was sich nicht auf sinnlich wahrnehmbare Weise zeigt. Das Überschreiten zum Du mittels des Ich ist nur ein erster Schritt, um schließlich das Sichtbare – mit höherer Komplexität der Neuronenverschaltungen – zu überschreiten auf das Unsichtbare, auf etwas Jenseitiges hin, schlussendlich das Göttliche, Gott. Die Geisteskraft aus Ich und Du befähigt in einer zweiten Abstraktion dazu, etwas Ganz-Anderes, Unbekanntes, Transzendentes als real denken zu können.

Im Lauf der Kulturgeschichte, sprich: Religionsgeschichte, hat das Gottdenken selber immer höhere Abstraktionsstufen erklommen. Das Göttliche war in archaischen Vorstellungen noch vielfach diesseitig-konkret verortet, zwar in unzugänglicher Ferne, dort aber gegenwärtig: zum Beispiel wandelnd in einem paradiesischen Garten, in dem Adam und Eva zunächst nur Gottes „Schritte" hören und sich aus Furcht vor ihm verstecken. Oder aber die Gottheit ist verborgen präsent im finsteren, undurchdringlichen Wald, ruhend jenseits des Meeres, untergetaucht in der Tiefe von Seen, thronend auf heiligen Bergen wie dem Sinai, lebensspendend oberhalb von Gletschern; schließlich noch weiter entfernt herrschend im Himmel, umgeben von einem himmlischen Hofstaat aus Engeln oder sonstigen Geistweisen. Mit zunehmender Entmythologisierung rückte Gott immer weiter ab in transzendente Sphären. Selbst der Himmel, nicht einmal mehr die Himmel der Himmel, wie es paradox im Tempelweihegebet des Salomo heißt, fassen ihn – um wie viel weniger dieses heilige Haus, das der König erbauen ließ. Gott wandert: vom Raum in die Raumlosigkeit.

Schlussendlich offenbart sich Gott Mose als JHWH in nochmals gesteigerten Paradoxie: als Stimme aus dem brennenden Dornbusch, der nicht verbrennt. Als Vier-Buchstaben-Wort erreicht JHWH über nichts als Linien, die man in Sand ziehen, in Stein hauen oder – später – auf Pergament zeichnen kann, den Gipfel der Abstraktion: kein Bild mehr, nur noch dürre Striche, die aber kommunikativ-zwischenmenschlich verständlich erkennen lassen, was gemeint ist und damit einen immensen Bedeutungshorizont eröffnen, der die empirische Anschauung des Gegenständlichen von „Zeichnungen" ins Unendliche der Gegenstandslosigkeit übersteigt. Gott ist kein Objekt, ja nicht einmal ein Subjekt im menschlich „figürlich" vorgestellten Sinne. Ein Hauch von Nichts – doch ganz gefüllt.

Der Bewusstwerdungsprozess des Menschen über Du und Ich aufgrund stets komplexerer Verschaltung der Neuronen des Gehirns eröffnete einen weiteren Bewusstwerdungsprozess, ein nochmaliges Überschreiten vom sensorisch Fassbaren zum Unfassbaren. Aus dem Zusammenspiel von Ich-Bewusstsein und Du-Bewusstsein ergaben sich Abstraktionsmöglichkeiten über Ich und Du hinaus bis hin zu Vorstellungen vom Nichts, vom Jenseits, schließlich von etwas göttlich Wesenhaftem, einem „Wesen" Gott. Auf diesem Weg wurde der Mensch Mensch, ein weiser Mensch, der seine Offenbarung(en) in Klang, Form und Farbe manifestierte. Hier entstanden Kunst und Kult. Die durch Abstraktion gewonnene Gottesahnung ermöglichte den entscheidenden geistigen Quantensprung hin zum modernen Menschen. Der Mensch wurde durch seine Religionsfähigkeit Mensch. Die Fähigkeit zu Gottesbildern erst trennte ihn endgültig von affen-menschenähnlichen Vorfahren.

Mit einem Gottes-Modul im Gehirn?

Hirnforscher haben nachzuweisen versucht, dass bestimmte Regionen im Gehirn bei religiöser Erregung besonders aktiv arbeiten. Sie sprechen von einem „Gottes"-Modul und meinen, dass Gott biologische Ursprünge habe, dass er in den Neuronen materiell verankert sei. Der Molekularbiologe und Genetiker Dean Hamer ortet die spirituellen Fähigkeiten in den Erbanlagen, wo sie irgendwann in grauer Vorzeit entstanden sein sollen, dann von Generation zu Generation weitergegeben wurden und auch in Zukunft abgerufen werden können. Im genetischen Code will Hamer einen bestimmten Abschnitt nachgewiesen haben, der für die Erzeugung jener Eiweiße zuständig ist, die bestimmte Botenstoffe im Gehirn steuern, die wiederum spirituelle Reize auslösen.[42] Gemeint sind Gefühle der Selbsttranszendenz, des Sich-Überschreitens, der kosmischen Verbundenheit, des Einsseins, der Selbstvergessenheit, der Liebe zur Natur und zu allem, was lebt. Der Autor macht dafür biochemische Konstellationen auf einem Erbcode-Abschnitt verantwortlich, der VMAT2 genannt wird. Ist „Gott" also nichts anderes als eine bestimmte weitervererbbare Veranlagung, die im Lauf der Menschheitsgeschichte in die DNA eingeschleust wurde?

Hamer kommt den materialistisch-reduktionistischen Deutungen, die in der Religion nichts anderes als einen Evolutionsvorteil sehen, um im

Kampf ums Daseins besser zu bestehen, nahe. Aber er sieht diese Interpretation nicht als zwingend an. Vielmehr meint er: Es seien durchaus verschiedene Schlussfolgerungen denkbar. Eine atheistische Konsequenz würde lauten, dass es Gott nicht gebe. Genauso gut ist jedoch eine fromme Auslegung möglich: Demnach dient das „Gottes"-Gen als Beleg dafür, dass ein Schöpfer die Möglichkeit zur Gotteserfahrung in sein Geschöpf Mensch evolutiv-genetisch eingestiftet hat. Das biologische wie geistige Leben mit allen Wechselwirkungen des Organismus ist auf biochemische Grundlagen angewiesen, ohne darin aufzugehen. Warum also nicht auch das Religiöse?

Das ist allerdings auch schon der aufregendste Teil der Spekulation, dass es ein „Gottes-Gen" geben könnte. Alles weitere wäre als pure Fantasie zu betrachten. Eine gravierende Schwäche der Thesen der „Gottesgenetiker" sowie der sogenannten Neurotheologen, die Gott mit gewissen ekstatischen Reizen und Erregungszuständen in bestimmten Hirnregionen verbinden, besteht darin, dass sie Gotteserfahrung und Spiritualität auf besondere, außergewöhnliche Glücksgefühle und ekstatische Aufwallungen von Selbsttranszendenz einengen. Gotteserfahrung ist jedoch keineswegs nur ein hochgradiger Erregungs- oder Erweckungszustand. Gotteserfahrung kann ein sehr nüchternes Gottdenken und Gottbekennen sein, ohne spektakuläre emotionale Aufwallungen. Gotteserfahrung schließt außerdem wesentlich die dunklen Aspekte ein, Empfindsamkeit für die Ferne, die Abwesenheit Gottes, sein Schweigen.

Außerdem ist nicht jedes Beten Kontemplation im Sinne höchster spiritueller Spannung und Achtsamkeit, die in gewissen Hirnregionen messbar sind. Oft ist Glauben etwas ganz Einfaches, innerlich überhaupt nichts sonderlich Erregendes.

All die Spekulationen über Gott im Gehirn oder im Erbgut stehen auf sehr wackeligem Grund. Allerdings dokumentieren sie ein nach wie vor feines Gespür für die Rätselhaftigkeit des religiösen Phänomens. Eine Folgerung kann man daraus ziehen: Es ist und bleibt eine mächtige Herausforderung für Theologie, Spiritualität und Liturgie, die gewaltige Kluft zwischen Welterkenntnis und Gotteserkenntnis zu überwinden. Das darf nicht gegen die wissenschaftliche Welterfahrung geschehen. Wir brauchen sie für einen redlichen Glauben. Wir brauchen sie, um den christlichen Glauben zukunftsfähig zu halten. Darwin hat Tore geöffnet, durch die wir getreten sind, ohne dass in Theologie und Kirche ähnliche Tore aufgestoßen worden wären. Die kleinen Versuche im Gefolge etwa des Paläoanthropologen und Jesuiten Pierre Teilhard de Chardin, der evolutives Denken theologisch-mystisch zu integrieren versuchte, oder in der Tradition sogenannter Prozesstheologie, die Gott selbst im Prozess des Werdens denken möchte, sind gewisse Vorläufer einer viel weiterreichenden christlichen Evolution des Glaubensbewusstseins.

Urgrund mit Hintergrundrauschen

Manche Gläubigen richten sich aus Ratlosigkeit oder auch Ängstlichkeit in einer religiös-wissenschaftlichen Bewusstseinsspaltung ein, in einer unverbundenen Zwei-Reiche-Lehre: hier Wissenschaft – da Glaube. Tu du mir nichts, dann tue ich dir auch nichts! Die Naturwissenschaft soll sich aus der Gottesfrage heraushalten, die Grenze nicht überschreiten, dann werde man sich auch umgekehrt religiös nicht in Wissenschaft einmischen. Solche Trennung, als gäbe es zwei Parallelwelten mit Wahrheiten, die nichts miteinander zu tun haben, trägt jedoch nicht weit. Ein Physiker sagte einmal, er habe kein religiöses Problem: „Die Wissenschaft sagt das Richtige, der Glaube sagt das Wahre." Darauf die Frage, ob etwa das Wahre dann auch das Falsche sein dürfe? Er schwieg.

Der Religionspsychologe und Jesuit Bernhard Grom beschrieb solche Bewusstseinsspaltung, die auf gefährlicher Verdrängung beruht, einmal so: „In unseren Gottesdiensten preisen wir Gottes Zuwendung in Leben, Gebet und Sakramenten in der Sprache und Denkweise der biblischen Wunderberichte und Psalmen – und werden so mit ihrem undifferenzierten Allwirksamkeitsglauben konfrontiert."[43] Doch viele Menschen „empfinden diese Art, von Gott zu reden, einfach als ungedeckt von ihrer Alltagserfahrung". Grom zitierte die vermeintlich triviale, jedoch tiefe Wahrheit erhellende Aussage eines Berufsschülers: „Wenn man die Geschichte aus dem Testament glauben soll, so fragt man sich, wie Gott früher so viel Gutes erbringen konnte, und heute traut man sich kaum ab 22 Uhr auf die Straße." Gott greift eben nicht ein, wie wir uns ein Eingreifen vorstellen. Gott kann nicht „allmächtig" sein, wie wir uns volkstümlich „Allmacht" vorstellen.

Bernhard Grom verlangt, dass man sich die Grenzen der überlieferten Sichtweisen eingesteht und diese an heutigen Erfahrungen korrigiert: „Gott begegnet uns und wirkt mit uns auf ganz andere Weise als eine menschliche Person. Selbst durch die Menschwerdung in Jesus wird er nie in sich sichtbar oder hörbar; auch Visionen können ihn nur symbolisieren und Auditionen nur menschliche Worte vermitteln … Gott ist nicht das erste Glied einer Ursachenkette, sondern deren ermöglichende Ur-Ursache: nicht von außen wirkend, wie geschaffene Wesen miteinander interagieren, sondern – so Rahner – ‚der lebendige dauernde transzendentale Grund der Eigenbewegung der Welt selbst' … Entgegen dem bei vielen Christen verbreiteten, latent deistischen Missverständnis, Gottes Schöpfung betreffe nur den Anfang, ist stets mitzubedenken, dass das Universum mit seinen Wirkzusammenhängen beständig von ihm im Dasein erhalten wird. Schöpfung geschieht – als ‚creatio continua' – jeden Augenblick …"[44] So sieht Grom das Wirken Gottes nicht als ein personales unmittelbares Handeln, sondern als ein Halten.

Ist Gott also viel mehr eine Art Hintergrundrauschen in Kosmos und Leben, ein Fluidum, ein Äther, in dem, mit dem und auf dem alles schwimmt, sich bewegt, ist und wird? Muss man sich Gottes Handeln gar unabhängig von jedweder Kausalität vorstellen? Ist Gott als Grund der Welt gar nicht ihre Ursache? Ist die Welt als Anfang selbst ursachenfrei?

Unsere Anschauungen hängen an unserer begrenzten Logik, die alles kausalursächlich fassen möchte, jedoch nicht unbedingt jedes physische oder psychische Phänomen so greifbar machen kann. So leiden auch unsere Gottes-Analogien, unsere Versuche, in Entsprechungen sich ein uneigentliches Bild von Gott zu machen, an den Schwachstellen der gewöhnlichen Logik. Am Ende hilft uns nur der Sprung auf eine mystisch-intuitive Ebene. Grom jedenfalls plädiert für eine Spiritualität, die mit dem Wunder nicht ein Durchbrechen naturgesetzlicher Abläufe verbindet, sondern die im Gewöhnlichen das Wunderbare entdeckt. Für Groms Glaubensverständnis entscheidend ist das Wunder des Sichtbaren, nicht das Wunder des Unsichtbaren.

Der Jesuit, Biologe und Naturphilosoph Christian Kummer wagt sogar ein Plädoyer für einen christlichen „Pantheismus", gemäß den mystischen Vorstellungen des Ignatius von Loyola, wonach Gott in allen Dingen sei. Kummer erklärt das in Anspielung auf Karl Rahner so: „Dieser Gott ist verschenkt. Seine Selbstmitteilung ist ein Geschenk an mich. Gott erdrückt mich nicht mit seiner ständigen Präsenz … Wenn dieser Gott ständig ganz verschenkt ist, dann ist er auch nicht irgendwo fern im Himmel zu suchen, sondern dort, wo er sein will: in den Geschöpfen … So meine ich, dass

Pantheismus, gleichgültig welcher Provenienz, eine günstige Basis für den Glauben an einen christlichen Schöpfergott ist, eine günstigere jedenfalls als alle rationalistischen dogmatischen Begriffsgebilde."[45]

Geist, Geist und nochmals Geist

Personalität Gottes, Apersonalität oder besser Überpersonalität? Viele Menschen, die um den Glauben ringen, finden sich nicht mehr ab damit, Parallel- oder Scheinwelten zu konstruieren, in denen die evolutiven Fakten die religiösen Anschauungen angeblich gar nicht stören. Nettes friedliches Nebeneinander? Irrtum! Die Störungen bleiben erheblich, allen beschönigenden, harmonisierenden Behauptungen zum Trotz.

In der andauernd evolutiven Schöpfung von Energie und Materie gibt es viele apersonale Strukturen, die in Gott ebenfalls einen Halt haben müssten. Ebenso gibt es das schöpfungsgemäß Personale: Geist, Bewusstsein, Erinnerung, Identität. Das alles hat seine Würde, seine Dignität. Wie kann Gott ein tragender Urgrund des Personalen wie des Apersonalen sein? Diese Frage hat das Christentum schon früh umgetrieben, bereits in den kosmischen Deutungen des Christusereignisses, etwa bei Paulus und seinen Schülern. Das Verstehensmodell der Trinität, der Dreifaltigkeit/Dreieinigkeit Gottes, macht diese Polarität sichtbar: beim Heiligen Geist. „Geist" zeichnet sich dadurch aus, dass er/sie nicht personal fixierbar ist. Gott ist Geist – also gerade nicht etwas Gestalthaftes, Gegenübergestelltes, was die menschliche Anschauung per Analogieschluss mit Personhaftem verbindet. Wie viel Raum ist für Geist im Prozess des Evolutiven?

Ein platter ideologischer Darwinismus, der sich auf natürliche Auslese und damit auf materielle Prozesse beschränkt, kann viele Phänomene der Evolution nicht erklären, insbesondere nicht solche, die mit Kultur, Bewusstsein, Geistregung zu tun haben. Der Wissenschaftsjournalist Jürgen Neffe schrieb über den blinden Fleck der Entdeckungen Darwins: „Er verkennt die Macht der kulturellen Evolution, die sich spätestens mit der Sesshaftwerdung des Menschen über die biologische Evolution zu erheben begann. Anders als seine nächsten Verwandten kann Homo sapiens die verfügbare Nahrungsmenge über ihre natürlichen Grenzen steigern. Ohne Ackerbau und Viehzucht, ohne Züchtung und Lebensmitteltechnologie hätte unsere Art schon die Mitgliederzahl von einer Milliarde zu Darwins Zeiten nie erreicht. Seither hat die Menschheit mit kulturellen Errungenschaften, mit medizinischem und technischem Fortschritt ihre Zahl auf bald sieben Milliarden gesteigert und die biologische Evolution mehr und mehr überwunden … Jedenfalls spielt die biologische neben der ungleich effektiveren kulturellen Evolution kaum eine nennenswerte Rolle.‟[46]

Das Geist-Gott-Problem ist als religiöse Frage maßgeblich ein kulturelles, und damit alles andere als erledigt. Denn erst die kulturelle Evolution hat es möglich gemacht, dass der Mensch als einziges Lebewesen die Frage nach dem Rätselhaften und Geheimnisvollen, nach dem Grund und dem Ziel von allem stellen kann, nach Gott. Hinzu kommt, dass die Evolution, wie unter anderem die moderne Genforschung zeigt, keineswegs derart stupide starr nach Auslesemechanismen – Selektion und Mutation – ablief, wie man einst annahm, als die Funktionsweise des Genoms noch nicht bekannt war. Es gibt im Leben Kreativität, Spontaneität und womöglich sogar Zielgerichtetheit und Kooperation bereits auf genetischer Ebene. Wie sonst hätte das komplexe Linsenauge auf verschiedenen Evolutionswegen ganz unabhängig voneinander gleich mehrmals entwickelt werden können? Und wie ist das Phänomen Bewusstsein als erstaunlichstes Produkt der Evolution zu erklären, wo doch die Evolution selbst gar nicht und gar nichts denkt?

Die Komplexität des Evolutiven könnte ein Hinweis sein auf die Komplexität des Geistigen – und damit womöglich auf die Komplexität des ganz Anderen, Göttlichen. Unsere vermeintlich primitive Art, Gott gemäß Offenbarungen als reale Möglichkeit zu ahnen, ist ihrerseits hochkomplex angesichts dessen, was im Lauf der Evolutionsgeschichte lange vor uns Menschen war. Gut zweihundert Jahre nach Darwin an Gott zu glauben, fällt schwer. Nach Darwin nicht an Gott zu glauben, fällt im Horizont des erstaunlich Evolutionären noch viel schwerer. Ja, solcher Atheismus wirkt absurd. Womöglich entscheidet sich die Plausibilität religiösen Glaubens schlussendlich an einer Abwägung des Geistes: Gott ist angesichts der evolutiven Selbstläufer Universum und Leben unwahrscheinlich. Angesichts all dessen, was ist, noch weitaus unwahrscheinlicher aber ist: dass es Gott *nicht* gibt.

Religion war nie nur ein lehrmäßiges System, sondern selber stets evolutiv ein Sein im suchenden Werden, auch wenn das die Lehrautoritäten nicht wahrhaben wollen. Nicht nur in der Natur gibt es die unaufhörliche

Evolution, sondern genauso in der Gottesfrage. Auch unser Gottesverständnis hat sich entwickelt und entwickelt sich weiter, im Lauf der Menschheitsgeschichte wie in der Lebensgeschichte jedes Einzelnen. „Es gibt viel kulturelle Evolution in der Religion", so Wolf-Rüdiger Schmidt. Das aber macht Glauben lebendig. „Der Gott der Juden, Christen und der Muslime ‚evolviert' – und was sagt der Glaube dazu? Evolviert Gott im Bewusstsein der Menschen oder macht ‚er' sich schrittweise, prozessual bekannt … Ist es ein doppelter Prozess, indem sich sozusagen der Grund der Welt selbst im menschlichen Bewusstsein ‚offenbar' macht und schließlich ein transpersonales ‚Du' mitteilt? … Was hat dieser sich evolvierende Gott, der spät dann auch als ‚Schöpfer' gepriesen wird, als der ‚Herr' des Ganzen mit jenem beschleunigten Prozess der kosmischen Evolution zu tun, dem heißen Urknall, einer inflationären Phase, der chaotischen Bildung von Galaxien, der sehr viel späteren Entstehung unseres Sonnensystems aus einer Gas-, Eis- und Staubwolke … ?"[47]

Die großen, die harten und niemals harmlosen Fragen des Glaubens reichen erheblich über das – auch religiös – Gefühlsmäßige hinaus, weit in die Wissenschaft hinein und tief in die Mystik hinab. Aber genau da wird Religion, wahre Religion: Das Vage, Paradoxe, Widersprüchliche, Uneindeutige, Spannungsgeladene, Wunderbare, Schreckliche, Rätselhafte, Geheimnisvolle diesseits und jenseits unserer Vorstellungskraft gehört in ihre Mitte. Die Zeichen der Zeit stehen für eine Erneuerung des Christlichen so ungünstig nicht. Religion war noch nie „Religion pur". Sie ist ebenso wenig „Religion light". Sie beginnt mit und lebt stets aus Religiosität, wie ungenau und vieldeutig sie auch daherkommen mag. Zur Schärfe von Religion gehört wesentlich ihre Unschärfe. Das betrifft in besonderer Weise die Ursprünge des Ein-Gott-Glaubens.

V. Wie Gott Gott wurde

Woher kam das „Volk Israel"?

Keine religiöse Ursprungsgeschichte vor dem Christentum ist derart intensiv erforscht worden wie die des Volkes Israel und des monotheistischen JHWH-Glaubens – und bleibt dennoch rätselhaft. Es beginnt schon mit der Unsicherheit darüber, was jenes Volk Israel anfangs eigentlich war und wie es zu dem wurde, als das es in die Geschichte eintrat. Wie es schließlich zu seinem einen Gott JHWH fand, der auch der Gott Jesu ist. Die Erscheinung dieses Gottes und dessen Verständnis blieben stets einem Wandlungsprozess ausgesetzt, nachhaltig bei den Propheten, schließlich bei Jesus selbst.

Im letzten Jahrhundert sind im Zuge der Beschleunigung der historisch-kritischen Literaturwissenschaft, der Sprachwissenschaft sowie der Archäologie viele Theorien aufgekommen und wieder verworfen worden, wie es wirklich war oder gewesen sein könnte. Inzwischen sind sich die Gelehrten nahezu einig zumindest in einem Punkt: Die Aufbruchs-, Auszugs- und Besiedelungsgeschichten von Abraham über Mose, Josua bis zu David und seinen Nachfolgern sind nicht in jener zeitlichen Abfolge geschehen, wie sie die Endgestalt des Alten Testaments überliefert. Vielmehr handelt es sich um Kompositionen verschiedenster Erzähltraditionen mit unterschiedlichem Realitätsgehalt. So ist man sich inzwischen weitgehend sicher, dass niemals ein ganzes Volk aus Ägypten vor dem Pharao floh und das Gelobte Land eroberte, wie in den Büchern Exodus und Josua geschildert. Allenfalls kamen einzelne Bauhandwerkerfamilien auf der Suche nach einer neuen Bleibe in jene Gegend, die später als Heimat Israels fixiert wurde. Viele Forschungsbefunde haben unser Geschichtsbild korrigiert. Sie werfen ein faszinierendes Licht auf eine aufregende Entwicklung des Glaubens, der Gottesvorstellungen, worin auch das Christentum wurzelt.

Woher also kam Israel, wer war JHWH, sein Gott, ursprünglich? Dass die Behauptung einer kriegerischen Landnahme in Kanaan, wie sie etwa das Buch Josua nahelegt, aus heutiger Sicht wohl nicht mehr haltbar ist, leitet der Alttestamentler Detlef Jericke unter anderem aus archäologischen Befunden ab. Gemäß der alttestamentlichen Chronologie müssten die zwölf Stämme um das Jahr 1200 vor Christus jenes Siedlungsgebiet erobert haben. Damals waren bedeutende Städte dieser Gegend jedoch längst unbewohnt. Die Mauern von Jericho musste man gar nicht erst zum Einsturz bringen, sie waren bereits verfallen. Zudem ist es unwahrscheinlich, dass eine nomadische Streitmacht im Siegeszug jeweils die Hälfte einer Stadtbevölkerung hätte umbringen können.

So folgte eine weitere Theorie, dass die Landnahme eher ein friedlicher, schleichender Prozess gewesen sei, zum Beispiel im Rhythmus des jährlichen Weidewechsels nomadischer Gruppen. Diese seien in den Sommermonaten ins palästinensische Bergland gezogen. Einzelne von ihnen ließen sich mit der Zeit dort dauerhaft nieder. Allerdings bestreiten etliche Kulturwissenschaftler diese Annahme. Es sei – wie man bis in die Gegenwart sehen kann – sehr unwahrscheinlich, dass nomadisierende Gruppen ihre mobile Lebensweise, die oftmals Konflikte mit sesshaften Bauern provoziert, aufgeben, um ein festes Staatsgefüge aus vielen konkurrierenden Stämmen zu bilden.

Ein jüngerer Erklärversuch lautet, dass sich das Volk Israel aus der kanaanäischen Stadtbevölkerung heraus entwickelte. Rechtlose Schichten und Bauern, die von den Stadtfürsten ausgebeutet wurden, hätten sich durch eine Art Revolte befreit und seien aus der Stadt ausgezogen ins Bergland, um dort eine neue Gesellschaft zu errichten. Einen Hinweis auf einen derartigen sozialrevolutionären Akt meint man Briefen kanaanäischer Stadtfürsten an den Hof des Pharaos Echnaton (13. Jahrhundert) zu entnehmen. Dort ist von Gruppen sogenannter Hapiru die Rede. Gemeint sind sozial niederstehende, „herumschweifende" Leute, gesellschaftliche Außenseiter, die teilweise als Wegelagerer und Plünderer auffielen. Bei den Hapiru könnte es sich um die im Buch Exodus erwähnten Hebräer, also die Mose-Leute, handeln.

Allerdings erscheint ein großangelegter politisch-emanzipatorischer Befreiungsakt unterer Klassen quer durch die kanaanäischen Stadtstaaten anderen Gelehrten unwahrscheinlich. Eine weitere Hypothese rechnet damit, dass Gruppen, die man später als Volk Israel identifizierte, bereits seit Menschengedenken in den betreffenden Gegenden siedelten. Die Krise der Stadtkultur verhalf ihnen zum Aufstieg.

Jericke: „Heute geht man … davon aus, dass die Neubesiedelung des Berglands eine Folge des Zusammenbruchs der bronzezeitlichen Stadtkultur darstellte. Im gesamten Mittelmeerraum ist ein Niedergang von

Städten seit ca. 1250 v. Chr. zu beobachten. Die Städte waren Teil eines weitverzweigten Handels- und Wirtschaftsraums. Störungen an der einen oder anderen Stelle, Unruhen in der einen oder anderen Region, Dürreperioden oder Erdbeben konnten zum Untergang vieler Städte führen. Da die in der Umgebung einer Stadt lebenden Bauern und Nomaden auf den wirtschaftlichen Austausch und auf vertragliche Regelungen mit den Städten angewiesen waren, fehlten ihnen nach dem Niedergang der Städte die entsprechenden Partner. Zwangsläufig mussten sie sich dauerhaft sesshaft niederlassen. Dazu wählten sie die zwar schwieriger zu bewirtschaftenden, jedoch außerhalb der ehemaligen Stadtterritorien liegenden Bergregionen.“[48] Demnach entstand das biblische Volk Israel aus Menschen ganz unterschiedlicher ethnischer Herkunft, aus Stämmen, die „schon immer da waren“.

Unterwegs zum Monotheismus: Wer ist JHWH?

Noch viel spannender als die Konstituierung eines Volks Israel ist, wie in diesem Gemisch der JHWH-Glaube entstehen konnte. Wer war dieser Gott, der in der Geschichte des Mose vor dem brennenden Dornbusch so mysteriös seinen Namen offenbart, ohne sich preiszugeben? Der Ein-Gott-Glaube fiel ja ebenfalls nicht vom Himmel. Im frühen Israel verehrten die Menschen anscheinend über Jahrhunderte hinweg verschiedene Gottheiten, wie der prophetische Dauerstreit zur Durchsetzung des Monotheismus eindrucksvoll belegt. Im Alten Testament findet man Hinweise auf Gottheiten, die den einstigen Polytheismus beziehungsweise das Nebeneinander und die Vermischung verschiedenster Kulttraditionen der dort angesiedelten Völker und Stämme bezeugen: etwa El, der vermutlich ein kanaanäischer Hochgott war, dessen Name interessanterweise im Wort Isra-*el* weitergetragen wird – und bezeichnenderweise nicht der Name JHWH.

Dass die Religion des alten Israel nicht von Anfang an monotheistisch war, deutet sich allein schon aufgrund der Vielzahl biblischer Gottesnamen an: El Eljon (Höchster Gott), El Roi (Gott, der nach mir schaut), El Schaddai (Gott, der Allmächtige), El Olam (Gott, der Ewige) und so weiter.

Dieser Gott El – mit oder ohne Beinamen – taucht vielfach in den alttestamentlichen Patriarchen- beziehungsweise Erzväter- (und Erzmütter-)

Erzählungen auf. Wahrscheinlich handelt es sich um eine Sippengottheit, um einen Schutzgott für Familiengruppen über Generationen hinweg. Das ergibt sich unter anderem aus der Redewendung „Gott meines Vaters" oder „Gott unserer Väter". „Er sorgt für das Überleben der Familie, ohne erkennbar moralisch, strafend oder vergebend in das Leben der Familienmitglieder einzugreifen", deutet der Alttestamentler Hubert Irsigler den Befund. „Segen, Lebensförderung und schützende Fürsorge sind das A und O dieses Gottes."[49] Diese Auffassung habe im Lauf der Geschichte Israels „zur Ausbildung einer Vorstellung vom ‚persönlichen' Gott, einem menschennahen Gott" beigetragen. Dieser Gott ist „mein" Gott, „unser" Gott, „mein Licht und mein Heil", „mein Hirte", wie zum Beispiel in den Psalmen gebetet wird (u. a. Ps 22, Ps 23, Ps 27). „Letzten Endes wirkt dieses Gottesbild auch nach in dem volkstümlichen Glauben an Schutzengel in den monotheistischen Religionen, als Weisen der vermittelten Erfahrung von Gottesnähe."

In der sogenannten elohistischen Erzählquelle der Patriarchenerzählungen im Buch Genesis stößt man außerdem auf die Pluralbezeichnung Elohim, was auf mehrere Götterwesen schließen lässt. Etliche Textstellen deuten einen himmlischen Hofstaat an, wenn unter anderem von einem Gott der „Heerscharen" die Rede ist, der wie andere Hochgottheiten als El auftritt. Ein Echo dieses Mehr-Gott-Glaubens hallt in den Psalmen, den Urgebeten Israels, nach: „Gott steht auf in der Versammlung der Götter, im Kreis der Götter hält er Gericht" (82,1). „Gewaltig ist Gott im Rat der Heiligen, für alle rings um ihn her ist er groß und furchtbar" (89,8). Das Sein anderer Gottheiten wird hier also keineswegs ausgeschlossen. Möglicherweise war der JHWH des Anfangs ähnlich wie El nur ein Gott neben anderen verehrten Göttern, zunächst eventuell nicht einmal ein Hochgott. Vielleicht wurde er in einem Pantheon von Gottheiten ursprünglich aber auch nur als der unter diesen besonders *wirksame* Gott allein verehrt (Monolatrie).

Der Alttestamentler Othmar Keel hat angemerkt, dass JHWH in den bisher bekannten westsemitischen Götterhimmeln gar nicht auftaucht. Dort kennt man den Göttervater El und den Wettergott Baal. Der älteste bekannte außerbiblische Text, der JHWH eindeutig als Gott bezeichnet, ist auf die Mitte des neunten vorchristlichen Jahrhunderts zu datieren. Er findet sich auf der sogenannten Mescha-Stele. Mescha, ein König der Moabiter, lässt da seinen Herrschaftsanspruch und kriegerische Handlungen schildern; unter anderem, wie heilige Geräte oder Widder (der Text ist nicht ganz eindeutig) JHWHs geraubt und vor den moabitischen Gott Kemosch geschleppt wurden. JHWH wird hier mit Israel in Verbindung gebracht.[50]

Möglicherweise ist der Gottesname schon viel früher bezeugt, in einer ägyptischen Ortsnamenliste aus einem Tempel im nördlichen Sudan, aus dem 14. Jahrhundert v. Chr. Da ist die Rede von einem „Land der Schasu JHW+Aleph". Das „JHW" scheint hier einen Ort zu bezeichnen. Für die damalige Zeit ist es nicht ungewöhnlich, dass Ortsnamen zugleich Götternamen sind, wie Assur. Die Schasu scheinen halbsesshafte Nomaden im Nordwesten des heutigen Saudi-Arabien gewesen zu sein.

Das ist insofern bedeutsam, als manche Wissenschaftler vermuten, dass es sich bei JHWH ursprünglich um eine regionale Vulkan- oder Erdbebengottheit gehandelt habe. Im Buch Exodus findet man zahlreiche Anspielungen darauf: die Wolkensäule JHWHs, die das Volk Israel als Schutz bei Tag begleitet, und die Feuersäule als Leithilfe nachts. Zudem erwähnen zahlreiche biblische Stellen, dass bei JHWHs Kommen die Erde bebt, dass Berge wie Wachs – Lava – dahinschmelzen oder dass vom Sinai Rauch aufsteigt (vgl. u. a. Ps 46; Ex 19,18). Auch verschiedene Lichtphänomene gehen mit JHWH-Offenbarungen einher, etwa das nicht verbrennende Feuer des brennenden Dornbuschs. Den Gottesberg Horeb-Sinai hat man mit zwei Vulkanen im nordwestlichen Arabien identifiziert, die bis ins Mittelalter hinein aktiv waren.

Keel weist darauf hin, dass der JHWH-Name kein Substantiv ist, sondern in Verbform eine Tätigkeit Gottes, sein aktives Handeln umschreibt. Bei der Dornbusch-Offenbarung wird das als „Wirksam sein", als „Dasein" JHWHs erklärt. Doch gibt es andere Stellen, die JHWH mehr im Sinne von „Er weht" deuten, was wiederum auf eine Sturmgottheit schließen lässt. So ist im Buch Exodus (14,21) von einem Gott die Rede, der für den Durchzug seines Volkes durchs Rote Meer das Wasser kräftig fortbläst. Die Gottesoffenbarung Elijas im ersten Buch der Könige (19,11 ff.) verbindet alle Elemente einer Vulkan-, Erdbeben- wie Sturmgottheit, allerdings in Form einer „negativen Theologie" – was JHWH *nicht* (mehr) ist. JHWH ist nicht mehr lokalisiert im Sturm, nicht mehr im Erdbeben, nicht mehr im Feuer, sondern – fast ironisch gebrochen – in einem sanften, leisen Säuseln. Handelt es sich hierbei um ein frühes Dokument kritischer Entmythologisierung eines dinglichen, naturgebundenen Gottesverständnisses?

Gewiss: Vieles bleibt spekulativ. Dennoch sind gewichtige Anzeichen dafür, dass sich auch der JHWH-Glaube gewandelt, abstrahiert, geläutert hat, nicht zu übersehen. Othmar Keel vermutet sogar eine ursprüngliche Ähnlichkeit mit der ägyptischen Sturmgottheit Seth, die im Zuge der ägyptischen Oberhoheit über Palästina zwischen dem fünfzehnten und dem zwölften Jahrhundert v. Chr. die Gottesbilder im kanaanäischen Raum beeinflusst hat, etwa das Bild des Baal. Kann es sein, dass eine damals nur lokale oder regionale Gottheit JHWH ebenfalls vom ägyptischen Sturm-, dann Kampf- und Kriegsgott Seth mitbestimmt worden war? Jedenfalls taucht JHWH als „Herr der Heerscharen" in nicht wenigen Schichten des Alten Testaments auf. Er besitzt da zweifelsohne Züge eines Kriegsgottes. Für Keel ist offenkundig: „JHWH war wie Seth oder der moabitische Kemosch primär ein ‚Kriegsmann'." Vor allem im Südreich Juda trat JHWH als Kriegsgottheit auf: David etwa kämpft die Kämpfe JHWHs, unter anderem gegen die Philister. Die Krieger sind JHWHs Volk. Man schwört bei JHWH, schließt Bündnisse vor JHWH. Die Feinde sind die Feinde JHWHs. Auch bei Rechtsstreitigkeiten ist JHWH steter Helfer. „Das Leben Davids wird als von Kämpfen und Kriegen geprägt dargestellt und macht wahrscheinlich, dass das Kriegswesen einen wichtigen Aspekt seines persönlichen Schutzgottes darstellte." Kam dieser kriegerische JHWH zum späteren Gesamtvolk Israel aus dem Süden, über David?

Im Nordreich Israel kannte man ursprünglich eine wohl etwas anders geformte JHWH-Tradition als die kriegerische. Sie war mit Mose, mit der Offenbarung Gottes im brennenden Dornbusch und mit der Exodus-Geschichte verbunden. Mose, der die Schafe seines Schwiegervaters Jitro, eines Priesters von Midian, hütete, könnte nach dieser Textüberlieferung seinen Gott JHWH bei den Midianitern kennengelernt haben. Erstaunlicherweise gibt es archäologische Funde, die den JHWH-Namen auf die Gegend der Midianiter zurückführen. Möglicherweise wurde JHWH von midianitischen Händlern in die Gebiete des späteren Nordreichs Israel gebracht. Aber auch zu den Midianitern, mit denen Israel verfeindet war, dürfte die JHWH-Tradition aus dem Süden gekommen sein.

Bis heute gibt es jedenfalls „keinen Hinweis darauf, dass ein Gott namens JHWH im zweiten Jahrtausend vor Christus in Kanaan, in Ägypten, in Mesopotamien oder in Syrien verehrt wurde"[51], fasst der Wiener Alttestamentler Ludger Schwienhorst-Schönberger den Stand der Forschung zusammen. Die Quellen deuteten darauf hin, „dass JHWH von Haus aus kein kanaanäischer Gott war". Er sei „von außen in das Land gekommen", wahrscheinlich in zwei Phasen. „In einer ersten Phase kam JHWH von der Araba her in den Negev und mit David nach Jerusalem und in das spätere Südreich Juda. In einem davon zu unterscheidenden, etwas später anzusetzenden Schub gelangte JHWH – ebenfalls vom Süden oder Südosten her – nach Mittelpalästina, in das spätere Nordreich Israel. Diese JHWH-Tradition war mit Mose und dem Exodus verbunden", also mit dem „Auszug" aus Ägypten – und mit weiteren Indizien, die eine midianitische Herkunft sehr nahelegen.

Kam JHWH durch einen historischen Zufall zu seinem späteren Volk? Das Buch Exodus erzählt im zweiten Kapitel, dass Mose sieht, wie ein Ägypter einen Hebräer, seinen Stammesbruder, bei der Fronarbeit schlägt. Als Mose sich umblickt und bemerkt, dass niemand zuschaut, bringt er den Ägypter um und verscharrt ihn im Sand. Dann aber versucht Mose, einen anderen Streit zwischen zweien seiner Stammesbrüder zu schlichten, indem er den, der im Unrecht ist, vorwurfsvoll fragt, warum er den Volksgenossen schlägt. Daraufhin erhält Mose zur Antwort: „Wer hat dich zum Aufseher und Schiedsrichter über uns bestellt? Meinst du, du könntest mich umbringen, wie du den Ägypter umgebracht hast?" Der Mord ist also bekanntgeworden. Mose kriegt Angst. Der Pharao hört ebenfalls vom Vorfall und will laut der Überlieferung Mose töten. Der aber entkommt und flieht nach Midian, wo er sich an einen Brunnen setzt. Dort lernt er bei einem Gerangel um Wasserschöpfrechte fürs Vieh die Töchter des Priesters Jitro von Midian kennen, die er gegen Hirten, die Vorrang beanspruchen, verteidigt. Das wird dem Priester erzählt. Mose wird von ihm zum Essen eingeladen. Dort verliebt er sich in Zippora. Jitro gibt sie Mose zur Frau. Mose bleibt bei dem Priester, hütet dessen Schafe und Ziegen und lernt beim Schwiegervater vermutlich auch dessen Religion kennen. In diesem Kontext wird die seltsame Geschichte vom brennenden Dornbusch, der nicht verbrennt, erzählt – und von der noch seltsameren Offenbarung einer Gottheit, die sich als JHWH kundtut. Diesen JHWH bringt Mose später mit zu seinem zahlenmäßig vermutlich bloß winzigen Volk in Ägypten, das ihn bei seinem Auszug mitnimmt.

Möglicherweise begann die Israel-„Karriere" JHWHs also tatsächlich von einer Lokalgottheit in Midian her. Rätselhaft und trotz vieler Hinweise spekulativ bleibt weiterhin, wie JHWH dann aus einem eher wohl unbedeutenden Stammesgott neben vielen weiteren Stammesgottheiten schlussendlich zu dem einen und einzigen wahren Gott in einem zunächst locker bis chaotisch gefügten Stämmeverbund erhoben werden konnte. Keel stellt fest: Jedenfalls sei auffällig, dass irgendwann „in Israel *und* Juda nur *eine* Hauptgottheit ganz Israels verehrt wurde". Diese Tatsache deute auf gewichtige Beziehungen zwischen dem größeren Nordreich und dem kleineren Südreich beziehungsweise zwischen den Stämmen dieser Territorien hin. Diese Kontakte müssten schon bestanden haben, als David jenes Gebiet zu seinem Einflussbereich machte. „Der gemeinsame Gott dürfte ein wichtiges Element der Zusammengehörigkeit gewesen sein. Sein schwer fassbarer, geheimnisvoller Charakter hat seinen Aufstieg zum transzendenten Gott vorbereitet."[52]

Schwienhorst-Schönberger vermutet: Von der Ursprungsgeschichte her sei JHWH wohl kein Wetter- und Fruchtbarkeitsgott gewesen, sondern ein Sturmgott. Wo er auftritt, „um die Seinen zu retten, bebt die Erde und schmelzen die Berge wie Wachs (vgl. Ri 5,4 f.; Mi 1,4; Ps 97,5). Sein Kommen löst Schrecken aus: ‚Die Seuche zieht vor ihm her, die Pest folgt seinen Schritten' (Hab 3,5). ‚Der ganze Sinai war in Rauch gehüllt, denn JHWH war im Feuer auf ihn herabgestiegen. Der Rauch stieg vom Berg auf wie Rauch aus einem Schmelzofen. Der ganze Berg bebte gewaltig', heißt es im Buch Exodus (19,18)."[53] Das erinnert an Vulkanausbrüche. War JHWH vielleicht doch so etwas wie eine Vulkangottheit? Oder wurde eine derartige ältere Fremdtradition auf ihn nur übertragen?

Hubert Irsigler kommt aufgrund verschiedener Abwägungen zu der Einschätzung, dass die mit „Israel" ursprünglich bezeichnete Menschengruppe ein im mittelpalästinensischen Bergland im 13. Jahrhundert v. Chr. ausgebildeter Stammesverband war, in dem eine El-Gottheit verehrt wurde. Vermutlich war dieser in lokalen Traditionen beheimatete Hochgott mit Vorstellungen der Erzelternfamilien von einem Vater-Schutzgott verbunden worden. „Erst durch die ‚Mose-Gruppe' des Exodus aus Ägypten wird JHWH mit diesen so gewonnenen und gewordenen Gottesvorstellungen verknüpft. Dies geschieht in der Begegnung der frühisraelitischen Väter-Gruppen beziehungsweise des Stammesverbands ‚Israel' mit der Exodus-Mose-Gruppe. JHWH aber wird als der befreiende, aus der Not der Bedrängten rettende Gott erfahren und erhält in diesem Zusammenhang auch kriegerische Züge, die dem ‚Gott des Vaters' durchaus fremd sind."[54] Ansonsten übernimmt JHWH aus der familiären El-Religion und El-Verehrung verschiedene Elemente wie den Segen und das Mit-Sein auf dem Weg. Das „Modell der faktisch ausschließlichen Bindung der Erzväterfamilien an ihre jeweiligen Familiengötter" bleibt nach Irsiglers Urteil „bedeutsam als eine Grunddimension in der JHWH-Religion"[55]. Außerdem tritt JHWH, „der Gott aus der Wüste und dem schroffen Gebirgsland südlich des Toten Meeres", von Anfang an auf wie ein „Einzelgänger". Ursprünglich vorisraelitisch im Wüstengebiet der Midianiter und Keniter als Gebirgsgott beheimatet, gehörte er keinem Pantheon an. Aber er hat zusehends viele Züge in sich zusammengeführt, ob von einem Sturmgott, Wettergott oder Vulkangott. Mit der Etablierung im kanaanäischen Land übernahm JHWH sogar die „Fähigkeiten" des Fruchtbarkeitsgotts Baal.

Eine entscheidende – politische – Weiterentwicklung JHWHs setzte ein mit seiner „Beheimatung" in Jerusalem im Kontext der Stadteroberung durch David. Der Name Jerusalem deutet auf die Gründung durch einen Gott Schalem oder Schalim hin. Dieser wurde seit mindestens dem frühen zweiten Jahrtausend v. Chr. verehrt. Irsigler: „Im ugaritischen Mythos von der Geburt der Götter Schachar und Schalim, ‚Morgendämmerung' (Morgenstern?) und ‚Abenddämmerung' (Abendstern?) gelten beide als Kinder Els ... Da die beiden Götter den Anfang und das Ende (die Vollendung) des täglichen Sonnenlaufs markieren, werden mit dem Gott (Schachar-)Schalim nicht nur astrale, sondern solare Züge verbunden sein."[56] Mit Schalim vollendet sich der Sonnenlauf. Sprachlich ist Schalim mit Vorstellungen von Wohlergehen, Heilsein und Frieden verknüpft. Diese solaren Züge und Heilsvorstellungen sind vom Stadtgott Schalim auf JHWH übertragen worden, wofür dann auch die Namen der Davidssöhne Abschalom und Salomo (Schlomo) sprechen, in denen der alte Stadtgott weitergetragen wird.

Eine weitere Übertragung auf JHWH als den nunmehr neuen Gott der Gerechtigkeit und des Rechts hängt vermutlich mit einer ebenfalls in Jerusalem lokalisierten Tradition zusammen: der der Gottheit Sedeq, welche die rechte Ordnung, die Weltordnung verkörpert. Es handelt sich ebenfalls um eine Sonnengottheit, die vor allem im mesopotamischen Raum verehrt wurde. Sedeq – Gerechtigkeit – klingt an unter anderem im Namen des mythischen Königs und Priesters von Jerusalem Melchisedek und im Namen des jebusitischen Oberpriesters Davids Zadok, dann Hoherpriester im Tempel Salomos. Irsigler: „Wenn ‚Gerechtigkeit und Recht' die Stützen von JHWHs Thron sind (Ps 89,15; 97,2) und JHWH sein ‚Gerechtigkeitshandeln' dem Jerusalemer König übergibt, damit er JHWHs Volk ‚in Gerechtigkeit' richte (Ps 72,1–2), so finden sich darin noch Anklänge an den im alten Jerusalem verehrten Gott Sedeq. Nach Psalm 85,11 küssen sich ‚Gerechtigkeit' und ‚Frieden/Heilsein'." Die sprachlichen Zusammenhänge deuten auf eine „weitgehende Identifizierung der beiden in Jerusalem verehrten Götter Sedeq und Schalim" hin.[57]

Als David und seine Leute Jerusalem im Namen des Gottes JHWH einnahmen, musste unter der neuen Herrschaft auf die Bewohner der angestammten Religion(en) und Götter Rücksicht genommen werden. David baute sich einen Palast und zerstörte das Heiligtum der ansässigen Jebusiter, an dem vielleicht ein eigenständiger Kult für den aus dem Babylonischen stammenden Sonnengott Schamas gepflegt wurde, wahrscheinlich nicht. Vielmehr übernahm er es stillschweigend und machte es zum Reichsheiligtum einer neuen Staatsreligion. „Mit der Religionspolitik Davids und Salomos wurde die JHWH-Religion, die von ihrer Exodus-Erfahrung her möglicherweise sogar eine antistaatliche Spitze aufwies, zu einer staatlich gestützten Nationalreligion"[58], so Ludger Schwienhorst-Schönberger. JHWH wurde mehr und mehr zum Staatsgott.

Davids Sohn Salomo baute einen neuen Tempel. Eventuell wurde er auf der Grundlage des jebusitischen Heiligtums, als dessen Erweiterung oder an dessen Stelle errichtet. Mit einer Besonderheit: Im Allerheiligsten stand ein Keruben-Thron, der als eine Art Sitz JHWHs verstanden wurde – und leer war. Die Gottheit wurde nicht durch ein Bild oder eine Skulptur dargestellt. Schwienhorst-Schönberger sieht darin ein Doppeltes ausgedrückt: „Gott ist kein Teil dieser Welt. Er ist nichts von alledem, was du siehst. Er ist unsichtbar. Deshalb halte dich, wenn du Gott erkennen willst, an das Nichts, wird später der große Dominikaner Meister Eckhart sagen. ‚Deus est supra nihil et aliud – Gott steht über dem Nichts und dem Etwas', sagt der Christ in dem von Nikolaus von Kues verfassten Dialog über den verborgenen Gott (‚De Deo abscondito') … Doch das ist nur die eine Seite der Medaille. Die andere ist: Im Allerheiligsten des Tempels ist Gott wahrhaft gegenwärtig. Diesen Ort hat Gott erwählt, um hier zu wohnen."[59] Zum Wesen des biblisch bezeugten Gottes gehört die Spannung von Abwesenheit und Anwesenheit, von Entzug und Präsenz.

Mit dem biblischen Gott JHWH verbindet sich also eine komplexe Offenbarungsgeschichte voller Verborgenheit, eine religiöse Evolution, die den Menschen zu neuen Einsichten befähigte und die bis dahin üblichen Gottesverständnisse einschneidend veränderte.

Das gesamte Alte Testament durchzieht ein ständiges Ringen der Menschen mit Gott und um Gott, den wahren Gott. Der Gott Abrahams, Isaaks und Jakobs wird schließlich zum Gott ebenso der sozial- wie kultkritischen Propheten, die ihrerseits die überlieferten Gottesbilder kritisch beurteilen, korrigieren, wandeln. Offenbarung ist somit kein Akt unmittelbarer Eingebung, sondern ein langer geschichtlicher Prozess mit vielen Umwegen und Irrwegen. Das gilt genauso für den JHWH-Glauben. Ohne falsche Beschwichtigung sollte man der Tatsache ins Auge sehen, dass auch der biblische Gott in der frühen Geschichte seiner Verehrung unter anderem deutliche Züge des Gewalttätigen, des herrschaftlich Kriegerischen besaß.

Die atheistischen Vorwürfe lauten, der Monotheismus habe durch seine Unterscheidung von Wahr und Unwahr, Rein und Unrein eine geradezu sakral überhöhte Gewalt ins menschliche Dasein gebracht. Die JHWH-Geschichte kennzeichnet allerdings noch etwas anderes: Während die Götter des Polytheismus ausgeprägt ihr – unsittliches – Unwesen treiben konnten, war als Erstes und einzig der Ein-Gott-Glaube in der Lage, die menschlich-allzumenschlichen Vorstellungen, die von irdischer Herrschaft auf Götterkämpfe und Götterintrigen übertragen wurden, zu entmythologisieren und massiv zu kritisieren. Das ganz besonders in der prophetischen Aufklärung. Die Behauptung, der Polytheismus sei tolerant und harmonisch-friedlich gewesen, kann angesichts der Tatsache der unzähligen Kriegsgottheiten in allen Formen des Viele-Götter-Glaubens nur als absurd beurteilt werden. An eine ausbalancierte Gewaltenteilung zwischen den vielen Gottheiten ist nirgendwo zu denken. In den Viel-Götter-Mythen herrschte Dauerkrieg, wie in den Götterhimmeln so auf Menschenerden. Insofern kann, ja muss man sagen, dass die prophetische Kritik bereits im Alten Testament ein Meilenstein zur Humanisierung des JHWH-Glaubens, ja des religiösen Bewusstseins überhaupt war.

Möglicherweise kam der entscheidende Umbruch, der endgültige Bruch mit einem alttestamentlich immer wieder anklingenden JHWH-Krieger-Gottesbild tatsächlich durch Jesus von Nazareth. Er verkündete

Gott definitiv nicht mehr als einen „Herrn der Heerscharen", sondern als „Abba", als zärtlichen, liebend-barmherzigen Vater – dies betend bis zum Vaterunser. Dass sich der Jude Jesus in dieser Haltung zudem noch mit einem messianischen Selbstbekenntnis präsentierte, wurde als Blasphemie, als Gotteslästerung, als Abfall vom wahren Gott Israels aufgefasst und zumindest von einigen führenden priesterlichen Schichten als todeswürdig, weil volksverführend betrachtet. Hatte Jesus womöglich doch eine weitaus radikal andere Gottesvorstellung verkündigt, als wir es in der Betonung des Zusammenhangs von Altem und Neuem Bund zugestehen wollen? War es nur ein historischer, soziologischer Zufall, dass sich damals allmählich eine neue Religion, der Christusglaube, herausbildete, oder war das vielmehr die logische Konsequenz des bereits früher in Gang gesetzten gewaltigen Paradigmenwechsels im JHWH-Gottesbild? Wie viel hat der „Liebesgott" Jesu in dessen messianischer Zuspitzung tatsächlich noch mit dem „Kriegsgott" JHWH der biblischen Vorgeschichte zu tun?

Hier tun sich weitere atemberaubende Fragen auf, die man in der Bibelwissenschaft noch keineswegs befriedigend beantwortet hat. Dazu gehört ein Blick ebenfalls auf die Sprache: Womöglich war es doch kein bloßer Zufall der damaligen kulturellen Umstände und gesellschaftlichen Verhältnisse, der Politik und Ökonomie des Mittelmeerraumes, dass man begann, den Gottesglauben und die Frohe Botschaft Jesu Christi nun in einer anderen, globalen, universalen Sprache zu verkündigen, nicht mehr auf Hebräisch, sondern auf Griechisch. Zudem bleibt es ein Rätsel, wie Jesus selber seinen Vater ansprach. Wer war, wer wurde JHWH für ihn – nach einer mindestens tausendjährigen Entwicklung der Offenbarungsgeschichte durch viele Geistes-Turbulenzen hindurch?

Jedenfalls reicht es nicht, jene alttestamentlichen Texte, die voller Selbstverständlichkeit von einem archaischen Gott der Gewalt sprechen, als rein literarische Fiktion zwecks psychohygienischer Reinigung und Erhebung eines erniedrigten Exilvolkes Israel zu erklären und damit alles Anstößige weginterpretierend zu entsorgen. Gottesbilder spiegeln nicht nur eine Realität menschlicher Projektionen, sie erzeugen auch Realitäten. In der JHWH-Religion haben Christen ebenfalls eine Geschichte und Vorgeschichte, die sie ewig prägen wird, die sie nicht leugnen dürfen, zu der sie zu stehen haben – freilich im Bewusstsein kritischer Wandlungsfähigkeit, wie Jesus selber Geschichte schrieb, Religionsgeschichte.

Wer ist Gott? Auch nachbiblisch sind wir mit dem biblischen, dem alt- wie neutestamentlich bezeugten Gott nicht am Ende. Unser Anfang mit dem unbekannten Gott beginnt täglich neu, ringend, rätselhaft, mysteriös – wie damals, so heute. Wesentlich dafür ist das geschriebene wie gelesene Wort.

Guter Buchstabe: Geheimnis des Schreibens und Lesens

Sprechen ist Denken. Was der Mensch nicht sagen kann, kann er auch nicht denken. Was er sagt und denkt, was er sich vorzustellen versucht, was er in Bilder projiziert oder in abstrakte mathematisch-physikalische Formeln packt, muss allerdings keineswegs zwingend in der Wirklichkeit existieren. Umgekehrt: Was es gibt, was über unsere sinnliche oder wissenschaftlich-empirische Erfahrungswelt messbar, wahrnehmbar ist, findet in der verbalen Sprache von Wörtern und Begriffen oder in der nonverbalen Symbolsprache von Formeln oder Modellen seinen Niederschlag. Darüber hinaus gibt es vieles, von dem der Mensch noch nicht weiß, dass es das gibt – wofür er auch noch keine Sprache hat. Die Rätselhaftigkeit lichtet sich mit jedem Erkenntnisfortschritt und präsentiert zugleich neue Mysterien.

Jedes Neue, jedes Geahnte oder Gedachte schlägt sich in Sprache nieder, in Klanglauten, optischen Signalen, Buchstabenfolgen. Das verändert unaufhörlich unser Seinsverständnis. Sprache selber wird ständig neu durch Sprechen.

Eine kulturgeschichtliche Revolution begann mit der Erfindung der Schrift, mit der Möglichkeit, das gesproche Wort unausgesprochen zu schreiben und zu lesen. Ab diesem Moment der Geistesgeschichte blieb der Mensch nicht mehr allein auf mündliche Überlieferung angewiesen. Er wurde unabhängig vom Erzählen von Angesicht zu Angesicht. Was ist Wahrheit? Der Kosmos der Zeichen, Silben und Buchstaben eröffnete ein völlig neues Universum des Verstehens. Individuen konnten sich anderen über Räume und Zeiten hinweg nun ohne die Unmittelbarkeit persönlicher Nähe kommunikativ mitteilen. Wer liest, wer schreibt, gewinnt zudem kritische Distanz – gegenüber anderen, gegenüber sich selbst, sogar gegenüber dem Heiligen, gegenüber Gott. Die einst direkt wirkenden vieldeutigen äußeren Bilder verlieren an intuitiver Macht und magischem Einfluss.

Sie werden ergänzt und manchmal ersetzt durch innere Bilder aus dürren Textzeichen, die dem kühlen Blick nichts sagen und doch über das Gehirn dem menschlichen Geist viel sagen. Den Herolden der Wahrheit muss ab diesem Augenblick niemand mehr blindlings vertrauen. Jeder textbewegte Mensch hat die Fähigkeit, selber zum unabhängigen Träger, ja Hüter von Wahrheiten zu werden. Über Striche, Linien, Punkte erklimmt der Mensch von Buchstabe zu Buchstabe den Gipfel der Abstraktion und erreicht so in persönlicher Deutung ein Eigenverständnis dessen, was da steht. Die geschriebenen Worte sprengen die unmittelbare Anschaulichkeit eines gemalten beziehungsweise gezeichneten Bildes und schaffen gerade so Anschauung, Verständigung, Beziehung – emanzipiert, mündig, frei.

Vor ungefähr 5000 Jahren war das Gehirn reif für einen höheren Grad an Abstraktion. Im Zweistromland, auf dem Gebiet des Irak, erfand ein Mensch die erste Schrift. Von da an lebte eine Gemeinschaft nicht mehr bloß vom Erzählen, Malen, Feiern, Opfern, Tanzen, Musizieren. Die neuen Zeichen befreiten den Menschen zu einer vorher so nicht möglichen Freiheit im Denken, Überliefern, Mitteilen. Aus dürren Strichen formte er komplizierte kreative Kommunikation: Hieroglyphen, Silben, Buchstaben. Plötzlich konnte er sich sogar über Räume und Zeiten hinweg verständigen, ganz ohne Personen als Vermittler. Dinghaft fand das Wort von Hirnzelle zu Hirnzelle, von Auge zu Auge, von Geist zu Geist. Eine nachhaltige Globalisierung des Geistes begann.

Und sie setzt sich fort. Ob jemand Schreiben und Lesen kann, ob er gelernt hat, sich über Buchstaben verständig und verständlich zu machen, daran hängt alles. Das Alphabet öffnet Welten. Dem Analphabeten verschließt sich selbst die nahe Welt. Alle Selbstverwirklichung wurzelt im Schreiben. Ich schreibe, also bin ich.

Viel hängt davon ab, *richtig* zu schreiben. Was aber ist richtiges Schreiben? Heftig wird darüber wieder diskutiert. Denn es berührt einen heiklen Kern: Schreiben schafft Bewusstsein. Lebendiges Schreiben ist ein Akt höchster Emanzipation. Der kundig schreibende Mensch kann sich von autoritärer Fremdbestimmung befreien und neue Akzente setzen, die andere unabhängig von ihm wahrnehmen. So wird die infantile Abhängigkeit von der Allmacht und Allanwesenheit äußerer Autoritäten überwunden. Der Einzelne setzt sich selber mit Macht ein. Jeder Buchstabe ist Wissen, jedes Wissen ist Macht. Erst die Schrift hat Wissen und Wort demokratisiert.

Von da an gehören sie allen, die lesen, die schreiben können. Autorität wird jetzt überprüfbar, hinterfragbar, kritisierbar. Daher ist zum Beispiel das Aufbegehren gegen eine bürokratisch von „oben" und „außen" aufgezwungene Schreibweise – ob durch Rechtschreibreformen oder durch „Gendern" – auch ein Protest gegen ideologische Entmündigung und Enteignung, gegen Denkverbote, gegen Mainstream, gegen die sogenannte politische Korrektheit, die eine freie Kultur des freien Geistes zu liquidieren versucht. Schreiben macht frei.

Natürlich: Schreiben kann und soll sich auch wandeln. Es wandelt sich immer, wie die Geschichte beweist. In der Schrift treffen sich Ich und Wir, Individuum und Gesellschaft, Tradition und Innovation, Selbstbestimmung und Übereinkunft. Das eine geht nicht ohne das andere. Weil das aber so ist, weil der schreibende Mensch darum weiß, deshalb ist er auf diesem Feld so sensibel – und widerspenstig. Schreibend entdecke ich mich, schreibend gestalte ich mich, schreibend verwandle ich mich und die Welt – verwandelt mich die Welt.

Wie ein Alphabet Religion verändert

Schreiben ist Leben, auch religiös. Das Gottesbild hat sich mit der Erfindung und unter dem Einfluss der Schrift sowie ihrer ständigen Veränderung und Erweiterung gewandelt, und es wandelt sich weiter. Seit es Buchstaben gibt, ist Gott alles andere als der Gleiche gestern, heute und in Ewigkeit.

Besonders relevant ist das für die monotheistischen Religionen, die sich wesentlich auf heilige Schriften gründen beziehungsweise auf das, was darin als Offenbarungsgeschehnisse festgehalten ist und durch ständiges Wiederlesen und Auslegen die Überlieferungsgeschichte – immer wieder mit Veränderungen, Neuinterpretationen und damit Innovationen – in Gang hält. Wer schreibt, glaubt anders, hofft anders, betet anders. Schreiben verändert mit dem Seinsbewusstsein das Gottesverständnis. Über die Schriftlichkeit von Nachrichten, Botschaften, Überlieferungen hat sich der Mensch die Welt untertan gemacht. Es handelt sich um zeitliche und räumliche Grenzüberschreitungen ohnegleichen. Die Stimme, die aus Texten spricht, funktioniert aus sich selbst. Das daraus gestaltete unabhängige Wissens- und Weisheitsgedächtnis braucht zur Erinnerung keinen Ansprechpartner. Jeder kann anderen plötzlich Informationen im weitesten Sinne mitteilen, ohne den Zwang, selbst lebendig präsent sein zu müssen. Und jeder kann etwas empfangen einzig mit dem Text vor Augen. Ich bin da als Nicht-Daseiender. Du bist da als Unverfügbarer. Von Mensch zu Mensch entsteht eine ganz andere Art von Wissens- und Seinsbeziehung, was sich schließlich auf das Verhältnis von Mensch und Gott, Gott und Mensch auswirkt.

Den dramatischen Umbruch im weltlichen wie religiösen Bewusstsein als Folge der Schriftlichkeit hat der Religionswissenschaftler und Ägyptologe Jan Assmann erkundet: „Die Schrift ist für genau diese … Zwecke erfunden worden: als ein künstliches Gedächtnis oder ein Datenspeicher für kontingente, ungeformte Daten, die kein natürliches Gedächtnis speichern kann, und als eine künstliche Stimme für Empfänger, die keine natürliche Stimme erreichen kann.“[60] Der Mensch wird auf eine unabhängige Weise dialogfähig. Für Assmann ist es kein Zufall, dass sich die ersten komplexen Staatswesen dort herausbildeten, wo man früh die Schrift erfand, in Mesopotamien und Ägypten. Erst durch die Schriftlichkeit ließ sich ein anspruchsvolles und unüberschaubares Gemeinwesen effektiv verwalten. Die Schriftkultur beschleunigte aber nicht bloß die politisch-ökonomisch-soziale Dienstleistung, sondern ebenso die des religiösen Kultes. Die zentral ausgerichtete priesterliche Tempelverwaltung ließ ein hierarchisches System von Riten über die unmittelbar-lokalen Nahbereiche hinaus entstehen, was eine größere Gemeinschaftsbildung bewirkte.

Das neue Schreiben beflügelte auch ein neues Rechnen, kosmische Beobachtungen, Kalender. Somit wurde die Zeit politisch wie religiös strukturiert als eine liturgische Hoch-Zeit der Gottheit mitten unter der alltäglichen Lebenszeit der Menschen. Zudem beschleunigte die Schrift den Handel, den Austausch von Gütern und Dienstleistungen.

Die Schrift half außerdem, die Grenze des Todes zu „überspringen“, ein Bewusstsein von Weiterleben und Weiterwirken zu stiften. Die Ahnen können plötzlich einzig durch das, was sie schriftlich hinterlassen haben, zu den Nachgeborenen reden, sofern diese des Lesens kundig sind. Das materialisierte Wort wirkt ohne mündliche Worte. Der Dichter braucht nicht mehr den Erzähler oder Sänger. Er wird zum Schriftsteller, zum Urheber, zum Autor, der Neues hervorbringt und ohne narrativen Mittler auch ein Publikum von Später-Geborenen erreicht. Nicht mehr der Hörer des Wortes, sondern der Seher des Wortes tritt in die Welt. Aus dem passiven Lauschen wird das aktive Schauen. Wo sich das Ohr nicht entziehen kann, darf das Auge suchen, was es will, über das Vor-Gesetzte und Vor-„Gekaute" hinaus. Der Text tritt frei in die Welt, losgelöst von seinem Architekten und Erzeuger, befreit auch von seinem akustischen Träger. Der Autor wird erst durch die Schrift zum unsterblichen, ewigen Schöpfer, individuell, einmalig, unverwechselbar. Nun entsteht Literatur als Kunst einer Erinnerung, die in freier Konfrontation direkt mit dem Lesenden von der Vergangenheit in Gegenwart und Zukunft weist.

Die Schrift übersteigt jedoch nicht nur Grenzen. Sie schafft auch neue Grenzen, zum Beispiel ein Bewusstsein für Alt und Neu. Das Gestrige währt eben nicht ewig. Es hat seine Autorität nicht mehr aus persönlichen Zeugen, sondern aus dem schriftlichen Zeugnis selbst, das für jedermann frei einsehbar und auf seine Glaubwürdigkeit hin überprüfbar wird. Assmann vermutet, dass erst durch die Schrift ein Sinn für Geschichte und für Geschichtlichkeit geweckt wurde – und damit für die Bedeutung wie die Begrenztheit von Wahrheit und Wahrheiten. Die mündlich von Generation zu Generation weitergetragenen Mythen beanspruchen, eine ewige Wahrheit, eine ewige Gleich-Gültigkeit des Immer-Gleichen zu sein, andauernde Gegenwart. Dagegen markiert das Schriftliche einen Bruch zwischen Gestern und Heute. In dem Augenblick, in dem Geschichten und Geschichte schriftlich aufgezeichnet sind, beginnt schon der Prozess, sie kritisch zu sichten. Die Vergangenheit hat ihre besondere Würde jetzt nicht mehr daher, dass sie vergangen ist. Vielmehr sucht man ihre aktuelle Gültigkeit quellenkritisch zu begründen.

Welche Geschichte ist wahr? Welcher Kunde kann, darf, soll man trauen? Was ist, wenn Quellentexte etwa über Offenbarungen, über den göttlichen Willen Unterschiedliches aufgezeichnet haben und schriftliche Zeugnisse Verschiedenes sagen, wie auch in der Bibel? Jetzt beginnt man, nach dem Sinn von Texten zu fragen. Man sucht, wie sie richtig zu verstehen sind. Die Ur-Anfänge moderner Entmythologisierung liegen hier. Assmann ist davon überzeugt: „In diesem Sinne dokumentierter Vergangenheit und kritischer Überprüfbarkeit hat die Schrift die Geschichte hervorgebracht und den Mythos vertrieben oder zumindest in seinem Wahrheitsanspruch relativiert."[61] Nicht Götter, sondern Menschen machen Geschichte. Nicht mehr Götter, sondern die Menschen selbst verantworten das irdische Tun.

Das Schriftliche verändert nicht nur den Blick des Menschen auf sich selbst. Es verändert auch seinen Blick auf die Gottheit.

Mit der Entdeckung und Entwicklung der Schrift setzt ein weiterer entscheidender Umbruch im Gottesbewusstsein ein: Das Diesseits ist nicht das Jenseits, das Jenseits nicht eine Art besseres Diesseits. In den Mythen dieser Welt geht die Wahrheit nicht auf. Das Schriftprinzip konstituiert Transzendenz, eine Trennung zwischen Welt und Gott. Der Mensch ist nicht Gott. Gott ist nicht Mensch. Hier beginnt religiös Neues: eine kritische Offenbarung durch das schriftgewordene Wort. Anders als in polytheistisch-mythologischen Zusammenhängen, in denen das eine Gottesverständnis mehr oder weniger ebenso wahr sein kann wie das andere, drängt Offenbarung durch Schrift auf Unterscheidung der Geister. Welches ist der wahre Gott, was sind falsche Götter? Durch die Schrift beginnt der Glaube mit ungeahnter kritischer Wucht, nach dem Verstand zu fragen. Assmann: „Erst die Schrift schafft die Bedingung dafür, dass eine Religion sich auf eine höhere, geoffenbarte Wahrheit berufen und alles andere zu sich in Beziehung der Unwahrheit setzen kann."[62]

Das verändert nachhaltig die Glaubenswege. Offenbarungsreligionen wurzeln in heiligen Schriften. Der nomadische Sturm-, Blitz- und Donnergott JHWH zeigte sich im Fortgang der Schriftentwicklung immer seltener in Mirakeln. Er machte sich greifbar und begreifbar in Buchstaben, in den Zehn Geboten, in schriftlich fixierten Ereignissen, in prophetischen Lehr- und Mahnschriften. Jan Assmann beschreibt den Übergang so: „Die Schrift sorgte dafür, dass, wo Mythos war, Geschichte entstand, weil sie Verhältnisse dokumentierte, in denen nicht Götter, sondern Menschen herrschten und die Menschen für ihre Taten verantwortlich waren. Die Schrift verleiht der Erinnerung die Eigenschaft der Überprüfbarkeit und damit ihrem Wahrheitsanspruch die zusätzliche Eigenschaft eines Wahrheitswertes, der dem Mythos abgeht."[63]

Die prophetische Kultkritik drängte mit der Zeit das priesterlich Mythologische im JHWH-Glauben zurück. Dieser Gott habe kein Gefallen an Schlacht- und Brandopfern, heißt es plötzlich, sondern an Barmherzigkeit, Gerechtigkeit, Recht. Er will keine magische Beschwörung, sondern dass die Menschen seinen Willen tun, dass sie seinen Weisungen folgen, die schriftlich in der Thora, dem Gesetz, fixiert sind. Nicht die Kultpriester, sondern die Propheten haben entscheidend den Ein-Gott-Glauben in Israel durchgesetzt. Von diesem aufregenden epochalen Umschlag findet man höchst interessante Spuren zum Beispiel in der Episode des Tanzes ums Goldene Kalb: Die mythologisch-narrativen Kultreligionen „setzen das Heilige als auf vielfältigste Weise innerweltlich, in der Welt anwesend voraus, in Bildern, Bäumen, Bergen, Flüssen, Gestirnen, Tieren, Menschen und Steinen. Das alles wird in den Buchreligionen als Idolatrie, Götzendienst, Fetischismus gebrandmarkt. Moses Zorn beim Anblick des orgiastischen Tanzes ums Goldene Kalb fängt diesen Gegensatz mit der Prägnanz einer Urszene ein. Die Schrift in seinen Händen (die Tafeln mit den Zehn Geboten) und die Szene vor seinen Augen erweisen sich als inkompatibel. Diese Schrift und dieser Kult bilden einen unversöhnlichen Gegensatz. Daher zerschmettert er die Tafeln und muss sie sich, nachdem das Kalb zerstört und das Volk bestraft ist, ein zweites Mal ausstellen lassen."[64]

Durch die abstrakte Buchstabenschrift erst wird der zuvor mythologisch-innerweltlich präsente Gott entschieden transzendent, unsichtbar und bildlos, was sich im mosaischen Bilderverbot ausdrückt. Mit der energischen Abwehr und Ausgrenzung von Magischem, von Aberglauben geht ein Wandel der Gottesverehrung einher: Gott braucht nicht Blut, nicht Weihrauch, nicht einmal das Gebet. Er weiß um den Menschen, er schaut auf die Gesinnung, aufs Herz. Die Prophetenkritik mündet historisch erfolgreich in der Auflösung des priesterlichen Tempelopferkults. An dessen Stelle tritt die lehrhafte Versammlung, die lesende und schreibende Unterweisung in den heiligen Schriften. Den Tempel ersetzt die Synagoge. Sie wird zum entscheidenden religiösen Ort durchs Studieren und Auslegen der Weisung Gottes.

Im Christentum wurde dieser Läuterungsprozess nochmals beschleunigt, vor allem in der philosophischen, hochreligiösen Ausrichtung. In der Frömmigkeit des Volkes, das über lange Epochen hinweg weiter im Analphabetentum verharrte, wirkten die mythologischen Vorstellungen hingegen noch länger nach. Doch überall dort, wo das Christentum ernstmachte mit der Schriftlichkeit seiner Offenbarungsbotschaft, vergeistigte und läuterte dies ebenso die Glaubensvorstellungen, teilweise mit tiefen Krisenerscheinungen. Auch hier galt und gilt: Wer schreiben und – die Bibel selber – lesen kann, entdeckt früher oder später die Geschichtlichkeit seines Glaubens. Den einen entfremdet das von der Religion, den anderen führt dies erst recht umso tiefer ins Glauben hinein.

Assmann deutet den aufregenden Prozess der frühen Entmythologisierung durch Schrift so: „Die kulturelle Identität einer Gruppe wird jetzt
weniger durch rituelle Wiederholung gesichert als durch Auslegung der
kanonischen Texte. Kultreligionen sind Geheimnisreligionen, sie sind bestimmt vom Pathos der Geheimhaltung, Exklusivität und Einweihung.
Schriftreligionen dagegen sind bestimmt vom Pathos der Verkündigung
und Unterweisung. Im Idealfall sollte jedes Mitglied der Gemeinschaft die
Texte lesen, ja auswendig kennen und Zugang zu einem Ausleger haben,
der sie erklären und bei dem man sich Rat holen kann."[65]

Erst die Schriftreligion legt den Grundstein zur Aufklärung des Heili-
gen selbst und damit dazu, die Welt nicht nur religiös, sondern auch wissenschaftlich – nach ihren natürlichen Gesetzen – deuten zu können. „Der
Schritt in die Offenbarung war ein Exodus aus der Welt in die Schrift. Die
Welt wird insgesamt zum Gegenstand der Idolatrie erklärt. Der radikalen
Außerweltlichkeit Gottes entspricht die radikale Schriftlichkeit seiner Offenbarung. Dem prophetischen Monotheismus mangelt es an natürlicher
Evidenz; er wandelt, wie Paulus sagt, nicht in der Schau, sondern im Glauben. Der Glaube stützt sich auf die Schrift, auf den verbrieften Bund und
das Gesetz. Der Kult stützt sich auf den Akt, den Vollzug, die Schau. Die
Schrift führte zu einer Entritualisierung und Enttheatralisierung der Religion."[66]

Die Grenzziehung zwischen Monotheismus und Kosmotheismus, zwischen einem geschichtsträchtigen Ein-Gott-Glauben und einem mythologischen Verständnis des Kosmos als Erscheinung des Göttlichen hat nach
Assmanns Ansicht die „Dynamik der abendländischen Religionsgeschichte
bestimmt". Wohin wird diese Entwicklung weitergehen? Und warum tun
sich die Schriftreligionen so schwer mit ihrer Reinigung des Gedächtnis-
ses, ihrer eigenen Entmythologisierung? Warum hat der Islam als monotheistische Schriftreligion wiederum nicht einmal ansatzweise mit derart
historisch-kritischer Betrachtung begonnen? Weshalb sind die Volksreli-
gionen rund um den Erdball trotz aller Schriftlichkeit des Lebens weiterhin
vielfach in mythologischen und magischen Vorstellungen gefangen? Und
schließlich: Wohin wird sich das Christentum wenden, das immer noch
große Probleme damit hat, Sakrament und Wort, Bild und Schrift, Symbol
und Formel mystisch und aufklärerisch zugleich in einen spannungsvollen
(Ein-)Klang zu bringen? Ist der Tod des Sakramentalen die letzte Konse-

quenz der Schrifterfindung? Oder stehen wir womöglich vor einer nochmaligen Revolution unserer Sprachwelten, wie es die Softwaredesigner der virtuellen Welten längst nahelegen?

Die Schriftrevolution vor einigen tausend Jahren war jedenfalls nicht der letzte große Paradigmenwechsel der Menschheit. Auch die religiöse Evolution geht weiter. Wohin – das wissen wir nicht. Wohl aber ist auch für die Schriftreligionen die Schriftlichkeit von gestern nicht das letzte Wort für morgen. Auch das Christentum muss sich daher weiter wach den – inzwischen digital erweiterten – Sprach-, Sprech-, Zeichen- und Denkentwicklungen aussetzen, wenn es auf die Höhe der Zeit kommen will, so wie einst, als die Offenbarung Jesu Christi Schrift wurde. Und weitaus früher, als das jüdische Volk schreibend und lesend den einen und einzigen Gott entdeckte – und in ihm den Namen fand: JHWH.

Vier Konsonanten, ein Wort, ein Name

Mit der Erfindung und Aneignung der Schrift kann jedes Individuum sich durch eigenes souveränes Studieren heiliger Schriften seinen Reim auf die sichtbare und die unsichtbare Welt machen. So wird Religion zur kritischen Religion, Glauben zu vernunftgeprüftem Glauben.

Was nicht in irgendeiner Weise schriftlich – im Internetzeitalter zum Beispiel in den Suchmaschinen gigantischer Tech-Konzerne – auftaucht, hat es schwer, zur Kenntnis genommen zu werden. Was nicht schwarz auf weiß geschrieben, dokumentiert, in Bibliotheken archiviert oder etwa auf den Servern der virtuellen Datenwolke *(Cloud)* des Wissens zusammen mit der Suche nach Noch-nicht-Gewusstem gespeichert ist, existiert nicht. Das gilt ebenso für die heiligsten Wörter der Religion. *„Jesus"* zum Beispiel taucht – als Eigenname sprachenübergreifend identisch – in der Google-Suchmaschine recht häufig auf, ungefähr 1,3 Milliarden mal. Bei *„Gott"* wird es schon schwieriger, weil es für ihn in den unterschiedlichsten Sprachen und Schriften der Welt verschiedene Bezeichnungen beziehungsweise Schreibweisen gibt. In den Buchstaben des lateinischen Alphabets werden für das deutsche Wort *„Gott"* rund 200 Millionen Treffer angezeigt. Das englische *„God"* bringt es auf 2 Milliarden, das spanische *„Dios"* wie das italienische *„Dio"* jeweils auf etwa 500 Millionen, das portugiesische, lateinische und sonstige „*Deus*" erreicht gut 300 Millionen Einträge. „*Allah*" in der Umschrift des lateinischen Alphabets wird mehr als 400 Millionen Mal angezeigt. Der „*Heilige Geist*" in deutscher Schreibweise ist dagegen deutlich schwächer gegenwärtig, mit nur rund 3 Millionen Treffern. Global unschlagbar hingegen behauptet sich das Drei-Buchstabenwort „*Sex*" an der Spitze, mit etwa 5 Milliarden Suchergebnissen.

Ist Gott in seinen vielen Bezeichnungen an Googles zweiter oder vielleicht nachfolgender Stelle dennoch das, was jeden Menschen unbedingt angeht, obwohl ihn kein Auge gesehen, kein Sinneseindruck jemals erfasst hat? Gott ist auf jeden Fall schriftlich auf vielfache Weise fixiert, sei es als größte Behauptung, sei es als größte Illusion, sei es als größte Hoffnung der Menschheitsgeschichte, als bedeutendste Leerformel ebenso wie als berühmteste Lehrformel. Daran arbeiten sich nachdenkliche Glaubende wie aufmerksame Nicht-Glaubende zeitlebens ab. Wie lange noch?

Die Religionslosigkeit breitet sich rasant aus. Hinter Christentum und Islam wurde sie bereits zur drittstärksten, am dynamischsten wachsenden „Weltreligion". Soziologen und Theologen beobachten, dass „Gott" selbst in den nach wie vor stark religiös orientierten Gesellschaften zusehends aus der Alltagssprache entschwindet. Allenfalls noch im Gebet, im Privaten wird er bekannt und anerkannt. Doch nicht nur der Begriff diffundiert, auch das Gottfühlen, die Gottesahnung. Wird das Wort „Gott" und sein komplexer Bedeutungsgehalt im Lauf der Evolution des menschlichen Gehirns irgendwann vollends seine Plausibilität verlieren, die lebendige Schriftkultur verlassen, allenfalls noch als Vier-Buchstaben-Reliquie, als historischer Leserest übrigbleiben?

Dabei hat „Gott" als Offenbarung, Erfahrung und Vorstellung einmal die Sprach-, Symbol- und Denkentwicklung der Menschheit nachhaltig geprägt und beschleunigt, nicht zuletzt beim revolutionären Sprung in die Schriftkultur mit ihrer besonderen Fähigkeit zur Abstraktion. Ohne „Gott" wäre der Mensch auch rein säkular nicht, was er geworden ist: ein erzählendes, sich erinnerndes, ins Undenkbare denkerisch ausgreifendes, sich und sein Denken nochmals kritisch denkerisch umgreifendes, grenzüberschreitendes, schließlich schreib- und lesefähiges Wesen. Der Homo sapiens sapiens, der sich mit Weisheit nochmals übertreffende weise Mensch – woher hat er das? Und wo endet das, wenn er inzwischen sogar das bewusst lesen, dechiffrieren und kopieren kann, was sein Organismus rein physiologisch seit jeher unbewusst abliest: die DNA-„Buchstabenfolge" des Erbcodes? Denken, Sprechen, Lesen und Schreiben verändern nicht nur die zwischenmenschliche Kommunikation und das Bewusstsein, sondern die gesamte Seinswahrnehmung, nicht zuletzt die Wahrnehmung dessen, was nicht auf übliche Weise „ist": die Wahrnehmung des Ganz-Anderen, die Wahrnehmung der Spur des unbekannten Gottes.

Der Philosoph, Kulturwissenschaftler und Germanist Eckhard Nordhofen sieht insbesondere in den paradoxen Offenbarungserzählungen der Bibel, die durch die Erfindung der Schrift schließlich zur Heiligen Schrift wurde, diese unvergleichliche Andersheit Gottes formuliert. In einer gewissen Entsprechung zum physikalischen Begriff der Singularität, womit die unanschauliche, auch mathematisch nicht zu beschreibende, „vor" Raum und Zeit bestehende Nullsituation „vor" dem Urknall gemeint ist, spricht Nordhofen von der Singularität Gottes. Diese mündet ebenfalls in einen „Urknall", etwa bei der Offenbarung an Mose im brennenden Dornbusch, der paradoxerweise nicht verbrennt. Nordhofen verweist darauf, dass „eine grundlegend andersartige Wirklichkeit ausgerufen werden" soll. „Der, der von sich sagt: ‚Ich bin der Ich bin da', ist kein Ding in der Welt. Er ist vielmehr ihr Schöpfer. Der ‚ganz Andere' ist, bevor er in die dem Menschen bekannte Wirklichkeit eintritt, ihr großes Gegenüber."[67]

Die Grenzen der Sprache, der Begrifflichkeit angesichts des Göttlichen werden sofort sichtbar. Jedes Wort, das man da zu sagen versucht, ist uneigentlich, nicht treffend, weder formal umfassend noch inhaltlich erfassend. Das mit der Mose-Offenbarung verbundene, mysteriöse hebräische Vier-Konsonanten-Wort JHWH ist im Lauf der Geschichte auf unterschiedlichste Weise in Sprechversuche „übersetzt" worden, ohne dass sein Sinngehalt letztgültig erfasst werden könnte. Wer, was ist dieser, dieses JHWH wirklich? Je nach Auffassung und Vorlieben wurde er/es unter anderem seinsphilosophisch gedeutet als „Ich bin das Sein" oder „Ich bin der Seiende". Oder im Sinne einer negativen, antimagischen Theologie eher abwehrend als „Ich bin, der ich bin" (mit dem Nebenklang: „Das geht dich gar nichts an!"). Oder existenzialistisch „Ich bin für dich da". Oder futuristisch, befreiungstheologisch, politisch: „Ich bin für dich da als der, der ich für dich da sein werde …"

Die absolute Besonderheit zeigt sich bereits in den Buchstaben, die fern jeder Bildhaftigkeit und Anschaulichkeit als bloße Linien ausgeführt sind, gezeichnet in Sand, geritzt auf Stein, geschrieben auf Pergament oder Papier. So dringt die Vorstellungskraft von Gott auf abstrakte Weise ins Denken ein und beflügelt es. Die Menschen können über die wenigen Buchstaben miteinander über Gott kommunizieren, bloß durch die Schrift, ohne Bild, ohne Gott gesehen zu haben – und darüber hinaus völlig ohne persönliche religiöse Erzähler. Es reicht das Wort, das alles sagt und doch nicht alles preisgibt. Nordhofen: „Das geniale Tetragramm JHWH ist eine sprachlogische Singularität und entspricht dadurch exakt dem, was es bezeichnet."[68] Dieser Gott hat nicht einen Namen, er wird zum „Namen, der über allen Namen ist". Es handelt sich um ein einmaliges Wort, um eine „steile Singularität" außerhalb alles Erfahrungsgemäßen, um einen „ontologischen Sonderfall", eine seinsmäßige „Wirklichkeit vor aller Wirklichkeit", die in den Vorstellungen unserer logischen Anschaulichkeit nicht aufgeht.

Der Mensch hat sich im Lauf seiner physiologischen Weiterentwicklung des Gehirns hin zu immer komplexerem Abstraktionsvermögen die Fähigkeit erworben, eine derartige Einzigartigkeit und Andersheit Gottes denken und schriftlich in Buchstaben einbetten zu können, um sich darüber mit anderen zu verständigen. Im Verschriftlichungsprozess der Gottesvorstellung ließ sich Gott jenseits mythologischer beziehungsweise magischer Verdinglichung transzendent verorten, in einer abstrakten Ort-, ja Raumlosigkeit. Während in primitiven Gottesvorstellungen das Göttliche noch irgendwie auf Erden diesseitig vorgestellt wird – wenn auch weit entfernt, nicht greifbar –, kommt es im Tempelweihgegebet des Salomo zu einem erstaunlichen Überschlag in eine nochmals abstraktere Abstraktion. Alles allzu menschlich-irdische Denken vom Ort Gottes wird radikal relativiert und durch kritisch-paradoxe Formulierungen auf die Spitze getrieben: „Wohnt denn Gott wirklich auf der Erde? Siehe, selbst der Himmel und die Himmel der Himmel fassen dich nicht, wie viel weniger dieses Haus, das ich gebaut habe" (1 Kön 8,27).

Die Fähigkeit, „Gott" zu schreiben und über „Gott" zu schreiben, hat die Glaubensvorstellungen grundlegend verändert und maßgeblich den Weg zu einem kritischen Monotheismus gebahnt, der auf paradoxe Weise das Offenbarwerden Gottes mit seiner Verborgenheit, seine Präsenz mit seiner Abwesenheit verbindet. Gott lässt sich nicht gefügig machen. Als der Unbekannte kommt er nah. Im Wechsel vom Kultbild zum Schriftkult hat sich eine Revolution vollzogen, die es ermöglichte, Gott, den Unbekannten, ganz und gar Anderen, Einzigartigen als den Transzendenten und zugleich Diesseitsrelevanten zu denken. Gott ist kein Ding der Welt, Gott ist universal, weit erhaben über Raum und Zeit, über alles, was ist und auch nicht ist. Und doch bleibt er nicht schwebend unnahbar, sondern wird „nah" in seiner reinen Einzigartigkeit: Singularität.

Es handelt sich um einen alles andere als harmonisch-harmlosen, vielmehr um einen – wie die Bibel zeigt – dramatischen Erkenntnis- und konfliktreichen theologischen wie sozialen Transformationsprozess. Eckhard Nordhofen umschreibt diesen so: „Im Kultbild war die Verwechslung des Gottes mit seinem Darstellungsmedium kaum zu vermeiden gewesen und gewissermaßen vorprogrammiert. Der suggestive Blick einer menschen- oder tiergestaltigen Götterfigur und das feierliche Ritual, das ihre Herstellung ‚von Menschenhand' vergessen machen sollte, bewirkten ihre spirituelle Aufladung und machten es leicht, die göttliche Präsenz in die Figur fahren zu lassen. Was dagegen durch die Schrift präsent gemacht wird, ist gleichzeitig auch abwesend."[69] Die „abwesende Anwesenheit eines Gottes, den man nicht sehen kann", schleudere ihn aus der Kontingenz, der Zufälligkeit „der sinnlichen Welt" hinaus und verschaffe ihm „als dem Bewirker der Wirklichkeit seine singuläre Sonderstellung".

Mit diesem Gott als Schöpfer der Welt, hat Israel – so Nordhofen – einen „ontologischen Sonderfall", eine „Wirklichkeit ganz eigener und anderer Art vor sich". JHWH kann „nicht vorgezeigt werden, so wie man Kultbilder der Götter vorzeigen konnte. Sichtbar und empirisch fassbar soll der so ganz andere Gott gerade nicht sein." Die „Andersheit" Gottes, seine „Alterität", werde auf verschiedene Weise markiert. Doch jedes Mal enthalte sie auf die eine oder andere Weise etwas vor: „durch Brechung der Realitätskoordinaten, wie beim Dornbusch, der brennt und nicht verbrennt, überhaupt durch alle Wundererzählungen und wie in der Schöpfungsgeschichte, indem eine quasi-empirische Ereignisfolge konstruiert wird, deren primärerer Sinn darin besteht, das Verhältnis des Menschen zu Gott, zu anderen Lebewesen und zu seinesgleichen in einem paradiesischen Rahmen darzustellen. Der Zutritt in dieses Paradies aber, die alteritäre Wirklichkeit par excellence, bleibt dem Leser/Hörer vorenthalten."[70]

So beginnt laut Nordhofen die anhaltende religiös-theologische Aufklärungsbewegung schon im frühen Israel. Mit dem Monotheismus konstituiert sich eine Religion der – ihr innewohnenden – Religionskritik. Indem Gott vom Bild zum Text, von der Ikone zur Schrift wanderte, wurde er unabhängig von mündlichen Erzählern, von einem lehrenden und belehrenden personalen Gegenüber. Von da an tritt „Gott" über Buchstaben abstrakt und konkret zugleich dem einzelnen Schriftkundigen vor das Angesicht: frei zur freien (selbst-)kritischen Aneignung und Deutung, offen für ein sich stets weiterentwickelndes individuelles Glaubensverständnis im gemeinschaftlichen Lesediskurs mit anderem Glaubensverständnis.

JHWH, der Vier-Buchstaben-Gott, der sich im Zuge der Evolution des Glaubensverständnisses immer deutlicher von den vielen Göttern abgrenzte, setzte eine neue Epoche des religiösen Bewusstseins in Gang. Gott lässt sich fortan nicht mehr festlegen auf bestimmte Bilder und dazugehörige Mythologien. Er lässt sich auch nicht magisch manipulieren gemäß den Bedürfnissen der Menschen. Selbst Priester und Propheten haben keine Macht mehr über ihn. Der seinem Volk historisch nahe JHWH ist gleichzeitig der ihm ferne, anschaulich-unanschaulich, konkret-abstrakt. Zu ihm rufen die Frommen. Doch selbst ihnen bleibt er im Bild(er)verbot unaussprechlich. Über diesen Gott kann man streiten, und mit ihm muss man streiten. Gott selber streitet. Der unfassliche Gott des Monotheismus, der sich jeder Idolatrie verweigert, fordert den Menschen seinerseits zu abstraktem Denken heraus. Die Schrift wird über die heiligen Schriften zum Medium, um die Geister zu unterscheiden – und die Götter. Gott selber wird Schrift. Über die Meditation der Schrift, über Predigt und andauernde Auslegung des im Menschenwort materialisierten geistigen Gotteswortes wird Israels Gott zu einem Gott ganz anderer Art, wie es ihn vorher in den vielen Offenbarungen der Menschen so noch nicht gegeben hat: ein Gott jenseits bloßer Diesseitsprojektion, wahrhaftig und radikal jenseitig, völlig undinglich, weder Objekt noch Subjekt im anthropomorphen, menschengestaltig vorgestellten Sinne. Die Singularität Gottes verbindet sich über den Text auf ganz neue Weise mit seinem „Ebenbild", der Singularität eines jeden einzelnen Menschen.

Das bringt Nordhofen zur Frage, „ob nicht Gott selbst ein Schriftsteller sei". Genauer: „Schreibt Gott?" Womöglich noch mehr: Liest Gott auch? Ist er ein Lesender ebenfalls des unaufhörlichen materiellen wie geistigen Werdeprozesses der Schöpfung, die viel mehr noch Zukunft als Vergangenheit ist und die eine unaufhörliche Evolution des Glaubensverständnisses einschließt? Auch das Gottesbild wandelt sich ja mit dem Schriftbild, mit der aufklärerischen Dynamik des Geschriebenen, das eine unausschöpfliche Inhaltsfülle inmitten des Leerraums von Buchstaben potenziell bereithält.

Eckhard Nordhofen sieht in dieser Fähigkeit die echte Sonderstellung des Menschen im Kosmos begründet. Auch Tiere haben ihre Sprache. Aber einzig der Homo sapiens kann „mithilfe seiner Wörter über etwas sprechen, was weder hier noch jetzt präsent ist … Mehr noch, er kann nur durch Sprechen diese Simultaneität von Abwesend-Anwesendem auch in den Köpfen seiner Mitmenschen erzeugen". Dieses Lebewesen, „das mit Zeichen umgeht", kann darüber hinaus „die Arbeit an der Darstellung auch einmal von der Zunge auf die Hand überspringen lassen … Inzwischen ist es also möglich, Sprache eins zu eins durch Buchstaben festzubannen, sie der Zeit zu entziehen und sie gleichsam auf Dauer zu stellen."[71] Ohne die Verschriftlichung hätte es, vermutet Nordhofen, nicht zum „monotheistischen Qualitätssprung in der Religionsgeschichte" kommen können. Die Wende zum Schriftlichen, der *scriptural turn*, gab den Ausschlag. Das Medium Schrift war in der Lage, „Abwesendes auf neuartige Weise präsent zu machen", kritisch, aufklärerisch, bildend. Die Schrift war „wie geschaffen" für die Andersartigkeit des abwesend-anwesenden Gottes.

Mit der Verschriftlichung begann die biblische Aufklärung zunächst als Entlarvung der Vielheit und Vielzahl der Götterbilder als Götzenbilder. Die Schrift als neues Gottesmedium wurde dann aber zum korrigierenden Begleiter der Versuchung, Gott zum menschlichen Ebenbild nach eigenen Bedürfnissen zu machen. „Der Medienwechsel vom Kultbild zur Schrift verhindert die Verwechslung des Mediums mit dem, wofür es steht. Die aufklärerische Einsicht, dass ein selbstgemachter Gott so wenig ein wirkliches Gegenüber sein kann wie ein Placebo ein wirkstoffhaltiges Medikament, besiegelt das Ende des anthropomorphen Polytheismus", also einer Vielgötterei, die für jedes Bedürfnis eine eigene Gottheit schafft. „Der Text wird zum Ort Gottes, er wird heilig."[72]

Die Erfindung der Schrift hat die Religionsgeschichte gewaltig beschleunigt und damit auch die Geschichte des Nachdenkens überhaupt: über Gott *und* die Welt. Als die Bilder stehenblieben und die Buchstaben das Laufen lernten, änderte das mit der Glaubens- ebenfalls die Wissenserkenntnis: vom Mythos zur Mystik, vom Erklären zum Aufklären, vom Bewahren zum Erfahren. Die Erfindung des Schriftlichen, Textlichen ermöglichte einen großen Sprung des Bewusstseins. Die Schrift wurde zur Grundlage für Philosophie, Wissenschaft und für den Ein-Gott-Glauben. Kritisches Denken und kritisches Gottdenken hängen wechselseitig zusammen. Lesen und Schreiben als Vollzug kritischen Abstraktionsvermögens haben den Homo sapiens zum Haupt der Evolution gemacht – von Zeichen zu Zeichen, von Silbe zu Silbe, von Buchstabe zu Buchstabe. Das Schriftliche befördert das Menschliche weiterhin am besten, auch wenn wir uns darüber hinaus heute noch anders informieren, aufklären, unterhalten und zur Entspannung zur rechten Zeit zerstreuen lassen – von Bild zu Bild. Bilder sagen manchmal mehr als tausend Worte. Das erste und das letzte Wort aber ist ein Wort, oftmals geschrieben, immer noch. Ein kritisches Potenzial für alle Zeiten.

Was aber wird aus dem Text und aus Gott in einem Zeitalter atemberaubend neuer bewegter Bilder, in einer Zeit, die als *iconic turn*, als Hinwendung zum Bild, gekennzeichnet ist? Was bedeutet es, dass wir kulturübergreifend in beschleunigten Bildwelten leben? Die über Internet, Facebook, Instagram und viele weitere sogenannte soziale Netzwerke eingespeisten Bilder zum Beispiel von Massenprotesten können innerhalb von Sekunden einen emotionalen Aufstand der Solidarisierung oder auch der Wut, des Hasses, der Hetze entfachen – oder andererseits Mitleid, Barmherzigkeit, Solidarität ohnegleichen mobilisieren. Dauernd strömen unaufgeklärte Bildmengen inflationär auf uns ein von Kriegen, Unfällen, Katastrophen, Sensationen, Absonderlichkeiten oder letzten Weisheiten. „Bürgerreporter" ersetzen seriösen Journalismus. Was sich da als „Wahrheit" – genauer: Fake – im digitalen Takt optisch über die ganze Welt ausbreitet, hat erhebliche propagandistische, ja manipulative Macht. Vom erheblich langsameren, rational analysierenden schriftlichen Wort kann sie kaum noch begleitet, geschweige denn korrigiert werden. Stolpern die modernen Gesellschaften von Facebook, Google und Co. in voraufklärerische Aberglaubenswelten zurück, säkular wie pseudoreligiös?

Der mediale Prozess der Menschwerdung ist nicht abgeschlossen. Genauso unabgeschlossen ist der medial inspirierte Prozess der religiösen Frage, der Offenbarung, letztlich der „Gottwerdung" Gottes selbst. Seine Singularität bleibt ebenso mysteriös wie die Singularität jedes Menschen in einem womöglich durch Singularität entstandenen Universum. Woher und warum das alles – und warum und wozu Gott? Das Medium Sprache, organisiert und unaufhörlich weiterentwickelt über das Medium des sich stets

verändernden Gehirns, schickt die Menschheit weiter auf einen zukunftsoffenen Weg – mit einem zukunftsoffenen Gott.

Und dann doch auch wieder Bilder – hell und dunkel

Obwohl niemand „Gott" gesehen hat, spekuliert der mit einem komplexen
Gehirn ausgestattete Mensch, der als Homo sapiens das „Licht der Welt"
erblickte, weiter, wer oder was der Urgrund all dessen sei, was ist. Im Lauf
der Evolution hat er die Fähigkeit gewonnen, neben dem Anschaulichen,
unmittelbar Eingängigen auch das Abstrakte zu denken, über das Sichtbare
hinaus nach dem Unsichtbaren als etwas Plausiblem zu greifen. Man mag
das als „Projektion" bezeichnen oder als „Offenbarung". Es spricht nicht
gegen Gott, eher für Gott.

Selbst wenn es in der menschlichen DNA eine Art Gottes-Gen gäbe, eine
Erbinformation, in der die natürliche Fähigkeit gespeichert wäre, das Gött-
liche zu ahnen,[73] wäre dieser „Materialismus" kein Argument gegen Gott.
Unser ganzes Leben ist schließlich als Wechselwirkung von Materie und
Geist auf molekulare Grundlagen gebaut. Auch die Wahrnehmung und
Gestaltung unseres innersten Daseins, unserer Religiosität, also die Gna-
de, glauben zu können, hängt selbstverständlich von den Schöpfungsbe-
dingungen und damit von unserer Natur ab. Wir sind Geschöpf, Kreatur,
Staub von Staub, auch spirituell geerdet, voller Sehnsucht nach dem Himmlischen.

Wer zum Beispiel die Menschwerdung Gottes in Jesus Christus glaubt,
wird erst recht das Leibliche und Körperhafte jedweden Glaubens anerkennen. Dazu gibt es sinnliche Symbole, handgreifliche Gesten: Sakramente,
Segnungen, Körperbewegungen, Gottesdienst. Der christliche Glaube ist
kein esoterisches Fantasieprodukt. Sein Sitz im Leben ist das Leben. Alle
Gottesvorstellungen sind notwendigerweise mit unserem Gehirn verbunden, mit dem Organ, das Verstand und Gemüt, rationales Denken und
emotionale Seelenregung organisiert. Auch in religiöser Hinsicht ist das
Hirn das „Herz" des Universums. In seiner Taktfrequenz schlagen Ich-Bewusstsein wie Gottesbewusstsein, Selbstwahrnehmung wie Fremdwahr-
nehmung. Ohne Bilder können wir nicht leben. Ohne Bilder kann Gott
nicht geboren werden in uns, in unserer ständigen Neugier.

Im Zeitalter mächtiger Bilderwelten, vom Internet über die Kunst bis zur Computermedizin, sind die Debatten über Gott in erster Linie Disputeüber Gottes*bilder*. Zudem machen sich nicht nur Glaubende Bilder von Gott. Auch Menschen, die nicht glauben, haben Bilder von Gott, an den sie nicht glauben. Manchmal handelt es sich sogar um ein und dieselben Bilder, aufgrund derer die einen glauben und die anderen nicht.

Früher glaubte man an Gott, heute – nur noch – an Gottesbilder? Wenn man damit Glaubensschwäche kritisieren will, taugt der Vorwurf nicht. Denn ohne die Bilder des menschlichen Geistes aus der Inspiration Heiligen Geistes hätten wir keinerlei Zugang zum Sichtbaren wie zum Unsichtbaren. Sogar wissenschaftliche Erkenntnisse und Wahrheiten über Unsichtbares erschließen sich uns erst durch Theorien, mathematische Gleichungen und Näherungsmodelle, ohne dass die Realität, wie sie wirklich ist, anschaulich zu beschreiben, geschweige denn im Experiment durch sinnliche Erfahrung immer gleich zu beweisen wäre. Das Unsichtbare, Unbekannte beginnt nicht erst bei Gott, sondern schon weit davor, mitten im rätselhaft Weltlichen, Materiellen, Geistigen, Seelischen. Ohne Bilder hätten wir davon keine Vorstellung, keine Ahnung – und erst recht nicht von Gott.

Aber auch *mit* Bildern „haben" wir Gott nicht. Wozu dann überhaupt die Mühe? Weil die menschliche Seele zu jeglicher Kommunikation innere Bilder vom Gegenüber, vom Vorgestellten benötigt und entsprechend entwirft. Jeder Mensch entwickelt auf seinem Weg von kleinauf Bilder – und verändert sie im evolutiven Fluss der Erkenntnis. Ähnlich dialogisch entwickelt sich der Mensch religiös-spirituell „parallel zum seelischen Wachstum", oftmals mit eigener Dynamik, so der Psychologe, Psychotherapeut und Theologe Michael Utsch. „Zuletzt hängt das Selbsterleben eng mit dem Gottesbild zusammen. Je uneinheitlicher die eigene Identität wahrgenommen wird, desto verschwommener fällt auch das Gottesbild aus."[74]

Das ist jedoch nicht als Schwäche abzuwerten. Unsicherheit über sich selbst, über andere wie über Gott hilft, falsche Bilder zu reinigen und so in der Beziehung zu sich selbst, zum Nächsten wie zu Gott zu reifen. Aus einem Kinderglauben muss stets ein Erwachsenenglauben werden. Das gelingt nicht, wenn der Mensch in infantilen Gottesbildern hängenbleibt. Wer sich nicht mit seinen Gottesbildern läutert, wer nicht „wird", erstarrt, auch religiös. Utsch: „Bilder sind nötig, um Vertrauen zu fassen und sich eine Vorstellung vom Gegenüber zu machen. Gleichzeitig sind Bilder hinderlich, weil sie Augenblicksmomente festschreiben und auch Kontrolle suggerieren. Einerseits brauchen wir so eindrückliche Gottesbilder wie die des fürsorglichen Hirten. Andererseits stehen wir in Gefahr, dabei andere Merkmale Gottes aus dem Blick zu verlieren. Die Fremdheit und das Geheimnis Gottes gehen verloren, wenn eine Gotteserfahrung ausschließlich verknüpft ist mit einem bestimmten Gefühlszustand oder einer Notlage."

Wenn Gott gemäß dem fünfzehnten Kapitel des ersten Korintherbriefs über „alles in allem" herrscht, kann sich das – so Utsch – verschieden äußern, „auch als rätselhaft, schweigsam oder dunkel". Gottesbilder können Wunschvorstellungen widerspiegeln und so der Wahrheit Gottes ausweichen, selbst wenn sie noch so schön, hell, sinnlich, liebevoll, tröstlich sind, die Seele erheben und befreien und uns angesichts von Leid und Schicksalsschlägen ermutigen, trotzdem an einen guten, an den guten Gott zu glauben, auf ihn zu hoffen. Letztlich bleiben am eindrücklichsten Bilder als Erinnerung an Gott. Es sind immer Bilder – ob rational-gedanklich, emotional-seelisch, sprachlich, textlich, symbolisch oder optisch –, mit denen wir uns auf der Spur des unbekannten Gottes bewegen. Auch Schriftliches weckt in uns Bilder.

Nicht nur im Lauf der persönlichen Lebensgeschichte, auch im Lauf der Glaubensgeschichte wandeln sich die Bilder und Verstehenshorizonte – und das innerhalb ein und derselben Religion. Ein eindrückliches Beispiel im Christentum ist die einst massive Angst vor dem strengen Richtergott, die Furcht vor der ewigen Verdammnis. Das prägte tief das religiöse Bewusstsein wie das moralische Verhalten. Die Höllenangst ist aus dem Repertoire christlicher Glaubensweisen heute weitgehend verschwunden. Für Utsch war die Korrektur eine logische Konsequenz, um Verzerrungen und Engführungen zu überwinden. Das Bild des strafenden Gottes hat das Bild des in Jesus Christus menschenfreundlichen Gottes verdunkelt.

Wir erleben inzwischen einen entgegengesetzten Pendelausschlag, was ebenfalls Probleme schafft. Utsch: „Beim ‚Wohlfühl-Gott' wird von der grenzenlosen Liebe Gottes ausgegangen und von daher erwartet, dass Gott der Garant für Erfolg und Wohlbefinden sein muss. Alle Konflikte und Widersprüche des Lebens werden ausgeblendet, die Ungereimtheiten übergangen. Die dunkle Seite Gottes, sein Zorn und sein Schweigen, werden dabei ausgeblendet. Sowohl Wunsch- als auch Zerrbilder verdecken den Zugang zum lebendigen Gott, dessen zum Teil widersprüchliches Handeln die Bibel eindrücklich beschreibt und dessen Handschrift bis heute in vielen Lebensgeschichten sichtbar wird."

Es geht also nicht schlichtweg um „die" Wahrheit, sondern um Balancen von Wahrheiten. Diffuse und vage Gottesbilder können eine tiefe Ehrfurcht gegenüber Gott ausdrücken, eine befreiende Achtsamkeit bestärken, dass wir ihn nicht besitzen und nicht wirklich kennen.

Andererseits stellt sich das Gewaltproblem, verknüpft mit dunklen Bildern eines eifersüchtigen, zornigen, strafenden Gottes, den es militant gegen „Ungläubige" zu verteidigen, vor „Blasphemie" zu schützen gelte, in der Gegenwart neu. Jetzt vor allem durch extremistische Bewegungen, insbesondere im Islam. Dem Ein-Gott-Glauben wurde und wird häufig vorgeworfen, als solcher den Boden für brutale religiöse Vorstellungen bereitet zu haben. Mit Beginn des Monotheismus sei zwischen Wahr und Unwahr, Gläubig und Ungläubig, Gerettet und Verdammt strikt unterschieden worden. Vor dem einzig wahren Gott müsse gemäß dieser Logik der unwahre Götze samt seinen Verehrern bekämpft und ausgelöscht werden. Da gebe es keine Toleranz.

Der Ägyptologe Jan Assmann beschrieb jenen im Monotheismus der Mose-Religion herbeigeführten kulturellen Bruch als „mosaische Unterscheidung". Dagegen erscheine der antike Götterhimmel eher als weit und tolerant offen. Die griechischen Gottheiten hätten in die Verstehensmodelle römischer Glaubensweisen hinein übersetzt werden können. Allein die Namen wurden ausgetauscht, die Götterfunktionen beibehalten. Zeus mutierte zu Jupiter, Poseidon zu Neptun, Athene zu Minerva. Assmann deutet diesen Prozess so: Mythische Erzählungen und Spekulationen über das kosmisch-göttliche Erhabene und Heilige schrieben den einzelnen Gottheiten eine besondere Aufgabe, Funktion und Bedeutung zu, zum Beispiel Himmel, Sonne, Weisheit, Schrift, Totenreich. Aufgrund dieser sprachlichen Zuschreibungen „werden die Götternamen übersetzbar"[75]. Die vielen Gottheiten seien „international" gewesen, „weil sie kosmisch waren". Das habe zu einer toleranten Haltung anderen Religionen gegenüber geführt.

In seiner Wiener Antrittsvorlesung – „Bei Gott gibt es keine Gewalt. Was Jan Assmanns Monotheismuskritik theologisch zu denken gibt" – hat der Theologe Jan-Heiner Tück dieses Lob des Polytheismus allerdings entschieden entmythologisiert. Er verweist auf den Kirchenschriftsteller Clemens von Alexandrien, der bereits im zweiten Jahrhundert die Gewaltträchtigkeit gerade des Viel-Götter-Glaubens, die man in den Sagen der Griechen nachlesen kann, entlarvte. „Nicht ohne polemische Stilisierung bemängelt Clemens von Alexandrien, dass sich die Götter so sehr von Leidenschaften lenken lassen, dass ihnen nichts Lasterhaftes fremd ist. Die Geschichten der Götter sind Geschichten von Ehebruch und Vergewaltigung, Rivalität und Mord. Clemens wirft daher die Frage auf, ob die homerischen Götter nicht an den Himmel projizierte menschliche Leidenschaften seien."[76] Das Gewaltpotenzial der vielen Götter habe auf das Verhalten der Menschen eingewirkt. Der Krieg der Götter blieb nicht auf den Olymp beschränkt, sondern erfasste die irdischen Leidenschaften. Daher bat Clemens seine heidnischen Zuhörer, sie sollten einsehen, „wie unmenschlich und mit Hass gegen die Menschen erfüllte Dämonen eure Götter sind und wie sie sich nicht nur an der Verblendung der Menschen freuen, sondern auch an Menschenmord ergötzen: Bald machen sie sich Waffenkämpfe in Stadien, bald die unzähligen Kämpfe von Ruhmbegierde erfüllter Männer in den Kriegen zur Quelle ihres Vergnügens, damit sie wenn möglich bis zum Übermaß ihre Freude am Hinmorden von Menschen sättigen können, ferner forderten sie auch in Städten und Ländern ähnlich wie hereinbrechende Seuchen grausame Opfer".

Dagegen stellte Clemens das Bild eines befreienden, befriedenden, erlösenden Gottes in Christus, allerdings mit Einfühlung in die hellenistische Religiosität. In ihr seien Samenkörner des Logos Christus schon ausgestreut. „Jetzt redet der Logos selbst zu dir in eigener Person ..., der göttliche Logos, der Mensch wurde, damit du durch einen Menschen erfährst, wie denn ein Mensch Gott werden kann."

Menschenbilder prägen Gottesbilder und umgekehrt. Der Zusammenhang ist auch in der Offenbarungsreligion Christentum, im Glauben an den Menschensohn und Gottessohn Jesus Christus unauflöslich. Nach Tück ist inmitten der berechtigten und notwendigen Vielfalt der christlichen Gottesbilder, im Auf und Ab der Glaubensgeschichte und trotz vielfachen Gewaltversagens in der eigenen Kirchengeschichte nachhaltig daran festzuhalten, „dass der ewige Gott aus der Verborgenheit herausgetreten ist und sich in der Geschichte in bestimmter Gestalt mitgeteilt hat. Durch das Ereignis der Menschwerdung des Wortes hat Gott sein Angesicht gezeigt, so dass nicht mehr alle möglichen, sondern nur noch ganz bestimmte Aussagen von ihm getroffen werden können. Die freie Selbstbestimmung Gottes verlangt eine bestimmte Sprache, ohne dass die Bestimmungen der Sprache beanspruchen können, Gott auf den Begriff zu bringen, der jedes Begreifen übersteigt: ‚In Gott gibt es keine Gewalt' (Diognetbrief, Ende 2. Jhd.); ‚Gott ist ein Erzieher, der die Menschen zum Heil führt' (Clemens von Alexandrien, 150–215); ‚Gott ist kein Tyrann, sondern ein König; herrschend tut er niemandem Gewalt an, sondern sucht zu überzeugen, er will, dass die Seinen sich freiwillig seiner Heilssorge überlassen' (Origenes, 185–254). Diese Sätze bleiben bei aller Interpretationsbedürftigkeit nicht vage, sie stellen die Gewaltlosigkeit ins Zentrum der christlichen Gotteslehre."[77]

Die Gottesbilder haben in der Person und Geschichte Jesu Christi Gehalt und Gestalt bekommen. Jan-Heiner Tück meint, dass die anstößige Rede vom Zorn und Eifer Gottes dem nicht widersprechen muss, sondern dass sie begriffen werden könne als ein Ausdruck einer Liebe, „die gegenüber Unrecht und menschlicher Gewalt nicht gleichgültig bleiben kann". Allerdings sollte die Theologie die Verzerrungen in den Gottesbildern, in den Seelen der Menschen und vor allem auch die verbrecherische Gewalt-Erblast der Geschichte kritisch aufarbeiten.

Da ist nichts zu beschönigen, wie der Historiker Gerd Althoff am Beispiel der Verfolgung von Häretikern, Ketzern und Andersgläubigen erforscht hat. Seit Beginn des elften Jahrhunderts gab es einen engen Zusammenhang zwischen den Ansprüchen eines sogenannten Reformpapsttums und unbedingten Gehorsamsforderungen. „Ungehorsam gegen päpstliche Gebote sei mit Götzendienst und Häresie gleichzusetzen – es sei der Kirche daher erlaubt, gegen Ungehorsame Gewalt anzuwenden." Die Beispiele und Belege dafür sind zahlreich. Begründet wurde das gewalttätige Vorgehen etwa mit der Samuel-Geschichte (1 Sam 15; 22 ff.) und mit Psalm 79. Althoff: „Sie handeln von einem zornigen Gott, der unerbittlich verlangt, dass der Frevel, der ihn erzürnt hat, mit dem Blut der Frevler gesühnt wird. Diese Bannideologie, die im Alten Testament auch noch an anderen Stellen zu finden ist, hat man im elften Jahrhundert im Umkreis der Kirchenreformer entdeckt und genutzt, um die eigenen, neuen Geltungsansprüche zu legitimieren. Man sollte diesen Vorgang nicht als lediglich rhetorisch abtun; er hat realer Gewalt im Dienste und Auftrag der Kirche den Weg bereitet. Gewalt gegen verheiratete und simonistische Priester und Bischöfe, Gewalt auf den Kreuzzügen, in Ketzerkriegen und in der Inquisition hängen an der Grundsatzentscheidung, dass es dem Christen erlaubt sei, für die

Wahrheit Gewalt anzuwenden. Die Gewalt ablehnenden starken Worte des Neuen Testaments gerieten in diesen Jahrhunderten zwar nicht in Vergessenheit, traten aber in den Hintergrund. Ein hoher Preis für die angestrebte ‚Weltherrschaft' des Papsttums."[78]

Diese schreckliche Schuldgeschichte ist nicht als eine von Atheisten bloß gesponnene Skandalisierung des Christentums abzuweisen. Sie lässt sich nicht entsorgen, selbst wenn wir die Gottesbilder immer wieder einer Kritik unterziehen, weiterentwickeln müssen. Michael Utsch verweist als positives Beispiel auf Paulus, der unablässig betonte, dass über Christus der Geist Gottes Wohnung in uns genommen hat: „Wir sind verantwortlich für die Innenraumgestaltung unserer Seele. Wer unser Innerstes bewohnt, dessen Bilder prägen unsere Seele. Welches Gottesbild bestimmt unsere Seele?"

Im Kolosserbrief wird Jesus Christus als *Eikon* (Bild, Ebenbild, Ikone) „des unsichtbaren Gottes" (1,15) bezeichnet. Christus ist und bleibt für Christen die entscheidende Bildquelle für das Verständnis des unbekannten Gottes, für den Urgrund des Rätsels von Raum und Zeit, Materie und Geist, Endlichkeit und Ewigkeit.

Auch das Christentum ist mit seinen Gottesbildern weiter im Werden. Der Theologe Andreas Benk schrieb über *Menschliches Machwerk – Gottesbilder, Bilderverbot und die Verantwortung des Menschen*: „Alle unsere Bilder von Gott sind letztlich der menschlichen Erfahrungswelt entnommen … Darum müssen wir unsere Gedankenbilder übermalen, zurückholen … Gottesbilder und Bilderverbot bleiben dialektisch aufeinander bezogen: Wir haben und brauchen Gottesbilder."[79] Aber nicht die – oftmals widersprüchlichen – Gottesbilder in der Vielfalt der Welterfahrung sind Gott. Allein Gott ist Gott.

VI. Sein im Werden

Der Kern der Glaubenskrise

Christsein war zu keiner Zeit ein Wellnesstrip, vielmehr stets heftige Auseinandersetzung. „Mein Gott, mein Gott, warum hast du mich verlassen?" Es beginnt damit, sich einzugestehen: Wir haben Schwierigkeiten mit „Gott". Die vorgegebenen, einst angeblich so selbstverständlichen Vorstellungen greifen nicht mehr. Die größte Not haben Menschen des 21. Jahrhunderts damit, dass Gott angeblich offenbarend in Welt und Geschichte eingreift. Wo aber greift er denn wirklich ein? Wo ist Gottes Handeln denn tatsächlich spürbar? Stärker als seine reale Anwesenheit ist doch täglich seine reale Abwesenheit zu erfahren. Alles, was geschieht, geschieht im Namen von Menschen oder gemäß den Sachgesetzen der Natur, der Psyche, der Hirnfunktionen. Selbst Krankheiten, Kriege, Unglücksfälle, Katastrophen, Hunger und Tod sind nicht mehr zum Bestrafen sündiger Menschen von einem „Gott" geschickt, wie es alte Mythologien deuten, sondern sie sind selbstgemacht. Oder sie kommen aus einem blinden Schicksal, aus Zufall, aus Notwendigkeit. Tödliche Keime, Viren – wie Corona oder Ebola oder Aids – sowie Bakterien fragen nicht nach Gott. Sie sind einfach in der Welt und entwickeln sich evolutiv ständig weiter mit der Welt, immer anpassungsfähig mit Mutationen. Sie bewirken Krankheiten, Leiden, Tod ganz unabhängig davon, ob der Mensch sündigt oder nicht, ob er gut ist oder böse, ob er fromm lebt oder frevlerisch. Der Tod war – anders als es die biblischen Ursprungsmythen nahelegen – in der Natur, noch bevor es den ersten modernen Menschen gab, noch bevor ein einziger Mensch überhaupt sich dessen bewusst werden konnte, dass er etwas Schlechtes tut, sündigt.

Nein: Die Aussage der biblischen Schöpfungsgeschichte, dass Gott sah, dass alles, was er gemacht hatte, gut war, können Kinder der Aufklärung so nur schwer nachvollziehen. Die Bilder, die sich viele Generationen von Gott und seinem Wirken machten, sind unter dem Druck der modernen Welterfahrung zerbrochen. Das erfahrungswissenschaftliche Denken hat die Welt und die Deutung der Weltgeschehnisse von Himmelserscheinungen über die Zeugung neuen Lebens, das Wachstum der Pflanzen, Naturereignisse wie Gewitter oder Sturmfluten, Katastrophen wie Seuchen und Kriege bis hin zu den vielen persönlichen Glückserlebnissen und Erfolgserfahrungen entmythologisiert, von Wundersucht, Aberglauben und infantilen magischen Vorstellungen, als ob der Lauf der Dinge durch Bittgebete, Prozessionen oder Gelübde beeinflusst werden könnte, gereinigt. Der Kern unserer Kultur erweist sich als entschieden aufgeklärt, wissensorientiert, technikfreundlich. Das verändert nachhaltig die Art und Weise, wie Gläubige unter modernen Bedingungen versuchen, religiös zu leben.

Zugleich sind viele vermeintlich sichere theologische und kirchliche Wahrheiten über „Gott" – wie er ist, was er denkt, was er tut, was er will – fragwürdig geworden. Umso mehr ergreift uns die Rätselhaftigkeit von Sein und Zeit, insbesondere angesichts der Ungewissheit dessen, was in grauer, von uns nicht zu erfassender Vorzeit war und was in dunkler ferner Zukunft sein wird, die selbst die besten Zukunftsforscher niemals vorhersagen können, auch wenn sie mit starker medialer Propaganda immer wieder diesen Anschein erwecken.

Kirchlich aber lehrt und feiert man unverdrossen weiter irgendwie den „bekannten" Gott, von dem nicht nur das Lehramt mit seiner zu Sätzen geronnenen überreichen Dogmatik meint, genau sagen zu können, wie er ist, wie er sich offenbart hat, was er will und wie jene zu sein haben, die versuchen, an ihn zu glauben. Der Philosoph Peter Sloterdijk spottete über einen „katholischen Surrealismus im kulminierenden Zustand"[80] und verwies unter anderem auf das Kompendium der kirchlichen Lehrentscheidungen aus zwei Jahrtausenden, den sogenannten *Denzinger*. „Das von Gott selbst über sich und die Menschen vorzeiten durch seine irdischen Kollegialorgane Ausgesprochene kehrt auf dem *theologeion* (Bühnenmaschinerie im antiken Theater, über die die Gottheit plötzlich, unvermittelt auftaucht und ihre Weisungen erteilt; *d. Verf.*) des Heiligen Stuhls und seiner ziemlich unfehlbaren Kommissionen in bewundernswert gleichförmigen Rezitationen wieder. Wer für Gott spricht, hat keine Einfälle. Die Kunst, sich selbst völlig recht zu geben, ist in keinem anderen Gebilde auf gleicher Höhe ausgebildet, ausgenommen der Koran, dem man die Mühe ansieht, die Rezipienten in die Schleifen seines Selbstbezugs zu bannen."

Doch auch abseits des Spotts trifft das die wahren Problemzonen jedweder Religion, die bei allem Himmelsanspruch stets in der Geschichte entstanden und historisch gewachsen, selber evolutiv ist. Auch eine moderne, zeitgenössische Religiosität, die sich den stets weiterentwickelnden

Wissenschaften mit den ihnen innewohnenden Paradoxien ohne reduktionistische Engführung und ohne Denkverbote aussetzt und dabei vernunftbegründet mit der Möglichkeit eines unbekannten, unsichtbaren Gottes rechnet, hat dies selbstkritisch zu bedenken. Sloterdijk wiederum meint, auch einem modernen religiösen Bewusstsein nichts als Illusion unterstellen, die religiöse Wahrnehmung als Blendwerk entlarven zu können: „Solange die Mitglieder der Völker *bona fide* glaubten, was ihnen ihre Alten erzählt hatten, befanden sie sich im Zustand glücklichen Irregeführtseins; sie waren ohnehin zum Glauben verdammt, weil bessere Erklärungen der Welteinrichtung und ihrer Übel nicht zur Verfügung standen. In dem Maß, wie ihr Verstand sich dank zeitbedingter Zuwächse an Reflexion und Praxis von der Mythen- und Märchensphäre entfernte, zumal in den Metropolstädten, wo der Vergleich aufkam und das freie Wort zirkulierte, wurde das Glauben als solches peinlich: Der Gläubige der nachmythischen (oder andersmythischen) Zeit glaubt mit Wissen und Willen unter seinem Niveau. Dies ist das Hauptmotiv der viel diskutierten ‚Individualisierung' von Religiosität."

Glaubt mit Wissen und Willen womöglich aber auch derjenige „unter seinem Niveau", der meint, definitiv zu wissen, dass es Gott, das Göttliche nicht geben könne? Womöglich ist die Behauptung, dass Gott eine fromme Einbildung sei und dass alles irgendwann streng wissenschaftlich empirisch gemäß menschlicher Logik – wenn auch wegen fehlender Erkenntnis noch nicht jetzt – erklärt werden könne, selber nichts anderes als ein Märchen, ein Mainstream-Mythos in einer bloß andersmythischen Zeit.

So bleibt es ein spannender Versuch mit offenem Ausgang, sich angesichts moderner Welterfahrung kritisch und selbstkritisch einem Glauben zu nähern unter einem gegenüber früher erheblich geweiteten Horizont: dem des unbekannten Gottes angesichts eines weithin unbekannten Universums der unbelebten wie belebten Dinge. Wie können wir uns als religiös vielleicht lieber scheue, aber der Intuition der Vernunft sich nicht verweigernde, ahnungsvolle Zeitgenossen diesem Unverstandenen, Verborgenen aussetzen? Und das jenseits eines plakativen Kirchenwissens, das wie beim Wettlauf von Hase und Igel ständig behauptet: „Ich bin schon hier!", während wir – selbst als Glaubende – weiter rennen, suchen und voller Faszination und Erschrecken, ergriffen wie neugierig Ausschau halten nach dem unbegreifbaren Heiligen von allem? Für ein kritisches Zeitbewusstsein –

durchaus mit Glaubensambitionen – ist jedenfalls niemals fixiert, wie das Göttliche präsent sein, sich intellektuell und gefühlsstark, also vernunftgemäß, verdichten, wie es sich einer dauerhaften Geistesbewegung offenbaren kann. Glauben ist kein abgeschlossener Akt, sondern ein wechselvoller Prozess. Mit Realitätssinn: Mal glaube ich, mal glaube ich nicht. Keineswegs unwissend, vielmehr wissend im Glauben. Glauben durch und mit Wissen.

Naturwissenschaft und Technik haben in der Neuzeit nachhaltig magisch-mythologisch durchsetzte Gottesvorstellungen zerbrochen und darüber auch die entsprechenden liturgischen wie sakramentalen Praktiken entmythologisiert. Das ist der Kern der Glaubenskrise – und nicht mangelndes Glaubenswissen, wie häufig von kirchlichen Amtsträgern unterstellt wird.

Der Journalist Frank Schirrmacher (1959–2014) erklärte: „Die heutige populäre Naturwissenschaft ... trägt ... Züge eines Religionsersatzes. Die Utopien und Visionen der Wissenschaftler, die Hypothesen der Kosmologen oder die Theorien der Genforscher: Sie alle beflügeln im Leser die Sehnsucht nach Bedeutung oder Sinn oder Geschichte ... Die Genetik versucht im Augenblick, aus den Buchstaben des ... sequenzierten menschlichen Genoms einen Sinn zu buchstabieren, kurz: mit Hilfe immer besser werdender Computer die Ursprache des Lebens zu lernen. Die Astronomie ... blickt mit immer besseren Teleskopen immer tiefer ins All, dorthin, wo das erste Licht war, und das heißt: immer weiter zurück in die Vergangenheit. Entschlüsselung der Ursprache und Suche nach dem Licht ..."[81] Aus dem sakralen Geheimnis Gott ist das säkulare Welträtsel geworden. Jedoch keinesfalls ein Rätsel ohne Gott.

Mit den friedlichen Kulturrevolutionen durch besseres Wissen hält das religiöse Leben allerdings nicht wirklich Schritt. So bewegt sich die Spiritualität, die Gebetssprache vielfach immer noch in monarchisch-autokratischen Vorstellungen mit einer entsprechenden Symbolik: zum Beispiel ein majestätisch souveräner Gott des Seins, der oben throne, der von oben nach unten nach seinem Gutdünken eingreife und von unten nach oben durch Fürsprache, Opfer und Unterwerfung gnädig gestimmt werden könne. Solche Anschauungen wurden lange begleitet von Bildern eines himmlischen Hofstaats aus Engeln, Heerscharen, Mächten und Gewalten. Selbst im neuen katholischen Gesangbuch *Gotteslob* hält sich im naturnahen, schöpfungsfreudigen und melodisch berührend schwungvollen Lied *Erde, singe, dass es klinge* beim Refrain der absonderliche

„heidnische" Mythos: „Singt ein Loblied eurem Meister! Preist ihn laut, ihr Himmelsgeister!" (Nr. 411). Müsste ein Christ eines modernen Zeitbewusstseins da nicht sofort verstummen?

Wie aber ist Gottesahnung, der Glaube an Heil und Erlösung möglich in einem Universum, dessen Evolution strikt nach Naturgesetzen abläuft, auch wenn wir diese nicht hinreichend kennen und wahrscheinlich nie vollständig kennen werden? Was bedeutet Gottes Sein und Dasein für das menschliche Leben in einem materiell wie geistig durch ständiges Werden in Bewegung versetzten Kosmos, der trotz aller mathematischen Naturformeln und physikalischen Naturkonstanten zugleich Spielräume öffnet für reale Unschärfen, für das Unberechenbare, Spontane, Paradoxe?

Ein bewegter Beweger

Die Gottesahnung, die im Lauf der Evolution viele Generationen bewegt hat, kann im 21. Jahrhundert vielleicht doch auch wieder die Nachdenklichen und Unruhigen berühren – freilich unter deutlich anderen Vorzeichen. Unsere Lebenswelt ist wissenschaftlich aufgeklärt. Trotz mancher romantischen Suchbewegung zurück zu einer angeblich ganzheitlichen und unberührten Natur haben wir schon immer diese wissenschaftlich-rationale Welt als unsere eigene angenommen – von der Apparatemedizin über die Pille, die Präimplantationsdiagnostik, die Genschere bis zum Smartphone und zur Künstlichen Intelligenz.

Wir leben in einer sich ständig wandelnden Welt mit immer neuen atemberaubenden Erkenntnissen, von der Kosmologie über die Hirnforschung bis zur Bio- und Gentechnologie. Die geläufigen Gottesbilder sind jedoch nach wie vor einseitig geprägt von der Vorstellung eines unbewegten Bewegers: Gott als Majestät, der im Grunde alles weiß, alles gemacht, alles bedacht, alles vorherbestimmt und längst alles nach seinem unerforschlichen Ratschluss vollendet hat. Wozu dann aber das alles? Wozu ein Schauspiel der „Marionette Mensch" auf der Bühne Schöpfung mit jener Majestät als – wenn überhaupt – einzigem Zuschauer? Oder kann, muss Gott womöglich ganz anders gedacht werden? Nicht nur – in Anspielung auf klassische Gottesbeweise etwa bei Anselm von Canterbury oder Augustinus – als „etwas, worüber hinaus nichts Größeres gedacht werden kann". Nicht nur als Sein oder als ein Seiendes, über das hinaus nichts höheres Seiendes sein kann, sondern – um einmal die Begrifflichkeit unter evolutiver Perspektive auf andere Verstehensweisen hin zu lenken – als ein Werden, ein höchstes Werdendes, über das hinaus nichts höheres Werdendes gedacht werden kann? Nicht ein unbewegter Beweger, sondern ein bewegter Beweger in einer allüberall evolutiven Welt? Ist derselbe, der ewige Gott vielleicht doch nicht immer der gleiche?

Der Mathematiker, Logiker und Philosoph Alfred North Whitehead (1861–1947) hatte versucht, in völlig anderen als den üblichen Sprachspielen den unbekannten Gott als Gott selber im Prozess, als einen Gott im Werden zu verstehen: Gott als Beständigkeit und Fluss in Spannung zueinander, als eine Einheit von Sein und Werden. So kam Whitehead zu paradoxen Formulierungen: „Es ist ebenso wahr zu sagen, dass Gott beständig ist und die Welt fließend wie dass die Welt beständig ist und Gott fließend. Es ist ebenso wahr zu sagen, dass Gott einer ist und die Welt viele wie dass die Welt eine ist und Gott viele. Es ist ebenso wahr zu sagen, dass Gott im Vergleich zur Welt eminent wirklich ist wie dass die Welt im Vergleich zu Gott eminent wirklich ist. Es ist ebenso wahr zu sagen, dass die Welt Gott immanent ist wie dass Gott der Welt immanent ist. Es ist ebenso wahr zu sagen, dass Gott die Welt transzendiert wie dass die Welt Gott transzendiert. Es ist ebenso wahr zu sagen, dass Gott die Welt schafft wie dass die Welt Gott schafft."[82]

Ähnlich sah der amerikanische Philosoph und Theologe Charles Hartshorne (1897–2000) zwischen Gott und Welt, Gott und Mensch eine echte Beziehung, in der die Handlungen beziehungsweise Geschehnisse des einen den anderen oder das andere beeinflussen, ändern. Gott selbst wird „durch die Handlungen seiner Geschöpfe berührt und beeinflusst", schreibt die Theologin Julia Enxing über die entsprechende Prozesstheologie.[83] Die klassische Theologie setzt – etwa mit Thomas von Aquin – „einen *absoluten* und somit unveränderlichen Gott" voraus beziehungsweise verlangt einen solchen. Dieser Gott – so Julia Enxing – „ist vollkommen unabhängig von seinen Geschöpfen und steht in keiner internen Beziehung zu diesen. Er lässt sich nicht von ihnen verändern, bewegen oder berühren. Die prozesstheologische Alternative setzt einen *relativen* Gott voraus. Relativ meint hierbei: in Relation stehend, genauer, in einem Verhältnis zu seinen Geschöpfen stehend."

Das hat Folgen für das Schöpfungsverständnis insgesamt. Die Entstehung der Welt – oder auch von Parallelwelten oder weiteren Universen – sieht Hartshorne als einen andauernden Schöpfungsprozess, der keinen Anfang hat und auch kein Ende. Julia Enxing: „Dabei verneint die Prozesstheologie den Gedanken, dass Gott sich auch gegen eine Schöpfung hätte entscheiden können. Sie argumentiert, dass die notwendige Existenz Gottes zu einer notwendigen Schöpfung führt, da die Schöpfung mit seinem Wesen verbunden und somit ebenfalls notwendig ist. Das mögliche Faktum ist hierbei diese bestimmte (unsere) Welt: Das heißt, die Prozesstheologie geht davon aus, dass Gott *eine* (irgendeine!) Welt schaffen musste, da es zu seinem Wesen gehört, schöpferisch tätig zu sein. Welche mögliche Welt er aber ins Dasein ruft und wie diese genau aussieht, entscheidet er. Diese Welt, in der wir leben, ist konsequenterweise in diesem Sinne möglich, aber nicht notwendig."

Ist Gott aber auch allwissend im Sinne einer Zukunft, die gemäß menschlichem Zeitempfinden noch nicht begonnen hat? Julia Enxing deutet Hartshornes Sicht so: „Gottes Wissen um vergangene und gegenwärtige Ereignisse ist stets vollkommen und unveränderbar, während sich sein Wissen um künftige Ereignisse permanent der Wirklichkeit anpasst. Hartshorne bezeichnet Gott aufgrund dessen als ‚durch sich selbst überbietbar'. Das heißt, Gottes Wissensstand wird fortlaufend von Gott selbst überboten, gleichsam aktualisiert."

Alles pure Spekulation – den Mythen früherer Zeiten nicht unähnlich? Spekulativ sicher, aber als Sprachspiel und Denkspiel ist es geeignet, festgefahrene Vorstellungen über Gott, die längst ins Wanken geraten sind, zu öffnen auf neue Erkenntnisgehalte hin. Gott im Werden – Gott selber im Fluss der Veränderung der Welt: Das bringt das Glaubensverständnis atemberaubend in Kontakt mit einem dynamischen Weltverständnis, in dem wir als Bürger des 21. Jahrhunderts beheimatet sind und dem wir nicht entfliehen können. So hatte der Astrophysiker und Jesuit George Coyne (1933–2020), der einst die vatikanische Sternwarte leitete, von seinem Fach, der Kosmologie, her das Seinsverständnis als Werdeverständnis mit einer Deutung Gottes als Geschehen verbunden. Gott nicht nur im Prozess, sondern selber als Prozess. Die Dynamik und Spontaneität in den kosmischen Entwicklungen, bei der Entstehung und bei der unaufhaltsam weitergehenden Evolution der Welt und des Lebens verlange ebenso eine

Weiterentwicklung des Gottdenkens. Wir müssten lernen, Gott selber neu zu sehen als einen Gott voller Dynamik, Spontaneität, Entwicklungskraft. Der lebendige Gott hat in lebendiger Weise teil am Geheimnis ständiger Neuschöpfung. Das andauernde Werden der Welt und das stetige Werden des Menschen – dieser immerwährende Werde-Prozess – wird begleitet und angespornt von einem Gott, der selber Bewegung, der selber Geist und Geistes-Energie ist.

Coyne lieferte dazu ein Gedankenexperiment: „Wenn wir die Ergebnisse der modernen Wissenschaft ernstnehmen, fällt es schwer zu glauben, dass Gott allmächtig und allwissend ist im Sinne der scholastischen Philosophen. Die Wissenschaft erzählt uns von einem Gott, der sehr anders sein muss als der Gott, den mittelalterliche Philosophen und Theologen sahen. Könnte Gott zum Beispiel nach einer Milliarde Jahre eines fünfzehn Milliarden Jahre alten Universums vorhergesagt haben, dass menschliches Leben entstehen würde? Gehen wir davon aus, dass Gott im Besitz der ‚Universaltheorie' wäre, alle Gesetze der Physik, alle Elementarkräfte kennen würde. Selbst dann: Könnte Gott mit Sicherheit wissen, dass der Mensch entstehen würde? Wenn wir wirklich die wissenschaftliche Sichtweise akzeptieren, dass es neben den deterministischen Vorgängen auch Zufallsprozesse gibt, denen das Universum ungeheure Gelegenheiten bietet, dann sieht es so aus, als könnte selbst Gott das Endergebnis nicht mit Sicherheit kennen. Gott kann nicht wissen, was nicht gewusst werden kann. Dies ist keine Einschränkung Gottes. Ganz im Gegenteil. Es offenbart uns einen Gott, der ein Universum erschaffen hat, dem eine gewisse Dynamik innewohnt und das somit am Schöpfungsakt Gottes teilnimmt. Sofern sie die Ergebnisse der modernen Wissenschaft respektieren, müssen Gläubige Abstand von der Vorstellung eines diktatorischen Gottes nehmen, eines Newtonschen Gottes, der das Universum als Uhrwerk erschaffen hat, das regelmäßig weitertickt ... Theologen haben den Begriff von Gottes fortwährender Schöpfung geprägt. Ich glaube, es wäre eine sehr bereichernde Erfahrung für Theologen und Gläubige, die moderne Wissenschaft unter diesem Begriff der fortwährenden Schöpfung näher zu erkunden. Gott arbeitet mit dem Universum."[84] Eine solche Sicht der kontinuierlichen Schöpfung (creatio continua) verändert auch das christliche Leben, den christlichen Lebensstil. Sie dynamisiert den Glauben.

Ähnlich sah der Mathematiker Günter Ewald (1929–2015) das Endliche mit dem Unendlichen prozesshaft verbunden: „Es macht wenig Sinn, dass der ‚Beobachter' eine Episode im Kosmos darstellt, für die Irdischen spätestens nach eineinhalb Milliarden Jahren beendet, wenn die Sonne zum Roten Riesen wird, in dessen Strahlengewand die Planeten dahinschmelzen. Ebenso wenig leuchtet es ein, dass der Mensch sich von anderen Lebewesen nur dadurch unterscheidet, dass er um sein Schicksal weiß, Wegwerfware der Evolution zu sein, Probierobjekt für eine (vorübergehende) Höherentwicklung der Gattung Mensch … Der Beobachter im Kosmos ist so angelegt, dass sein unvollendetes individuelles Leben in einem umfassenderen Kosmos weitergeführt wird." Ewald war davon überzeugt, dass die modernen physikalischen Theorien ein Jenseits nahelegen – und Gott. „Ein so gedachtes ‚Jenseits' liegt nicht in der unerreichbaren Ferne schwarzer Löcher, sondern umgibt uns überall, einen winzigen Bruchteil eines Millimeters, eine ‚Planck-Länge' entfernt. Das ‚Fenster zum Jenseits' steht offen, auch wenn unsere sinnesgebundenen Augen nicht hindurchschauen können."[85] Das sind ungewohnte Perspektiven. Doch in einer evolutiven Welt sollten die religiösen Vorstellungskräfte wach und offen werden für die neuen Herausforderungen, die auf ungeahnte Weise den Glauben an Gott wieder ins Spiel realer Möglichkeiten bringen. Auch der Christ darf und soll, ja muss fortschrittsoffen, fortschrittsfreundlich sein. Das betrifft insbesondere Versuche, Gott im Kontext einer kulturell und wissenschaftlich gewaltig veränderten Welterfahrung neu zu denken. Mit allen Kräften der Vernunft und Emotionalität sind neue Sprachbilder von Gott zu entwerfen, ist Gott auch in einem religiös unmusikalischen Kontext musikalisch zum Klingen zu bringen.

Denn „das Geheimnis selbst ist nicht absolut", sagt die Theologin Catherine Keller. „Sonst hätten wir nichts mehr zu sagen."[86] Wir können nicht anders als metaphorisch in Ähnlichkeiten reden, im Stammeln, Stottern, Durchbrechen der gewohnten Worte und Bilder. Diese Brüchigkeit ist in jeder Rede vom Heiligsten mitzubedenken. Schon die biblischen Schriften, so Catherine Keller, sind durchzogen von gebrochenen Worten, die aber auf vielfache Weise eine neue Bedeutung offenlegen und so „geschlossene Systeme aufbrechen". Alle Sprachspiele bleiben unvollkommen, aber ohne die Unvollkommenheit gibt es keinen Zugang zu Gott. Einzig über die Gebrochenheit der Sprache wird Glaubenssuche möglich.

„Die Bibel kennt keine unveränderliche oder teilnahmslose Gottheit", so Catherine Keller. „Es gibt keine metaphysische Unveränderlichkeit. Im Gegenteil, es gibt eine ‚unverbrüchliche Liebe': keine absolute Unbeweglichkeit, sondern resolute Relationalität. Jede Relation trägt etwas zur göttlichen Erfahrung bei, und sei es nur ein wenig Versagen und Tragödie. In dieser Vision ist Gott also kein metaphysisches Wesen, sondern ein Prozess des Werdens, nicht unveränderlich, sondern in der Veränderung treu … Ein bewegter Beweger also, der uns zum Werden hin lockt und der empfängt, was wir werden – und der folglich von diesem geteilten Werden betroffen ist." Der sich selber kundgibt auf seiner Spur im evolutiven Geschehen.

Religion ist nie nur ein lehrmäßiges System, sondern immerwährend ein Sein im suchenden Werden, eine unaufhörlich sich entwickelnde Gottesahnung in, mit und aus der Natur. Nicht nur in der Natur setzt sich die Evolution unaufhörlich fort, sondern ebenso in der Gottesfrage. Das Gottesverständnis hat sich entwickelt und wird sich weiterentwickeln in der Lebensgeschichte jedes Einzelnen wie im Lauf der gesamten Menschheitsgeschichte. Wolf-Rüdiger Schmidt beschrieb diese anhaltende Bewegung im ewigen Spiel der Fragen mit Bezug auf die Naturwissenschaften so: „Es gibt viel kulturelle Evolution in der Religion." Das macht den Glauben lebendig. „Der Gott der Juden, Christen und der Muslime ‚evolviert' – und was sagt der Glaube dazu? Evolviert Gott im Bewusstsein der Menschen oder macht ‚er' sich schrittweise, prozessual bekannt? … Ist es ein doppelter Prozess, indem sich sozusagen der Grund der Welt selbst im menschlichen Bewusstsein ‚offenbar' macht und schließlich ein transpersonales ‚Du' mitteilt? … Was hat dieser sich evolvierende Gott, der spät dann auch als ‚Schöpfer' gepriesen wird, als der ‚Herr' des Ganzen mit jenem beschleunigten Prozess der kosmischen Evolution zu tun, dem heißen Urknall, einer inflationären Phase, der chaotischen Bildung von Galaxien, der sehr viel späteren Entstehung unseres Sonnensystems aus einer Gas-, Eis- und Staubwolke …?"[87]

Die harten und großen Fragen des Glaubens reichen weit in die Wissenschaft hinein und tief in die Mystik hinab. Genau das kennzeichnet wahre Religion. Das Vage, Widersprüchliche, Spannungsgeladene, Wunderbare, Schöne, Schreckliche, Geheimnisvolle diesseits und jenseits jedweder Vorstellungskraft, die Unschärfe bildet die Mitte religiöser Erfahrung.

VII. Auf dem Areopag

Wie eine Eisläuferin

Trotz der sich über Jahrtausende erstreckenden Evolution des Gottesverständnisses, insbesondere im Monotheismus, versucht die sie begleitende Religionslehre stets, eine Verbindlichkeit der Glaubensvorstellungen für alle künftigen Zeiten festzulegen. Eine gewisse – kleine – Bandbreite vor allem im einfachen Volk ist stets erlaubt, „Wildwuchs" hingegen wird zumindest theoretisch gezähmt. Dogmatische Korrektheit zieht die Grenzen, jenseits derer die Häresien lauern. Dabei kann es durchaus geschehen, dass abweichende beziehungsweise abtrünnige religiöse Denkmodelle und Sprachregelungen – zum Beispiel im Verständnis der Dreifaltigkeit/Dreieinigkeit Gottes, der zwei Naturen in Christus oder der eucharistischen Wandlung – manchmal Jahrhunderte später als ebenfalls rechtgläubig anerkannt werden. Oder es heißt: Es seien einst nur Missverständnisse, eventuell bloß äußerliche Machtkonflikte gewesen, die zu gegenseitiger Verketzerung führten.

Wie aber steht es um jene religiösen Verstehensmodelle – Paradigmen –, die im Lauf der Zeit ihre Einsichtigkeit verlieren, die unter dem Erkenntnisdruck sich fortentwickelnder Welterfahrung zerbrechen? Glaubenskrisen haben ihren Grund meistens in Gotteskrisen, auch wenn die Menschen oftmals nicht genau erklären können, warum sie sich zum Beispiel vom Christentum abgewendet haben, und aus Verlegenheit Gründe anführen, die als Mainstream „auf der Straße liegen", sodass man sie einfach aufheben und ohne große eigene gedankliche Anstrengung vortragen kann. Überwiegend betrifft das Äußeres, strukturelle Missstände, sittlichen Verfall in der Glaubensgemeinschaft, besonders unter der kirchlichen Führerschaft. Nicht selten verstärkt geistliche Arroganz, Besserwisserei, Bevormundung, autoritäres Funktionärsgebaren und klerikale Einmischung in gesellschaftliche Belange die Verärgerung über die – wie es dann heißt – Institution. Verschiedene Faktoren des Unbehagens verknüpfen sich zu einem Bündel radikaler Ablehnung, sodass am Ende gar nicht mehr konkret zu sagen ist, warum man nicht mehr glauben kann oder glauben will, warum man sich schlussendlich von Gott selber verabschiedet hat. Die kirchlichen Protagonisten trösten sich dann meistens schönfärberisch damit, dass die Menschen trotzdem weiterhin irgendwie gläubig seien. Wenn die Leute mehr und mehr den Besuch des Gottesdienstes und den Sakramentenempfang aufgeben, wird das selbst von Geistlichen damit überspielt, dass die Teilnahme an der sonntäglichen Liturgie doch gar nicht so wichtig sei, dass man auch so ein guter Christ sein, sich moralisch anständig verhalten könne. Dabei zeigen die Daten eine starke Beziehung zwischen Kirchendistanzierung mit folgendem Kirchenaustritt und Glaubensdistanz mit folgendem Glaubensaustritt. Das eine geht einher mit dem anderen beziehungsweise mündet dahinein. Die innerste Wahrnehmung, dass viele von den traditionellen – darunter insbesondere volkstümlichen – religiösen Vorstellungen im Horizont heutiger Welterfahrung nicht mehr tragen, setzt den Glaubensverlust sowie die äußere Abwendung in Gang.

Die englische Religionswissenschaftlerin Karen Armstrong hat daher die konventionelle Kirchen-Christlichkeit einmal kritisch unter die Lupe genommen und festgestellt, dass sie dem Anspruch zeitgenössischer Gottes-Nachdenklichkeit überhaupt nicht mehr gewachsen ist. „Viele Gläubige und die meisten Theologen räumen zwar theoretisch ein, dass Gott ganz und gar transzendent sei, trotzdem haben sie erstaunlich konkrete Vorstellungen, wer ‚er' ist und was er von uns erwartet. Wir neigen dazu, sein Anderssein zu zähmen und ihn unseren Wünschen anzuverwandeln. Immer noch wird Gott angefleht, eine Nation zu segnen, die Königin zu schützen, unsere Krankheiten zu heilen und unserem Fußballverein zum Sieg zu verhelfen. Ganz selbstverständlich, ja demonstrativ erflehen diese jungen Fußballstars mit ihren großen Anbetungsgesten im Stadion höhere Unterstützung – obwohl ihre Gegner doch vermutlich auch Gottes Kinder und damit Gegenstand seiner Liebe sind." Dieses im kirchlichen Raum, besonders im bittenden Beten, weit verbreitete Gottesbild ist jedoch – so Karen Armstrong – „naiv". „In Lobpreisungen erinnern Christen den Herrn daran, dass er die Welt geschaffen hat und dass sie arme Sünder sind, als ob ihm das entfallen sein könnte … Ungeachtet unseres wissenschaftlichen und technischen Scharfsinns ist unser religiöses Denken auffällig unterentwickelt, ja primitiv."[88]

Karen Armstrong erinnert dagegen an die starken Traditionen mystischer und sogenannter negativer Theologie, die feine Empfindsamkeit dafür entwickelte, dass Gott eben nicht ist, wie wir meinen, dass er sei.

Diese „alte" Religiosität betont die radikale Transzendenz und Verborgenheit Gottes inmitten der vagen Gottesahnungen, die dem komplexen Gehirn des Homo sapiens möglich sind. Diese mystische Religiosität öffnet einen neuen Weg fürs Christentum, meint die Religionswissenschaftlerin und stellt fest: „Große jüdische, christliche und muslimische Theologen erklärten, dass wir, wenn wir das Göttliche in Worte fassen, notwendigerweise an die Grenzen des Sagbaren gelangen. Sie empfahlen spirituelle Übungen, die die Sprache transzendieren und den Gläubigen zu der Einsicht bringen sollen, dass unsere Worte für die Welt vielleicht hinreichend, aber für Gott unzulänglich sind. Manche Mystiker scheuten sich vor der Behauptung, dass Gott ‚existiere', weil sie die menschliche Vorstellung von Existenz an sich viel zu beschränkt fanden. Einige weise Theologen bezeichneten Gott als ein ‚Nichts', weil er nun mal kein Wesen sei ... Religion war ja ursprünglich nicht das, was Menschen dachten, sondern was sie taten. Sie erlangte ihre Wahrheit erst durch praktische Einübung. So wie man das Autofahren nicht aus einem Handbuch erlernen kann und das Kochen nicht durch Rezeptelesen, so erfordert auch der Glaube echte Arbeit. Und so wie man beim Schwimmen wunderbarerweise nicht auf den Boden des Beckens sinkt, sondern plötzlich schwebt, hebt der Glaube uns in einen neuen Zustand. Religiöse Menschen können oft nicht richtig erklären, wie ihre Rituale und Übungen wirken, genauso wie eine Eisläuferin vielleicht die physikalischen Gesetze nicht kennt, die sie auf schmalen Kufen über das Eis gleiten lassen. Zu den besonderen Eigenschaften des Menschen zählt die Fähigkeit, Erfahrungen zu machen, die über das mit dem Verstand Fassbare hinausgehen." So müssten wir auch wieder allzu sicher geglaubte „religiöse Gewissheiten verlernen und einsehen, dass es niemals leicht ist, über Gott zu reden". Ja, wir müssten „wieder lernen, dass Glauben mit Vertrauen, nicht mit Lehrsätzen zu tun hat". Karen Armstrong zitiert den Literaturwissenschaftler und Philosophen George Steiner: „Was hinausreicht über des Menschen Wort, ist beredtes Zeugnis Gottes."

Negative Theologie – positiv

Rückkehr zu religiöser wie theologischer Bescheidenheit wäre das Gebot der Stunde. Geduld mit unserer eigenen Glaubensschwäche, aber auch der Stärke, die in der Schwäche liegt. Wir sollten uns auch in unserem Glaubensleben wieder stärker auf die Unverfügbarkeit Gottes besinnen, diese neu in Erinnerung rufen. In der Tradition wird diese Art des Gottdenkens, die den intellektuellen wie existenziellen Herausforderungen besser entspricht als ein Offenbarungspositivismus, als negative Theologie bezeichnet. „Negativ" meint dabei nicht etwas Abfälliges, Abwertendes, sondern die kritische Läuterung der besten religiösen Absichten, sich Gott nach menschlichen Sichtweisen zurechtzulegen. Denn Gott entzieht sich allen Vorstellungen und Versuchen, ihn greifend zu begreifen.

Schon Augustinus wusste trotz seiner bewegenden theologischen Spekulationen: „Wenn du begreifst, ist es nicht Gott."[89] Dionysios Areopagita, ein Autor des fünften Jahrhunderts, ging mit menschlichen Zuschreibungen an Gott besonders hart ins Gericht. Zwar sei Gott der Urheber aller Eigenschaften der Dinge, und daher habe er eine tiefe positive Beziehung zu ihnen, aber er bleibe dem Sein jenseits. Daher müsse man ihm noch viel mehr die Eigenschaften der Dinge absprechen, derart dass „die Negationen bei den göttlichen Dingen wahr, die positiven Aussagen hingegen der Verborgenheit der unaussprechlichen Geheimnisse unangemessen sind"[90].

Gerade die Radikalität solcher Gottesrede könnte für zweifelnde Menschen von heute wieder attraktiv werden. Der Theologe Andreas Benk meint, die negative Theologie sei nicht nur ein „Übergangsstadium, das alsbald wieder ins Positive gewendet oder aufgehoben wird. Es ist und bleibt uneingeschränkt wahr zu sagen: Gott ist nicht gut. Gott ist nicht gerecht. Gott ist nicht allmächtig. Gott ist nicht Liebe, nicht Weisheit, nicht Leben. Wir können nach Dionysios Gott noch nicht einmal ‚seiend' oder ‚wirklich' nennen, da auch diese Begriffe zwar für die Dinge und Geschöpfe unserer Welt angemessen sind, nicht aber für Gott, den Grund allen Seins."[91]

Auch die vielen göttlichen, bereits biblisch dokumentierten Namen sind in ihrer Aussagekraft beschränkt, da sie „die Überwesenheit einerseits als Namenlose, andererseits wiederum mit jeglichem Namen preisen"[92], so Dionysios Areopagita. Benk verweist beispielhaft auf die von Dionysios erläuterten Namen wie: das ewige Leben, Weisheit, Kraft, Gerechtigkeit, Heil,

Erlösung. Gott wird gepriesen als der Allmächtige, Alter der Tage, Friede, Heiliger der Heiligen, König der Könige, Herr der Herren und so weiter. Doch – so Benk – „ein Name allein kann nach Dionysios dem namenlosen Gott nicht genügen, aber viele Namen können es auch nicht. Dieses Ungenügen der Namen Gottes wird auch dadurch deutlich, dass Dionysios ... gegensätzliche Namen Gottes einander gegenüberstellt und sowohl die einen wie die anderen aus der Bibel begründet: Namen Gottes sind ‚der Große‘ und ‚der Kleine‘, ‚Ebenderselbe‘ und ‚der Andere‘, ‚der Ähnliche‘ und der ‚Unähnliche‘, ‚der feste Stand‘ und ‚die Bewegung‘." Eine positive Aussage über Gott könne allenfalls eine Art „Sprungbrett" sein, um sich um eine angemessenere, ebenfalls jedoch wieder vorläufige, Gottesrede zu bemühen.

Benk erwähnt den kappadozischen Kirchenlehrer Gregor von Nazianz, der bereits im vierten Jahrhundert die „Geschwätzigkeit und das maßlose Lehren der Theologen seiner Zeit" beklagte. Berühmt wurde die paradoxe Formel des Vierten Laterankonzils (1215): „Denn zwischen dem Schöpfer und dem Geschöpf kann man keine so große Ähnlichkeit feststellen, dass zwischen ihnen keine noch größere Unähnlichkeit festzustellen wäre." Gott ist dem, was wir über ihn meinen, denken, fühlen, sagen, stets unähnlicher als ähnlich.

In extremer, geradezu häretisch anmutender Schärfe wagte der Mystiker Meister Eckhart Ende des 13. Jahrhunderts Formulierungen an der Grenze zum Absurden: „Denn, liebst du Gott, wie er Gott, wie er Geist, wie er Person und wie er Bild ist, – das alles muss weg. ‚Wie denn aber soll ich ihn lieben?‘ – Du sollst ihn lieben, wie er ist: ein Nicht-Gott, ein Nicht-Geist, eine Nicht-Person, ein Nicht-Bild, mehr noch: wie er ein lauteres, reines, klares Eines ist, abgesondert von aller Zweiheit. Und in diesem Einen sollen wir ewig versinken vom Etwas zum Nichts. Dazu verhelfe uns Gott. Amen."[93]

Solche Versuche, das Göttliche im Undenkbaren, an den Grenzen menschlicher Logik und Anschauung zu denken, erinnern durchaus an gewisse Szenerien in den Naturwissenschaften, zum Beispiel an die Unmöglichkeit wie Notwendigkeit etwa der Physik, sich im Urknall eine Singularität „vor" allem Anfang vorzustellen, eine punktuelle Einzigartigkeit, in der Raum und Zeit ins Nichts zusammenfallen, weil es sie noch nicht gibt, aus der heraus aber alles entsteht und sich schöpferisch evolutiv entwickelt, was „später" ist und weiter wird – Energie, Materie, Schwerkraft ... Solcher nicht minder absurd wirkenden säkularen Seinserfahrung ist „Gott" denkerisch wie gefühlsmäßig womöglich gar nicht so weit entfernt, wie man im säkularen Hauptmeinungsstrom tendenziell unreflektiert unterstellt. Nicht einmal das Nichts kann der Mensch ja logisch angemessen denken, weil es – solange er denkt – das Nichts als Eigenerfahrung ja gar nicht gibt, da jeder ständig in der Anschauung von Etwas existiert.

Dennoch sind wir der festen Überzeugung, dass es so etwas wie Nichts gibt. Aus derartigen Widersprüchen kann das dem Menschen mögliche Denken nicht entfliehen. Das gesamte Dasein steckt „voller unaufgelöster Widersprüche, mit denen es zu leben gilt"[94], sagt der Literaturwissenschaftler Jochen Hörisch über die Liebe der Theologie zu Paradoxien. Entscheidend dabei sei die negative Theologie, die Offenbarung wesentlich als ein Sich-Entziehen Gottes deutet, der zugleich der „grundlose Urgrund" von allem ist. „Es gehört zur Signatur des christlichen Glaubens, eine besonders intensive Beziehung zu starken bis zumutungsreichen Paradoxien zu unterhalten." Eine dieser Paradoxien ist offenkundig: dass jede Religion – „wenn auch mit unterschiedlicher Entschiedenheit" – behauptet, „die richtige, die wahre, die gültige, die offenbare zu sein". Aber gerade Gläubige müssen feststellen, dass es viele andere Gläubige gibt, die „anderes glauben beziehungsweise als Ungläubige gar nicht glauben". „War nicht der als Jude geborene Jesus selbst Häretiker, der deshalb (wie aus anderen Gründen Sokrates) verfolgt wurde?" Es gehört quasi zur Geburtsurkunde jeder Religion, dass „offenbar" ist, dass „Gott beziehungsweise Götter nicht offenbar sind". Gerade der Monotheismus ist diesem Ur-Paradoxie-Problem ausgesetzt, „dass es auch den Glauben an nur einen, absoluten Gott im Plural gibt". Ja dass man eigentlich von „Monotheismen" sprechen müsste, was schon begrifflich ein Selbstwiderspruch ist.

Obwohl Hörisch die rigorosen Absolutheitsansprüche jeweiliger „Offenbarung" kritisiert, stimmt er dennoch ein Lob der Religionen an, weil sie den entscheidenden, den „großdimensionierten Fragen" nicht ausweichen, vor allem dem Mysterium, „warum Sein beziehungsweise dieses oder jenes Dasein ist und nicht vielmehr nichts. Sie schrecken nicht vor Antworten nach dem Sinn von Sein und Dasein zurück." Und sie fürchten dabei die Paradoxien nicht, die das Dasein – ob gläubig oder nicht – in jedem Fall mit sich bringt. Hörisch: „Keine astrophysikalische und kosmologische Theorie kann die Frage beantworten, wozu denn das ungeheure Weltall da sei; kein Chemiker, Biologe, Soziologe oder Psychologe kann plausibel machen, warum dieser oder jener Mensch als Kind dieser Eltern zu diesem Zeitpunkt an jenem Ort geboren wurde und nicht als Moses, Jesus, Mohammed, Dante, Shakespeare oder Goethe. Alles könnte anders sein, als es ist, und ist doch so, wie es ist." Genau mit diesem Phänomen beschäftige sich Religion. „Es ist an der Zeit, Hochachtung für Religionen zu entwickeln, nicht obwohl, sondern weil sie keine Angst vor Paradoxien haben"[95] und davor, an die entscheidende Grenze von allem zu gehen.

Ohne Sein, ohne Werden

Die Grenzen der Sprache markieren die Grenzen des Denkens. Und umgekehrt markieren die Grenzen des Denkens die Grenzen der Sprache. Daher bemüht sich der Homo sapiens seit jeher, mit Hilfe von Sprachspielen – und seien sie paradox bis zum Absurden hin – die Grenzen wenigstens abzutasten in der Hoffnung, ein wenig in das unbekannte Land hineinzuschauen. So auch in den Sprachspielen an der Grenze „Gott". Gern wird in solchen Zusammenhängen der Philosoph Ludwig Wittgenstein zitiert: „Wovon man nicht sprechen kann, darüber muss man schweigen."[96] Gemeint ist, dass jenes, was Sprechen oder Denken überhaupt erst ermöglicht, nicht dessen Gegenstand sein kann. Wenn es einen „Gott" – als Ursprung und Grund von allem – geben sollte, kann man über ihn also nicht sprechen, muss man über ihn schweigen?

Noch radikaler und paradoxer als die Mystiker versucht der französische Religionsphilosoph Jean-Luc Marion, Gott ohne die bildhaften Vorstellungen von „Gott" ins Gespräch zu bringen, jenseits von Sein und Existenz, jenseits geläufiger Begrifflichkeiten, in einer Übersteigerung der negativen Theologie, die entgegen jedweder positivistischen Offenbarungstheologie auf mystische Weise anzudeuten versucht, wer und was Gott nicht ist. Für Marion ist Gott ganz ohne Sein, ganz ohne die damit verbundenen Begrifflichkeiten und Vorstellungen zu denken – also auch ohne die Vorstellungen von Nicht und vom Nichts. Denn auch darin würden Seinsvorstellungen – nur mit negativem Vorzeichen – mitschwingen. „Von Gott müssen wir klar und deutlich sagen, dass wir ihn nur in der Gestalt des Undenkbaren denken können, aber eines Undenkbaren, das sowohl über das hinausgeht, was wir nicht denken können, als auch über das, was wir denken können.

141

Denn auch das, was ich nicht denken kann, rührt immer noch aus meinem Denken her und bleibt mir daher denkbar. Das Undenkbare dagegen und als solches genommen rührt von Gott selbst her und charakterisiert ihn als die Aura seiner Ankunft, den Glanz seiner Beharrlichkeit, das Aufblitzen seines Entzugs."[97]

Das grundlegende Problem des Denkens dabei ist: „Wie kann man im Zusammenhang mit ‚Gott' verlangen, ‚etwas über etwas zu sagen' (oder zu ‚wissen, worüber man spricht'), wenn es doch zunächst nicht selbstverständlich ist, dass Gott als ‚etwas' eingeordnet werden kann oder muss?"[98] Zudem sei der „‚Gott' aller dogmatischen (das heißt metaphysischen) Antworten in Klammern" zu setzen. Gott zeichne sich gerade dadurch aus, „dass er über die Existenz oder das Sein im Allgemeinen hinausgeht". Derartige Vorstellungen seien aus der Gottesidee als letztlich ungenügend zu tilgen. Dieses Wegfallen der Existenzvorstellungen bedeutet für Marion allerdings nicht, dass Gott als Frage ausgeschlossen sei. Im Gegenteil eröffnet der „Mangel an Existenz (die negative Existenz)" die Chance, „Gott" wirklich als Gott zu denken.

Gemeint ist damit wahrhaft Gott, nicht ein Idol. Auf paradoxe Weise geht Marion dabei auf den „atheistischen" Glauben ein, dass Gott nicht existiere. Dieser Glaube als ein Nicht-Glaube gehe der Existenz Gottes voraus: „Niemand denkt: ‚Gott existiert nicht, also glaube ich nicht an ihn', sondern im Gegenteil: ‚Ich glaube nicht an ihn (ich kann es oder will es nicht), also existiert er nicht.'" Um sich Gott zuzuwenden, sei daher alles einzuklammern, was irgendwer von ihm glaubt oder zu glauben meint. Denn solche Aussagen seien stets nur auf jene zu beziehen, die das äußern oder vertreten.

Marion versucht kreisend, das Idolhafte, die Existenzvorstellungen von „Gott", die auch im atheistischen Glauben beziehungsweise Nicht-Glauben mitschwingen, denkerisch immer stärker und radikaler bis zum „Tod Gottes" zu reduzieren. Schlussendlich ist es nur sprachspielerisch paradox umkreisend möglich, vom idolhaften „Gott" zu Gott, zum wahren Gott ohne Existenz zu gelangen, und auch das nur annähernd ohne anschauliche Annäherung. „Damit … der ‚Tod Gottes' sich nicht auf den Tod eines bloßen Idols beschränkt, sondern den ‚wahren' Gott betrifft, muss vorausgesetzt werden, dass ein ‚Gott' ohne Sein Gott bleibt (damit das, was stirbt, ohne Existenz, immer noch das göttliche Wesen ist). Und damit sich uns ein

‚neuer Gott' als ein ‚wahrer' Gott ereignen kann, muss man zugeben, dass das, was noch kommen wird – wenn auch noch ohne Existenz –, bereits den Namen eines Gottes verdient."

Die Göttlichkeit und die Größe Gottes dürfen und können laut Marion also nicht in den Verständnisweisen faktischer Existenz gedacht werden. Denn diese Existenz habe nur „Sinn und Berechtigung für das, was die Welt als Seiendes enthüllt, das in ihr zu sein hat". „Wenn Gott sich jemals in unserer Welt offenbart, dann offenbart er zugleich, dass er nicht von ihr ist … Was Gott (und er allein) unter den Namen Schöpfung und Auferstehung vollbringt, besteht genau darin, die Unterscheidung zwischen Sein und Nichtsein außer Kraft zu setzen, das, was ist, umzukehren in das, was nicht ist, und das, was nicht ist, auf das Konto dessen zu überweisen, was ist … Gott an sich geht über die Existenz hinaus."

Gott ist demnach nur als „unmöglich" zu denken, jenseits aller Möglichkeiten, die sich der menschliche Geist zurechtlegt oder die er vorfindet, ob als Gegenstand, als Begrifflichkeit oder als Idee. Doch gerade in der Härte des Unmöglichen wird Gott auf paradoxe Weise möglich. Marion formuliert das in einem gesteigert paradoxen Sprachspiel so: „Wenn die Idee von ‚Gott' für Gott tauglich ist, das heißt, wenn man Gott als das annimmt, als was er sich gibt, nämlich als Ausnahme schlechthin (vom Wesen, von der Definition, von der Aussage), dann bleibt die Idee von ‚Gott' im Zustand der Unmöglichkeit nicht nur denkbar, sondern zeichnet sich gerade durch diese einzigartige Möglichkeit aus: die Möglichkeit der Unmöglichkeit. Gott fordert von der Idee von ihm, darin seine Möglichkeit einklammern zu lassen. Seine Unmöglichkeit verbietet nicht die Idee von ‚Gott', denn wenn es um Gott geht, wird die Unmöglichkeit selbst unmöglich."

Letztlich erscheint uns Gott, den kein Mensch je gesehen hat, genauso wie das ewige Leben, das niemand in unserer Welt je erfahren hat, empirisch als unmöglich. Der Tod gibt alles der Unmöglichkeit preis. Ihm entgegenzutreten ist unmöglich. Aber für den Philosophen Marion ist selbst das Unmögliche nochmals umfassbar als das Mögliche. Im Sprachspiel drückt er es so aus: „Die Menschen definieren sich als Sterbliche, gemäß dem Gegensatz zwischen dem Möglichen und dem Unmöglichen; denn sie leben im Möglichen, so lange wie dieses besteht, und sie sterben, wenn das Mögliche dem Unmöglichen unterliegt. Ihr Tod setzt sie der Unmöglichkeit aus, denn diese selbst eröffnet ihnen auf eine noch grundlegendere Weise den Tod, aufgrund der Unmöglichkeit der Möglichkeit. Die Sterblichen verbleiben im Möglichen und sterben im Unmöglichen. Wenn es sich aber um Gott handelt, geht es um das Unmögliche, und sobald es um das Unmögliche geht, muss es sich um Gott handeln, wenn das Unmögliche sich ereignet, wenn er das Unmögliche bewirkt. ‚Für Menschen ist das unmöglich, aber nicht für Gott; denn für Gott ist alles möglich' (Mk 10,27) ... Von daher erscheint es unmöglich, dass die Idee von ‚Gott' nicht das Unmögliche umfasst."

Das Unmögliche, wie es in unsere Endlichkeit und in die Endlichkeit unserer Vorstellungen sowie Begriffswelten eingeschrieben ist, bestimmt Gott als den wahren Gott – jenseits alles Idolhaften – nicht. Für uns Menschen ist es unmöglich, „einen Begriff von Gott zu haben". Dass Gott allein für Gott „begreiflich wird, uns also unbegreiflich bleibt", hat jedoch „weder etwas Unbegreifliches noch etwas Absurdes an sich. Würde Gott für uns begreiflich und möglich, ohne damit unserer Endlichkeit zu widersprechen, so würde gerade dies unbegreiflich und absurd erscheinen. Gott übersteigt die Unmöglichkeit *für uns*, also das Wesen und die Existenz von ‚Gott"', eines „Gottes" in dem Sinne, wie wir meinen, ihn uns vorstellen zu können. Dennoch können wir ihn ahnen, gerade indem wir seine Existenz und sein Wesen einklammern. Sogar der, der nicht glaubt, hat eine Vorstellung von Gott, an den er nicht glaubt, und somit eigenartigerweise eine Art Zugang zu Gott. Die Idee von Gott ist gerade in der minimalsten Weise „reine Gegebenheit". Das, „wodurch Gott zur Idee wird, setzt nichts voraus". Allenfalls vielleicht doch – den weisen, denkfähigen Menschen. Jean-Luc Marion spricht von einer „Unmöglichkeit, Gott zu entkommen". Wie immer man es auch anstellen mag. Gott – „Immer schon da und auf ewig."

Athen, Paulus und ein seltsamer Altar

Der tschechische Religionsphilosoph, Theologe und Religionssoziologe Tomáš Halík vermutet, dass manches von dem, was wir als Säkularisierung, Atheismus und Religionskritik beklagen, wohl eher ein heilsamer „Bruch mit den bekannten Göttern" ist. Der Prager Gelehrte und Dissident während des Kommunismus beobachtet eine Welt „voller bekannter Götter". Martin Luther habe erkannt: Was für den Menschen den höchsten Wert habe, das sei sein Gott. Halík: „Eine Frage drängt sich mir auf: Ob nicht auch wir Christen im Laufe der Zeit permanent der Versuchung unterlagen, den paradoxen Gott der österlichen Begebenheit mit Christus gegen einen ‚bekannten Gott' einzutauschen, der immer harmlos mit den menschlichen Vorstellungen und einzelnen Zeitperioden harmonisiert ist?"[99] Paul Tillich habe bereits beobachtet, dass die Haupttrennlinie nicht zwischen jenen, die sich als Gläubige bezeichnen, und jenen, die sich als Nicht-Gläubige einschätzen, verlaufe, sondern zwischen den Menschen, denen Gott gleichgültig ist, und jenen, die sich von der existenziellen Unruhe und Frage nach dem Ganzen, dem Sinn des Ganzen und somit von Gott berühren lassen. „So wie für die Mission in der Welt sozial Armer die Kirche arm sein muss, ebenso muss sie, um in diese Welt religiös Nichtgesichertseins eintreten zu können, manche ihrer Sicherheiten über Bord werfen", verlangt Halík. Vor allem betreffe das einen „inneren Triumphalismus", dass man sich im „Wahrheitsmonopol" wähnt. „Gerade in unserer Zeit, in der sich die verschiedensten Arten kommerzieller Religiosität so einschmeichelnd anbieten, halte ich es für wichtig, ja für unerlässlich, die Erfahrung ernstzunehmen, dass Gott nicht ganz leicht zu haben ist. Wenn wir jene verstehen, die dem Schweigen, der Verborgenheit und dem Entferntsein Gottes ausgesetzt sind …, kann es uns zu einer reiferen Gestalt des Glaubens bringen als der des naiven und vulgären Theismus, welcher mit Recht die atheistische Kritik provoziert hat und es noch heute tut."

Der Bruch mit den üblichen, als unhinterfragbar ausgewiesenen Glaubensvorstellungen, die (Wieder-)Entdeckung einer „scheuen Frömmigkeit", ist laut Halík eine große Chance „für eine Unterscheidung, Reinigung und Öffnung des Raumes, in dem wir erneut das Evangelium des Paulus vom ‚unbekannten Gott' hören können". Von ihm hat der Völkerapostel auf dem Areopag in Athen gesprochen. Leider wird diese spirituell aufrührerische und religiös höchst aufregende Textstelle der Apostelgeschichte in ihrer ganzen Bandbreite und Fülle innerhalb von Gottesdiensten so gut wie nie zu Gehör gebracht:

Paulus wanderte durch Athen und sah die Stadt voll von Götzenbildern. Er wurde von heftigem Zorn ergriffen, heißt es. In der Synagoge unterhielt er sich mit den Juden und mit Gottesfürchtigen. Auch auf dem Markt sprach er mit den Leuten. Er diskutierte mit epikureischen und stoischen Philosophen. Diese hielten allerdings nicht viel von ihm und sagten: „Was

will denn dieser Schwätzer?" Andere hingegen vermuteten, dass er von
fremden Gottheiten erzählte. „Denn er verkündete das Evangelium von Jesus und von der Auferstehung." Einige Personen nahmen ihn mit zum Areopag und fragten ihn, worum es sich bei der neuen Lehre, die er vorträgt,
handele. Es seien befremdliche Dinge, und man wolle gern mehr wissen.
Die Athener und die Fremden hören laut Apostelgeschichte am liebsten
die „letzten Neuigkeiten". Paulus stellte sich mitten auf den Areopag und
sprach die Männer von Athen an. Nach allem, was er beobachte, seien sie
sehr fromm. Und dann verwies Paulus auf das, was er beim Herumgehen
und Betrachten der Heiligtümer sah. Er fand einen „Altar mit der Auf-
schrift: EINEM UNBEKANNTEN GOTT". Paulus knüpfte daran an: „Was
ihr verehrt, ohne es zu kennen, das verkünde ich euch." Gott, der die Welt
und alles erschaffen habe, „der Herr über Himmel und Erde", wohne nicht
in Tempeln, die von Menschenhand errichtet wurden. Er lasse sich auch
nicht von Menschen bedienen, „als ob er etwas brauche, er, der allen das
Leben, den Atem und alles gibt". Das Menschengeschlecht sei aus einem
einzigen Menschen erschaffen worden, um die Erde zu bewohnen. Für die
Wohnorte habe Gott Zeiten und Grenzen festgelegt. Die Menschen sollten
Gott suchen, „ob sie ihn ertasten und finden könnten". Er sei keinem von
uns fern. Und dann folgt die sehr berührende Aussage über die Beziehung
von Gott und Mensch: „Denn in ihm leben wir, bewegen wir uns und sind
wir; wie auch einige von euren Dichtern gesagt haben: Wir sind von seiner Art." Da die Menschen von Gottes Art sind, sollten sie nicht meinen,
das Göttliche sei wie ein Gebilde menschlicher Kreativität, Kunst, wie eine
Erfindung. „Gott, der über die Zeiten der Unwissenheit hinweggesehen
hat, gebietet jetzt den Menschen, dass überall alle umkehren sollen." Der
Erdkreis werde gerichtet durch den, den Gott von den Toten auferweckte.
Doch als Paulus von der Auferstehung der Toten erzählte, spotteten die
Zuhörer. Andere urteilten ablehnend: „Darüber wollen wir dich ein andermal hören." Paulus zog die Konsequenzen und ging weg. Allerdings sei-
en einige Männer gläubig geworden und hätten sich ihm angeschlossen,
„unter ihnen auch Dionysios, der Areopagit", ferner eine Frau, Damaris,
und einige weitere (vgl. Apg 17,16 f.).

Paulus greift mit einer natürlichen Theologie die Ahnung der frommen
Leute auf, dass es noch etwas Ganz-Anderes geben könnte, was sie mit ihrem gewohnten Kult nicht verehren. Der Apostel lenkt den Blick weise auf

die alltäglichen Erfahrungen der Schöpfung, des Lebens. Zugleich wehrt er die Versuchung ab, in Gott nur eine menschliche Projektion zu sehen, als ob Gott das Menschliche zu seiner eigenen Wirklichkeit nötig hätte. Er wohnt nicht in Tempeln aus Menschenhand, und er lässt sich auch nicht von Menschen bedienen, als ob er etwas von diesen bräuchte. Er selber gibt das Leben, den Atem. Der Mensch feiert bereits intuitiv den unbekannten, unsichtbaren Gott in Leib, Seele und Geist. Paulus verdichtet die Einsicht hymnisch mithilfe einer Spielart des Panentheismus, wonach alles *in* Gott ist, voller Dynamik, voller Energie. *In* ihm leben wir, bewegen wir uns, sind wir unterwegs.

Überdies gibt Paulus einen literarischen Hinweis auf die durch Kultur gestiftete religiöse Erfahrung in Theopoesie: „wie auch einige von euren Dichtern gesagt haben. Wir sind von seiner Art." Gemeint ist, nahezu häretisch klingend: Der Mensch ist nicht weniger in seiner Geistesvollmacht als von Gottes Art (in der neuen Einheitsübersetzung heißt es schwach und eine falsche Assoziation weckend: „von seinem Geschlecht").

An die paulinische Denk- und Sprachkraft knüpft Tomáš Halíks Ermutigung zu einer christlichen Läuterung und kritischen Erneuerung der Gottesvorstellungen und des Gotteslobs im Kontext der Areopag-Rede an. Der Sinn des Daseins, der Schöpfung ist die Gottsuche, nicht das Gotthaben. Aber der unbekannte Gott ist kein „entfernter Gott, im Gegenteil, er ist uns unglaublich nahe ... Sein Unbekanntsein beruht nicht auf seiner Entfernung, sondern umgekehrt: auf seiner allzu großen Nähe. Am wenigsten kennen wir, was für uns das Nächste, Eigenste, Selbstverständlichste ist. Niemand von uns hat je das eigene Gesicht gesehen – wir sehen lediglich sein Abbild im Spiegel. Auch Gott können wir bloß im Spiegel sehen. An einer anderen Stelle sagt Paulus ausdrücklich, dass wir in unserem Leben Gott nur teilweise erkennen, ‚wie im Spiegel, als Rätsel' (1Kor 13,12), erst nach dem Tod werden wir ihn ,von Angesicht zu Angesicht' schauen."

Der Kult zum Lob

Die Gottsuche im Diesseits aufs Jenseits hin verdichtet sich im theodramatischen Spiel kultischer Handlung. Was aber „spielt sich ab" in den christlichen Gottesdiensten?

Unser Leben ist in vielen Bereichen zum Spiel geworden, in einem guten Sinn auch zum Schauspiel. Die Liturgie selbst wurde einst als Spiel verstanden, als heiliges Spiel und Schauspiel, in dem das Drama der Heilsgeschichte – Leben, Leiden, Sterben und Auferstehung des Menschen- und Gottessohnes Jesus Christus – veranschaulicht wird. Die Erneuerung jedweden Glaubens geschieht in der Wiederholung, die Erinnerung des Heilsgeheimnisses in seiner Vergegenwärtigung. Das wäre in einem christlichen Horizont die entscheidende Aufgabe: den unbekannten, unsichtbaren Gott, die Gottesgeburt in Jesus Christus und die Verheißung des Heiligen Geistes voller Dynamik und Energie feiern mit den besten kreativ-künstlerischen Kräften und Inspirationen der Gegenwart.

Zu welcher Liturgie des unbekannten Gottes aber öffnen sich Glaubensuchende im dritten Jahrtausend – rund vierzehn Milliarden Jahre nach dem Urknall, sechs Millionen Jahre nach Entstehung der ersten affen-menschen-ähnlichen Lebewesen, gut hunderttausend Jahre nachdem der Homo sapiens über die Erde zu pilgern lernte? Ein durch das Feuer der Aufklärung gewandeltes, geläutertes und weiterentwickeltes religiöses Bewusstsein für heute verlangt eine Liturgie, die unbequem ist wie unsere Unruhe, aufmüpfig wie unsere Sehnsucht, laut wie unsere Verzweiflung, still wie unsere Erwartung. Es braucht gemäß der Areopag-Erfahrung in einer wissenschaftlich geprägten Kultur Gottesdienste und kultische Reformen, in denen wir neu lernen können, achtsam zu sein, zu staunen, zu beten und vor allem – wirklich zu feiern: angesichts des „unmöglichen" Todes die Möglichkeit der Auferweckung durch Gott, das ewige Leben, die Neuschöpfung der Unsterblichkeit in der Sterblichkeit, durch sie hindurch. Wir brauchen dazu auch eine experimentelle Liturgie, die das Experiment des Lebens, Gottes Ja zum Leben, hineinspiegelt in Herz und Kopf, in unsere Sinne, in unsere Seele – mit den besten Kräften der Kunst, der Musik, der Dichtung, der Wissenschaft der Gegenwart. Die Eucharistie, das Abendmahl, worin Christen die Auferstehung Jesu Christi und die eigene Hoffnung auf Auferstehung feiern, könnte dann als bestes spirituelles Geschenk an die Sehnsucht der Welt helfen, den – so Friedrich Schleiermacher – „Sinn und Geschmack fürs Unendliche" neu zu wecken: als Geheimnis des Glaubens *und* als Frucht des Wissens.

Auf vielerlei Weise hat der bewegte Beweger, der unbekannte Gott, im Lauf der Evolution zu den Vätern und Müttern gesprochen. Alle Liturgie

148

beginnt mit einer Erschütterung darüber, dass nicht Nichts ist, sondern Etwas, Vieles, Alles: Leben, Sprache, Bewegung, Sehnsucht, Lieben, Fühlen, Denken, Sein und Wandel – die Gaben der Erde, die Früchte der Schöpfung für unser Existieren. Unsere Sprache, dieses einmalige Phänomen der Schöpfung Evolution, trägt die Spur der Ursprache des unbekannten Gottes in sich. Sprache aber steht nicht fest. Sie entwickelt sich. Sprache *wird* – durch Sprechen. Die Würde Gottes ist der lebendige Mensch. Die Würde des Menschen ist der lebendige Gott. Solche Sprache treibt ins Verstummen. Solches Schweigen treibt zum Sprechen, Jubeln, Lobpreisen dessen, den die Himmel nicht fassen und nicht die Himmel der Himmel, um wie viel weniger dieses Haus unserer Welt, unseres Denkens und Fühlens, unseres Gehirns, dieses Haus unserer Feste, unserer Kommunikation mit Worten und ohne Worte.

Karl Rahner meinte, die moderne Hinführung zum Heiligen, zum Geheimnis des Glaubens könne dem Menschen „die Angst nehmen vor der Anfechtung, er erschrecke nur vor den Projekten seiner eigenen Sehnsucht in die Ungeheuerlichkeit des leeren Nichts hinein, wenn er anfängt, Gott anzurufen und ihn, den Unsagbaren, zu nennen … Solche Mystagogie muss uns konkret lehren, es auszuhalten, diesem Gott nahe zu sein, zu ihm ‚Du' zu sagen, sich hineinzuwagen in seine schweigende Finsternis …"[100]

Die Gotteshoffnung wächst oft genau dort, wo wir es am wenigsten vermuten: an der Grenze des Entschwindens. Wo Gott fast nicht mehr ist – da ist Gott, der Unbekannte, so nah.

VIII. Christus, die Ikone

Das Wunder der Wunder alle Jahre wieder: Geburt aus dem Nichts

Heimelig soll es sein, gemütlich, behaglich: das große Fest der Liebe, der Familie, der Freude und des Friedens. Nirgendwo sonst auf der Welt ist Weihnachten mit derart tiefen Gefühlen der Glückseligkeit, der menschlichen Wärme und Nähe, der Melancholie, aber auch der wohligen Rückerinnerung an die eigene Kindheit verbunden wie im deutschsprachigen Kulturkreis. Der Jahreslauf hat hier seinen eigenen Rhythmus jenseits von Silvester: Vom 24. Dezember kommt er, auf den 24. Dezember zielt er hin. Obwohl Weihnachten mit dem vorgeschalteten Heiligen Abend von der Offenbarung Gottes in der Geburt des Menschensohnes Jesus Christus handelt, feiern es nicht nur die christlich Frommen. Andersgläubige wie Nichtgläubige wollen sich dem Zauber dieser Tage nicht entziehen, wenn auch viele, vorwiegend jüngere Leute, jener kollektiv inszenierten Emotionalität am Winterbeginn entfliehen und in sonnigere, sommerliche Gefilde abtauchen. Doch ein Tannenbaum soll in den Hotels an den Traumstränden Thailands oder Ägyptens dann doch nicht fehlen. Ein Hauch von „Transzendentem", eine diffuse Sehnsucht nach verweilendem Glück unterbricht den Lauf im Hamsterrad des Diesseits. Eine Rest-Ahnung von Heiligem scheint selbst jenen geblieben zu sein, die mit „Gott" nichts mehr anzufangen wissen. Weihnachten, *das* Fest, als womöglich letzte Spur des unbekannten Gottes im Säkularen?

Schon die Wochen davor werden als Hoch-Zeit der Wohlgefühle ritualisiert mit allem Drum und Dran, vom Glühwein auf dem sogenannten Weihnachtsmarkt bis zu funkelnden Lichterketten am nächtlichen Fenster. Selbst jene jungen Eltern, die dem Christentum distanziert gegenüberstehen, wollen sich und ihren Kindern die anheimelnde Atmosphäre jener Tage nicht vorenthalten. Der Advent heißt zwar inzwischen Vorweihnachtszeit und das Christus-Kind Weihnachtsmann, aber das Kind in der Krippe, die Hirten, die das neugeborene Leben weniger anbeten als bewundern, sowie vor allem die Engel, die vom Himmel her ihre schützenden Flügel über das Baby ausbreiten und mit Engelsmusik alles in einen feierlichen Klang tauchen, haben weiterhin ihren Auftritt.

Je rauer und gehetzter die Menschen das Leben empfinden, umso mehr sehnen sie sich nach Wärme und Beschaulichkeit. Die sommerliche Flucht in den Urlaub und die vielen kleinen Fluchten in die Wochenenden können jenen dichten, alle zwölf Monate wiederkehrenden Augenblick der Sehnsucht und des Träumens nicht ersetzen, jedenfalls nicht der Mehrheit der Bevölkerung. Selbst wenn diese unvergleichliche Gemütlichkeit nur wenige Stunden dauert, fühlt es sich so an, als sei es eine Ewigkeit.

Der Journalist Matthias Morgenroth hat diesen spirituellen Biorhythmus, der von zwischenmenschlicher Beziehung zu zwischenmenschlicher Beziehung, von Geborgenheit zu Geborgenheit strebt, als „Weihnachtsreligiosität" gekennzeichnet.[101] Sie markiert einen äußeren wie inneren Spannungsbogen, der den christlichen Bezug nie ganz verleugnen kann. Trotz kirchlicher Distanzierung darf für einen größeren Teil der Bevölkerung der Besuch in einer Kirche an Heiligabend weiterhin nicht fehlen. Anders als die christliche Perspektive es nahelegen würde, steht im Volksbewusstsein nicht „Ostern, nicht Karfreitag, nicht die Geschichte von der Überwindung des Todes, der Sünde … im Vordergrund …, auch nicht das ausgefeilte mittelalterliche Dogmensystem des Opfertodes Christi, der Rechtfertigung und des Zugangs zum Heil durch Teilnahme am Abendmahl. Sondern die Geschichte vom Kommen Gottes, von der Begegnung Gottes mit der Welt, vom rettenden Kind, von der Krippe, dem Vorbild Jesus, der zeigt, wie Gott und Mensch zusammenkommen, hier, diesseits des Himmels"[102], so Morgenroth. Der alte christlich-theologische Satz, dass Gott Mensch wird, damit der Mensch vergöttlicht, ja Gott werde, findet in der Bevölkerung allenfalls im ersten Teil eine gewisse Zustimmung. Das Göttliche – was immer das sei – zeigt sich rührselig menschlich. Ob aber das Menschliche durch Tod und Auferstehung hindurch erlöst und so wahrhaft göttlich werden kann, das bleibt in der Perspektive der rückwärtsgewandten Weihnachts-Privatmystik mit der Erinnerung an die eigene Kindheit, an Kindsein und Geborenwerden des eigenen Nachwuchses ausgeklammert.

Auf eine gute Zukunft ewigen Lebens in einem wie auch immer gedachten Jenseits möchten sich die Menschen weniger verlassen. In einer Zeit, in der die Vergangenheit im beruflichen und öffentlich-politischen

Leben rasch aus dem Gesichtsfeld verschwinden muss, weil man ständig hellwach, mobil und flexibel in der Gegenwart leben soll, bekommt die private Vergangenheitsorientierung, die dem Menschen Halt und gefühlvolle zwischenmenschliche Bindung und Wärme schenkt, einen wichtigen Platz in der Seele. Weihnachten berührt das Gemüt. Während viele Pfarrgemeinden ihre sonntäglichen Gottesdienste nur noch mit einem Rumpf-Publikum feiern, in dem die mittlere und jüngere Generation mancherorts fast vollständig fehlt, kommen an Weihnachten genau diese Altersgruppen in Scharen, um Krippenspielen zuzuschauen oder auch noch eine Familien-Christmette zu erleben.

Die trotz aller Einbrüche fortwirkende Faszination dieses Kirchenfestes als wichtigstes Volksfest erklären Volkskundler mit dem wachsenden Bedürfnis nach Brauchtumspflege. Der Mensch, der die alten sozialen und religiösen Bindungen verloren hat, wünscht sich weiterhin eine gewisse Geborgenheit in einer größeren Traditionsgemeinschaft. In einer dem persönlichen Schicksal gegenüber kühl-teilnahmslosen Gesellschaft, in der jeder auf sich selber angewiesen ist, kann man nicht wirklich leben. Zum Glück gibt es in unseren geografischen und kulturgeschichtlichen Breiten weiterhin eine natürliche öffentliche Institution, die einfach da ist für jedermann und jedefrau: die Kirche. Keine andere soziale Einrichtung reicht – bisher jedenfalls – auch nur annähernd an diese gesellschaftlich selbstverständliche Präsenz des organisierten Christentums heran, selbst wenn sein geistiger Einfluss und seine politische Macht dahingeschwunden sind. Der Mensch wünscht sich auch als Einzelwesen im Zeitalter des Individualismus eine kollektive öffentliche Festlichkeit, die tiefer dringt, die das Herz im Innersten anrührt und die geheimsten Sehnsüchte in Schwingung bringt.

Die einst rebellische jüngere Generation, die jetzt in die Jahre kommt, fragt sich, was ihr für den Rest ihres bisschen Lebens noch bleibt. Sie ahnt wieder, dass sie manches in den Phasen von „Sturm und Drang" womöglich übersehen hat. Irgendwann steht jede und jeder vor der Einsicht, dass man mit bloßem Aktivismus und purer Selbstverwirklichung längst nicht das Entscheidende erreicht hat, dass einem immer noch etwas fehlt: Wesentliches. Was aber ist das? Jedenfalls möchte der Mensch in solchen Augenblicken zweifelnder Anwandlungen mit seinem ganzen Leben nicht fertig sein, noch nicht. Und mancher beginnt dann vielleicht sogar, am eigenen jahrelangen religiösen Zweifeln zu zweifeln.

Die biologischen Faktoren von Geburt, Jugendlichkeit, Altern und Tod spielen in die da aufkeimende „natürliche Spiritualität" – wenn auch oft ohne Religion und ohne Gottesglauben – hinein. An Weihnachten kommt auffällig die biologische Komponente des Geborenseins des Menschen mit ins Spiel. Verhaltensforscher sprechen vom Kindchenschema. Ob Tier- oder Menschenkinder: Sie sind immer süß, nett, herzig, unschuldig – jedenfalls ganz das Gegenteil grausamer Aggressivität und erwachsener Verdorbenheit, der wir ansonsten Tag für Tag ausgesetzt sind. In seiner Unbeholfenheit und Tapsigkeit weckt der Nachwuchs – egal ob beim Tier oder beim Menschen – unsere Beschützerinstinkte, den Brutpflegetrieb. In den Kleinen liegt Zukunft, Zukunft auch angesichts der eigenen Sterblichkeit. In sie projizieren wir hinein, was wir selbst nicht schaffen, nicht leisten konnten.

Kinder, gezeugt und gekommen wie eine Schöpfung aus dem Nichts, sind und bleiben stets ein symbolisch großer Traum von Zukunft, von einem – noch – besseren, gar von einem unendlichen, „göttlichen" Leben, an das man in der Geschäftigkeit der Tage schon gar nicht mehr zu denken wagte. Nirgendwo sonst wird dieser Traum in unserer Kultur derart ausgiebig und formvollendet inszeniert wie an Weihnachten, mit dem unbarmherzig von kaltherzigen Herbergsvätern abgewiesenen, in die Natur der Wildnis ausgesetzten Kind in der Krippe, das klein ist und ohnmächtig, das sich aber, von engelhaftem, von göttlichem Lichtglanz aus einer anderen Dimension bestrahlt, am Ende als groß, bedeutungsvoll und mächtig erweisen wird. „Ein Kind verändert das Leben, ein Kind verändert die Welt", sagte einmal der frühere evangelische badische Landesbischof Klaus Engelhardt. Ist Weihnachten nichts anderes als das Fest einer biologisch gut erklärbaren Rührseligkeit und Melancholie?

Vor allem ist es ein Fest eines erstaunlichen, unberechenbaren Anfangs. Jeder Anfang ist ein Mysterium, voller Zauber und Unschärfe. Der Mensch weiß nie, wo genau und wann ein Anfang wirklich anfängt. Das eigene Vorstellungsvermögen gerät an die Grenzen der Logik. Doch das menschliche Gehirn hört an den Grenzen der Vorstellungskraft trotzdem nicht auf zu arbeiten. Gerade das, was in den üblichen Schemata nicht zu verstehen ist, drängt zu weiterem Verstehen. Jede Person kann dann beginnen, erweiterte Fähigkeiten zum inneren Schauen an sich zu entdecken oder sie für sich zu entwerfen. Da eröffnen sich womöglich sogar neue Möglichkeiten zum religiösen Glauben. Das geschieht – selbst wenn es dem Einzelnen überhaupt nicht bewusst ist – bei jungen Eltern im natürlichen Umfeld der Geburt von Nachwuchs gar nicht so selten. Sie werden in eine religiöse Sphäre an der Grenze des Lebens getaucht, in die Atmosphäre eines nicht wirklich rational verstehbaren Anfangs durch das sinnliche Erleben von Sexualität, Fruchtbarkeit, Zeugung, Schwangerschaft, Geburt. Wo vorher nichts war, ist alles geworden: ein Kind.

Dieses überwältigende Ereignis eines mysteriösen, doch ganz realen Wunders kann sich Jahr für Jahr gesamtgesellschaftlich, kollektiv rituell an Weihnachten ausdrücken. Es kann in einem „ewigen Geburtstag" öffentlich gefeiert werden. Dieses Kind in der Krippe, das ist irgendwie auch mein Kind! Mehr noch: Das bin irgendwie ich selber! Etwas ganz Neues, Unbegreifbares, Mysteriöses ist ins Leben getreten. Aus der Zweisamkeit einer Paarbeziehung bricht plötzlich unvermittelt ein Drittes in unsere selbstgenügsame Welt ein und wirbelt sie durcheinander. Trotz neunmonatiger intensiv erlebter Schwangerschaft und unzähliger Geburtsvorbereitungskurse trifft dies die Eltern, wenn es auf einmal geschieht, dann doch irgendwie unvorbereitet. Es ist immer anders, als man denkt. Der „schwangere" Vater ist nach der Geburt fast noch mehr gerührt als die Mutter. Tränen fließen im Kreißsaal überwiegend aus väterlichen Augen. Der Mann ist seelisch in diesem Moment heftiger „entbunden" als die so lange körperlich mit dem Kind verbundene Frau.

Wir sind aufgeklärt. Wissenschaftlich-medizinisch wissen wir über die körperlichen, hormonellen, genetischen Abläufe alles. Sex ist normal, nichts ist ungewöhnlich. Die Zeugung ist die natürlichste Sache der Welt. Aber dann plötzlich doch dies: Das Wunder einer Schöpfung aus dem Nichts! Das Wunder – des Glaubens liebstes Kind? Kein Wunder ist es, wenn sich in solchen Augenblicken wieder Gefühle regen, auch spirituelle Gefühle, die den Einzelnen überwältigen. Die Akteure der Zeugung werden als Zuschauer der Geburt von dem Ereignis ergriffen und denken dann plötzlich doch oft sehr unmittelbar, voller Staunen: „Gott" – wie ist das groß! Es gibt also doch Dinge zwischen Himmel und Erde, die ich mir so eigentlich nicht vorgestellt habe. Ein ganz neues Wesen. Trotz aller genetischen Machbarkeit im Letzten von Vater und Mutter nicht machbar. Ein Nicht-Ich, ein Nicht-Du. Weder einfach ein Abkömmling des Partners noch ein Abkömmling der Partnerin. Vielmehr: etwas ganz anderes, ein Esselbst, ein eigenes Ich-selbst.

Was liegt näher, als im Fest einer Gottesgeburt die unvergleichliche, nicht minder außergewöhnliche Menschengeburt rituell in jahreszeitlicher Wiederholung zu begehen, das Göttliche des Menschlichen. Das Staunen über die menschliche Fortpflanzung wie über das gesamte Geheimnis der Schöpfung kennt dabei keine Grenzen. Liturgie, Lieder, Lichter, Geschenke, Geschichten und Gebete helfen, das Ganz-Große zu feiern. Dann kann es sogar geschehen, dass etwas aufbricht von dem, was über das Bekannte hinausweist. In jeder Geburt liegt nicht nur der Zauber des Mysteriösen, sondern vor allem der Zauber des Ewigen. Eine Offenbarung des Ewigen. Völlig unvermutet kann bei dieser Gelegenheit eine Frage aus der Tiefe des Unbewussten wieder auftauchen: Gibt es das Erhabene, das Göttliche, Gott vielleicht doch?

Das erlöste Fleisch – im Fleisch

Gott wurde – in Jesus Christus – Mensch. Gott hat sich inkarniert. So lautet die kürzeste Formel religiöser Sprachregelung für die maßgebliche Gottesoffenbarung im christlichen Kontext. Nichts anderes bedeutet diese Theophanie als: Gott wurde Fleisch. Kann, darf man das heutzutage in einem Zeitalter, das nicht nur über die Models den Körper geradezu zum Überkörperlichen ästhetisiert, inszeniert und pflegt, so drastisch überhaupt noch sehen und sagen? Obendrein noch: *„Caro salutis est cardo* – Das Fleisch ist der Angelpunkt des Heils"[103], wie der antike christliche Schriftsteller Tertullian (155–ca. 220) formulierte. Er verteidigte mit dieser Aussage das wahre Menschsein des Gottessohnes und stritt gegen jene, die meinten, der Gottessohn habe eigentlich bloß einen Scheinleib gehabt, sei nicht wirklich am Kreuz gestorben. „Wir glauben an Gott, den Schöpfer des Fleisches, wir glauben an das Wort, das Fleisch geworden ist, um das Fleisch zu erlösen; wir glauben an die Auferstehung des Fleisches, in der sich die Schöpfung und die Erlösung des Fleisches vollenden"[104], heißt es im *Katechismus der Katholischen Kirche.* Gott im Fleisch – Gott in Christus, als Rettung, als Erlösung, als Befreiung aller Begrenztheit, als die entscheidende Lebenskraft bis ins ewige Leben hinein.

Das weckt in Verbindung mit säkularen Zusammenhängen seltsame bis anstößige Gedankenverbindungen, wenn man zum Beispiel nur an den Werbespruch der Fleischindustrie denkt: „Fleisch ist ein Stück Lebenskraft." Darf man das über allem Materiellen hoch erhabene Göttliche-Geistige mit derart sterblich-blutiger Körperlichkeit überhaupt in Verbindung bringen? Oder gar mit der anderen Seite des Körperlichen: der erotischen Anziehung?

Fleisch ist Leben, Fleisch ist Tod, schön und grauenerregend zugleich. Ob im Frieden oder im Krieg, ob im Luxusrestaurant oder im Schlachthof, ob im Nackttheater, auf dem Haute-Couture-Laufsteg oder bei der Körperwelten-Leichenschau: Gerade das Fleisch des Menschen fasziniert und erschüttert. Die Fleischbeschau verbreitet Lust und Ekel. Selbst der attraktivste Body wird irgendwann als Kadaver enden. In der Spannung zwischen „Tradition und Tabubruch, totem Ding und lebendigem Leib", zwischen Moral und Amoralität ist Fleisch „die Ikone der Moderne" schlechthin. Das beobachtet der Schriftsteller und Kulturphilosoph Volker Demuth. „Menschen sind gierig nach Fleisch. Sie wollen es verschlucken und sich einverleiben, möchten es mit dem eigenen Fleisch umfangen oder in es eindringen."[105] Die Pop-Sängerin Lady Gaga hat sich provokativ mit rohen Fleischstücken bekleidet, der Regisseur Mel Gibson inszenierte in seinem vieldiskutierten Film *Die Passion Christi* schauerlich den geschundenen, blutüberströmten Körper des Menschen- und Gottessohnes, der an Weihnachten doch so Kindchenschema-süß in Windeln in einer Krippe liegt. Die Bilderwelten des dschihadistischen Terrors, der über das Internet mit abgehackten Köpfen und Torso-Leibern die Völker erschrecken will, befördern die Fantasien genauso wie die Pornos, die über die digitalen Verbreitungswege Massen von Voyeuren erreichen: „Blutnasses, lustfeuchtes, glänzendes Fleisch, zurückgeführt auf seine Materialität … Fleisch umkreist ein dunkles Wissen. Ein Feld der Unruhe umgibt es", so Demuth in seiner weit ausgreifenden Kultur-, Philosophie- und Theologiegeschichte des Körpers.

Gott wird Mensch? Die Dramatik dessen, was viele lieblich-harmlos an Weihnachten feiern, offenbart sich erst dann, wenn wir die theologische Begrifflichkeit wörtlich nehmen: Inkarnation bedeutet nichts anderes als „Einfleischung" in Lust und Last, Freude und Trauer, Schönheit und Elend, Perfektion und Verfall dessen, ohne das es keine Existenz gibt. Geist braucht Fleisch, Fleisch braucht Geist. Der Mensch hat nicht nur Fleisch, er ist Fleisch.

Niemand hat den Schöpfungsakt aus Geist und Fleisch dramaturgisch derart sinnlich und aufwühlend in Szene gesetzt wie Ezechiel in seiner außergewöhnlichen Vision von der Auferweckung Israels aus seiner Kraftlosigkeit. Dessen Gebeine liegen verstreut in der Ebene. Kann so etwas lebendig werden? Gott sagt: „Sprich als Prophet über diese Gebeine und sag zu ihnen: Ihr ausgetrockneten Gebeine, hört das Wort des Herrn! So spricht Gott, der Herr, zu diesen Gebeinen: Ich selbst bringe Geist in euch, dann werdet ihr lebendig. Ich spanne Sehnen über euch und umgebe euch mit Fleisch; ich überziehe euch mit Haut und bringe Geist in euch, dann werdet ihr lebendig" (Ez 37,4–5).

Den umgekehrten Weg bis zum Tod des Fleisches und des Geistes musste der ewige göttliche Logos gehen, von der Geburt an schnurstracks auf die Passion zu und auf alles, was dann kommt. Einst wurden Gott fleischliche Opfer zur Versöhnung dargebracht. Nun aber – so die mit mythologischen Bildern operierende Rede – bringt Gott sich über den Gottessohn als Menschensohn in einem heilsdramatischen Akt als fleischliches Opfer selber dar. Für Gott? Nein, für den Menschen. Aus Liebe zu ihm, zu unserem Heil. „Und der Logos wurde Fleisch und wohnte unter uns, und wir haben seine Herrlichkeit angeschaut." So übersetzt Demuth den Kernsatz aus dem ersten Kapitel des Johannesevangeliums, fernab bürgerlicher Weihnachtsstuben-Behaglichkeit.

Die Fleischwerdung Gottes, die der Evangelist geradezu in hymnischer Sprache feiert, sei schon früh von den Kirchenlehrern als *missing link*, also als das bis dahin fehlende Glied „einer intimen Verbindung des Menschen mit Gott begriffen" worden, so der Kulturwissenschaftler. Diese „unerhörte" Verknüpfung bezeugt in christlicher Perspektive „die unverbrüchliche Annahme des Menschen durch Gott. Mehr noch, der Logos wurde, wie die Kirchenautorität Athanasius in seiner Schrift ‚De incarnatione verbi' erklärt, ‚Mensch, damit wir vergöttlicht würden. Er offenbarte sich im Leibe, damit wir zur Erkenntnis des unsichtbaren Vaters gelangten; er ließ sich den Frevelmut seitens der Menschen gefallen, damit wir die Unsterblichkeit ererbten'. Die Erscheinung Gottes in fleischlicher Gestalt setzt demzufolge auch die Gegenbewegung in Gang: die Gottwerdung des Menschen, die Vergöttlichung jedes einzelnen Individuums." Darin liegt, vermutet Demuth, „das eigentliche Geheimnis des christlichen Abendlands".

Gegen die Versuchung, alles Fleischliche, Materielle, Körperliche, Leibliche religiös abzuwerten, hat das Christentum selber erst mühevoll lernen müssen, was die Vorstellung einer Inkarnation des unbekannten Göttlichen tatsächlich bedeutet: faktisch eine epochale Umwertung der Werte. Der inkarnierte Logos heiligt das Schmutzige, Imperfekte, Verfallene, Verwundete, dem Tod Preisgegebene, ja das kultisch Unreine. Es wird heilig. Für die hellenistische Welt, der Mythen von Göttersöhnen zahlreich bekannt waren, war es kein Problem, dass sich Gott in Christus menschlich verkörpert. Unglaubwürdig war vielmehr, dass das Göttliche sich im Fleischlichen selber der Zerstörung alles Fleischlichen ausgesetzt, entäußert hat. Noch heftiger wird die derart göttlich bestimmte Fleischlichkeit im Judentum geradezu als Gotteslästerung aufgefasst. „Am Fleisch scheiden sich die Religionen", stellt Demuth fest und verweist auf das Unverständnis, das Paulus in Athen auf dem Areopag entgegenschlägt, als er versucht, von der Auferstehung nicht einer rein geistigen Idee, einer Seele, sondern von der Auferstehung der Toten, also des leibhaftigen Fleisches, zu sprechen. „Man spottet offen über einen derartigen Glauben und komplimentiert den Christen, die Gastfreundschaft respektierend, schließlich fort." Für Paulus aber liegt der Sinn und der Grund des Christentums im Auferstehungsglauben, der im Inkarnationsglauben verankert ist. „Ohne die Auferstehung im Fleisch wäre jede Verkündigung und religiöse Mission leer", erläutert Demuth. An der Auferweckung Christi, des inkarnierten Logos, bildet sich für Paulus die Auferweckung aller ab, in ihrem armen Fleisch und Blut. Der unbekannte Gott hinterlässt seine Spur im Logos im Fleisch. In Christus zeigt sich beispielhaft die „untrennbare Einheit von göttlichem Geist und menschlichem Fleisch. Als *logos ensarkos*".

Allerdings war damit die Vorstellung dessen, was Fleischwerdung des Göttlichen beziehungsweise leibliche Auferstehung der Toten meint, noch lange nicht geklärt. Bis auf den heutigen Tag ringen Theologen um eine Anschaulichkeit, die jeder Anschaulichkeit widerstreitet, um eine Deutung dessen, was die Geburt Christi als Gottesoffenbarung und die Auferstehung als Menschenerlösung meinen in der Spannung aus Geistigem und Materiellem, Seelischem und Körperlichem, Energetischem und Biologischem. Der Christusleib als Auferstehungsleib deutet eine Dimension an, die jenseits der sinnlichen Anschaulichkeit liegt, die Doppel-Verfasstheit des Seins jedoch nicht ignoriert.

Erlösung, Heilung, Rettung geschieht in christlicher Perspektive jedenfalls nicht aseptisch körperlos. Das Fleisch des Lebendigen hat Würde und Ehre in sich. Die göttliche Erlösung schleicht sich nicht an der fleischlichen menschlichen Verfasstheit vorbei, sondern spielt sich mitten in ihr ab. Das Reich des unbekannten, sich in Christus jedoch als Erlöser bekennenden Gottes, umgreift das Leben und den Tod. Daher hat bereits das frühe Christentum die Versuchung abgewehrt, Jesus Christus nur eine Art leidfreien Scheinleib zugestehen zu wollen, wie es im sogenannten Doketismus der Fall war. Dessen Vertreter betrachteten das Fleisch im Nachklang antiker Denkschulen als minderwertig. Dagegen begehrte die Vorstellung einer wahren und wahrhaftigen Inkarnation des Logos auf – mit allen Konsequenzen bis zum Ende. Demuth: „Warum nämlich musste die ganze Golgotha-Prozedur, die Kreuzigungstortur und der qualvolle Tod, geschehen, wenn der Gottessohn nur zum Schein, nicht aber wirklich gelitten hatte? Wenn es eine Art virtueller Avatar war, der im Fleisch von den Toten auferstand? Ein solcher metaphysischer Trick des äußeren Scheins musste die Christus-Passion als Erlösungsform menschlicher Vergänglichkeit naturgemäß vollständig in Frage stellen. Denn der christologische Sinn der Fleischwerdung des Logos meinte ja gerade Erlösung vollzogen durch reales göttliches Schmerzmaximum ... Ohne schmerzvolles, verwundbares Fleisch war die Erlösung vom Tod undenkbar, ohne die volle Fleischlichkeit Gottes kein ... ‚Es ist vollbracht!' am Kreuz. Im Fleisch lagen Geheimnis und Offenbarung der absoluten Wahrheit, und infolgedessen besaß Fleisch einen unumstößlichen Status im Heilsgeschehen."

Bis zu den Erzählungen von den Erscheinungen des Auferstandenen zieht sich der Gedanke, dass Erlösung leiblich bleibt. Die wahre Erlösung wird bezeugt am verwundeten Fleisch des Auferstandenen, an den Wundmalen Christi, die sichtbar bleiben – nicht nur für Thomas. Der Inkarnierte und Auferweckte ist der Verwundete. Gott selber ist verwundet. Das Reich Gottes geschieht in den Wunden der Menschheit, der Verletztheit des ganzen Kosmos.

Volker Demuth verweist auf den Isenheimer Altar, der die Wunden der Peinigung in extremer Weise mit den Wundmalen des auferstandenen Christus in Beziehung setzt. Dieser Altar wurde ursprünglich für ein Hospital des Antoniterordens in Auftrag gegeben. Gepflegt wurden dort Menschen, die an der sogenannten Feuerpest litten, die durch den Verzehr des giftigen Mutterkorns im Brot hervorgerufen wurde. Den schwer Erkrankten faulten unter anderem die Glieder ab. Diesem klaffenden wunden Fleisch sollten die Wundmale Christi als Zeichen überirdischer Heilung und transzendenten Trostes entgegengestellt werden. Demuth sieht im Christentum der Inkarnation daher ganz wirklichkeitsnah eine „Religion umfassender Wundversorgung" konstituiert. Nicht ohne Grund werden den Gläubigen in den Kirchen die vielen Märtyrer vor Augen gestellt, die schwerste Folter erlitten haben – aber nicht zur Rechtfertigung eines religiösen Sadismus oder Masochismus, sondern als Zeichen der göttlichen Erlösung des Fleisches aus aller Bedrängnis und Qual. „Gott ist im Fleische – wer kann das Geheimnis verstehen?" Im Grunde nur der, der das Fleisch als Fleisch ernstnimmt, als Dreh- und Angelpunkt irdischer Existenz wie als Dreh- und Angelpunkt göttlichen Heils.

In dem alten Hymnus zu Christi Himmelfahrt *Aeterne rex altissime* aus dem neunten Jahrhundert, möglicherweise aber bereits ambrosianischen Ursprungs, heißt es: „Es zittern die Engel, sie sehen / Gewendet die Stelle der sterblichen Menschen. / Es sündigt das Fleisch, es reinigt das Fleisch. / Gott herrscht, Gottes eigenes Fleisch."

Was aber bedeutet das in einer Zeit, in der das Christliche als Glaube wie als Weltdeutung verdunstet – und damit auch die Hoffnung auf Erlösung durch einen Gott leer wird? Was wird dann aus dem Fleisch, dem Fleisch Mensch?

Volker Demuth fürchtet: „Wo es der Theologie nicht mehr gelingen will, den Sinn des Fleisches plausibel zu machen, erlangt ihr universelles, transmaterielles Abstraktum ‚Gott' auch keinen Zugriff mehr auf diesen Stoff, aus dem Menschen nun einmal sind. Dessen pure Dinglichkeit bezeugt eine neuartige Reinheit von allen Qualitäten der Erlösung. Fleisch erstrahlt im Zeichen seiner selbst, prunkt ohne überschüssigen Sinn in Auslagen und Ausstellungen, Kameraeinstellungen und Körpereinstülpungen." Das Fleisch ohne göttliche Erlösungshoffnung wird zum diesseits gestylten Köper modelliert, zur – in seinen Organen – auswechselbaren mechanischen Maschine Leib transformiert, in seiner Unvollkommenheit freigegeben zur Optimierung durch plastische Chirurgie, durch computerunterstützte Prothesen – bis hin zum möglichst weiten Hinausschieben der Sterblichkeit durch die Phantasmen des Ewig-jung-und-schön.

Demuth sieht einen allgemeinen Trend hin zu einer „Selbstermächtigung des Menschen", die mit der Einfleischung des göttlichen Logos nichts mehr anzufangen weiß. „Das Fleisch … ist in unserer Zeit zum Träger der Verheißung einer nun menschengemachten Erlösung geworden. Nicht Theologie und Glauben, sondern Technowissenschaft und empirische Forschung geben dazu Anlass." An die Stelle des eingefleischten Gottes tritt der entfleischte Mensch, statt göttlicher Inkarnation menschliche Diskarnation. „Die metaphysische DNA, der transzendente Gencode, die religiös-kulturelle Programmierung des Fleisches ist bei alldem ausgefallen. Wo dem Fleisch aber keine andere Evidenz als die Wahrnehmung von Schmerz und physischer Verwesung anhaftet, kann keine Erfahrung zum metaphysischen Oberhalb überspringen … Das Geheimnis, welches es durch die Jahrhunderte umgab wie ein Schutzmantel, hat sich aufgelöst. Über seine profane Bewirtschaftung hinaus kann Fleisch sich in keiner erhabenen Dimension, in keiner endlosen Zukunft niederlassen. Sein Auferstehungstermin ist abgesagt. Es sei denn, die Erlösung vom Verfall findet in der elektronisch-neuronalen Dimension statt, als Implantat unserer Bewusstseine in intelligente Computersysteme. Die technoiden Fiktionen haben den religiösen in aller Deutlichkeit den Rang abgelaufen." Zitiert wird der rumänische Philosoph Emil Cioran: „Wir sind in den Rang von Unheilbaren erhoben worden, wir sind schmerzdurchzuckte Materie, brüllendes Fleisch, von Schreien zernagtes Gebein." Sonst nichts mehr?

Auch die düstere Vision vom Ende der religiösen Vorstellung einer Inkarnation des göttlichen Logos ist freilich nichts anderes als ein Teil jener fleischlichen Existenz, von der der Mensch trotz aller diesseitsfixierten Erhabenheitsfantasien nicht loskommt. Das große Welträtsel bleibt, warum wir Fleisch sind *und* Geist – und nicht nur Fleisch *oder* nur Geist. Davon wird sich das Mysterium nie abtrennen lassen, warum überhaupt etwas ist und nicht vielmehr nichts. Wegen Gott. Auch als der Unbekannte ist er nicht fern dem Fleisch und dem Geist und damit dem, was wir als Wunder des Sichtbaren wie des Unsichtbaren wahrnehmen können.

Die religiöse Vorstellung sollte trotz aller Entmythologisierung der mythischen Gottesrede die Menschlichkeit Gottes nicht außer Acht lassen, wünscht sich der Berliner Kirchenhistoriker Christoph Markschies. „Daran aber, dass Gott gerade darin Gott ist, dass er sich dem Menschen menschlich zuwendet, stimmen jüdisches und christliches Denken ungeachtet aller

Unterschiede überein; Gott bleibt Gott in solcher Menschlichkeit schon allein darin, dass er nicht wie der Mensch an die Stelle solcher menschlichen Zuwendung immer wieder Unmenschlichkeit treten lässt und den Menschen zur wahren Menschlichkeit, die erneut in der Person Jesu von Nazareth sichtbar geworden ist, befreit. In diesem Sinne kann man wohl mit Immanuel Kant sagen, dass man sich bei der Rede von Gott ‚gewisse Anthropomorphismen … ungescheut und ungetadelt' erlauben darf.“[106] Das erst recht beim weihnachtlichen Christusfest, das die österliche Erlösungshoffnung hineinspielt in unser armes, schwaches, aber doch so heiliges Fleisch.

Jesus ja, Christus nein?

Auch in religiösen Krisenzeiten hat das Interesse an „Offenbarungen" nicht nachgelassen. Schon gar nicht, wenn es um echte oder auch nur vermeintliche Neuentdeckungen, gar „Sensationen" im Umfeld des Biblischen, insbesondere der Jesusgeschichte geht. Angebliche Skandale, Fälschung oder Betrug in der Überlieferung wecken stets Neugier. Ist alles nur Scharlatanerie, Fake? Angekündigte „Enthüllungen" ziehen die Menschen stets von Neuem im Bann. Vor allem richtet sich das Augenmerk auf eins: ob und wie die kirchliche Überlieferung durch okkulte, nun offenbar gewordene „Zeugnisse" ausgehebelt werden könnte. Man kann das freilich auch unter dem positiven Vorzeichen sehen, dass die Menschen von der Gottes- und Wahrheitsfrage nicht loskommen, selbst dann nicht, wenn sie wittern, dass das „Gottesgerücht" jetzt endgültig als bloßes Gerücht, als bloße Einbildung nachgewiesen werde. Gott erwacht stets neu in der Seele der Menschen – und sei es bloß über die Vorstellung, sich seiner über archäologische Funde von bisher unbekannten oder gar „geheim gehaltenen" Texten sicher entledigen zu können.

So war es auch, als die Medien 2006 eine Sensation witterten und über ein sogenanntes Judasevangelium berichteten. Die dreizehn beidseitig beschriebenen Papyrusblätter, die in einen Kodex mit anderen Texten eingebettet sind, waren vor ungefähr einem halben Jahrhundert in der ägyptischen Wüste ausgegraben worden. Nach einem Irrweg über verschiedene Stationen des Antikenhandels gelangten die Zeilen in seriöse wissenschaftliche Hände. Für die *National Geographic Society* wurde die Schrift, die auf die Wende vom dritten zum vierten Jahrhundert datiert ist, rekonstruiert und übersetzt. Das „Judasevangelium" liegt den Forschern allerdings selber nur in einer Übersetzung vor: ins Koptische.

Das Original scheint verloren, nicht aber der Sinnzusammenhang. Judas taucht hier nicht als Verräter auf, sondern als Freund, der durch sein Tun den Auftrag Jesu und damit den Willen Gottes erfüllt. Jesus „musste" ja ausgeliefert werden, damit durch Kreuz und Auferstehung das Heilswerk geschehen konnte. Für die Bibelwissenschaftler gibt der Befund nichts Neues über das Leben Jesu her. Wohl aber zeigt auch dieser Text, in welcher Bandbreite bereits die frühen Gläubigen die Geschehnisse um Jesus Christus deuteten.

Schon seit Jahren jagt – vor allem in fiktionalen Romanen – eine Verschwörungstheorie und „Verschlusssache Jesus"[107] die nächste. Ob man nun von einem Jesus „weiß", der eigentlich gar nicht gestorben sei, sondern nur scheintot beerdigt wurde, der aus dem Grab kam und später in Indien wirkte, oder ob ständig irgendwelche Fantastereien wiederkehren, er habe mit Maria Magdalena Kinder gezeugt und sei lebenssatt in hohem Alter gestorben – immer herrscht der Generalverdacht: Kirchliche Amtsträger hätten die Wahrheit verfälscht, Zeugen weggeschafft und das Wissen zugunsten von Dogmen umgebogen – zum Opium des Volkes. Als „wahre Aufklärer", die den Betrug entlarven, geben sich dann die spekulativen Autoren des 20. und 21. Jahrhunderts, die alles angeblich ans Licht bringen.

Man mag solche Versuche, mit der Leichtgläubigkeit der Menschen und mit billigem Sensationsgetue Millionenauflagen und Geld zu machen, beklagen. Im Kern verbirgt sich hinter dem Bedürfnis der Leute, solche „Wahrheit" zu lesen, allerdings eine reale Unsicherheit: was man in einer modernen Zeit von so einer seltsamen „frohen Botschaft" wie der von Tod und Auferstehung halten soll, die doch jeder üblichen menschlichen Erfahrung widerspricht. Auch Christen haben ja mit dem Problem nicht abgeschlossen, auf welche Weise sie bei aller naturwissenschaftlichen, literarkritischen und religionsgeschichtlichen Entmythologisierung heute biblisch glauben können. Die ständig neue Aufmerksamkeit für Jesus, die sich in wiederkehrenden Titelgeschichten weltlicher Medien wie *Spiegel*, *Stern* oder *Focus* spiegelt, ist ein Beleg dafür, dass selbst diejenigen, die nicht mehr an Jesus Christus als Gottessohn und Menschensohn glauben, unruhig bleiben, ob sie wirklich recht haben. Was wäre, wenn die lückenhaften und

unvollkommenen biblisch-christlichen Glaubensvorstellungen und Gottesbilder am Ende so falsch doch nicht sind!?

In einer minimalistischen Deutung, die viele Zeitgenossen teilen, wird
Jesus zum moralischen Vorbild gemacht, zum Weisheitslehrer und guten
Menschen, der zeigt, wie Leben gelingt. Jesus erscheint dann je nach Perspektive als Menschenfreund, Beschützer der Bedrängten, als propheti-
scher Gesellschaftskritiker, androgyner Held oder gar erster neuer Mann,
inzwischen besonders beliebt als einer, der die Frauen versteht und deren
kulturell bedingte Diskriminierung nicht mitmacht. Tatsächlich öffnen die
Jesus-Erzählungen viele Interpretationsspielräume. Und das ist auch gut
so. Wer die Evangelien und die weiteren brieflichen Zeugnisse über Jesus
aufmerksam liest, findet einen besonderen Ton, einen Wärmestrom, eine
leidenschaftlich menschennahe Barmherzigkeit Gottes gerade für die Sünder und sogar für die Fremden und Fernsten, wie dies zivilisations- und re-
ligionsgeschichtlich einmalig ist.

Auch wenn wir inzwischen gelernt haben, dass man den Juden Jesus
nicht gegen die Juden und nicht gegen sein eigenes Judesein ausspielen
darf, macht sich im Neuen Testament entschieden Neues gegenüber dem
Alten Testament bemerkbar, allein schon in der Klangfarbe. Man kann es
drehen und wenden, wie man will: In der unbedingten Aufwertung der
Gewaltfreiheit und in der radikalen Absage an Gewalt im Namen Gottes
hört man Töne, die in dieser Dichte und so durchgehend „anders" sind. Die
Ehebrecherin – zum Beispiel – wird eben nicht gesteinigt, wie heute noch
im Ein-Gott-Glauben Islam. Über die Häretikerin, die samaritische Frau am
Brunnen, sagt der Messias, dass sie eine natürliche Gnade der Erkenntnis
des unbekannten Gottes besitze.

Befreiend über allem aber steht eins: Während das Gottesrecht in mo-
saischer Tradition mit einem Gewaltrecht für die berufenen Ausleger des
Gotteswillens verbunden ist – und damit auch für das „auserwählte" Volk –,
zeigt sich bei Jesus ein ganz anderer Grundzug: Das Gewaltmonopol hat –
abgesehen von der Vollmacht der Jünger, im Namen Gottes zu binden und
zu lösen, was als Sündenvergebung gedeutet wird – Gott ganz allein, kein
Mensch, kein Volk, kein Herrscher, kein „Stellvertreter", nicht einmal der
Hohepriester. Dass und wie gerade die Bilder vom „passiv rebellierend" leidenden Gottesknecht und vom unschuldigen Lamm Gottes in die Mitte der
Leidensüberlieferung gewandert sind, lässt allein schon literargeschicht-

lich ahnen, wie bedeutsam diese Sicht des messianischen Geschehens von Anfang an war. Jesus zeigt sich da nochmals entschieden anders als der zornige Mose, der selbst vor der Tötung der Feinde nicht zurückschreckt. Diese Spannung zwischen dem Hauptstrom der neutestamentlichen Schriften und vielen – wohl nicht nur als literarisches Stilmittel gemeinten – Gewaltaussagen im Alten Testament ist bei aller Hochschätzung der Offenbarungsgeschichte des altbundlichen Gottesvolkes nicht wegzuinterpretieren.

Der Monotheismus Jesu hat den Monotheismus des Mose nachhaltig geläutert. Und dies deutlich spürbar im Gegensatz zu späteren Traditionen des Monotheismus, wie sie uns dann im Islam begegnen. Dieser verstand sich – wie der Journalist Wolfgang Günter Lerch eindrücklich darlegte – im Kern als Versuch einer Wiederherstellung des ursprünglichen Monotheismus, gegen den Christus-Glauben der Christen. Die Lehre von der Dreifaltigkeit etwa wurde als Verfälschung des Ein-Gott-Glaubens vehement bekämpft. Lerch: „Viele Gewohnheits-Christen mag das heute nicht mehr interessieren, für die Muslime ist es aber noch eminent bedeutsam. Für den Erlanger Arabisten und Theologen Günter Lüling ... war dies sogar das Hauptanliegen Mohammeds, vertritt er doch die Auffassung ..., sogar die Mekkaner seien vor dem Propheten gar keine ‚altarabischen Heiden‘ gewesen, wie die Muslime es sehen, sondern trinitarische Christen und ihre Kaaba ursprünglich eine Kirche ... Mohammed habe den Glauben Abrahams und der Stämme wiederherstellen wollen, gegen die Überformungen des trinitarischen (hellenistischen) Christentums.“[108]

Auch wenn diese Theorie umstritten ist, wird doch deutlich: Mit der Radikalisierung des islamischen Monotheismus verbindet sich erneut ein Gewaltanspruch Gottes, der notfalls durch den „Propheten" oder durch die Scharia realpolitisch ausgeübt wird. Anders als bei den friedlichen Jüngern und Aposteln Jesu, anders als bei den frühchristlichen Missionaren – und entschieden anders als bei Jesus – erhält die Gewaltanwendung fürs Heilige plötzlich wieder ein Existenzrecht, nun im real so gemeinten „heiligen Krieg", der keineswegs bloß den inneren Kampf des Menschen gegen die Sünde meint. Lerch nennt ohne Umschweife die Wirklichkeit beim Namen: Die Biografie des Mohammed schildert ihn als „Gründer einer theokratischen Gemeinschaft und Gesetzgeber in Medina, schließlich auch als Kämpfer, Krieger und siegreichen Feldherrn, der in Mekka einzieht. Es führt kein Weg daran vorbei: Mohammed war, im Unterschied zu Buddha oder Jesus, ein bewaffneter Prophet, der nicht bereit war, die andere Wange hinzuhalten …" Kein Zweifel: Der gewalttätige Islam von heute lässt uns wieder genauer und differenzierter auch auf die besondere, andere Ursprungsgeschichte des Christentums schauen, auf Jesus Christus selbst – und seine „Liebesreligion".

Damit verbindet sich die Frage, ob das Christentum wirklich nur eine beliebige und zufällige Religion neben anderen Religionen ist. Oder ob es doch etwas Unvergleichliches hat, in Jesus Christus selbst, was nicht nivelliert, nicht seiner Besonderheit beraubt werden kann. Zunächst freilich mussten auch die Christen lernen, dass es eine große Vielfalt von Glaubenswegen gibt und dass diese alle ihren Wahrheitsanspruch einfordern. In einem mühsamen Prozess hat sich unter den Christgläubigen die Einsicht durchgesetzt, dass man diese Vielfarbigkeit des Religiösen, die sich im Lauf der menschlichen Evolutionsgeschichte herausgebildet hat, nicht einfachhin als gottwidrig betrachten kann. Das Christentum hat in seiner zweitausendjährigen Geschichte ja selber eine atemberaubende Bewusstseinsentwicklung durchgemacht. Die jeweilige Standardtheologie wurde dabei immer wieder erschüttert und geweitet: Gott kann nicht mehr als Stammesgott allein für mich und die Meinen verehrt werden, sondern nur noch als universaler Gott für alle und alles. Das Christusereignis als Erlösungs- und Rettungstat für die ganze Menschheit, ja für die gesamte Kreatur und alle Schöpfung, die seufzend in Geburtswehen liegt, setzte geistes- und kulturgeschichtlich einen bedeutenden Unterschied. Von da an begann die gläubige Gemeinde, oft im Widerstreit mit sich selber, das Heilswirken Gottes durch Jesus Christus immer universaler zu verstehen. Im Zuge dieser Glaubensevolution wurde es gerade den Christen immer schwerer, andere als vom Heil ausgeschlossen, gar als Verdammte, vor Gott Verlorene zu sehen. Während andere Religionen – darunter vor allem der islamische Ein-Gott-Glaube – weiterhin kein geistiges und kein geistliches Problem damit hatten, allein die eigenen Gläubigen als auserwählt zu betrachten, hat das Christentum im Zug seiner zweitausendjährigen Geschichte sein Heilsgeschichtsbild in neue Horizonte gestellt. Die Frage eines universalen Heils ist dabei nicht nur ein theoretisches Problem der Dogmatik: Es ist ein praktisches Problem der Glaubwürdigkeit Gottes selbst. Ein Gott, der nicht Gott für alle und alles, in allen und in allem ist, kann nicht Gott sein, allenfalls ein Götze.

Reicht für eine zeitgemäße Religiosität aber die Vorstellung eines einzigen Gottes nicht aus? In christlicher Perspektive vielleicht zusätzlich noch die Verehrung einer moralisch integren, menschlich vorbildlich handelnden historischen Jesus-Gestalt? Wozu dann noch Christus, ein Christusglaube? Jesus ja, Christus nein. Ein solcherart stillschweigender Konsens herrscht heute bei vielen Menschen nach den Entmythologisierungswellen des 19. und 20. Jahrhunderts vor. Ohne das geschichtliche Jesusereignis gäbe es zweifellos keinen Gottesglauben, wie wir ihn biblisch erfahren konnten und wie er unsere Kultur wesentlich konstituiert hat. Aber: Ohne Christusbekenntnis, ohne Christusglauben, ohne eine weiterentwickelte Christusmystik, ohne das verinnerlichte Betrachten des erhabenen und zugleich menschennahen, anrührenden Antlitzes Christi, dieser Ikone des unbekannten, unsichtbaren Gottes, wäre der Denkweg hin zu einer universalen Sicht Gottes, eines Gottes für die sichtbare und die unsichtbare Welt, uns und der Menschheit insgesamt wohl verschlossen geblieben.

Die philosophischen Deutemöglichkeiten des Christusereignisses haben von Anfang an die Christen beflügelt und in der Trinitätslehre zu interessanten und maßgeblichen Ausformulierungen geführt, unterscheidbar von anderen Glaubensweisen, freilich stets streitbar und unvollkommen, bis auf den heutigen Tag. Denken ist Leben. Und Glauben ist auch Denken, nie abgeschlossen. Die Aufgabe bleibt: im Gang der Entmythologisierung das Christusereignis neu zu bedenken, eine moderne Christusmystik zu entwickeln, die dem Glauben, Ahnen, Fühlen und Denken im Horizont der wissenschaftlichen, nach-magischen und nach-mythologischen Welterfahrung Halt und Zukunft gibt.

Das schließt wie bei aller Erkenntnis, in der es um das Letzte geht, Paradoxien ein. Der Christusglaube verlangt mehr als nur ein bloßes Zur-Kenntnis-Nehmen biblischer Jesusgeschichten. Er führt uns an die Grenzen unserer Vorstellungskraft, gerade im Kern des Bekenntnisses: bei der Hoffnung auf die Auferstehung der Toten. Doch Realparadoxien sind keineswegs falsch, wie die Wissenschaftsgeschichte – etwa in Physik und Kosmologie – belegt. Oft helfen nur widersprüchliche Verstehensmodelle, um die Wirklichkeit als Wirklichkeit zu begreifen und die Horizonte zu erweitern. Beim Gottesverständnis ist das nicht anders. So hat der Christusglaube den Monotheismus in Bewegung versetzt, eine starre kultische, manchmal magische Transzendenz des fernen Gottes aufgebrochen in ein lebendiges Zeitgeschehen hinein. Die Christusmystik hilft, in den Gottesvorstellungen das Personale und das Überpersonale, das Zeitliche und das Ewige, das Diesseitige und das Jenseitige, das Belebte und das Unbelebte, das Zufällige und das Notwendige, das Materielle und das Geistige zu verbinden, sakramental – durch Christus, mit Christus und in Christus, dem Alpha und dem Omega.

„Nicht eine vage Gottoffenheit, sondern das Christusbekenntnis ist der entscheidende ‚Marker‘, an dem das Label ‚Christentum‘ auf dem Markt der religiösen Möglichkeiten und Unmöglichkeiten erkannt wird. Von hier aus ist die Identität von Glaube und Kirche zu bestimmen", urteilt der Theologe Ulrich H. J. Körtner. Von Gott lasse sich im neutestamentlichen Sinn nur reden, „wenn zugleich von Jesus von Nazareth geredet wird, und das in der Weise, dass Jesus als der Christus Gottes bekannt wird."[109] Im Leidensweg Jesu und in seiner Auferweckung treffen Gottes Ohnmacht und Allmacht zusammen. „Gottes Ohnmacht ist ... als Weise seiner Allmacht auszubuchstabieren." Die „Rede von der Ohnmacht Gottes" dürfe nicht „gegen die von seiner Allmacht ausgespielt werden".

Vielleicht ahnen ungezählte Menschen, die sich glaubensfern weiter für Jesus interessieren, insgeheim, dass es doch mehr gibt als nur die nackten empirischen Fakten beziehungsweise literarkritischen Annäherungen an die Geschichte eines humanistischen Vorbilds. Dass es anregend sein könnte, das Irdische jenes Lebens- und Leidenswegs in der Perspektive des Himmlischen, das Diesseitige im Horizont des Jenseitigen, das Menschliche in der Kraft des Göttlichen zu betrachten, und diesen Gott, der sich in Jesus Christus auf paradoxe Weise als der Abwesende anwesend, als der Verborgene nah, als der Ohnmächtige allmächtig erweist, zu ersehnen, zu bekennen und zu feiern. Für den christlichen Glaubensweg heißt das: in Jesus den Christus sehen, im Menschensohn den Gottessohn, im fleischgewordenen und aus dem Tod erretteten Logos das uns aus der Endlichkeit erlösende Wort Gottes, im Brot die Seelenspeise, im Kelch den Trank der Unsterblichkeit, in der Materie den Geist und die Wahrheit. Wandlung! Im Tod ist das – ewige – Leben.

Der Christusglaube hat den Ein-Gott-Glauben aus einem provinzialistischen, stammesbezogenen Verständnis befreit und universalistisch bis ins Kosmische hinein geweitet. Das Christusereignis hat geistesgeschichtlich den unbekannten Gott in Bewegung gebracht. Und die menschliche Erlösungshoffnung mit ihm.

Der Christusimpuls

Krisenzeiten persönlicher, weltlicher oder religiöser Art können helfen, das Christsein von der Wurzel her neu zu befragen – im Horizont der Welterfahrung, angesichts des Düsteren wie des Hellen, des Schrecklichen wie des Überraschenden. Ganz besonders im „ungläubigen Staunen" über alles, was so vielfältig ist beziehungsweise in Erscheinung tritt. Womöglich eröffnet sich durch Wissenschaft und Kunst auch für den christlichen Glauben eine faszinierende Zukunft, deren ungeahnte Dimensionen wir mit unserem Verstand bisher ebenso wenig erfassen, wie sich unsere Vorfahren unsere Gegenwart als ihre Zukunft vorstellen konnten. Jede Zukunft wird ganz anders sein als das, was wir uns sozial, politisch, ökonomisch, geistesgeschichtlich oder auch religiös ausmalen. Aber sie *wird* – Realität!

Was bedeutet das fürs Christentum? Nichts anderes als: Stelle dich aufrichtig dem, was als Zukunft bereits in die Gegenwart hereinscheint, statt ängstlich in der Vergangenheit des Fixierten zu verharren! Die kirchenamtliche Gegenwartsverdrossenheit und Zukunftsverschlossenheit erweist sich mehr und mehr als große Gefahr fürs Christentum. Für seinen Fortbestand und seine Weiterentwicklung hätte es sich entschieden auf seinen jesuanischen Ursprung, seine quasi-embryonale religiöse „Stammzelle" hin zu orientieren. Um es einmal mit bahnbrechenden Verfahren der Biomedizin zu vergleichen: Die im Lauf von 2000 Jahren erwachsenen Zellen des Organismus Christentum wären durch „Reprogrammierung" in einen „embryonalen" Zustand zurückzuversetzen. Eine Art geistliche „Frischzellenkur". Aus der auf diese Weise wiedergewonnenen Christus-„Stammzelle" würden sich durch Folge-Zellteilungen weitere Zellen bilden und so den christlichen Organismus unter heutigen Bedingungen aufbauen. Bei der ersten Zelle der Kirche handelt es sich um nichts anderes als um Jesus Christus selbst, von dem der evolutiv fortwirkende Christusimpuls ausgeht. Rückgewinnung zielt nicht auf statische Restitution, sondern auf Aktualisierung, um frisches religiöses Leben aufkeimen zu lassen. Der Christusimpuls hatte die ersten Jünger bewegt. Er kann – wie den Glauben unserer Ahnen gestern – so auch unseren Glauben von heute und morgen in Wachstum versetzen.

Mutige Denker wie Pierre Teilhard de Chardin (1881–1955) hatten das schon früher begriffen. Sie sind, wie fast alle derart Weitschauenden, typischerweise kirchlich-lehramtlich angefeindet, zeitweise geächtet worden. Gerade jetzt wäre wieder einmal an jenen großen Geist mit viel Heilig-Geist-Inspiration zu erinnern, der in einer eigenwilligen sprachschöpferischen Mystik erahnt hatte, wie die Zukunft des Religiösen und Christlichen zu gewinnen sei. In evolutiver Weite!

Bei seinem Aufenthalt in Schanghai 1937 schrieb der Paläoanthropologe und Jesuit, der an der Entdeckung und Erforschung des Pekingmenschen beteiligt war: „Das christliche Phänomen scheint mir durch die Weise verdunkelt zu werden, in der man häufig versucht, es im Ausgang von bestimmten Eigenschaften zu definieren, die bei ihm nur akzidentell oder sekundär sind. Das Evangelium einfach als ein Erwachen des Menschen zu seiner personalen Würde oder aber als einen Codex der Reinheit, der Sanftmut und der Ergebenheit oder auch als den Ausgangspunkt unserer abendländischen Zivilisation darstellen heißt seine Bedeutung verdecken und seine Erfolge unbegreifbar machen, indem man das beiseitelässt, was es an charakteristisch Neuem bringt. Die wesentliche Botschaft Christi, würde ich also sagen, ist nicht in der Bergpredigt, nicht einmal in der Geste des Kreuzes zu suchen: Sie ruht voll und ganz in der Verkündigung einer ‚göttlichen Vaterschaft‘ – übersetzen wir das: in der Aussage, dass Gott, das personale Sein, sich dem Menschen als Zielpunkt einer personalen *Vereinigung* darstellt. Sehr häufig hatte sich das religiöse menschliche Tasten bereits (und vor allem in der Morgenfrühe der christlichen Ära) der Idee genähert, dass Gott, der Geist ist, nur durch den Geist erreicht werden könne. Aber nur im Christentum hat die Bewegung ihren endgültigen Ausdruck und ihre definitive Konsistenz erreicht. Die Hingabe des Herzens anstelle des Sich-Niederwerfens des Leibes; die Kommunion jenseits des Opfers; Gott ist die Liebe, und letzten Endes wird er nur in der Liebe erreicht: das ist die psychologische Revolution und das Geheimnis des christlichen Aufschwungs."[110]

An anderer Stelle rechnete Teilhard scharf mit einem weltfernen, ja weltfremden objektivistischen Glaubensverständnis ab: „Für neun Zehntel derer, die Ihn von außen her sehen, erscheint der christliche Gott als ein Großgrundbesitzer, der seine Ländereien, die Welt, bewirtschaftet. Doch diese konventionelle Gestalt, die durch allzuviel Anschein gerechtfertigt wird, entspricht im Grunde in nichts dem Dogma oder der evangelischen Einstellung. Das Wesen des Christentums ist nichts mehr und nichts weniger als der Glaube an die Einswerdung der Welt in Gott durch die Inkarnation … Welches auch die Formeln sein mögen, die noch aufrechterhalten werden, die Transformation, von der ich spreche, hat sich bereits in den lebendigsten Teilen des christlichen Organismus vollzogen. Verborgen unter einem oberflächlichen Pessimismus, Individualismus oder Juridizismus wird der Christus-König heute bereits *von seinen Gläubigen als der Gott des Fortschritts und der Evolution angebetet.*"[111] Für Teilhard ist das keine Utopie, sondern die Entfaltung der „Potentialitäten", die „in der Wirklichkeit des christlichen Aktes", des Glaubensaktes, enthalten sind. „In der konkreten Einfachheit seiner Anbetung erkennt und vollbringt der ‚Gläubige' all das, was ich zu träumen schien", so Teilhard. Er meint eine „Liebe, die die ganze Erde umgreifen würde", eine „Liebe, die dem Herzen des Universums begegnen würde"[112].

Für den Gelehrten ist die christliche Moral eine „der Bewegung" und „notwendig der Zukunft zugewandt auf der Jagd nach einem Gott". Die Religionen müssten sich entsprechend transformieren. „Die Zeit ist vorbei, da Gott sich uns einfach von außen her als ein Meister und Besitzer aufzwingen konnte. Die Welt wird in Zukunft die Knie nur mehr vor dem organischen Zentrum ihrer Evolution beugen. Uns allen fehlt mehr oder weniger derzeit eine neue Formulierung der Heiligkeit."

Mitten im Zweiten Weltkrieg, also in einer Zeit noch schlimmerer Düsternis als der des Coronavirus, machte sich Pierre Teilhard de Chardin 1943 in Peking „Gedanken über das Glück". Er sah es „in der Richtung eines christlichen Humanismus" beziehungsweise eines „superhumanen Christentums", in dessen Schoß „jeder Mensch eines Tages begreifen wird, dass es ihm möglich ist, in jedem Augenblick und in jeder Situation nicht nur einem Universum zu dienen …, sondern in allen Dingen … ein in seiner Evolution mit Liebe aufgeladenes Universum innig zu lieben."[113]

Warum nur haben die Glaubensautoritäten mitsamt ihrer Glaubenslehre solche Angst vor dem Evolutiven, vor einem Gott und einem Christus in einer wahrhaft kosmischen Entwicklung? Dabei ist es genau dieser evolutive Christus, der in einem Zeitalter weitergehender Fortschritte – trotz aller Katastrophen – als Logos, als Schöpfer weiterwirkt, indem er uns und allem Hoffnung und Zukunft gibt. Eine wesentliche Kirche, ein wesentliches Christentum hätte sich wider alle Ablenkung und wider alle Geschäftigkeit darauf zu konzentrieren, dieses Glück des ungläubig-gläubigen Staunens, des Liebens mit den besten Kräften zu bekennen und zu feiern. Gottvertrauen mit Weltvertrauen. Dann würde der christliche Glaube auch wieder sprachfähig dort, wo Neugierige und Nachdenkliche mehr wagen möchten als das Übliche: den unbekannten Gott wagen. In christlicher Perspektive: Mehr Christus wagen, die Ikone des unsichtbaren Gottes, wie es im Kolosserbrief heißt (1,15).

Christus allein – und die Anderen

Trotz aller segensreichen Weiterentwicklungen des interreligiösen und interkulturellen Dialogs bleibt im Kern ein Problem: wie das Bekenntnis zu Jesus Christus als dem Weg und der Wahrheit intellektuell und spirituell redlich zu verbinden ist mit der Tatsache, dass es so viele Religionen und Wahrheitsansprüche gibt und dass die Evolution lange vor der Inkarnation des Gottes- und Menschensohnes in einer über hunderttausendjährigen Geschichte des Homo sapiens derart zahlreiche Weisen der Verehrung des Heiligsten kommen und gehen sah. Diese Vielfalt in der ja wohl gottgewollten Entwicklung der Schöpfung kann kaum als schlichtweg gottwidrig beurteilt werden. Oder hat sich Gott mit seiner Offenbarung im Werk seines Schaffens derart geirrt? Warum – so könnte man im Blick auf den Absolutheitsanspruch des Christentums fragen – kam das ewige Wort des Vaters nicht schon viel früher zur Welt und in die Zeit, obwohl das Gehirn des modernen weisen Menschen dafür doch längst ausreichend komplex gereift war? Warum dieses „Zaudern"?

Wenn wir die Historizität des Christusgeschehens von der Geburt Jesu über seinen Tod bis zur Auferweckung, wie auch immer diese zu verstehen sei, ernstnehmen und nicht als Mythos ins Überzeitliche entsorgen, müssen wir akzeptieren, dass die christliche Geschichte samt Wirkungsgeschichte noch sehr jung ist, keine zweitausend Jahre alt. Was ist das schon angesichts der riesigen früheren Zeiten und der noch bevorstehenden Zeiten des sich auch religiös weiterhin wandelnden Menschengeschlechts! Die Fakten mahnen zu Bescheidenheit.

Der Regensburger Theologe Wolfgang Beinert sieht in der Erklärung des Zweiten Vatikanischen Konzils über das Verhältnis der Kirche zu den nichtchristlichen Religionen (*Nostra aetate*) etwas ungeheuerlich Neues gewagt: Das Konzil hat da – im Gegensatz zu früheren Vorstellungen – nicht die irdischen Vermittlungen des Heils, etwa durch die Sakramente der katholischen Kirche, in den Blick genommen, sondern den universalen Heilswillen Gottes selbst. „Dass Menschen das Heil finden, stiften nicht sie, sondern Gottes Gnade.“[114] Entscheidend ist nicht die je eigene Überzeugung, sondern der Bezug auf die Wahrheit, die dem Menschen nur über einen andauernden Suchprozess zuteilwerden kann. Dies geschieht unter den natürlichen Bedingungen und Bedingtheiten der Schöpfung, insbesondere der Sprache, der Sprachentwicklung, der Denkentwicklung. Gott offenbart sich nach biblischem Verständnis im Logos, den wir aus christlicher Sicht mit Christus identifizieren. „Hinter jedem Wort Gottes steckt seine Liebe zur Schöpfung: Jede Offenbarung ist heilsgerichtet … Jede Religion ist so gesehen An-Sprache Gottes an die Menschen.“

Sprache aber ist nie perfekt. Sprache hat Grenzen. Daher kann die Wahrheitsvermittlung über religiöse Systeme stets nur unvollkommen sein. Kommunikation bedeutet auch da, wo es um das Heiligste geht: Annäherung, Übersetzung. Es ist ein unendlicher Prozess, wobei das „Wort“ nicht nur rationales Reden meint, sondern für Beinert alle kulturellen Ausdrucksformen der Kommunikation einschließt: Kunst, Malerei, Musik, Tanz … Gott kann nicht anders, als sich der Kulturen der Menschen zu bedienen. Gott kommt zu uns über Kultur – mit allen jeder Kultur innewohnenden Verständigungsproblemen. Beinert erläutert dies am Beispiel missionarischer Übersetzungsarbeit, etwa der Übertragung biblischer Texte in eine andere Sprachwelt. Dabei zeigt sich rasch: „Die Wörter sind nicht deckungsgleich, vielleicht gibt es in der anderen Sprache keinen Begriff für das zu übertragende Nomen, oder er meint etwas wesentlich anderes. Und was ist, wenn es auf der anderen Seite nicht einmal die Sache gibt, deren Begriff in die fremde Sprache übersetzt werden soll?“

So ist auch „Gott“ immer wieder ein Sprachproblem. Hinzu kommt – so Beinert – eine noch weitaus „gravierendere Schwierigkeit, die für ihn konstitutiv ist: Er ist absolutes und striktes Geheimnis. Die Kommunikation zwischen uns und ihm ist also per definitionem unvollkommen, weil er in sich (also nicht nur für die Menschen in dieser Welt) unbegreiflich und unaussprechlich ist … Noch sehr anfänglich sind unsere Kenntnisse vom Einfluss der Sprache auf das Denken: Möglicherweise ist das Gottesbild auch davon abhängig."

Die Geschichtlichkeit von Sprache und Denken wird begleitet von der Geschichtlichkeit der Wahrheit. Es gibt sie stets nur im Plural von Wahrheiten. Das meint keineswegs blanken Relativismus. Das bedeutet auch nicht, dass alle Religionen als gleich gültig betrachtet würden. Aber keine Erkenntnis steht ein für alle Mal fest. Auch religiöse Erkenntnis entwickelt sich von Erkenntnis zu Erkenntnis – niemals allerdings aus Tabula rasa, aus Voraussetzungslosigkeit, aus Nichts. Von Nichts kommt auch religiös nichts. Ohne Vorverständnis gibt es kein Verständnis, das als neues Vorverständnis das Sprungbrett zu weiterem Verständnis ist. Die Ahnen des Glaubens sind die Zeugen des Glaubens, die uns helfen, zu Ahnen des Glaubens für das Zeugnis von morgen zu werden. Tradition meint ein Weitertragen und Weiterentwickeln dessen, was wir empfangen haben, auf Zukunft hin, bei aller Unvollkommenheit. Wahrheit wächst durch Wahrheit.

Christen sollen ihren Christusglauben nicht im Traditionalismus ersticken. Sie sollen das, was ihnen überliefert wurde, aber auch nicht eingeschüchtert klein machen. Im interkulturellen wie interreligiösen Dialog sollen sie ihr Licht, das Christus ist, nicht unter den Scheffel stellen. Zeugnis geben, Haltungen bewahren, Argumente liefern: Verständigung baut auf Erkenntnis auf und nicht auf Ahnungslosigkeit. Wer nichts zu sagen hat, wer für nichts eintreten will, braucht sich nicht zu wundern, wenn am Ende über ihn hinweg entschieden wird. Religion unterscheidet sich da in keiner Weise von Politik. Denkfaulheit und Meinungsschwäche schaffen nicht Toleranz, sondern begünstigen Intoleranz.

Die Wahrheit der Anderen mit der Wahrheit des Eigenen verbinden und diese als Wahrheit für Andere anschlussfähig machen – das ist die eigentliche geistige Herausforderung und Horizonterweiterung des Christusglaubens. Ein immerwährender, stets unabgeschlossener Prozess. Nicht zufällig hat bereits der Autor der Johannesevangeliums Christus selber als prozesshaft erkannt und verkündet, als dynamischen Logos, als Weg, Wahrheit und Leben. Der Logos, der da gemeint ist, ist ein universaler Logos, ein kosmischer Logos für alles und alle.

Das Christusbekenntnis wiederum entwickelt sich unaufhörlich weiter als Christusprozess, als mystischer Prozess mit Christus. Beinert formuliert es so: „Weil der Gott-Mensch Christus die Wahrheit, diese also personal ist ..., kann sie auch von der Kirche nicht besessen werden wie eine Sache, sondern ist stets größer als jegliche menschliche Erkenntnis, auch die der Kirchenleute. Ihr Absolutheitsanspruch ist dann kein in sich ruhender, eben absoluter Vollkommenheitsanspruch, sondern im idealen Fall ein relativer. Kriterium zur Wertung der Anderen ist ferner nicht mehr das eigene Dogma, sondern das Wahre und Heilige, das durchaus dort, durchaus aber auch bei den Anderen und vielleicht sogar nur bei diesen zu finden sein könnte. Die Wahrheitsstrahlen werden nicht von den Kirchenlampen generiert, sondern von Christus, der laut Kirchenkonstitution ‚Lumen gentium' das ‚Licht der Völker' ist. In diesem Moment kommt die Positivität der Religionen zum Leuchten."

Weil die christliche Missionsgeschichte allzu lange mit der Imperialismusgeschichte, der kolonisatorischen Unterwerfung von Ländern und Völkern verbunden war, wurde das christliche Bekennen und Zeugnisgeben, der Christusimpuls selber, in Misskredit gebracht. Selbst viele Christen scheuen sich daher, offen von dem Zeugnis abzulegen, was sie für sich als Glaubenswahrheit erkannt und angenommen haben. Gegenseitiges Sich-auf-die-Schulter-Klopfen der Art „Ich bin okay, du bist okay" führt jedoch nicht weiter. Die amerikanische Theologin Catherine Cornille verlangt wieder mehr Redlichkeit: „Das letzte Ziel des interreligiösen Dialogs ist das Streben nach oder das Wachsen in der Wahrheit ... Während die Religionswissenschaft letztlich auf Wissen und Verständnis abzielt, geht es im Dialog um die Möglichkeit, einander zu bereichern, einander zu inspirieren und, ja ..., einander auch zu verändern. Deshalb ist das Zeugnisgeben ein wesentlicher Bestandteil jedes interreligiösen Dialogs. Es setzt voraus, dass man sich für eine bestimmte Religion engagiert und wirklich von der Gültigkeit und Wahrheit ihrer Lehren überzeugt ist ... Deshalb meint Zeugnisgeben nicht nur, die Inhalte und Praktiken des eigenen Glaubens oder Fakten über die eigene Religion mit anderen zu teilen, sondern auch, persönliches Engagement zu zeigen und sich zu ihrer Wahrheit zu bekennen – und deshalb spricht es häufig eine deutlichere Sprache, wie man lebt, als was man sagt."[115] Das schließt Demut vor den Anderen ein – und vor Gott. Das Fremde kann dann zum Spiegel für das Ureigene werden, zur Motivation, das eigene Glauben nochmals tiefer zu durchdringen und zu erfassen.

Im europäischen Kontext nachhaltiger Säkularisierung, in der sich die allermeisten Getauften ihrer eigenen Religion entfremdet haben, wird der interreligiöse Dialog mehr und mehr zu einer Herausforderung des intrareligiösen Dialogs: wie Christen vor Christen nicht nur Rechenschaft geben von ihrem Glauben, sondern wie Getaufte andere Getaufte inspirieren können, sich wieder neu auf die Suche nach der eigenen Wahrheit in Jesus Christus zu begeben. Bekehrung beginnt immer als Selbstbekehrung.

Der Niedergeschlagenheit und Furcht der Jünger nach dem Kreuzesgeschehen begegnet der auferstandene Christus nicht mit dogmatischen Traktaten, Lehrformeln oder Anweisungen zur Glaubenswissensvermittlung, sondern mit sehr einfachen Gesten und Worten. Der Türöffner zur Seele ist nach Lukas und Johannes der Gruß: „Friede sei mit euch!" Die simple Friedenszusage, eine Art Friedensgebet, weckt den erlahmten Geist. Papst Johannes Paul II. hat dieses Zeichen der österlichen Zeit der Urchristen als österliches Zeichen der Zeit für das multireligiöse Heute wiederentdeckt. Er hat damit und mit seinen Weltgebetstreffen der Religionen Anstoß erregt, gerade in den eigenen Reihen. Zu Recht. Denn der Auferstandene ist – so die Erkenntnis von Johannes Paul II. – kein Glaubensdiener zur Befriedigung einer binnenreligiösen Kirchengruppenseligkeit. Die reformatorische Rückbesinnung auf „Christus allein" bedeutet in heutiger Perspektive: Der Christen „Herr und Bruder Jesus Christus" ist ebenso der Christus der Anderen wie der Christus des immer wieder überraschend, unerwartet neu Anderen. Die Ikone des unsichtbaren Gottes bewegt die Sprache weiter, auch die religiöse, vom Alpha bis zum Omega.

Der Christusglaube, individuell und anspruchsvoll

Bei allem historischen Wandel bleibt die Identität des Christseins und Kirscheseins die Christusbezogenheit. Das individuelle Christusverständnis hat Teil am universalen Christusverständnis – und umgekehrt. Der Gottesglaube der Christen ist nicht von einer allgemeinen Religiosität her bestimmt, sondern vom Christusglauben her, wie auch immer dieser sich individuell religiös-spirituell und mystisch ausprägen mag und soll. Wie in den historischen Anfängen wird das Christentum auch unserer Tage zukunftsfähig allein dadurch, dass es eine zeit- wie weltbezogene Christusmystik entwickelt und ständig weiterentwickelt.

Der Christusglaube ist nicht einfach. Er ist und bleibt schwierig und sperrig. Aber gerade wegen seiner Widerborstigkeit gegen allzu diesseitige Heilserwartung war und ist er attraktiv für nachdenkliche und kritische Zeitgenossen, zur Zeit Jesu ebenso wie zur Zeit des Paulus oder in unserer Zeit. Solches Glauben mutet dem volkstümlichen Kindchenschema vom Jesuskind in der Krippe die Fremdheit des erwachsenen Christus zu, die „Absurdität" des Kreuzes sowie die durch keinerlei irdische Erfahrung gesättigte Auferweckung Christi als Hoffnung der Auferstehung der Toten. Der Menschensohn-Logos bedient nicht einfachhin nur privatreligiöse Wünsche, sondern hält als der kosmische Gottessohn ebenso die universale Heilserwartung wach. Wer aber kann so etwas heute glauben? Wer kann in Christus die plausible Ikone des unsichtbaren, unbekannten Gottes sehen, die Greifbarkeit des Erhabenen in den Niederungen von Welt und Geschichte, in der Materie die Durchdringung des unendlichen Geistes?

Solches Glauben ist anspruchsvoll – in den Begriffen wie in den Bildern. Solche Mystik verlangt mehr als eine weichgespülte Mythologie. Daran muss sich auch die Kirche stets messen lassen. Es geht tatsächlich um den Christusglauben als das Besondere des kirchlichen Glaubens, nicht in erster Linie um Moral oder soziale Dienstleistung, so wichtig das sein mag und zum Christusbekenntnis dazugehört. Die Kirche muss sich kritisch daran erinnern lassen, dass sie nur als Kirche Jesu Christi eine Existenzberechtigung hat. Der Jesus der Geburt, der Jesus Christus des Kreuzes und der Christus der Auferweckung zum ewigen Leben bei Gott – auf diese Dreifach-Autorität christlichen Glaubens und Bekennens kann diese Religion nicht verzichten. Aber auch nicht auf eine Religiosität, die immer wieder das Kirchesein selber kritisch anfragt, anregt und reformerisch zur Korrektur treibt. Gemütlich ist solches Christsein nicht, aber ehrlich.

Das positive Atmosphärische individueller Heilsbedürfnisse mag einst wie jetzt ein wichtiger Anknüpfungspunkt sein, um zum Christusglauben zu kommen und damit zu einer kritischen wie selbstkritischen Religion, zu einer wahren Religion, welche die Anstrengung des kommunikativen Diskurses wie kommunikativer Autorität nicht scheut. Eine harmlose Privatoffenbarung, die jedem Wohl und Heil nur nach seinen Wünschen bestätigt, war das Christentum nie. Im Sperrigen liegt seine Chance auch für morgen.

Das Christusereignis begann kritisch bereits mit der Geburt des Jesuskindes, und es blieb kritisch mit dem Auferweckungsglauben wider die pure Unterwerfung unter die Banalität des Bekannten. Nicht das niedlich-süße Säuglings-„Jesulein zart" in der Krippe, sondern der erwachsene Christus-Messias, der in die Tragik von Leben und Sterben eingetaucht ist, wurde zum Stern der Hoffnung, zum Trost der Vielen, zum Heiland der ganzen Welt. Als Trost der belebten wie der unbelebten Schöpfung kann er auch zu meinem Trost werden: Licht, Leben, Liebe über mein kleines Monaden-Ich hinaus. Die Sehnsucht und Hoffnung für die Anderen, für die Lebenden wie für die Toten, ist auch die Sehnsucht und Hoffnung des einzelnen Christen. Welch ein Glück, wenn man mit diesem Christusglauben nicht nur sich selbst beglückt. Welch ein Glück, mit solch mystischer Religiosität auch eine gute und wahre Religion zu haben! Christus gestern, heute und in Ewigkeit! Das mystische Bekenntnis der Gemeinschaft der Glaubenden ist auch in der persönlichen Christus-Mystik einzigartig.

IX. Lebensgefühl Christsein

Ist Gott systemrelevant?

Bereits zu Beginn der weltweiten Coronaseuche hatten verschiedenste Berufe und Branchen miteinander gewetteifert, wie unersetzbar wichtig sie für die Aufrechterhaltung der gesellschaftlichen Ordnung und für die medizinische wie sonstige Grundversorgung der Bevölkerung seien. Auch die Kirche wäre gerne „unabkömmlich" gewesen. Doch auch sie musste sich massiv einschränken beim Spenden der Sakramente, bei liturgischen Feiern, bei Gottesdiensten. Die Kirchen beanspruchten ebenfalls, systemrelevant zu sein, wenn sie sich auch aufgrund des gesunden Menschverstands den politisch angeordneten Hygienemaßnahmen beugten. Dabei wurde weiterhin über die systemimmanente Öffentlichkeitsarbeit der Eindruck erweckt, als ob die Bevölkerung geradezu darauf harrte, wieder in großer Zahl und Gemeinschaft Liturgie feiern zu dürfen, als ob das Christentum vor dem Ausbruch der Seuche glorreiche Zeiten erlebt habe.

Die Wahrheit ist, dass den allermeisten Bürgern ohne Gottesdienst religiös gar nichts fehlte und nichts fehlt. Umfragen hatten ermittelt, dass nur Minderheiten die aktive direkte Teilnahme an den Hochfesten des Kirchenjahres, zu Weihnachten und Ostern, vermissten. Spätestens das tödliche Virus brachte es an den Tag: Das Christentum wird vom größten Teil des Volkes nicht mehr als systemrelevant betrachtet. Selbst der deutsche Bundespräsident Frank-Walter Steinmeier musste in seiner österlichen Ansprache 2020 dieser Tatsache Tribut zollen. Er nahm vorrangig auf die frühlingshaften Allerweltsgefühle Bezug: „Draußen erblüht die Natur, und wir sehnen uns hinaus ins Freie – und zueinander: zu lieben Menschen, Familie, Freunden. So waren wir es gewohnt. So gehörte es dazu. Doch dieses Jahr ist alles anders. Es tut weh, auf den Besuch bei den Eltern zu verzichten. Großeltern zerreißt es das Herz, nicht wenigstens an Ostern die Enkel umarmen zu können. Und viel mehr noch ist anders in diesem Jahr. Kein buntes Gewimmel in Parks und Straßencafés. Für viele von Ihnen nicht die lang ersehnte Urlaubsreise. Für Gastwirte und Hoteliers kein sonniger Start in die Saison. Und für die Gläubigen kein gemeinsames Gebet. Und für uns alle die bohrende Ungewissheit: Wie wird es weitergehen?"

Erst nachrangig – und das zeigt die Realität in dieser Gesellschaft auf – deutete Steinmeier, obwohl selber ein engagierter Christ, knapp, fast ein wenig verschämt und distanziert den christlichen Sinn an: „Ausgerechnet an Ostern, dem Fest der Auferstehung, wenn Christen weltweit den Sieg des Lebens über den Tod feiern, müssen wir uns einschränken. Einschränken, damit Krankheit und Tod nicht über das Leben siegen."[116]

Selbst das Hochfest der Christenheit schlechthin ist demnach keineswegs systemrelevant, weder für das gesellschaftliche Leben noch für den Zusammenhalt. Nahezu die Hälfte der bundesdeutschen Bevölkerung gehört gar keiner Kirche mehr an. Für den „Ruck durch die Gesellschaft", den der frühere Bundespräsident Roman Herzog einmal beschwor, reicht das Grundgesetz mit seinen Wertansagen völlig aus, wenn auch in seiner Präambel aus Pietätsgründen gegenüber den christlichen Gründervätern noch die Verantwortung vor Gott genannt wird. Für die Versorgung mit Moral ist Jesus Christus als Gottes- und Menschensohn ohnehin nicht zur Welt gekommen, dafür musste er nicht leben, leiden, sterben, von Gott auferweckt werden. Wozu dann sonst – wenn nicht zu einer über diese Welt hinausweisenden Hoffnung für diese Welt?

Die geschäftigen Kirchenverantwortlichen taten in dieser schweren Zeit so, als ob die Menschen in Scharen das Heil zum Beispiel in – digital übertragenen – Gottesdiensten oder alternativen Seelsorgehandlungen suchten. Doch zeigte sich, dass es für die große Mehrheit der Getauften in den vielen Monaten der sozialen Distanz und auch danach ganz ohne geht. Der christliche Kult und die Sakramente werden in der Breite der Bevölkerung keineswegs mehr als derart systemrelevant empfunden, wie es früher aus Gewohnheit oder zur Brauchtumspflege und Gemeinschaftsbildung der Fall war.

Und Gott selbst? Ist er systemrelevant? Die Naturgesetze der kosmischen wie biologischen Evolution funktionieren ohne ihn. Die Wissenschaften verbuchen einen Fortschritt nach dem anderen, ohne Gott in ihre Modelle, Theorien, Beweise aufnehmen zu müssen. Berühmt ist die Aussage des Mathematikers und Astronomen Pierre-Simon Laplace, der auf die Frage Napoleons „Aber wo ist Gott in Ihrem System?" antwortete: „Sir, diese Hypothese habe ich nicht nötig!"

Auch für die Rettung der Menschen vor schrecklichen Krankheitserregern, für die Erfindung von Arzneien und Impfstoffen, für die ungeheuer

staunenswerten Entdeckungen der Biomedizin, Genforschung und Hirn-
forschung über die Entstehung, Produktion und Unterstützung natürlichen
wie künstlichen Lebens braucht man Gott nicht. Der Hirnforscher Gerhard
Roth sagte einmal: „Wenn es Gott gibt, ist er völlig anders, als jeder Theolo-
ge ihn sich vorstellt." Oder sollte man sich immerhin dem Physiker Werner
Heisenberg zuwenden, der zumindest andeutete: „Der erste Trunk aus dem
Becher der Naturwissenschaft macht atheistisch, aber auf dem Grund des
Bechers wartet Gott."?

Wenn also Gott – auf welche Weise? Schon vor den großen Pestepide-
mien oder Naturkatastrophen wie dem Erdbeben von Lissabon (1755) hatten heftige „Systemstörungen" die Menschen in ihrem Glauben erschüttert.
Genauer: den Systemglauben gebrochen. In der Not flüchteten sich viele in
den Wunderglauben. Viele andere jedoch nicht. Wieder andere ahnten:
Gott passt in keines der – ob frommen oder unfrommen – Systeme, in den
ihn die Menschen mit ihren religiösen, nicht-religiösen, kulturellen, wissenschaftlichen oder alltagsgeschichtlichen Vorstellungen zwängen wollten. Gott – wenn, dann der große Systembrecher.

In existenziell heftiger Weise hatte zum Beispiel der dänische Philosoph
Sören Kierkegaard alles religiöse Systemdenken – in strikter Polemik gegen
den Systemdenker Hegel – verworfen. Auch wenn der Mensch ein starkes,
tiefes religiöses Verlangen habe, sei er doch eher versucht, sich Gott zumindest ein klein bisschen anders zu dichten, als er ist: „ein wenig mehr nach
der Art eines liebenden Vaters, der sich allzu sehr – dem einzigen Wunsche
– des Kindes fügt"[117].

Kierkegaard hatte sich dagegen gesträubt, Gott in ein System zu betten
und sich ihn somit, fein dogmatisch, liturgisch und rechtlich korrekt, gefügig zu machen. Der Philosoph, der mit dem dänischen Staatskirchensystem
brach, sah den Einzelnen in seiner Existenz in radikaler Weise einem Gott
gegenübergestellt, zu dem weder einfachhin eine Ordnung der Ästhetik
noch Ethik führen, vielmehr einzig die innerste existenzielle Erschütterung
eines Glaubens, der sich nicht in und nach Begriffen ordnen lässt. Gott,
die Wahrheit, geht nicht auf in der wohlanständigen Alltagsgeschäftigkeit, auch nicht in der Kirchengeschäftigkeit, die meint, der ewigen Glückseligkeit irgendwie habhaft zu werden. Erst in der Erschütterung – nicht
zuletzt über die Sündigkeit des eigenen Lebens – ist die Verzweiflung als
Krankheit zum Tode zu durchbrechen und der Zugang zu einem Glauben

in Wahrheit fernab bürgerlicher Genügsamkeit, Behaglichkeit und bürgerlichen Besitzstanddenkens zu erkämpfen. Bei diesem Kampf um Gott und seine Wahrheit, individuell, subjektiv, passt Gott in kein System. Er ist nicht systemrelevant. Weder für die weltliche Gemeinschaft noch für irgendein frommes Gemeinwohl.

Könnte es sein, dass die Christenheit durch und nach Corona und dessen Erschütterung wieder die Chance erhält, ein saturiertes weltliches wie religiöses Systemdenken zu sprengen? Also einen unangepassten Gottesglauben und anstößigen Christusglauben neu zu lernen? Gar die Auferstehung als entscheidenden Akt der Sinngebung wiederzuentdecken?

„Gott funktioniert nicht", sagte der streitbare Seelsorger Thomas Frings in einem Buch gleichen Titels.[118] Gott ist kein Erfüllungsgehilfe noch so frommer, menschlich verständlicher und weiterhin magisch infizierter Bitten um dieses oder jenes, ob um Gesundheit oder Seelenheil, ob um gesunde Kinder oder eine gelingende Prüfung, ob um einen beruflichen Erfolg, einen ertragreichen Geschäftsabschluss oder einen Liebespartner fürs Leben … All das hatte und hat seinen Platz in der Frömmigkeitsgeschichte verschiedenster Religionen. Und erweist sich doch selbst mehr und mehr als Trugschluss, der modernen Menschen den Glauben eher zerstört als erbaut. Denn eigentlich passen auch Gebete nicht wirklich ins System, weil sie, in expressivster, existenziellster Form, dieses sprengen. Ein funktionalistisch angeforderter Gott, der – obwohl er kein Funktionär ist – bei Nichterfüllung stets damit entschuldigt werden muss, dass er schon wisse, wozu das gut ist, gleitet ins Absurde. Mehr noch als das Leid der Welt ist dies der Fels des Atheismus.

Der Theologe Johann Baptist Metz sagte einmal: „Wir haben heute eine Kirchenkrise; aber viel entscheidender ist doch: Es gibt eine Gotteskrise. Diese Krise ist kein Kirchenproblem, sondern ein Menschheitsproblem. Es gibt einen Atheismus, der Gott im Munde führen kann, ohne ihn ernsthaft zu meinen."[119] Es kann im Glaubensringen eigentlich nur darum gehen: Gott Gott sein lassen. Sich Gott nähern in der Einsamkeit der eigenen Existenz, in der Ergriffenheit zwischen Endlichkeit und Unendlichkeit, in der Erschütterung von Sterblichkeit und Ewigkeit, Anfangslosigkeit und Anfang, in der Undurchschaubarkeit von Zufall und Notwendigkeit, in der Rätselhaftigkeit des Zusammenspiels von Materie und Geist, von Nichts und Allem, dem Unsichtbaren wie dem Sichtbaren. Denn darin besteht das wahre Wunder.

Krisenzeiten könnten durchaus auch heute Heilszeiten sein. Selbst wenn eine Epidemie nicht von Gott zum Bestrafen sündiger Menschen, gar einer sündigen Menschheit geschickt ist, kann diese schwere existenzielle Prüfung Anlass geben, in sich zu gehen, die Frage nach der wahren, guten, richtigen Existenz, nach einem sinnvollen Leben neu zu stellen.

Es kann sein, dass die Gottesfrage nach Corona noch mehr verstummt, dass die Kirchen noch leerer werden und dass das Christentum noch heftiger an Plausibilität verliert. Den Nachdenklichen jedoch kann Gott näherkommen als der Systemlose, Systemsprengende – als ganz Anderes, aber nicht völlig fremd.

„Da mir eng war, hast du mir's weit gemacht." So hatte der Freiburger Religionsphilosoph Bernhard Welte (1906–1983) einen Satz aus dem zweiten Vers des vierten Psalms übersetzt und als Spruch für seine eigene Totenliturgie gewählt. Das Kirchensystem, das sich seit Langem mit sich selbst beschäftigt und anscheinend immer mehr um sich selber dreht, braucht den Blickwechsel: hin zu dem, was uns inmitten der Glaubensprobleme eine Glaubensweite schafft, in der Gott – in Christus – uns näher ist, als wir uns selber sind. Gott ist nicht systemrelevant, Gott war nie systemrelevant. Gott ist Gott – Gott sei Dank. Deshalb aber doch: existenziell relevant.

Stimmigkeit oder der gestimmte Glaube

Die alte, oftmals agrarisch geprägte, so selbstverständliche und schlichte Volksfrömmigkeit mit einem geradezu selbstverständlichen Wunderglauben, der mit einem möglichen Eingreifen Gottes in den natürlichen Lauf der Dinge rechnete, worauf man zumindest im bittenden Beten hoffte, ist weitgehend verschwunden. Das Kirchenmilieu, in das sich zig Generationen – trotz aller persönlichen, zwischenmenschlichen Konflikte und Zweifel an der Obrigkeit wie am Glauben selbst – eingebettet fühlten, hat sich aufgelöst. Das Vergangene kehrt nicht mehr zurück. In den städtisch geprägten Kulturen hat sich hingegen eine säkulare „Volksfrömmigkeit" ausgebreitet: die Sehnsucht nach einer weltlichen Sinnlichkeit, im Starkult wie in persönlichen Wellnessbedürfnissen. Dabei wächst bei nicht wenigen „religiös Unmusikalischen" noch etwas mit: das Interesse an einer stärker leiblichen, körperbetonten Spiritualität. „Ich bin spirituell, aber nicht religiös." Das scheint eine inzwischen weitverbreitete innere Haltung zu kennzeichnen. Die seelischen Grundbedürfnisse nach einem „Mehr" jenseits materieller Erfüllung verschwinden nicht, wenn zu ihrer Befriedigung auch Wege und Methoden abseits der christlichen Frömmigkeit gesucht werden.

Mit diesem Trend werden auch wieder Erwartungen von außen an die Kirchen herangetragen, die immer noch als Experten für spirituelles Erfahrungswissen gelten. Und sie versuchen, dem nachzukommen, zum Beispiel in Exerzitienhäusern mit Auszeiten für gestresste Manager. Wellnesskuren und stille Tage in Klöstern sollen helfen, die Work-Life-Balance wiederzufinden. Die besondere Atmosphäre monastischen Lebens, die regelmäßige Wiederkehr von Gebet und Kontemplation scheint das zu begünstigen. Kirchenläden verkaufen Produkte zur Pflege der leiblich-seelischen Gesundheit. Erbauung ja, Gott nein?

Aber auch der bewusste christliche Glaube braucht zu seiner Stärkung und Erneuerung wesentlich das Atmosphärische. Der gelebte Glaube gründet auf einem gefühlten Glauben. Dieser ist deshalb keineswegs ein unkritischer, irrationaler Glaube. Im Gegenteil: Die heutigen Probleme aufgeklärter Menschen mit vielen religiös-theologischen Vorstellungen aus Zeiten der früheren Volksfrömmigkeit erwachsen meistens ja aus der Spannung, dass der amtlich gelehrte und offiziell bekannte Glaube immer weniger übereingeht mit der modernen Welterfahrung und Welterkenntnis. Kann man, soll man glauben gegen diese Erfahrung? „Da stimmt doch was nicht!" Dieses oftmals diffuse, von den Menschen meistens schwer zu erklärende Unbehagen vermehrt sich und erzeugt Distanz. Man weicht zur Rechtfertigung dann unter anderem auf Standardfloskeln aus wie: „Wegen des Zölibats ist die Kirche unzeitgemäß." Oder: „Der Gottesdienst ist langweilig." Aber eigentlich meint man etwas anderes: „Die Glaubensweise ist nicht mehr stimmig, es klemmt an allen Ecken und Enden."

Der erfahrene Glaube verzichtet nicht auf Wissen. Er nimmt teil an einem Wissen, das auf vielfältige Weise durch die Schule der rationalen Reflexion ebenso wie durch die Schule der emotional geprüften Bedeutsamkeit und Plausibilität gegangen ist. Ein Glaube, der mir nichts bringt, bringt mir nichts. Von einem derart entleerten Glauben, der vielleicht nur noch Folklore, ein Ritual ist, verabschieden sich die Leute. Das ist eine grundehrliche Einstellung. Denn anhaltend gegen den eigenen Verstand und gegen die eigenen Gefühlswelten, gegen die eigene Weltwahrnehmung glauben kann niemand. Der atmosphärisch dichte gefühlte Glaube hingegen ist ein leibhaftiger und stimmiger Glaube.

Dazu gehört wesentlich die Erfahrung, in Freude und Hoffnung, Trauer und Angst, Zuversicht und Zweifel kirchlich ernstgenommen zu werden. Glauben ist ein Weg, kein Zustand, kein Verharren. Seine Inspirationsquelle ist auch und gerade in aufgeklärten Zeiten Erfahrung im umfassenden Sinn, auch als wissenschaftliches Wissen. Nicht wenige Menschen, die sich von der Kirche – innerlich noch mehr als äußerlich – abgewendet haben, wären durchaus aufgeschlossen für einen christlichen Glauben, der durch das Leben geht und selber vom göttlich geschaffenen, evolutiv dynamisierten Leben lebt. Doch dazu braucht es viele Seelenbegleiter mit Vollmacht, die erfahrungsgesättigt aus dem Leben schöpfen und Glauben anregen, indem sie Plausibilitäten stiften und nicht Wahrheiten gegen Plausibilitäten behaupten. Der kritische Glaube ist kein rationalistisch reduzierter Glaube, wie manchmal unterstellt wird. Er ist vielmehr ein begründeter Glaube, der unaufhörlich nach Gründen sucht, der auch schwierige Erfahrungen an sich heranlässt, gerade wenn sie ihm widersprechen.

Der Wissenschaftsjournalist Harro Albrecht hat darauf hingewiesen, dass in vielen Bereichen der ärztlichen Heilkunst, der Wissenschaft und der Technik inzwischen das Erfahrungswissen neu geschätzt wird. Zwar verlässt sich „der aufgeklärte Mensch ... lieber auf Statistiken, Berechnungen, wissenschaftliche Studien. Erfahrung wird ... mit Argwohn betrachtet"[120]. Mittlerweile habe man allerdings erkennen müssen, dass die „Kälte einer an Zahlen orientierten Medizin" kein Königsweg ist. Denn sie vereinfacht zum Teil unzulässig die Vorstellung vom Patienten. Oftmals sei es wichtig, aus der Flut der Daten das Wichtige herauszufiltern – durch „Bauchgefühl". „Der Trick liegt in einer schrittweisen Annäherung an die beste Lösung – und vor allem im intuitiven Weglassen überflüssiger Informationen." Der wachsame Arzt erfahre „vom ersten Augenblick an sehr viel mehr über den Patienten, als ihm die nackten Messwerte eines EKG oder Blutdruckmessgeräts verraten könnten. Stimme, Gesichtsfarbe, Händedruck, seine Lebensverhältnisse, sie vervollständigen das Bild des Patienten. Aus vielen solchen Eindrücken entsteht Erfahrungswissen." Mehr noch: eine Wissensatmosphäre. Oft fehle jungen Medizinern leider die Gelegenheit, anhand erfahrener Ärzte solches Erfahrungswissen lernend zu sammeln. „Es drängen sich immer mehr Geräte zwischen Arzt und Patient", wird ein

Risikoforscher zitiert. Albrecht: „Das Ergebnis sei ein von Maschinen und Statistiken gelenkter Arzt, der sich wie viele Autofahrer nur auf technische Navigationssysteme verlasse. Verschlägt es ihn auf unkartiertes Terrain oder streikt das Gerät, ist er verloren."

Der Journalist Thomas Assheuer bemerkt: „Mag unsere Identität auch fragiler sein als früher – das Ideal der mündigen, durch Erfahrung gebildeten Person könnten wir gar nicht aufgeben. Die Wissensgesellschaft ist zu unserer ‚zweiten' Natur geworden, es gibt keinen Notausgang, um ihr zu entkommen. Denn ob wir wollen oder nicht: Wir sind dazu verurteilt, Erfahrungen zu machen. Und sei es nur die, dass unsere Erfahrungen brüchiger sind als früher."[121]

Erfahrungen machen heißt aber gerade nicht, immer dasselbe für richtig halten und tun, sondern: sich verändern lassen. Der Kognitionspsychologe Markus Kiefer hat erforscht, wie neue Erfahrungen im Gehirn an alten geprüft werden, jedoch so, dass die den Menschen nicht konservativ stehenbleiben lassen. „Ich kann gezielt neue Situationen aufsuchen, die mein vorhandenes Wissen infrage stellen."[122]

Dies geschieht ständig auch auf dem Glaubensweg mit dem Glaubenswissen. Kiefer: „Gefühle sind ganz zentral, wenn es um die Steuerung unserer Handlungen geht. Rein rational können wir Dinge beurteilen, aber ob wir die tatsächlich in Handlung umsetzen, hängt sehr stark von unseren Gefühlen ab. Und diese Gefühle sind dann wieder die Manifestation gemachter Erfahrungen mit ähnlichen Situationen, die angenehm oder unangenehm waren. Es gibt keine kalte Kognition. Um das Richtige zu tun, brauchen wir auch das richtige Gefühl dazu."

Das trifft genauso auf den Glauben zu. Um das Richtige und richtig glauben zu können, benötigen wir wie in der Musik eine Atmosphäre der Stimmigkeit und der Gestimmtheit. Der christliche Glaube ist in Bewegung zu bringen mit der Kraft des Verstandes *und* der Kraft der Intuition, die spürt, ob etwas stimmig ist oder nicht: welterfahren – und nicht weltfremd.

Der einzelne Wanderer

Ein schwerwiegendes Problem der Kirchen ist, dass sie in der Art, wie sie sich in Ämtern, Strukturen, Kult, Frömmigkeit und dogmatischen wie moralischen Aussagen präsentieren, von vielen Menschen nur noch als exotisch wahrgenommen werden können. Der Trierer Kommunikationswissenschaftler Jo Reichertz und die Hagener Organisationssoziologin Sylvia Merlene Wilz sehen den schleichenden Prozess der „Exotisierung" durch zwei Entwicklungen vorangetrieben: Zum einen wirke das Christliche oftmals nur noch als eine Weltanschauung, die für die meisten Menschen in dieser Gesellschaft allenfalls noch in den Medien stattfindet, öffentlich wird, aber nicht mehr in der Mitte des realen Lebens. Zum anderen sei die – vor allem von der maßgeblichen katholischen Lehrautorität – amtlich verkündete Glaubens- und Wertehaltung in der Breite der Gesellschaft derart unverständlich geworden, dass sie substanziell neu begründet werden müsste, was aber – die Ratlosigkeit in der Gottesfrage zeigt es – nicht wirklich geschieht. Deshalb würden selbst die engagierten Katholiken „lieber flüsternd als beredt in ihrer Welt Zeugnis ablegen"[123].

Den Evangelischen aber geht es nicht besser. Die Verdunstung des religiösen Lebens hat sich hier schon viel früher beschleunigt – und das gleichfalls weit über das deutsche Landeskirchentum hinaus. Die Herausforderungen sind bekenntnisübergreifend klar. Die Versuche lehramtlicher Autoritätsinstanzen, über die Fakten hinwegzutäuschen, taugen nicht. Es braucht neue Antwortversuche, auch institutioneller Art. Ein erster Schritt wäre, die Ausgangslage ohne jedwede Schönfärberei zu analysieren. Das verlangt, nicht einfach denjenigen die Schuld zuzuweisen, die aus guten Gründen nicht mehr so glauben können, wie man früher angeblich selbstverständlich geglaubt hat. Die Not mit Gott, mit vielen überlieferten archaisch-mythologischen Gottesbildern, mit einer naiv-infantilen Art mechanistischen Betens oder mit magischen Sichtweisen der Wirkung der Sakramente hat mit Schuld wenig bis gar nichts zu tun, jedoch viel mit gewandelter (Welt-)Erkenntnis. Die Menschen mögen zwar aus Verzweiflung über manche Dürftigkeit und mangelnde Plausibilität religiöser Vorgaben auf Distanz zur institutionell verfassten Religion gegangen und sich in die innere Emigration begeben haben. Trotzdem schlummert in nicht wenigen weiterhin ein Rest spiritueller Nachdenklichkeit.

Diese Nachdenklichkeit geht auch dann nicht zwingend verloren, wenn dem Gottesglauben jedwede Plausibilität abhandengekommen zu sein scheint. Kaum jemand hat das an der Nahtstelle zwischen Glauben und Nichtglauben derart bewegend ausgedrückt wie der Schriftsteller Martin Walser. In einem Interview wurde er darauf angesprochen, dass immer weniger Menschen die Kirchen besuchen. Geht uns die Begabung zum Glauben verloren? In seinem Roman *Muttersohn* heiße es über den Protagonisten Percy doch, er habe eine Begabung zum Glaubenkönnen. Daraufhin Walser: „Percys Mentor, Professor Feinlein, sagt: Es gibt Leute, die können glauben – und andere können das nicht, die sind gar nicht glaubensfähig. Viele Intellektuelle sind heute mehr oder weniger stolz darauf, dass sie Atheisten sind. Ich sage: Auch wenn es Gott nicht gibt, dann fehlt er mir. Deswegen könnte ich nie Atheist werden. Mir fehlt Gott. Es wäre toll, wenn es den gäbe!"[124]

Derartige Unruhe, derartiges Fühlen, dass Gott – mir – fehlt, kann zum Ausgangspunkt einer starken Suchbewegung werden, die ins Transzendente ausgreift, individuell, persönlich, eigen. Religiöse Sterilität, Flachheit, Oberflächlichkeit, Floskelhaftigkeit und Anspruchslosigkeit, wie es sie nicht selten in einer bloßen Behauptungstheologie und kirchlichen Behauptungsverkündigung gibt, werden dabei kritisch hinterfragt. Es gibt kein Zurück „hinter die Mündigkeit des Einzelnen". Sie hat einen grundlegenden Perspektivwechsel der Moderne eingeleitet und wirkt sich nachhaltig aufs Religiöse aus. Die Theologin Lydia Bendel-Maidl beurteilt diese Veränderung hin zum Individuellen, also „Unteilbaren", und gerade deshalb anderen oft nur schwer oder gar nicht Mitteilbaren des Seelen-Urgrunds der eigenen Glaubensbewegungen positiv. Das korrigiert kirchliche Auffassungen und Appelle, die vor allem Gemeinde, Gemeinschaft und Einheit, also das Kollektivistische, beschwören. „Auf verschiedenen spirituellen Wegen, die weithin an den großen Kirchen vorbeigehen, suchen mehr und mehr Menschen nach der Erfahrung eines letzten Gehaltenseins, nach einem sie in einer letzten Tiefe ohne Bedingungen tragenden Grund."[125] Das „Spirituelle", so vage und diffus es sich auch zeigen möge, bestätige die klassische Bedeutung von Religion im ursprünglichen Sinn „als Rückbindung an das Absolute, das Göttliche".

Leider nur bringe die Institution Kirche – einschließlich ihrer Ämter – zu wenig Wertschätzung auf für das Subjekt Mensch, der auch als religiöses

Wesen Subjekt ist. „Der Anspruch einer unmittelbaren Beziehung zu Gott, in allen Epochen von der Hierarchie beargwöhnt, stehe auch heute in der Gefahr, in einer Kirche zu verschwinden, die sich vor allem als lehrend und erziehend – mater et magistra – verstehe." Das geistliche Amt wacht geradezu eifersüchtig darüber, dass seine Vermittlervollmacht nicht infrage gestellt, nicht „enteignet" wird. Da aber liegt der entscheidende Denk- und Verhaltensfehler: Man misstraut der Fähigkeit des Individuums, sein Gewissen zu bilden und gemäß seinem Gewissen dem Guten, Wahren, Schönen – und Richtigen – auf die Spur zu kommen. Dieser Grundpessimismus, diese Unglücksprophetie ist – wie schon Papst Johannes XXIII. bemerkt hat – das, was der hoffnungsvollen Glaubensbildung in einer neuen Generation nicht bloß atmosphärisch schadet.

Die Theologin plädiert keineswegs für einen naiven Optimismus, aber sie erwartet mehr Respekt für die „spirituellen Wanderer". Denn alle sind Pilger, und alle sind in irgendeiner Weise auch „Häretiker", nicht aus Böswilligkeit, sondern aufgrund der Individualität und personalen Einmaligkeit, die Gott nun einmal jedem Menschen als Gotteskind zugedacht und eingestiftet hat. In jedem religiösen Wanderer bildet und entwickelt sich religiöse Erfahrung einmalig, wie jedes Gehirn einmalig ist. „Wanderer erfahren das Göttliche weit mehr, als dass sie daran glauben."

Dabei geht es weniger um Wahrheit als um Wahrhaftigkeit, so zu leben und zu glauben, dass es authentisch ist. Das alte Thema der „Rechtgläubigkeit" wird hintangestellt, gleichfalls aus gutem Grund: Denn wegen der Fehlbarkeit alles Menschlichen und wegen der Falsifizierbarkeit jedweder Erkenntnis hat sich im Zuge der Aufklärung ein gesundes Bewusstsein entwickelt dafür, dass behauptete Unfehlbarkeit immer nur ein Konstrukt ist, dass selbst der höchste menschlich-göttliche Offenbarungsanspruch der Unvollkommenheit des menschlichen Geistes unterworfen bleibt, so sehr dieser sich auch redlich um Vollkommenheit bemüht und bemühen muss. Das Wissen um die Fehlbarkeit – in Wissenschaft wie Religion – ist daher nicht als Böswilligkeit oder niederträchtige Ablehnung des Heiligen zu verurteilen, vielmehr drückt sich darin aufrechte Bescheidenheit und Achtsamkeit aus – letztlich für Gott. Gott ist Gott – und nicht Mensch. Der Mensch ist Mensch – und nicht Gott, selbst als oberster sakraler Würdenträger nicht.

Die nachdenklichen spirituellen Wanderer pilgern und handeln keineswegs unverbindlich. Sie übernehmen Verantwortung „in der Suche nach

Rückbindung an die göttliche Tiefenstruktur des Lebens". Lydia Bendel-Maidl nennt als historischen Kronzeugen Thomas von Aquin und sein Verständnis des Urgewissens, das naturhaft eine unauslöschliche Ausrichtung auf das Gute und Wahre mitgegeben hat, einen Funken „aus dem Feuer der göttlichen Intellektualität". Für Thomas von Aquin ist die Schöpfung trotz alles Bösen und vielfältig Ungeordneten dennoch wesentlich weisheitlich geordnet. Daher ist jeder Mensch grundsätzlich in die Lage versetzt, mit Hilfe des Gewissens und der darin geschenkten Vernunft dem unbekannten Gott auf die Spur zu kommen. In der Gewissenssphäre hat jedes Individuum teil an einer letzten Verbindlichkeit und Würde, die zu achten ist. Das Gewissen verpflichtet immer, ist unter allen Umständen bindend, selbst im Fall des Irrtums. Die Würde des Subjekts gründet in der Würde Gottes. Das wird in den heutigen Menschenrechtsdebatten zwar kirchlich eingefordert. Aber im Blick auf die Würde des Glaubens jedes Einzelnen gemäß seiner individuellen Erfahrung ist diese Einsicht im dogmatischen „Kollektiv Kirche" weiterhin nicht eingeholt.

Glauben ist nicht machbar. Deshalb prallt das aufdringlich Appellative zahlreicher Missionierungsversuche, sich doch bitte mehr Glaubenswissen anzueignen, um katechismuskorrekt zu glauben, am Wesenskern ab: an der Einzigartigkeit und Unvergleichbarkeit jedes persönlichen Aktes, den unbekannten Gott zu ahnen, zu denken, anzubeten und zu feiern, ihn also pilgernd, wandernd, fahrend zu erfahren. Die Passivität des Glaubens und die Aktivität des Suchenden konstituieren in ständiger Wechselwirkung den Prozess, den man Glauben nennt. Glauben ist ein atmosphärisches Beziehungsgeschehen. Lydia Bendel-Maidl: „Dieses eröffnet nicht der Mensch, sondern es wird ihm eröffnet, es geschieht ihm" – freilich niemals ohne eine innere Einsichtigkeit und Neugier, die der Einzelne selber vorbereitet, anregt, weiterentwickelt gemäß Erkenntnissen seiner Zeit.

Wie kann Glauben modern und zukunftsträchtig neu beginnen im Spannungsfeld aus Individualität und Kirchlichkeit? Für Lydia Bendel-Maidl täte mehr Sensibilität für den unbekannten Gott und diese Art der Gotteserfahrung gut. Die redlich religiös Suchenden seien leider oft die von der religiösen Gemeinschaft Unverstandenen und Ausgegrenzten. „Die geschichtlichen Erfahrungen lehren uns vielfach Respekt vor den Entscheidungen Einzelner, die in Verpflichtung ihrer inneren Wahrheit gegenüber, das heißt aus Wahrhaftigkeit, auch bereit waren und sind, Ausgrenzung und viele damit verbundene Schwierigkeiten auf sich zu nehmen. Dies bedeutet, eine Haltung des Vorletzten zu bewahren, die wahrnimmt, dass die Bewährung der Wahrheit aussteht. Die spirituellen Wege an den Kirchen vorbei können diese neu auf ihre Dienstfunktion verweisen." Das wäre ein religiöser Hebammendienst, der Menschen – mit Hilfe des geistlichen Amtes – bei der Gottesgeburt beisteht, doch gebären muss jeder selber.

Der Glaube erwacht auch heute in den – individuellen – Seelen. Dann kann das Religiöse als Glaubensgespräch – oftmals zunächst des Einzelnen allein mit sich selbst, mit seinem Gewissen – ins Lebensgespräch fließen. Am Ende mündet es oft wieder ins Schweigen. Gegen die Kraftmeierei, gegen die Lautmalerei und das Marktgeschrei von Religion tritt das Geheimnis des Göttlichen an. Das Letzte ist: still.

Das Schweigen der Götter – die große Stille

Eine seltsame Gottesoffenbarung beschreibt das alttestamentliche erste Buch der Könige. Der Prophet Elija versteckt sich vor seinen Feinden in einer Höhle am Berg Horeb. Da fordert ihn Gott auf, vor ihn hinzutreten. „Da zog der Herr vorüber: Ein starker, heftiger Sturm, der die Berge zerriss und die Felsen zerbrach, ging dem Herrn voraus. Doch der Herr war nicht im Sturm. Nach dem Sturm kam ein Erdbeben. Doch der Herr war nicht im Erdbeben. Nach dem Beben kam ein Feuer. Doch der Herr war nicht im Feuer. Nach dem Feuer kam ein sanftes, leises Säuseln. Als Elija es hörte, hüllte er sein Gesicht in den Mantel, trat hinaus und stellte sich an den Eingang der Höhle" (1 Kön 19,11–13).

Stärker kann der Kontrast zum gewaltigen, allmächtigen Sinai-Gott, dem Herrn der Heerscharen, der wie ein Gewittergott auftritt, nicht sein. Manche Bibelwissenschaftler meinen, dass JHWH in der Nomaden-Frühgeschichte Israels als eine solche Erscheinung „begann". Und die unter Posaunenklang einstürzenden Mauern von Jericho lassen einen erhabenen Herrscher ahnen, der im (Kriegs-)Lärm der Menschen seine eigene Kraft unter Beweis stellt. Der Elija-Gott am Horeb dagegen erweist sich als fein, zart, sanft, still, obwohl der Prophet ihn an anderer Stelle offenbar als gar nicht so zahm erlebt hat, etwa bei der Vernichtung der Baals-Götzen-Propheten.

Manche Übersetzer sprechen angesichts der neuartigen Offenbarung von einem „verschwebenden Schweigen".

Tatsächlich brechen die Gottesbilder auch in der Bibel immer wieder um. Zwischen Laut und Leise ist nicht nur der Kosmos seit dem Urknall in Bewegung, sondern mit ihm auch die Evolution, das Werden des Menschen, seines Geistes, seiner Gottesvorstellungen und Offenbarungen. Es gibt eine Zeit für Lärm und eine Zeit für Stille, offenkundig auch in der Religion, in den kultischen und liturgischen Inszenierungen. Es ist ein sehr bedeutsames Zeichen der Zeit, wenn die Leute heutzutage mitten im Trend religiöser Entfremdung wie beruflicher und privater Betriebsamkeit zur Entspannung immer wieder Zuflucht suchen in Räumen der Stille, die uns abtrennen vom Alltäglichen. Und seien es nur wenige Minuten Auszeit.

Dazu geben zum Beispiel die Urlaubsreisen immer wieder Gelegenheit. Mitten im „Freizeitstress" Ferien suchen nicht wenige, die sonst im Jahreslauf keinen Fuß mehr über die Schwelle eines Gotteshauses setzen, heilige Orte auf, fernab der Heimat. Die Tourismusindustrie hat das längst erkannt und sich der schönsten sakralen Bauwerke bemächtigt – nicht um die Menschen durch die Exotik einer fremdgewordenen Religion zu schleusen, sondern um sie da und dort wieder das Atmen ihrer Seele spüren zu lassen: das Selbst, das sich im Schauen, Staunen und Lauschen selber überschreitet in andere Sphären des Wunderbaren, Schönen, Heiligen hinein. Es scheint fast so, als ob die Heiligtümer und Kultstätten in paradoxer Weise umso mächtiger werden, je mehr die Götter schweigen, je weniger die Menschen noch die Stimme des Einen Erhabenen vernehmen. Ist der Ansturm auf die stillen Räume, der Boom der religiösen und quasireligiösen Wellnessoasen gar ein Hinweis darauf, dass uns das wahre Göttliche doch fehlt? Spiegelt sich in den Andachts- und Schweigebedürfnissen oftmals ganz ohne Gott doch auch noch das, was irgendwie von „Göttlichem" ausgeht?

Der Wissenschaftsjournalist Rüdiger Vaas vermutet im „Tumult der Stille" zumindest einen Hauch davon. Er erinnert an Friedrich Nietzsche, der das bereits vorausgeahnt habe: Dann nämlich, wenn Gott tot ist, würden die ehemaligen Stätten des Heiligsten als seine „Grüfte und Grabmäler" übrigbleiben. Vaas stellt fest: „Es ist ein bemerkenswertes Zeugnis der westlichen Gegenwart, dass heute ausgerechnet die Kirchen und Klöster als vorbildliche Oasen der Stille gelten und als solche aufgesucht und teilweise sogar vermarktet werden. Als ob etwas vom Natürlichsten der Welt nur noch

Zuflucht in den Stätten des Übernatürlichen haben kann."[126] Aber vielleicht sei das die „ironische Konsequenz" aus der Tatsache, dass viele Menschen nicht mehr an Gott glauben können.

Für Vaas bleibt die Sehnsucht nach Stille wie die Stille selbst mehrdeutig. Einen Beleg für die Rückkehr der Religion kann er darin nicht sehen. Andererseits ist „Spiritualität" aber auch nicht nur einfach ein weltlich Ding. Selbst in säkularen Zusammenhängen lassen sich die Ursprünge von Religiosität und Glaube nicht ausblenden. Über Andächtigkeit, Stille, Besinnung, Loslassen, Einkehr versucht der Mensch seit jeher zu sich selber zu kommen – und zu Gott: von der Selbsttranszendenz zur Transzendenz. Die Meditation des Zeitlichen und die Kontemplation des Ewigen berühren sich. „Der Freund der Stille nähert sich Gott", wird der Mönch, Asket und Schriftsteller vom Berg Sinai Johannes Climacus (ca. 579–ca. 649) erwähnt. Oder die berühmte Augustinus-Aussage: „Unruhig ist unser Herz, bis es ruht in dir. Denn auf dich hin hast du uns erschaffen." Der dänische Philosoph Sören Kierkegaard identifizierte mit der Stille die „Ehrfurcht vor Gott", die Anbetung. Deshalb sei die Stille so feierlich. „Und weil diese Stille also so feierlich ist, deshalb eben wird man Gottes in der Natur inne – was Wunder wohl, wenn aus Ehrfurcht vor ihm alles schweigt!" Karl Rahner wiederum sieht in der Stille eine Brücke zwischen Ich-Werdung und Gotteserfahrung: „Halte dich aus! Du wirst erfahren, wie alles, was sich bei solcher Stille meldet, wie umfasst ist von einer namenlosen Ferne, wie durchweht ist von etwas, was wie Leere scheint … Es ist wie eine Stille, deren Schweigen schreit."[127]

Stille kann also, wie Vaas einräumt, echte „Transzendenz eröffnen". Dann aber ist Stille nicht einfach bloße Geräuschlosigkeit oder Geräuschabwesenheit, sondern reinste Verdichtung sprechender Nachdenklichkeit. Die Stille ist beredt, weil wir in ihr erst so vieles hören. Dann können wir sie auch lieben lernen. Die absolute Stille gibt es für uns nicht. Sie existiert einzig als die Stille des Todes, die uns allerdings jetzt schon Angst macht, die uns aus Furcht vor ihr manchmal in die Verzweiflung des Lauten treibt. Durch Lärm, Dauerberieselung möchten die Menschen die existenzialistische Stille des radikalen, entsetzlichen, blanken Nichts vertreiben: den Horror des Vakuums.

Rüdiger Vaas beobachtet: „So wie sich manche aus Verzweiflung oder tiefer Verunsicherung gleichsam in die Stille zurückziehen möchten, flüstern oder gar verstummen, plustern sich umgekehrt andere akustisch auf.

Es wäre faszinierend zu erkunden, welche psychologischen Mechanismen kleine Wichte zu großen Wichtigtuern mutieren lassen, wie innere Leere mit Lärm gefüllt oder zum Resonanzraum aufgeblasen wird und weshalb man das eigentlich (stillschweigend) erträgt. Lautstärke soll Körperkraft suggerieren und ist ein Revierverhalten vieler Machthaber. Sie beanspruchen akustischen Platz, übertönen alle, die sich ihnen untergeben, und drücken ihnen ihre Befindlichkeiten, Botschaften und Befehle in die Ohren oder versuchen es zumindest. Werden die Schreihälse obsiegen? Womöglich, weil sie sich selektiv herausmendeln, insofern nur der, der am lautesten quakt, ein Weibchen bekommt? Gibt der Lärmprotz in der Evolution letztlich den Ton an?"

Der im Lauf der Glaubensgeschichte immer wiederkehrende Trend zur Stille, zum – mystischen – Schweigen ist womöglich eine Gegenreaktion, ein Protest gegen jene Propagandisten, die meinen, marktschreierisch Gott im Wort führen zu müssen und so wortgewaltig bestimmen zu können, was göttlich, was gläubig, was fromm sei und was nicht. Laut, allzu laut versuchten allzu viele missionarische Verkündiger im Großen wie im Kleinen, sich die Welt zu unterwerfen. Allzu lärmend wussten sie oftmals, wie Gott und seine Sache zu verstehen seien. Vaas beobachtet nicht nur in der christlichen Überlieferung: Das spirituelle Suchen der Stille und in der Stille „steht in deutlichem Kontrast zu den vielen laustarken Verkündigungen. Und so ist religiöse Einkehr auch wesentlich friedlicher als der kerygmatische Kehraus. Denn das rechthaberische Predigen führt meistens zu Vereinnahmungen oder zu teils ins Eschatologische gesteigerten Abgrenzungen, mithin zu einer missionarischen Mobilmachung." Dagegen steht schon Jesaja: „Nur in Umkehr und Ruhe liegt eure Rettung, nur Stille und Vertrauen verleihen euch Kraft" (30,15).

Solche Stille aber ist keine Totenstille. Sie ermöglicht im Schweigen neue Nachdenklichkeit, Achtsamkeit, Horizonterweiterung durch Horizontverschmelzung und somit Erkenntnis über bisherige Erkenntnis hinaus. Das kann anstößig sein, gefährlich, manchmal als ketzerisch oder häretisch gelten. Aber ohne das Schweigen gibt es auch christlich keinen Erkenntnisgewinn, weder rational noch emotional. Gotteserkenntnis kommt immer wieder aus dem Schweigen, aus dem durch Stille geläuterten Hören.

Der Wissenschaftsjournalist macht darauf aufmerksam, dass selbst das unendliche Schweigen des Alls, da über Vakuum ja keine Schallwellen übertragen werden können, keineswegs nichts ist. Zwar überkommt uns das Grauen, wenn wir uns vorstellen, dass wir womöglich doch ganz allein sind im Kosmos und dass eines Tages unsere Erde samt allem, das auf ihr ist, in Zerstörung endet. Dennoch ist das Universum nicht frei von Signalen, etwa elektromagnetischen Wellen, die ähnlich wie die Luftdruck-Schallwellen in hörbare Töne umgesetzt werden können: dann allerdings in eine Art Wispern. Das Hintergrundrauschen der kosmischen Hintergrundstrahlung ist als Echo des Urknalls messbar und akustisch darstellbar. In dieser seltsamen Stille ohne Stille findet sich für Vaas so etwas wie der „Sound der Schöpfung". Ja, wenn sich gewisse höchst spekulative physikalische Theorien einmal bestätigen sollten, ist auch unsere Materie nichts anderes als eine Schwingung winzigster energetischer Saiten oder Schleifen. Vaas: „Ein seltsames Bild der Welt, einer Welt, geboren aus der Unruhe. Dann gälte: Keine Stille, nirgends." Aber erst in der Stille ist solche tönende „Stille" vernehmbar – ob säkular oder sakral. Kommt Gott womöglich sogar nur aus der Stille? Und wo ist die Stille des Mysteriums dann überhaupt noch zu finden in unseren Kulten und Liturgien? Oder wohin ist sie ausgewandert?

Jede Epoche und jeder einzelne Mensch hat auch in der religiösen Frage eigene Erfahrungen und Herangehensweisen im ewigen Auf und Ab verschiedener sinnlicher Bedürfnisse. So ganz allein und immerzu möchten wir mit dem sanften, leisen Säuseln des Elija eben auch wieder nicht leben. Manchmal treibt es uns ins Ekstatische, Laute, Befreiende, das manche Beklemmung des Schweigens löst. Schweigt Gott wirklich immer nur, oder kann er auch lärmen? Die Kunst der Musik kennt die ganze Bandbreite von Spannung und Dynamik, das Hohe und das Tiefe, das Schnelle und das Langsame, das Einmalige und das sich Wiederholende. Ganz besonders: Leise und Laut.

Vielleicht ist es doch so, dass in den religiös-christlichen Ausdrucksweisen unserer Zeit etwas einseitig das zärtelnd-säuselnd Weiche und Leise vorherrscht, sodass schließlich auch an Gott selber nur noch das wahrgenommen und geschätzt wird, was möglichst zart, fein, liebevoll, leise, soft vorgestellt wird? Aber die andere Seite dieser Schöpfung und ihres Schöpfers lässt sich wohl nicht ganz unterdrücken: das Laute, Machtvolle. Wie darf sich das noch in Religiosität und Spiritualität niederschlagen? Alle unsere begrenzten Gottesbilder haben Anteil an unseren zeitlichen Sehnsüchten. Aber auch da ist nicht alles nur leise. Gar nicht so selten ist unser

Dasein heftig laut, voller Power, voller Lärm – und dabei voller Körperlichkeit, Sinnlichkeit, Lust und Lebensfreude.

X. Sakramental leben

Am Anfang sind Gefühle

Ich denke, also bin ich? Oder eher: Ich fühle, also bin ich? Die neuere Hirnforschung geht von einem biologischen Vorrang der Emotionen aus, verankert wie die intellektuellen Fähigkeiten in der Komplexität des Gehirns, allerdings in den ältesten Teilen seiner Evolutionsgeschichte.

Das ganze Leben wird begleitet und geleitet von Gefühlen, von Anfang an. Wesentlich für die stammesgeschichtliche Menschwerdung des Menschen war die Entwicklung des großen Kosmos der Gefühle. Für die geistige wie seelische Entwicklung jedes einzelnen Menschenkindes ist die starke Zuwendung der Eltern entscheidend: Geborgenheit, Nähe, Bindung, Vertrauen, Schutz und Sicherheit. Über allem das Gefühl, zuverlässig liebevoll angenommen zu sein. Mit positiven Gefühlen können die im Lauf eines Lebens unweigerlich auftauchenden negativen Gefühle etwa der Angst, der Verlassenheit, des Scheiterns, der Aggression bewältigt werden.

Alle Dinge, Tätigkeiten, sinnlichen Wahrnehmungen sowie die unbewussten körperlichen Prozesse – bis hin zur Verdauung – sind verbunden mit Gefühlen. Die sinnlichen Abläufe erreichen auf hoch komplexe Weise aus der Außenwelt und der Innenwelt das Gehirn. Dort werden sie integriert im Zusammenspiel mit vielen anderen Informationen und „Bildern" aus Zellen, Organen, dem gesamten Organismus. Sogar Liebe geht durch den Magen. Allerdings werden die Gefühlskomplexe und die für die Verarbeitung, das Fühlen der Gefühle zuständigen Hirnregionen und neuronalen Prozesse vielfach unterschätzt gegenüber dem, was kognitiv unter anderem in der Großhirnrinde abläuft. Vor den Intellekt aber ist die Emotion gestellt, die weit mehr umfasst als nur das sinnliche Sehen, Hören, Tasten, Riechen, Schmecken. Sogar für den Wissenserwerb sind die ihn begleitenden Emotionen und das Wiedererkennen von Emotionen über den Gedächtnisspeicher, die Erinnerung, bedeutsam. Bei jeder Wissensaneignung spielen Emotionen mit – und koppeln sich daran, sodass sie später wieder abgerufen werden können. Wissen erreicht der Mensch nicht ohne Anstrengung, Entsagung, Disziplin. Glücksgefühle wiederum stellen sich ein, wenn man das Schwierige bewältigt hat. Und ausgerechnet das als negativ empfundene Langweilige, die Wiederkehr des Gleichen, hilft dem Menschen positiv, Achtsamkeit einzuüben, sich zu konzentrieren, in die Tiefe zu gehen, den ablenkenden Aufgeregtheiten, die uns Tag für Tag fordern, nicht zu folgen.

Ohne Emotionen und deren Zusammenspiel mit rationalen Fähigkeiten wäre nicht jener Geist gebildet worden, der Kultur hervorbringt. „Im Anfang war das Gefühl." Davon ist der kalifornische Neurowissenschaftler und Psychologe Antonio Damasio überzeugt. Er hat einen biologisch-evolutiven Zusammenhang von frühesten einzelligen Organismen vor mehreren Milliarden Jahren bis hin zum komplexen Zusammenspiel zwischen Körper und Geist im allenfalls 100 000 bis vielleicht 350 000 Jahre „jungen" Homo sapiens ergründet. Zwar gibt es bei den frühesten Bakterien und den Verbindungen zu mehrzelligen einfachsten Lebewesen noch keine Gefühle im eigentlichen Sinne. Aber schon hier sorgen molekulare Informationen dafür, dass ein Gleichgewicht der Lebensprozesse entstehen und aufrechterhalten werden kann. Diese sogenannte Homöostase funktioniert im frühen Stadium noch ganz ohne Geist, einzig aufgrund physikalisch-chemischer Wechselwirkungen. Doch im Lauf der Evolution sind zunächst sehr einfache Nervennetzwerke entstanden, die schon so etwas wie Vor-Vorformen von Gefühl ermöglichten. Schließlich hat die Herausbildung des zentralen Nervensystems mit dem Gehirn das ermöglicht, was man Bewusstsein nennt, Ich-Bewusstsein – und somit Subjektivität. Ich denke *und* fühle, also bin ich. Was ich denke und fühle, gehört so nur mir, niemandem sonst.

Gefühle als rein chemisch-elektrisches Konstrukt allerdings bedeuten noch nichts. Rätselhaft ist, wie es dazu kommt, dass Gefühle gefühlt, also erlebt werden. Erst dann wird dem Daseienden, Gefühlten Bedeutung verliehen – über das Gehirn, im Geist. Erst im Erlebnisraum des Geistes wird Leben erlebt. Das hört sich absurd, paradox an, ist aber eines der aufregendsten nicht verstandenen Phänomene zwischen Materiellem und Geistigem. Irgendwie aber muss der Übergang von den durch die Nervenbahnen geleiteten, zwischen den Neuronen des Gehirns komplex gefeuerten elektrischen Impulsen sowie von den molekularen Bewegungen der Blutbahn, des Hormon- und Immunsystems hinein ins Mentale auf eine Weise erfolgen, dass daraus eine neue Qualität erwächst, Erlebnisqualität. Es handelt sich um eine Art Übersetzung aus der Biochemie in gefühlte Gefühle und gedachte Gedanken.

Fest steht, dass dabei Körper und Geist aufs Engste zusammenwirken. Damasio erklärt das so: Weder das Nervensystem noch das ganze Gehirn seien „die alleinigen Hersteller und einzigen Lieferanten des Geistes" sowie der weiteren mentalen Zustände. „Dass neuronale Phänomene allein den notwendigen Funktionshintergrund für einen Geist hervorbringen könnten, ist unwahrscheinlich, aber eines ist sicher: Wenn es um Gefühle geht, wären sie dazu *nicht* in der Lage. Dazu ist vielmehr eine enge, in beide Richtungen verlaufende Wechselbeziehung zwischen dem Nervensystem und den übrigen Strukturen des Organismus notwendig. Neuronale und nichtneuronale Strukturen und Prozesse sind nicht nur zusammenhängende, sondern ineinander übergehende, interaktive Partner und keine voneinander entfernten Gebilde, die einander Signale zusenden wie die Chips in einem Handy. Oder einfach gesagt: Gehirn und Körper sitzen in einem Boot und machen gemeinsam den Geist möglich."[128]

Was genau die besondere *Qualität* von Bewusstsein ist, was die Erlebnisfähigkeit ausmacht und das Erleben des Ich konstituiert – dafür hat die pure Biologie beziehungsweise Hirnphysiologie bisher keine Lösung. Entsprechend flüchtet sich auch Damasio in sprachliche Krücken, als ob die Natur oder die Evolution selber eine Art Subjekt sei, die ausprobiere oder denke, was im Zuge einer Selektion nützlich und für das Leben besser sei. Man kann sich dann allerdings auch skeptisch fragen, warum nach vielleicht drei bis vier Milliarden Jahren Bakterien immer noch Bakterien sind, wenn auch andere als einst – und warum sie nicht einen evolutiven Weg zu höherer Komplexität gefunden haben wie andere Lebewesen. Sie hätten Zeit genug gehabt, statt in einem „primitiven" Zustand zu verharren.

Geist ist demnach etwas völlig anderes als nur eine Art Derivat der Materie. Aber ohne biologische Grundlage würde Geist in seiner menschlichen Komplexität nicht „funktionieren". Er ist angewiesen auf das Gefühl, das sich aus Informationen und Bildern aufbaut, die der Körper „aussendet" und die im Geist repräsentiert werden, mit denen er arbeiten kann, um Kreativität und Neues zu erwecken.

Damasio weist darauf hin, dass auch Tiere mit einem komplexen Gehirn, insbesondere höhere Säugetiere, ähnlich dem Menschen über „mehrschichtige Gefühlszustände" verfügen. Jedenfalls könne man ihnen Gefühle nicht absprechen. Die Sonderstellung des Menschen ergibt sich aus anderem: Sie liegt – so Damasio – „in dem Netz von Assoziationen, die Gefühlszustände

mit allen möglichen Gedanken verbinden, insbesondere aber mit den In-
terpretationen, die wir über unseren gegenwärtigen Zeitpunkt und unsere
voraussichtliche Zukunft anstellen können". Das heißt: Was über die Gefühle geistreich-körperlich erlebt wird, bereitet „die Intellektualisierung"
vor. Aufgrund der mit früheren Geschehnissen verbundenen Gefühle lernt
der Mensch, in Entsprechung dazu Vermutungen und Erwartungen stimmig in die Zukunft zu projizieren. Ja, der Mensch wird so fähig, Zukunft
herzustellen, neue Ideen zu erzeugen, Ereignisse zu planen und mögliche
kommende Geschehnisse mit solchen der Vergangenheit im voraus abzu-
gleichen sowie die wahrscheinlichen Folgen abzuschätzen.

Damasio sieht über die „Erfindung" der Gefühle die biologische Evolution beschleunigt hin zur kulturellen Evolution: „Durch Gefühle veränderte sich die Evolution kohlenstoffbasierter Lebewesen, wie wir es sind. Das
ganze Ausmaß ihrer Wirkungen konnten die Gefühle aber erst in einem
späteren Evolutionsstadium entfalten, als Gefühlserlebnisse in die weiter
gefasste Perspektive eines Subjekts eingebaut und zur Kenntnis genommen
wurden, so dass sie für das Individuum von Bedeutung waren. Erst von da
an beeinflussten sie Phantasie, Vernunft und kreative Intelligenz. Das alles
konnte erst geschehen, als das zuvor isolierte Gefühlserlebnis in das mithilfe von Bildern konstruierte Subjekt eingebaut wurde."

Nach wie vor aber ist völlig ungeklärt, was das wesenhaft Ganz-Andere
der Erlebniszustände produziert, wenn doch der „Geist aus organischem
Gewebe erwächst", also aus den Zellen des Gehirns. Der Übergang vom
Materiellen des Neuronalen zu dem, was wir als geistiges Phänomen, als
Bewusstsein erleben, erweist sich als qualitativer Sprung in eine völlig neue
Dimension. Der Geist eines Menschen ist auch nicht – was von der Künst-
lichen-Intelligenz-Forschung manchmal nahegelegt oder prophezeit wird
– der Geist eines superintelligenten Computers. Dieser kann zwar Gefühle
simulieren, aber er erlebt sie nicht wirklich. Er „hat" sie nicht, ebenso wenig
ein Ich-Bewusstsein wie das Individuum Mensch.

Allerdings bleibt Damasio biologistischen Reduktionismen verhaftet,
wenn er zum Beispiel Religion rein funktionalistisch erklärt, als therapeu-
tisches Instrument, um negative Gefühle wie Trauer oder Angst zu bewältigen, insbesondere angesichts des Todes, des Bewusstseins der eigenen
Sterblichkeit. Religion und deren Rituale werden da bloß als nützlich betrachtet, um das Leben zu verbessern, den Lebenswillen durch Hoffnungs-

gefühle zu stärken und durch Gemeinschafts- beziehungsweise Gruppen-
bildung aufrechtzuerhalten. Die Erfindung von Gottheiten hat für Damasio
unter anderem den Sinn, persönliches oder gemeinschaftliches Eigentum
zu schützen, etwa Getreide, Haustiere, das eigene Territorium. Der Ein-
Gott-Glaube wiederum sei erfunden worden, um „Verluste auf logisch zu
rechtfertigende, sogar akzeptable Weise" zu erklären. „Schließlich konnte
das Versprechen einer Fortsetzung des Lebens nach dem Tod die unmittelbaren Folgen der Verluste gänzlich zunichtemachen und ihnen eine andere
Bedeutung verleihen."

Die Frage ist nur, welche fruchtbringende, positive Bedeutung der heutzutage massenhafte Verlust des Gottesglaubens hat, welchen evolutiven
Mehrwert, welchen Nutzen es verleiht, keinen Trost des ewigen Lebens
mehr zu haben angesichts des Schreckens des Todes.

Hier zeigt sich erneut die Kurzschlüssigkeit einer biologistischen Deutung, die alles nur funktionalistischen Nützlichkeitsabwägungen unter-
ordnet, sogar das Unnütze des Spiels. Tatsächlich ist der Gottesglaube evolutiv wesentlich „nutzlos". Er hat einzig dadurch Bedeutung, dass er nach
Sinn und Verstehen sucht – für die persönliche Existenz wie für das Dasein
überhaupt. Der Sinn der Religion ist das Mysterium, das Transzendieren
dorthin, wohin keine Anschauung reicht, wofür es keine Anschauung gibt,
wohl aber eine Ahnung im Fühlen und Denken. Am Ende muss Damasio
eingestehen: Wir sind zwar in der Lage, die Anfänge des uns zugehörigen
Universums in der Zeit vor rund vierzehn Milliarden Jahren zu lokalisieren.
„Wir haben aber bisher keine zufriedenstellende wissenschaftliche Erklärung für den Ursprung und den Sinn des Universums, das heißt, wir haben
keine Theorie von dem, was uns betrifft. Das ist eine ernüchternde Erinnerung, wie bescheiden und vorläufig unsere Bemühungen sind und wie
aufgeschlossen wir sein müssen, wenn wir uns mit dem auseinandersetzen,
was wir noch nicht wissen."[129] Und vermutlich nie wissen werden.

Dennoch sind Damasios Theorien über die Gefühlsvoraussetzungen
menschlicher Existenz und Intelligenz bedeutsam ebenso für den Gottesglauben. Denn dieser bildet sich genauso zuerst und vorrangig sinnlich –
im seelischen Spiel der Gefühle. Bilder, Informationen, Symbole, Erzählungen, Erinnerungen und insbesondere die im Feiern erfahrene Feierlichkeit
eines heiligen „stehenden Jetzt" wecken die Sinnlichkeit. Das alles regt die
Gefühle an und wird im Gehirn rational-emotional integriert zu verdich-

teter Gegenwart. Über die Gefühle vergegenwärtigt sich „Göttliches". Das Sinnliche kommt zuerst. Wo es nicht kommt, wo Gefühle – sowohl die der Außenwahrnehmung als auch die etwa der kontemplativen Innenwahrnehmung – fehlen, kann sich Glauben mit Wissen nicht entwickeln. Glauben ist kein Substantiv, sondern ein Verb, ein Tuwort, ein organismusartiger Prozess, in dem sich das Geistige, Seelische mit dem Körperlichen aufs Engste verbindet. Erst so entsteht „Sinn und Geschmack fürs Unendliche" (Friedrich Schleiermacher). Der unbekannte Gott ist vorgestellt wesentlich als Emotionalität – Liebe. Gott ist es, der Herz und Sinn erfreut und so zum Denken einlädt. Auch Denken ist Gefühlssache.

Religion bildet sich so wesentlich im sinnenhaften Beten und kultischen Feiern. Wenn es für das Religiöse eine Lehre aus Damasios Erkenntnissen gibt, dann diese: Liturgie als Dreh- und Angelpunkt gläubigen Fühlens ist ebenso der Dreh- und Angelpunkt religiösen Erkennens. Die Behauptung, man könne Christ sein ohne Gottesdienst, ohne Beten, ohne Sakramente, ohne Verinnerlichung ist nach allem, was man über das Zusammenspiel des Körperlich-Gefühlsmäßigen mit dem Geistig-Rationalen weiß, ein Fehlschluss. Es bestätigt sich ja längst: Wo Getaufte das liturgische Leben preisgeben, schwindet die Glaubenskraft samt der Glaubensnachdenklichkeit – und das von Generation zu Generation.

Für die generationenübergreifende religiöse Fortpflanzung und somit für das sich stets erneuernde Weiterleben des Glaubens ist es – wie bei der häuslichen Mitarbeit der Kinder – wichtig, durch Übung, durch Mittun Gefühle zu wecken und somit den Geist anzuregen. Religion beginnt in der Praxis. Das setzt Gefühle frei, die das Denken stimulieren, ein kognitives Denken über das Mysterium von Gott und Welt, das sich rückkoppelt und erneut Gefühle schafft.

Auch die christliche Liturgie muss daher immer wieder reformiert werden gemäß dem Erleben der jeweiligen Zeit. Liturgie als Erlebnisraum für das Erleben – so beginnt Glauben durch Glaubenserkenntnis. Früher hieß das Erbauung. Das ist der Grund und das Wesen von Religion: das Wunder der Gefühle und das Wunder des Verstandes zusammenzubringen zu einem Bewusstsein, das im Lauf der Evolution befähigt wurde, den göttlichen Geist zu ahnen, ihm nachzuspüren, dem göttlichen Sinn von allem. Wesentlich geschieht das in der Achtsamkeit von Kult und Ritual, im Zusammenspiel von Individuum und Gemeinschaft.

Das Ritual: Ich und Wir – Ich im Wir

Wir leben in einem, so heißt es, individualistischen Zeitalter. Ich, Ich, Ich – und meine Bedürfnisse. Der Kult der Selbstverwirklichung treibt den Kapitalismus an mit allen menschlichen Unternehmungen, vom Sex bis zur beruflichen Arbeit, vom ehrenamtlichen Engagement bis zum Hobby und zur Reiselust. Mobil möchte man sein, möglichst individuell, autonom. Daher der – trotz aller ökologischen Mahnrufe – ungebrochene Kult ums Auto. Was aber wird bei so viel Individualismus aus dem Wir? Wie viel Wir braucht das Ich und wie viel Ich das Wir? Aus der Spannung von Ich und Wir erwächst das Leben, auch das religiöse.

Religion wiederum bedeutet: „Unterbrechung". So hatte der Theologe Johann Baptist Metz einmal – als kürzeste Bestimmung – ihr Wesen gekennzeichnet. Unterbrechung aber wovon und wozu? In einer religionsfreien, zumindest religionsdistanzierten öffentlichen Kultur sorgen Unterbrechungen verschiedenster Art dafür, aus der Routine des Alltags auszubrechen. Im – wie einst Bundeskanzler Helmut Kohl mit einem heftig diskutierten Bildwort sagte – „kollektiven Freizeitpark" der Wohlfahrtsrepublik findet jeder und jede sein/ihr Lüstchen hier und sein/ihr Lüstchen dort. So lässt sich das Leben angenehm machen, kann es sich Sachzwängen, Leistungsdruck und sogar der kapitalistisch-betriebsamen Bruttosozialprodukt-Mehrung entziehen.

Zur Entsagung braucht es dabei nicht mehr den antikapitalistischen, antiökonomischen Sonntag als Tag der Produktivitätsverweigerung, der Ruhe. Dazu braucht es auch nicht mehr die vielen Feste im Kirchenjahr, die mit dem religiösen Kalender dem weltlichen Kalender ein bisschen trotzen durch Abwechslung, Innehalten, Andersleben. Der regelmäßig wiederkehrende Sonntag als Tag des gemeinschaftlichen Aussetzens der üblichen Geschäftigkeit ist vom Wochenende der privaten Geschäftigkeit abgelöst. Von einer oftmals wenig spannungsreichen Berufstätigkeit möchte sich der Einzelne nicht durch Entspannung, vielmehr durch Spannung erholen. Sie gibt den Kick, der der Alltagsgeschäftigkeit hinzufügt, was fehlt: der Nervenkitzel, die Abwechslung, das Umtriebige, ob ein Fest da oder eine Party dort. Nur kein Stillstand. Action, um bloß nichts Wichtiges zu verpassen. Spaß haben. Entscheidend ist, was mir gefällt, was mir guttut. Wo sich das Ich auf diese Weise formt oder formen lässt und sich sein ihm angenehmes

Grüppchen sucht, sich in seine ihm passende Szene einpasst und davon in seiner Selbstverwirklichung und Selbst„bestimmung" bestimmen lässt, wird es schwer für ein über den jeweiligen Nahbereich des Gefälligen und Bekannten hinausreichenden Wir. Ein Wir gar als Volk?

Das Wort Volk ist inzwischen verfemt, aus guten Gründen, weil für tyrannische, rassistische, nationalistische Zwecke missbraucht. An seine Stelle ist die Gesellschaft getreten, ein allerdings vages Konstrukt, kühl, neutral, emotionsfrei, keimfrei, Gegenstand nüchterner soziologischer und politischer Betrachtung. Ein Alibibegriff: „Darüber muss die Gesellschaft entscheiden", heißt es meistens, wenn zum Beispiel die eigene Haltung fehlt oder der Mut, für sie einzutreten. Die Gesellschaft aber entscheidet nichts. Sie ist abstrakt, fluid. Das Volk hingegen ist konkret, körperlich, greifbar. Es baut sich auf aus vielen einzelnen Ichs, unfreiwillig durch das pure Hineingeboren-Sein oder mehr oder weniger freiwillig durch das Eingewandert-Sein. Ein Volk konstituiert sich ebenso durch Wahl und Auswahl oder Abwahl (etwa des christlichen Glaubens) von Vielen.

Wenn viele Ichs – zu Hauptmeinungsströmen formatiert und von Moden kollektiv gesteuert, ja manipuliert – vor allem oder nur noch ihr jeweiliges Eigeninteresse beanspruchen, ein Anspruchsdenken kultivieren und somit bewusstseinsmäßig das Wir ausblenden, haben es nicht nur Politik, Parteien oder sonstige weltliche Instanzen schwer, einen übergeordneten Sinn zu wecken. Das trifft inzwischen besonders hart die Kirchen, die sich nicht als Projektionsfläche individualistischer Bedürfnisbefriedigung, nicht als Serviceunternehmen netter seelischer oder folkloristisch-familiärer Angebote verstehen, sondern als Volk Gottes auf dem Weg, als pilgernde Glaubensgemeinschaft, die sich auf etwas jenseitig-diesseitig Übergreifendes ausrichtet, auf das Hoffnungsziel Reich Gottes, auf den unbekannten, universalen Gott. Wo viele austauschbare weltliche Unterbrechungen der Selbstverwirklichung des Ich dienen, gerät die große Unterbrechung zur Verwirklichung des religiösen Wir und darin zur Selbstreflexion, Selbstverständigung und Selbstverwirklichung des religiösen Ich bewusstseinsmäßig ins Abseits.

Der Philosoph, Theologe und Literaturwissenschaftler Byung-Chul Han beobachtet, dass die Menschen vor dieser besonderen Unterbrechung zusehends ausweichen. Doch ist es die Religion mit ihren Ritualen, die entscheidend und nachhaltig die Mitte des Existenziellen öffnet und so das offenbart, was das Ich und das Wir, den Teil und das Ganze unbedingt angeht. Die dem Ritual innewohnende Symbolkraft verleiht dem Ich in Gemeinschaft einen tieferen, einen transzendenten, das Selbst transzendierenden Sinn und macht diesen sichtbar: feierlich, ergreifend, anstößig, immer wieder auch kritisch und herausfordernd. Der vornehmste Ort dafür ist der Kult, die Liturgie, die Meditation, das Beten, das Glaubensfest. Das Rituelle entzieht den Menschen als Einzelwesen wie als Gemeinschaftswesen in Wechselwirkung allen Ablenkungen, allen Äußerlichkeiten, aller Profanität, aller Säkularität und lässt ihn ganz bei sich sein, um ihn so auf die Spur des Ganz-Anderen, Ewigen, Heiligen, Sakralen zu bringen – nachdenklich, nachfühlend, sich einfühlend, kritisch.

Han: „Im rituellen Rahmen werden die Dinge nicht konsumiert oder verbraucht, sondern *gebraucht*. So können sie auch *alt* werden. Unter dem Zwang der Produktion aber verhalten wir uns gegenüber den Dingen, ja gegenüber der Welt verbrauchend statt gebrauchend. Im Gegenzug *verbrauchen* sie uns. Rücksichtsloses Verbrauchen umgibt uns mit dem Verschwinden, was das Leben destabilisiert."[130]

Wie aber lernen wir, mit den Dingen wieder gut und schön umzugehen? Wie lernen wir, den Lauf im Hamsterrad der verbrauchenden Betriebsamkeit eines über alle Maßen beschleunigten Daseins zu unterbrechen? Dafür braucht es womöglich doch mehr und ganz anderes als moralische Appelle für Entschleunigung, Gemeinsinn, Solidarität. Es braucht wesentlich und vorrangig ein Bewusstsein für das Symbolische. Eine Kultur für das spielerisch aus sich selber sprechende Ritual in Religion, Ritus, Liturgie. Eine Kultur für den Kult. Han erwähnt Peter Handkes Meditation über die Wiederholung als Geschenk der Langsamkeit, über Ästhetik und Form in der Eucharistie: „Mit Hilfe der Messe lernen die Priester, schön mit den Dingen umzugehen: das sanfte Halten von Kelch und Oblate, das gemächliche Auswischen der Behältnisse, das Umblättern des Buchs; und das Ergebnis des schönen Umgangs mit den Dingen: herzbeflügelnde Fröhlichkeit."[131]

Das Ritual, das sich aus dem Symbolischen bildet, bringt die Dinge zusammen, gemäß der griechischen Bedeutung von Symbol: *symballein* = zusammenfügen, zusammenwerfen, etwas Ganzes – Gemeinschaft – entstehen lassen, ja hervorbringen. Rituale nicht als geistlose Reproduktion von Bekanntem, sondern als geistvolle Erzählung und Inszenierung der Heilsgeschichte; eine vergegenwärtigende Wiederkehr und Vertiefung des

Bekannten auf das Unbekannte, des Alten auf das in ihm enthaltene stets Neue hin. „Wer hingegen immer Neues, Aufregendes erwartet, übersieht das, was bereits da ist": im christlichen Kontext die mystische Gegenwart des unbekannten Gottes in der Präsenz seiner Ikone Christus. „Auf der Jagd nach neuen Reizen, Erregungen und Erlebnissen verlieren wir heute die Fähigkeit zur Wiederholung", befürchtet Han. Überall herrsche der „Zwang zum Neuen". Erzeugt werden so letztlich jedoch nur „Variationen des Gleichen". Sie verrauschen schneller als ein Atemzug. Wiederholungen dagegen stabilisieren das Leben, ist Han überzeugt. „Ihr Wesenszug ist die Einhausung." Das aber meint mehr als nur einen puren Funktionalismus zum Zwecke der Gemeinschaftsbildung. Einhausung bedeutet, dass der Mensch sich mit dem Letzten, Erhabenen in einer Hausgemeinschaft versammelt und befreundet.

Die Wiederholung hat es schwer in betriebsamen Zeiten mit den geforderten raschen Wechseln – vom Ehepartner bis zum Freizeitvergnügen. Jeder soll sich jederzeit selbst verwirklichen. Für Han eine Sackgasse. Der „Authentizitätskult" sei ein „Zeichen für den Verfall des Sozialen". Der Zwang zum Ich produziere die narzisstische Selbstbespiegelung, begünstige die dauernde „Beschäftigung mit eigener Psychologie". Angeblich muss ich nur mir selbst vertrauen, an mich selber glauben, um glücklich zu sein oder zu werden. Welch ein Irrtum! Laut Han lässt der Authentizitätskult den öffentlichen Raum erodieren. „Er zerfällt zu Privaträumen. Jeder trägt seinen Privatraum überall mit sich herum." So weit, dass Mann und Frau sich auf dem Markt der Öffentlichkeit bis ins Intimste hinein ausstellt, ja entblößt. Für Han eine Art Pornografie, voller Übergriffigkeit.

Unter dieser Art einer kollektiven Tyrannei der Gefühle, unter dem Terror der Intimität geht verloren, was sich rituell schweigsam wie von selbst ergibt und was dem Einzelnen aus dem übergreifend Gemeinschaftlichen heraus existenzielle Tiefe verleiht. Das keineswegs kalt, keineswegs gefühlsarm, sondern im Gegenteil in dichtester Weise körperlich sinnlich – dabei scheu, intim, frei von jedem Zwang zur Entblößung. Han: „Rituale sind Verkörperungsprozesse und Körperinszenierungen. Die gültigen Ordnungen und Werte einer Gemeinschaft werden körperlich erfahren und verfestigt. Sie werden dem Körper eingeschrieben, inkorporiert, das heißt, körperlich verinnerlicht. So bringen die Rituale ein verkörperlichtes Wissen und Gedächtnis, eine verkörperlichte Identität, eine körperliche Verbundenheit hervor. Die rituelle Gemeinschaft ist eine Körperschaft."

Das zeigt sich zum Beispiel intensiv bei überindividuellen Trauerritualen nach Groß-Katastrophen und Tragödien. Eine ganze Gemeinschaft ist davon ergriffen. Ein ganzes Volk – als Körper. Der aus Südkorea stammende Han scheint sich nicht zu scheuen, dieses in deutschen Zusammenhängen mit gefährlichen Assoziationen verbundene Bild zu verwenden, wenn er auch den Begriff Volkskörper wohlweislich meidet.

Im christlichen Verständnis des sakramentalen Geschehens ist das Rituelle seit jeher mit dem Körperlichen verbunden, sinnenfällig in den Berührungen, Handauflegungen, Segnungen, im Kreuzzeichen, im Übergießen mit dem Taufwasser, in der Salbung mit heiligen Ölen … Leibhaftig werden Körper, Seele und Geist im sakramentalen Prozess von den Zeichen und Werkzeugen des göttlichen Heils angeregt, die einst als Heilsmittel, als Heilsinstrumente, Heilswerkzeuge bezeichnet wurden. Liegt die aktuelle Krise des Christlichen womöglich darin, dass diese über sich selbst mystisch hinausweisenden körperlich-sinnlichen Zusammenhänge des Sakramentalen nicht mehr verstanden werden (können), weil dieses im Kirchenbetrieb allzu lange voraufklärerisch-magisch absolviert, einer geistlosen Routine, ja einer schlampigen „Abfertigung" anheimgegeben worden ist? Wie kann in einem Ritual von Heute das Sakramentale in seiner eigenen Symbolsprache wieder so wahrnehmbar werden, dass darin das Materielle – zum Beispiel der eucharistischen Gaben von Brot und Wein – wieder transparent wird auf das Geistige, Göttliche hin? Wandlung!

Für Byung-Chul Han ist die menschheitsgeschichtlich, kulturgeschichtlich und kalendarisch einmalige und entscheidende Unterbrechung des Wochenalltags das vom Sabbat hergeleitete Ritual des Sonntags als Tag des Herrn, als Tag Gottes, als Tag der Ruhe, des Schweigens, der Stille. „Das Heilige gebietet Stille." Diese ist wesentlich für das Fest als Spiel und „Selbstdarstellung des Lebens". Han sieht es durch einen „Überschusscharakter" ausgezeichnet. „Es ist Ausdruck des überfließenden Lebens, das kein Ziel anstrebt. Darin besteht seine Intensität. Es ist die Intensivform des Lebens. Im Fest bezieht sich das Leben auf sich selbst, statt sich einem äußeren Zweck unterzuordnen … Die Fest-Zeit ist eine *stehende* Zeit. Sie vergeht, verrinnt nicht. So macht sie das *Verweilen* möglich." Dagegen sieht Han im Boom der Events als „Konsumform" nichts Bindendes und Verbindliches, bloß etwas Verbrauchendes. „Im Gegensatz zum Fest bringen Events auch keine Gemeinschaft hervor. Festivals sind Massenveranstaltungen. Massen bilden keine Gemeinschaft."

Die Kirche als Versammlung sollte ein Symbol dessen sein, was sie feiert: das Reich Gottes als Unterbrechung des Laufs der Dinge, spannungsgeladen, nicht spannungsarm. In der Eucharistie werden Leben, Leiden, Tod und Auferweckung Jesu Christi gefeiert. Ein Drama. Seine Vergegenwärtigung setzt Aufmerksamkeit, Andächtigkeit, Achtsamkeit, Einkehr, Ruhe, Schweigen und Stille voraus. Eine Tragödie eigener Art ist es, dass die Eucharistiefeiern von heute vielfach an Geschwätzigkeit, Belanglosigkeit, ja „Wortdurchfall", wie der Theologe Paul Michael Zulehner treffend beobachtete, kranken. Das Gerede tötet, es tötet erst recht das Symbol.

Nur: Die Ruhe ist kein Selbstzweck. Vielmehr treibt sie im sakramentalen Geschehen zu heftigster Unruhe, zu einer existenziellen Erschütterung über Sein und Zeit, Entstehen und Vergehen, Gottes Nähe und Abwesenheit, Vernichtung und Erlösung, Untergang und Befreiung. Der christliche Kult treibt eine festlich „stehende Zeit" auf die Dynamik des Reiches Gottes, Gegenwart auf Zukunft, das Unvollendete auf Vollendung, das Bekannte auf das Unbekannte hin. Hoffnung als Stachel. Geheimnis des Glaubens …

Ich und Wir. Das Wir ist nicht das letzte Ziel, auch nicht in der rituellen Gemeinschaft Kirche. Das Ritual der Unruhe verweist dialektisch zurück auf das Ich, das am Ende als Ich – und nicht versteckt im Wir – vor Gottes Angesicht steht. Der Mensch wird am religiösen Wir zum religiösen Ich, nicht zu einem egomanischen Ich, sondern zu jenem Ich, das um seine Einzigkeit und Einmaligkeit vor Gott weiß. Und somit um die Unverwechselbarkeit seiner Berufung zum Leben. Geborgen und einsam, voller Hoffnung und Zweifel, niemals austauschbar. Im Ritual, im Ritus, im Kult der Unterbrechung: Heilige Ruhe, Anstifterin heiliger Unruhe.

Liturgie der Sinnlichkeit

Glauben lässt sich nicht anpredigen und nicht antrainieren. Er wächst durch Vorbilder der Andächtigkeit und staunenden Achtsamkeit, durch eine Sinnlichkeit, die jene Nachdenklichkeit nährt, in der sich der Gotteszweifel mit dem Zweifeln am Zweifel paart. Kann es sein, dass es Gott doch gibt? Dass er logischer ist als das pure Nichts, weil aus dem absoluten Nichts nichts entstehen kann außer Nichts? Aber das Nichts ist nicht. Welch ein Wunder!

Also stimmt es, dass das Wunder des Glaubens bedeutendster Antrieb ist. Wie aber lässt sich die Empfindsamkeit für das Wunderbare gerade des Sichtbaren wecken? Der Mensch kann sich ein Leben lang an die Antwort, die eine Frage ist, nur herantasten. Dazu braucht er die Unterstützung des Sinnlichen, das mit der Intuition ebenso den Verstand anregt. Ein ganzer Komplex von Sinnlichkeit und Nachdenklichkeit, von „natürlicher Theologie", inspiriert das Glauben als Tun. Glauben aber kann jedes Individuum nur für sich, aus sich allein. Glauben wird nicht „gemacht", es entsteht. Gott – in jedem Denken und Fühlen, in jedem Gehirn, in allen elektrisch feuernden Neuronen anders.

Glauben geschieht nicht „keimfrei". Es gibt Faktoren, die den Weg zum Glauben begünstigen: zuvorderst das Feierliche. Jede Art von Entsinnlichung hingegen beschädigt die Möglichkeit zu glauben. Das mussten und müssen die evangelischen Kirchen vor allem landesherrlicher Prägung bitter erfahren. Sie hatten – abgesehen vom Musikalischen – der Feier des Glaubens über Jahrhunderte hinweg die – manchmal gewiss überbordende, ins Magische abirrende – katholische Sinnlichkeit entzogen, die Sprache des Symbolischen minimiert, schlussendlich in einer abstrakten Reinlichkeit gefangengenommen. Wo die Aura des Geheimnisvollen schwindet, schwindet das Geheimnis des Glaubens selber. Von der vermeintlichen Reinheit des Glaubens bleibt dann nicht mehr viel übrig.

Das „Allein die Heilige Schrift", das „Allein das Wort (Gottes)" war einmal ein Kampfbegriff der Reformation. Damit begann ein nachhaltiger Prozess, der alles auf das Wort setzte – aber auch einengte. Das pure biblische Wort wurde sakralisiert, verabsolutiert und vereinsamte auf diese Weise. Eine „Tragik des Protestantismus", wie der Theologe und Kulturwissenschaftler Eckhard Nordhofen sagt. Das reformatorische Reformmotiv war ehrenwert und verständlich: Angesichts einer spätmittelalterlichen, vorneuzeitlichen Kirche, die doktrinal unbeweglich, moralisch jedoch ausgesprochen beweglich, ja wankelmütig, „in jedem Fall aber prachtvoll" und vielfach „korrumpiert" war, stellte man die Frage, ob diese Kirche „die einzige Mittlerin auf dem Weg zu Gott sei", ob es überhaupt eine solche „Heilsagentur" brauche. Nordhofen: „Sollte man sich die Gottesbeziehung nicht

als ein unmittelbares Gegenüber von Mensch und Gott denken?"[132] Die
Heilige Schrift als Königsweg zu den „reinen Quellen des Evangeliums"?
In einem radikalen Akt der Reinigung und Läuterung des kirchlich-dogma-
tisch-sakramentalen Überbaus sowie des philosophischen und naturalen
Umfelds wurde „die Heilige Schrift zum Sakrament des Protestantismus",
zum Fundament. Mit fortschreitender historischer und literarischer Kritik
sowie mit neuen Erkenntnissen der Archäologie wurde es jedoch unter-
spült. Der „reine" Weg zum Glauben über die Schrift musste sich dem Se-
ziermesser der Wissenschaften und ihrer Aufklärung ausliefern und verlor
so seine „Unschuld".

Nordhofen nimmt eine Äußerung des evangelischen Theologen Ingolf
Dalferth auf: Die evangelische Kirche sei mit ihrer Sinnlichkeitsscheu in die
„Gutenberg-Falle" getappt. Gemeint ist Gutenbergs Medienrevolution und
die damit verbundene Erwartung, durch die massenhafte Verbreitung der
biblischen Texte das Wort Gottes unverbrüchlich und direkt weitergeben
zu können. Reicht die Schrift allein jedoch aus, um den Willen Gottes zu
erkunden? Was passiert, wenn sich das Wort Gottes als überhaupt nicht
eindeutig erweist, wenn es – wie bei einem Amalgam – verschmilzt mit dem
Leben, wie es jenseits aller gewünschten Korrektheit ist? Wenn das Wort
Gottes selber als fehlerhaft, widersprüchlich, menschlich komponiert in
Erscheinung tritt? Die kontinuierliche Entmythologisierung hat den Protestantismus des vermeintlich reinen Wortes Gottes in die Enge getrieben.
Um dem „Reinheitsprinzip" treu zu bleiben, hat er sich mehr und mehr auf
Ethik und Moral verlegt. Nordhofen vermutet, dass ein „eingeschrumpfter
Protestantismus" jedoch nur überleben kann, „wenn er auch wieder Reli-
gion sein will, die das große Gegenüber ins Spiel bringt. Mit einer logozen-
trischen Beschränkung auf ‚Gottes Wort' allein wird das nicht gelingen."

Diese Erkenntnis scheint inzwischen im Protestantismus eine Gegenbewegung hin zu Liturgie und Sinnlichkeit, zum Sakralen und Sakramentalen einzuleiten. Der Kirchenhistoriker Hans Otte beobachtet schon seit
Längerem einen Trend hin zu erfahrungsgesättigten Frömmigkeitsformen.
Der Wunsch nach mehr Gegenständlichkeit ist gewachsen. Es gebe eine
„Veränderung der theologischen Gesamtlage"[133]. Das zeigt sich zum Beispiel im Interesse an einer feierlichen Liturgie, wie sie etwa auf Kirchen-
tagen gepflegt wird, an der Aufwertung des Abendmahls, am Bedürfnis
nach Segnungen, Kerzengebeten, an groß inszenierten gemeinschaftlichen

Taufgottesdiensten oder auch in der privaten Geschenkkultur. So werden Konfirmanden verstärkt mit Kreuzen bedacht, und sogar der Markt für Taubenfiguren als Symbol für den Heiligen Geist wächst. Dabei handelt es sich laut Otte um eine „Frömmigkeit des Herzens", die keineswegs als historisch überholt zu betrachten sei.

Auch der Blick auf das unter Evangelischen früher oft verpönte Thema Volksfrömmigkeit wandelt sich, beobachtet Gabriele Stüber, Direktorin des Zentralarchivs der evangelischen Kirche der Pfalz. Der religiösen Volkskultur mit ihren fließenden Übergängen zu Esoterik, Okkultismus, Aberglauben habe lange der Geruch des Provinziellen angehaftet. Inzwischen entdeckt man: „Volksfrömmigkeit ist bis heute ein gewichtiger Teil der Alltagsgeschichte. Sie ist – oftmals unbewusst – eine Form des gelebten Glaubens."

Zur Sinnlichkeit des Glaubens gehört das „Drumherum": das Ungenaue, die Unschärfe, die Mehrdeutigkeit, möglicherweise auch manches „Schlampige", das im katholischen „Sowohl-als-auch-Denken" zwischen doktrinaler Strenge und praktischer Milde einmal beheimatet war. War! Denn die evangelische Problematik der Entsinnlichung trifft nunmehr ebenfalls die katholische Kirche. Was – manchmal polemisch – als (Selbst-)Protestantisierung oder Selbstsäkularisierung des Katholizismus bezeichnet wird, hat womöglich hier seinen Grund. Das Katholische wird – vielleicht als Folge seiner unaufhörlichen Macht- und Strukturdebatten mit den dazugehörigen Unterhaltungsthemen und den ungelöst weitergeschleppten Problemen – zusehends kühl, nüchtern, steril, trivial, direkt, seiner „wabernden" Umhüllung, die jedoch zu ihm gehört, entzogen. Andererseits wird die Kirche von Unternehmensberatern zum Serviceunternehmen für Marktgängiges, Harmonisches, Glattes getrimmt, was sie ihrer eigentümlich sperrigen Sinnlichkeit beraubt. Das Katholische verliert das Eckige, Kantige, die besondere Aura, das Herz, die Atmosphäre – und dabei jene scharfe, widerborstige, brillante intellektuelle Sphäre, die einmal wesentlich zu dieser Gemengelage aus rational-hochreligiöser Frömmigkeit und volkstümlich-flanierender Gemütsgläubigkeit dazugehörte. Alles muss irgendwie eindeutig sein, rein, klar, gefällig, einfach. Das aber war das Katholische in seiner Gesamtheit nie.

Die Grundschwierigkeit des Ein-Gott-Glaubens war seit jeher, wie ein Gott, der „keine empirische Größe, sondern das positive Vorzeichen vor der

Welt" ist, „die er geschaffen hatte", der sich also der Wahrnehmung entzieht, als gegenwärtig zu glauben, ja zu „veranschaulichen" sei. Der Monotheismus hat ein – so Nordhofen – schwerwiegendes „Darstellungspro-
blem". Spannend, ja aufregend beschrieben ist das literarisch bereits mit
der mysteriösen „Offenbarung" JHWHs in der Paradoxie des brennenden
Dornbuschs, der nicht verbrennt. „In vormodernen Zeiten half sich der biblische Erzählkosmos durch eine bunte Palette von Wundergeschichten,
Visionen" und anderen Markierungen, die eine grundlegende „Andersheit"
Gottes gegenüber den Erfahrungen dieser Welt setzten. Dahinein sind auch
Kulttraditionen der „nichtchristlichen Antike", etwa des heidnischen Priesterlichen und der Mysterienkulte, geflossen, was in dogmatischer Korrekt-
heit gern ausgeblendet wird. Von einer urmenschlichen, universalen sinnlichen Symbolkraft und Symbolsprache lebt aber das Sakramentale, das im
Griechischen nichts anderes bedeutet als *Mysterion*. Wie kann für dieses
Geheimnishafte des Heiligen eine neue Sensibilität unter heutigen Bedingungen entstehen – und somit für das christliche Glauben selbst?

Die katholische Kirche gerät in die protestantische Tragik in dem Maß,
in dem sie sich einem als Reinigungsprozess missverstandenen Reduktions-
prozess anheimgibt. Als Therapie gedacht, bewirkt er genau das Gegenteil.
Zum Beispiel wird mit der Zusammenlegung von Pfarreien die eucharistische sakramentale „Versorgung" abgebaut. An ihre Stelle treten Wort-
Gottes-Feiern, früher einfach „Wortgottesdienst" genannt, die wegen der
vermeintlichen Verwechslungsgefahr mit einem vom geweihten Kleriker
geleiteten Gottesdienst (worunter man nur noch die Eucharistiefeier versteht) nicht einmal so heißen dürfen. Das Wort Gottes und nichts als das
reine Wort Gottes? Ohne die eucharistische Handlung und Aura tappt das
Katholische gleichfalls in die „Gutenberg-Falle". Und was folgt als Nächs-
tes?

Der Evangelische Pressedienst berichtete, dass im Hannoveraner Kir-
chenamt der evangelischen Kirche eine Radikallösung angesichts der Got-
tesdienstschwindsucht angedacht worden war: Wo der Sonntagsgottesdienst kaum mehr gefragt ist und wo auch Pfarrer nicht mehr hinreichend
zur Verfügung stehen, könne man ihn gleich ganz abschaffen. Zitiert wurde
der Theologe Thies Gundlach: „Die Rede vom Verlust des Sonntagsgottes-
dienstes funktioniert immer auch ein wenig nach dem Motto ,Wann wird
es wieder so, wie es noch nie war'. Denn der Sonntagmorgengottesdienst

hat seit Jahren schon nicht mehr seine klassische Funktion als ‚Mitte der Gemeinde'." Eine Studie belege, dass er oft nur noch ein „Zielgruppengottesdienst" sei für „ehrenamtliche Mitarbeiter und hochverbundene Kirchenmitglieder". Es gehe dabei laut Gundlach nur noch um „eine intensive Identitätsvergewisserung". Man feiert und bleibt unter sich. Dann aber muss ein solcher Gottesdienst nach Ansicht des Theologen nicht an jedem Sonntag an jedem Ort stattfinden. „In theologisch begründeter Freiheit" könne jede Gemeinde selber entscheiden, wie viel Gewicht sie einem regelmäßigen Sonntagsgottesdienst einräumt und wie viel für andere Gottesdienste.

Heftig widersprach der evangelische Liturgiewissenschaftler und Theologe Michael Meyer-Blanck. Es sei verhängnisvoll, gerade beim Sonntagsgottesdienst ein „Rückzugsgefecht" zu beginnen. Der Gottesdienst sei das entscheidende Zeichen der „Repräsentanz des Evangeliums in der Gesellschaft". Daher müsse man sich um das Liturgische intensiv bemühen. „Wir müssen den Sonntagsgottesdienst so stark wie möglich machen und auch die Hochverbundenen in der Kirche stärken. Sie wirken als Multiplikatoren."

Der Münsteraner Religionssoziologe Detlef Pollack befürchtet einen gottesdienstlichen Kahlschlag. Aus der Religionsgeschichte wisse man um die Bedeutung der religiösen Wiederholung, der Gewohnheiten, der Routine. Allerdings verlangt auch Pollack liturgische Reformen.[134]

Das betrifft nicht minder die katholische Kirche. Die Liturgiereform des Zweiten Vatikanischen Konzils ist Geschichte. Das seinerzeit Erneuerte reicht nicht mehr und trifft vielfach nicht mehr die gewandelten Lebensgefühle der nachwachsenden Generationen. Die jungen Leute pflegen und erwarten eine neue Art der Sinnlichkeit im Freundes-Netzwerk des Alltags. Das wirkt sich auch auf eine mögliche Sensibilisierung für das Sakrale aus. Das Heilige ist aus der Wahrnehmung der Menschen keineswegs völlig verschwunden, hat sich jedoch versteckt. Es muss ins Alltagsbewusstsein wie ins religiöse Bewusstsein erst hervorgelockt werden.

Die Wort-Gottes-Feiern mögen gut gemeint sein, weisen aber in die falsche Richtung. Sie erhöhen die Wortlastigkeit, die jetzt schon das *Mysterion* Eucharistie stört, wenn nicht zerstört. Zu viel Erklärendes, zu viel Belehrung, zu viel Trivialität, zu viel Zerreden mit Zwischenreden und Zusatztexten, zu wenig Verzauberung. Die Liturgie wird wortreich gedehnt, ihr fehlt der Spannungsbogen, der „Drive", die Dynamik des Voranschreitens. Die Gläubigen fühlen sich drangsaliert.

Damit die Wort-Gottes-Feiern gegenüber der verloren gegangenen Eucharistiefeier nur ja nicht zu kurz geraten, werden sie textlich aufgebläht. Mehr ist besser? Die Fürbitten mit ihren infantilen, moralisierenden Botschaften sprengen jedes Maß des Erträglichen. Die Folge: gedankenloses Plappern „Wir bitten dich …". Im nachtridentinischen Zeitalter hat sich trotz der Liturgiereform des Konzils vielerorts wieder ein pures „Messe-Lesen" breitgemacht.

Wie viel Platz hat im Kult das spirituell so wichtige zwanglose Schauen, Riechen, Lauschen? Das absichtslos Umherschweifende, Flanierende der Sinneswahrnehmungen. Oder die Bewegung – ein höchstes Bedürfnis der Menschen gerade in Zeiten sitzender Berufe? Es gibt fast keine Prozessionen mehr, abgesehen von der immer kürzer werdenden Schlange beim Kommunionempfang. Dazu noch ein bisschen Körperbewegung beim pflichtschuldigst absolvierten Friedensgruß, der nicht viel mehr ist als jedes säkulare Händeschütteln. Braucht man das noch – in der Liturgie? Wo küsst sich ein Paar? Wo umarmen sich Freunde? Selbst Ehepartner reichen sich aseptisch die Hand.

Das Leibliche ist ausgesondert. Stehen, Sitzen, bei der Wandlung kurzes Knien – das war's. Ohne bewusste Präsenz abgeleistet wie immer. Der Körper nimmt den Wechsel der Haltung kaum mehr wahr. Expressive Gebärden – etwa beim Beten? Fehlanzeige. Nicht einmal mehr die Kleidung verweist auf das Besondere des sonntäglich-österlichen Festes. Keine Farben, keine Exotik, keine Erotik. Überall herrscht der übliche Werktagsdress. Mit solchem Outfit würde sich keiner ins Theater trauen, geschweige denn in die Disco. Wie sehr fällt dagegen die Afrikanerin auf, die wunderbar geschmückt, in farbenprächtigem Gewand – von Sonntag zu Sonntag abwechslungsreich – in den Gottesdienst kommt. Eine Frau, die in einem Container für Asylbewerber wohnt …

In Taizé hat man erkannt, wie wichtig die meditative, singende Wiederholung ist – unterbrochen für längere Phasen der Stille, des Schweigens, der Besinnung. Sinnlich eben. Der Eucharistie fehlt vor lauter tätiger Teilnahme der Gegenpol: die beglückende Distanz der nichttätigen Teilhabe, das funktionslose „Draußensein", das „Abschalten" in einem in sich versinkenden Schweigen, im gelassen loslassenden Sinnieren vor dem unbekannten Gott. Alles muss dauernd tönen. Selbst bei der Kommunion trällert die Orgel irgendetwas nebenbei, ein Hintergrundrauschen wie im Kaufhaus. Allerdings wird eine Kunstpause, ob man will oder nicht, stets aufgedrängt: nach der Predigt, die aber so belanglos sein kann, dass man sich fragt, wozu die „Einkehr" gut sei, wenn es doch nichts zu meditieren gibt?

In Taizé laden die vielen Kerzenlichter im Dämmrigen des Kirchenraums zum inneren Schauen, zum betrachtenden Beten ein. Doch modern katholisch gilt die Schaufrömmigkeit als veraltet: das schweigende Verharren vor einer Monstranz, in deren Mitte der Leib des Herrn Christus als Ikone des unbekannten Gottes der meditativen Versenkung „ausgesetzt" wird. Wie bewegend diese fromme Übung jedoch auch heute sein kann, war auf dem Marienfeld des Weltjugendtags in Köln 2005 zu erleben, als hunderttausende junge Leute die Nacht schweigend vor einem künstlerisch-ästhetisch anspruchsvollen Schaugefäß verweilten – und im Angesicht des Heiligsten schließlich erschöpft einschliefen. Wirklich nur eine Spiritualität von gestern oder gar vorgestern? Ein wenig Schaufrömmigkeit bedient immerhin noch das Osterfeuer, das die Leute in größerer Zahl anzieht, vor allem Familien mit Kindern. Aber häufig ist das Feuer, das eigentlich die Nacht erhellen soll, auf ein bloß noch andeutendes sanft glimmendes Zündeln verkleinert oder völlig aufgegeben.

Welche Symbolkraft ließe sich gewinnen aus der Schaulust der jungen Generation, die gern ins Kino geht, die über Instagram Bildwelten mit vielen anderen teilt – und musikalisch längst über das „neue" geistliche Lied hinaus in ganz andere Hör- und Zeitgefühle weitergewandert ist? Welche weiteren liturgischen Reformen könnten helfen, die tief im Menschen verankerte Sinnlichkeit des Daseins in sakraler Symbolsprache wirken zu lassen – und das ganz ohne banale Anbiederung? Liturgie ist Anthropologie und muss sich um des Glaubens willen weiterentwickeln, wie es seit jeher der Fall war. Nordhofen bedauert, dass Gebildete das christliche Erbe heutzutage „mit ethnologischem Blick als einen Gegenstand der historischen Forschung und musealen Denkmalpflege" betrachten. Gott aber ist kein Museum.

Die Vielfalt der Gottesdienstformen von einst wurde eingedampft auf die Monokultur von Eucharistie und Wort-Gottes-Feier. Wie ließen sich zum Beispiel Andachten für Andächtige gewinnen mitten im Tageslauf, als „Aussetzer" im Trott? Wenige Minuten gegen das Triviale. Warum gibt es mittags allenfalls in bedeutenden Kathedralen oder Citykirchen da und dort eine kurze Gebetsstunde? Es fehlt an Personal? Bei derart vielen haupt- und nebenberuflichen Theologinnen und Theologen, Religionslehrerinnen und Religionslehrern wie in kaum einem anderen Land?

Und wie steht es um die geistliche Präsenz – räumlich und zeitlich? Einst war das evangelische Pfarrhaus eine Institution der Gegenwärtigkeit, ein Mittelpunkt christlicher Ansprechbarkeit mitten im Getriebe des Alltäglichen. Wenn der Pfarrer außer Haus war, war seine Frau, die „Frau Pfarrerin", obwohl keine ordinierte Theologin, da für alle, die anklopften. Die katholischen Pfarrhäuser sind oft leer, wie verwaist, die Pfarrbüros bloß stundenweise besetzt (wer weiß, wann genau?). Eine Haushälterin öffnet nicht mehr die Tür. Die „gute Seele" gibt es kaum noch. Der Pfarrer soll und muss Single sein. Das tut weder ihm noch seiner Gemeinde gut. An der personalen Nähe aber entscheidet sich vieles, oft alles – in allen Berufen.

Die katholische Kirche in Deutschland veranstaltet einen „synodalen Weg". Wieder geht es um das Übliche, unendliche Male behandelt und gefordert. Es gibt da eigentlich nichts wirklich Neues mehr. Es liegt am Papst, für die diskutierten Reformen ein Konzil einzuberufen und/oder alleine zu entscheiden – so oder so, ja oder nein.

Anderes wäre unsere gemeinsame ökumenische Sache, ob katholisch, evangelisch oder sonstwie christlich: die Atmosphäre des Sinnlichen im Glauben und für den Glauben wiedergewinnen. Besonders im Raum des gemeinschaftlichen Betens und Feierns. Im österlich-liturgischen Sonntagsfest ereignet sich unsere Freude und Hoffnung. Werktags – wie schön – manchmal auch.

Gottheit tief verborgen: Vom Mahlkult zum Kultmahl

Mit dem Glaubensverständnis ist auch die Feier der Eucharistie in eine Krise geraten. Die Christentumsgeschichte belegt allerdings, dass im Zeichen von Brot und Wein der Christuskult schon immer in Bewegung war. Über die frühen Christen heißt es in der Apostelgeschichte: „Tag für Tag verharrten sie einmütig im Tempel, brachen in ihren Häusern das Brot und hielten miteinander Mahl in Freude und Einfalt des Herzens" (2,46). Auch wenn es sich bei diesem biblischen Text um eine Werbeschrift für die neue Religion handelt und die Verhältnisse stark idealisiert sind, ist doch erkennbar, was die junge Gruppe auf ihrem Glaubensweg bewegte und zusammenhielt: das Brotbrechen zum Gotteslob. Was aber hält Christen heutzutage zusammen?

Zum sonntäglich-österlichen „Brotbrechen", wie der Dank für die von Christus geschenkte Erlösung anfangs bezeichnet wurde, finden sich – zum Beispiel in den zusammengelegten XXL-Pfarreien – oft kaum noch zwei Prozent der Getauften ein. Jeder kann die bittere Realität mit den eigenen Augen übers Jahr verteilt messen, was dann die sogenannten Zählsonntage mit Fantasie-Hochrechnungen beschönigen. Auch am Gründonnerstag, der in der katholischen Liturgie in dichtester Weise an das Letzte Abendmahl Jesu mit seinen Jüngern erinnert, tut sich in den Kirchenbänken zwischen den einzelnen Gläubigen gähnende Leere auf. Die Heiligen Drei Tage von Leiden, Tod und Auferweckung Jesu Christi reichen schon längst nicht mehr an die Wellness-ummantelte Emotionalität des Heiligen Abends heran. Dabei geht es doch gerade jetzt um alles: um Tod und ewiges Leben. Hat das schwere Osterchristentum gegenüber dem leutseligen Weihnachtschristentum ausgespielt? Die Feier der Eucharistie als ritualisiertes Brotbrechen ist zu einem Nebenschauplatz religiöser Praxis geworden. Sogar Theologen behaupten inzwischen, dass der sonntägliche Gottesdienstbesuch gar nicht so wichtig, dass er überhaupt nicht das entscheidende Kennzeichen christlicher Gläubigkeit sei. Entsprechend versuchen kirchenleitende Verwaltungsakte, den Priesternotstand mit Ersatzhandlungen zu beschwichtigen: mit Schmalspur-Versammlungen ohne sakramentales Brotbrechen. Steuert mit zunehmendem Priestermangel die katholische Kirche endgültig auf eine sakramental entleerte katholische Freikirche zu?

Verschiedentlich werden Kirchengemeinden statt von einem Pfarrer bereits von einem hauptamtlichen Laien geleitet. Das wird als großer Reformschritt, als Fortschritt wider den Klerikalismus verkauft. Für die größere Einheit ist die Funktion des moderierenden Priesters eingeführt. Schon in der Wortwahl erinnert das an die Moderatoren freikirchlicher Gruppierungen. Verschwindet das Priesterliche mitsamt dem eucharistischen Leben scheibchenweise aus der katholischen Glaubenstradition – bei allem hohen Respekt gegenüber brüdergemeindlichen Glaubens- und Bekenntnistraditionen? Oder kommen die Katholiken auf diese Weise dem urchristlichen Sinn des Brotbrechens und Brotteilens wieder berührend nahe?

Der Kirchenhistoriker Anselm Schubert hat daran erinnert, dass die Christen der ersten Jahrhunderte das Abendmahl mit den Speisen feierten, „die sie von zuhause mitbrachten, gemeinsam verzehrten und von denen sie Christus und den Armen opferten"[135]. Nicht sicher ist, ob die frühesten entsprechenden Gemeinschaftsmähler bereits mit dem Abendmahl Jesu sinngemäß verbunden waren, denn die Evangelien entstanden vermutlich erst ab dem Jahr 70. Frühestens um das Jahr 55 gibt der erste Korintherbrief des Paulus einen Hinweis auf eine solche Gedankenverknüpfung. Auch ist nicht sicher, ob es sich beim Abendmahl Jesu wirklich um ein Pessachmahl handelte. Dann hätten die Christen seinerzeit in direkter Nachahmung ja ebenfalls nur einmal im Jahr ein solches Mahl halten dürfen. Es fand aber anscheinend viel häufiger statt. Zudem scheint es je nach Ort und apostolischer Tradition verschiedenste Formen gegeben zu haben. Eventuell waren die Mahlgemeinschaften der frühen Christen – so Schubert – „gar nicht auf die Handlungen Jesu als historischen Ursprung oder literarisches Vorbild angewiesen".

Wahrscheinlich waren die ersten christlichen Gemeinden den religiösen Vereinen ähnlich, die es zu jener Zeit im Römischen Reich in großer Zahl gab. Der Kirchenhistoriker vermutet, dass das sogenannte Symposion, das gemeinsame rituelle Mahl der griechisch-römischen Antike, für die Christenversammlungen ein Vorbild gewesen sein könnte, allerdings ergänzt und vermischt mit jüdischen Segnungsbräuchen. Die Symposien sollten Einheit, Freundschaft und Anmut stärken. Sie wurden mit Vorspeisen begonnen. Dann gab es eine Art rituelles Mahl, bei dem Brot gereicht wurde. Es mündete in ein Trankopfer mit Wein an die Götter, wobei um Gesundheit, Glück und Heil gebetet wurde. Daran schloss sich ein ebenfalls stark ritualisiertes Trinkgelage mit strengen Regeln an, begleitet von Gespräch, Gesang, Tanz und Spiel. Davon waren Frauen allerdings ausgeschlossen.

Möglicherweise ist die Kritik des Paulus an Missständen bei den christlichen Mählern in Korinth ein Hinweis darauf, dass diese Versammlungen ebenfalls das dankende Gedenken des Heilswerks Christi mit einem Sättigungsmahl verbanden. In diesem Kontext konnten die Einzelnen ihre unterschiedlichen Charismen – Gnadengaben – wie bei einem Symposion einbringen. Paulus protestiert außerdem gegen eine Art Apartheid bei diesem Essen. Anscheinend verzehrten die Reichen und Bessergestellten unter sich das, was sie selber für sich mitgebracht hatten, während die Ärmeren wenig dabei hatten oder ganz leer ausgingen. Den Korinthern wurde mahnend in Erinnerung gerufen, dass alle gemeinsam den Leib Christi bilden. „Wer im Gemeinschaftsmahl für sich essen möchte, schließt sich selbst von der Gemeinde aus und hat so nicht mehr Teil an Christus. Er isst und trinkt sich ‚zum Gericht'", so Schubert. Anscheinend wurden für das Herrenmahl nicht nur Brot und Wein verwendet, sondern vielerlei Speisen aufgetischt, auch Fleisch, was aus dem Disput zu entnehmen ist, ob es von heidnischen Tempelopfern stammen darf.

Der Übergang vom ritualisierten Mahlkult zum christlichen Kultmahl ist nicht mehr genau zu rekonstruieren. Verschiedene Formen scheinen über lange Zeit hinweg nebeneinander bestanden zu haben. Ab dem zweiten Jahrhundert scheint das Sättigungsmahl mehr und mehr vom Herrenmahl abgesondert, als eigenständig ausgegliedert worden zu sein. In dieser Phase begannen die Christen, das Kultmahl deutlicher als Opfer zu bezeichnen – allerdings weniger als Sühnopfer denn als Dankopfer für die erwirkte Erlösung.

Noch lange wurden auch Milch und Honig verwendet, Käse oder Gemüse, was Äußerungen des Cyprian von Karthago (um 200–258) nahelegen. Der Kelch wurde mancherorts bloß mit Wasser, mit Fruchtsaft oder Milch gefüllt. Oft wurde der Wein mit Wasser gestreckt. Noch bis weit ins sechste Jahrhundert hinein mahnten westliche und östliche Synoden, sich auf jene eucharistischen Elemente zu beschränken, die Jesus laut den Evangelien selber verwendet habe. Vor allem in asketischen Traditionen wurde Wein vermieden. Während der Christenverfolgungen in Nordafrika verzichtete man anscheinend bei den morgendlichen eucharistischen Feiern auf Wein aus Furcht, sich durch den Weingeruch aus dem Mund zu früher Stunde als Anhänger einer „falschen" Religion zu verraten.

Im Lauf der Jahrhunderte wurde die Reinheit der Materie mehr und mehr zum Thema – und zum Anlass für Kirchenstreit und Kirchenspaltungen. Sollte – zum Beispiel – der Teig ungesäuert sein oder gesäuert? Für manche Gemeinden und Bischöfe war das ein „Glaubensbekenntnis" gegen die jüdische Tradition des Pessachmahls, an dem teilzunehmen Christen schon in der Frühzeit des neuen Weges verboten wurde. In byzantinischer Tradition verwendete man gesäuertes Brot. Die armenische Kirche, die im Gegensatz zu anderen orientalischen Kirchen das Konzil von Chalcedon über die zwei Naturen in Christus nicht anerkannte, schloss sich der Tradition des Westens mit ungesäuertem Brot an.

Zusehends wurde die konsekrierte, geweihte, „verwandelte" Materie selber als heilig betrachtet, sodass es ein schweres Sakrileg war, etwas davon auf den Boden fallen zu lassen. Mit komplizierten Reinigungsritualen musste der „Schaden" behoben werden. Verdorbenes Brot war zu verbrennen, der von verschüttetem Wein durchtränkte Boden war abzulecken, abzuschaben und das entsprechende Holz ebenfalls zu verbrennen. Wie viel Gott vom unbekannten Gott in Jesus Christus steckt in den Krümeln? Die Magie forderte auch ihre sophistischen Spekulationen.

Bereits im Frankenreich waren das konsekrierte Brot und der konsekrierte Wein derart magisch aufgeladen, dass ihnen eine dingliche Allmacht mit der Fähigkeit zur Übertragung von Macht innewohnte. Schubert erwähnt die heidnischen Söhne des Königs von Essex, die im siebten Jahrhundert von ihrem Bischof Mellitus, der ihren Vater getauft hatte, verlangten, auch ihnen das „Zauberbrot" und den „Zaubertrank" zu reichen, den doch ihr Ahnherr erhalten hatte. „Warum gibst Du uns nicht das weiße Weizenbrot …, das Du unserem Vater Saba und selbst dem Volk in der Kirche gibst?" Die Söhne lehnten als Vorbedingung die Taufe ab. „Wir wollen nicht in diese Quelle steigen, das brauchen wir nicht, aber wir wollen trotzdem von diesem Brot essen."[136]

Zusehends wurde das eucharistische Geschehen klerikalisiert. Der Priester war es nun, der nicht nur ein Dank- oder Sühnopfer darbrachte, sondern der geradezu die Gottheit beschwor, vom Himmel herabzusteigen und sich in die Materie von Brot und Wein zu inkorporieren. Schubert: „Die Vorstellung, dass sich eine dünne Scheibe aus Weizenteig und etwas Wein im Kelch in die Gottheit selbst verwandelte, lenkte den Blick auf das Paradox, dass sich in den begrenzten Elementen Gott materialisierte. Die konsekrierte Hostie wurde essbarer Leib Gottes. Gerade deshalb rückte ihre wundersame Materialität, die Verfertigung der Hostien, ihre Konsekration, ihre Aufbewahrung, das Essen, Kauen, Schlucken, Verdauen und Ausscheiden durch Menschen oder Tiere, ins Zentrum. Die körperliche Aneignung der Gottheit wurde Gegenstand frommer Legenden, theologischer Spekulation und künstlerischer Darstellungen."

Wie „verwandelt" sich die Substanz, was heißt Transsubstantiation? Philosophisch-theologische Variationen in großem Stil setzten sich damit auseinander, was sich durch den priesterlichen Akt substanziell – wesenhaft – verändert, wenn doch die Materie als solche weiter den bisherigen Anschein wahrt und sie geschmacklich dieselbe bleibt, aber als Fleisch und Blut Christi zu verstehen und verehren ist? Wie kommt Christus gegenwärtig in die Gestalten? Eine Frage, die nicht nur die Reformatoren verschiedenster Prägung im Streit voneinander schied.

Aus heutiger Sicht mit einer veränderten Begrifflichkeit von Substanz in ihrer molekularen Verfasstheit mag manches gedanklich nicht mehr nachvollziehbar sein, was einst heftigste Dispute, Polemiken und gegenseitige Verketzerung entfachte. Transsubstantiation meint jedoch keine molekulare Strukturveränderung durch Zauberei, vielmehr eine grundlegend gewandelte Wesensbestimmtheit der anschaulichen Materie von Brot und Wein – und das ganz ohne den Aberglauben an ein magisch stoffliches Fluidum oder eine derartige Aura. Die Materie bleibt reine Materie, aber sie wird geistig „aufgeladen" zu etwas Wesenhaftem, Anderem. Das Materielle der eucharistischen Gaben wird transparent aufs Geistige, Transzendente, aufs Göttliche hin. Dank der modernen Sprachphilosophie wurde die entscheidende Tiefenwirkung des Symbolischen aufgedeckt. Nichts als nur ein Symbol? Was heißt da „nur"? Das Symbol ist – gerade als Realsymbol – eben weitaus mehr als nur ein Zeichen.

In dem Maße, in dem gemäß der einstigen Vorstellung die Materie der eucharistischen Elemente geradezu körperlich das Göttliche, ja den göttlichen Christus aufnahm, ängstigten sich die doch sündigen Menschen, durch die Kommunion in einen unmittelbaren gefährlichen Kontakt mit dem Heiligsten zu geraten. Es gab einen „Ausweg": Nicht die Kommunion wurde empfangen, sondern nur der sogenannte Spülwein, mit dem der Kelch nach der Kommunion gereinigt wurde. Das auf diese Weise „verdünnte" und geradezu nur noch homöopathisch dosierte Blut Christi, das sich in dieser Spülung befand, wurde als abgeschwächte und daher weniger gefährliche Variante der leibhaften Begegnung mit der göttlichen Substanz angesehen. Kann man so dem Gericht, unwürdig den Herrn zu empfangen, entgehen?

Für große Teile der Bevölkerung wurde die Kommunion selber unmöglich. An die Stelle der „Einverleibung" trat die Schaufrömmigkeit, um gewissermaßen aus der Ferne einen Blick auf das Göttliche zu werfen und so etwas von den Strahlen des ewigen Heils zu erhalten. Dem Prozess der zunehmenden „Verdinglichung" der eucharistischen Gaben trat schlussendlich entschieden erst das Zweite Vatikanische Konzil entgegen, das die echte tätige Teilnahme auch an der Kommunion wieder in den Vordergrund des jeweils aktuellen eucharistischen Geschehens rückte.

Wie viel rituelle Gemeinschaft wollen die Menschen heute noch in einem Zeitalter sogenannter Individualisierung? Ist man überhaupt noch fähig, im Materiellen jenes wesenhaft Geistige zu identifizieren, das sich als das Heilige in Brot und Wein manifestiert und so eine mystische Spur zum unbekannten Gott legt? Zumal in Produkten, die im Zeitalter der Lebensmittelveredelung längst nicht mehr den symbolisch-existenziellen „Nährwert" haben, den sie als essenzielle Grundstoffe fürs Leben und Feiern einst besaßen? Insbesondere in jüngeren Generationen, denen Nahrungsangebote im Überfluss bereitstehen, hat das Brot nicht mehr jenen hohen emotionalen Rang, den es für die Eltern und Großeltern besaß, die Hungers- und Kriegsnöte durchmachten. Welche Ehrfurcht bringt man noch dem Brot entgegen, das inzwischen in tausenderlei Sorten und Varianten im Überangebot zur Verfügung steht? Es ist längst zu einem Wegwerfprodukt geworden, von dem sich in unseren Breiten kaum jemand wirklich existenziell abhängig weiß. Selbst der Wein hat im Zeitalter der Lebensmittelchemie und der unzähligen Zusätze, die sein Aussehen und seinen Geschmack im Keller „herausarbeiten", seinen naturalen Charme verloren. Die „Reinheit" des unverfälscht Göttlichen suchen die Menschen heute eher in einem Ess- und Trinkgenuss voller Raffinesse, im Außergewöhnlichen, das die Neopriester der Gourmet-Kochkultur kredenzen.

Andererseits feiert die Schaufrömmigkeit, die man für längst überwunden glaubte, fröhliche Urständ. Im Zeitalter des Allerweltsvoyeurismus ist sie über die sozialen Medien und die bildhaft aufgeladenen elektronischen Netzwerke modisch zurück: Sehen und gesehen werden. Wie aber lässt sich das Heiligste sehen? Es ist auch ein Zeichen der Zeit, wenn einzelne junge Leute wieder schweigend und betend vor einer Monstranz verharren, vor einem Schaugerät goldenen, sonnengleichen, kreisförmigen Designs, in dessen Mitte eine große Hostie präsentiert wird, einem Mandala-Meditationsbild gleich. Die sogenannte Aussetzung des Allerheiligsten, wie man solche Gegenwart bezeichnet, entspricht durchaus einem modernen meditativen Schaubedürfnis in Stille, das manche dem aktiven Empfang von Hostie und Kelch vorziehen.

Nochmals anders erschüttert und ergreift die Kommunion einen Menschen, wenn er jenseits der anonymisierten Gottesdienst-Zufallsgemeinde in einem überschaubaren Kreis einer „Hauskirche" Eucharistie feiert – zum Beispiel versammelt um einen Schwerkranken, Sterbenden. Die heilige Seelenspeise wird dann wieder unmittelbar sinnenhaft zur Stärkung auf dieser leidvollen irdischen Pilgerreise, der Kelch des Abschiedsmahls Christi zum wahrhaftigen Himmelstrank ...

Ursprünglich war die eucharistische Versammlung ja eng verbunden mit dem Drama von Leben, Leiden, Tod und Auferweckung Jesu Christi, alles andere als eine bloß erbauliche Inszenierung. Was ist davon geblieben in den „Feiern", die oft wieder zu einem routinierten „Messe-Lesen" degeneriert sind, wie es in der vorkonziliaren Schlussphase der tridentinischen Liturgie zum Leidwesen vieler üblich war, jetzt nur unter den geänderten Vorzeichen der heimischen Sprache und eines variierten Ritus? Was kann uns heute zum Geheimnis des Glaubens werden, das sich spiegelt in der Transparenz des Materiellen auf die Energie des göttlich Geistigen hin?

Auf vielerlei – manchmal exotisch, kurios wirkende – Weise hatten Getaufte im Lauf der Christentumsgeschichte versucht, das Geheimnis des Ewigen, das in Christus Gestalt angenommen hat, zu repräsentieren und in materiellen Gestalten zu präsentieren, stets unter den Bedingungen und Verständnismöglichkeiten der betreffenden Epoche. Von der Materie kommen auch wir Heutigen nicht los inmitten des erhofft Heiligen. Davon kommt auch der Glaube nicht los, der im leiblich „eingefleischten" Logos Christus das Göttliche ahnt. Das Christusgeschehen ist ein Prozess, unabgeschlossen, ein evolutives Werden durch die Zeiten hindurch. Auch die Liturgie muss sich weiter dafür öffnen, experimentell, wie es auch früher der Fall war. Die Substanz von Brot und Wein bleibt im Wandel der Zeiten und Anschauungen der Kern dieses österlichen Geschehens. Wer dieses Geheimnis des unbekannten Gottes sehen und erspüren will, muss sich darin selber bilden, darum mühen wollen: „Gottheit tief verborgen, betend nah ich dir ..."

Röntgenstrahl Eucharistie – Unsichtbares Licht Abendmahl

An den Kernstellen der heiligen Schriften nagt immer wieder der Gotteszweifel, nicht nur bei Hiob, sondern bei Jesus Christus selbst, dem Gottes- und Menschensohn, der gesandt wurde, die Menschen zu erlösen, und der doch sein eigenes Leben nicht retten konnte. Die Bibel weiß gerade an den Extrempunkten des Heiligen und Heiligsten: Gott geht in der Berechenbarkeit, in den Wünschen, Träumen, Bedürfnissen der Menschen nicht auf. Seine Abwesenheit wird zum Schlüssel seiner Anwesenheit. Die Ungereimtheit wird zur Quelle von Offenbarung, das Rätsel zum Urknall einer kritisch geläuterten Gotteserfahrung. Stets ist es das Widerborstige, Paradoxe des Ein-Gott-Glaubens, das ihn davor bewahrt, zur Behaglichkeit einer bloßen Wellness-Religion zu degenerieren. Paulus zum Beispiel sieht das Aufregende und Faszinierende des Christusgeschehens darin, dass die Botschaft vom Gekreuzigten und Auferweckten alles andere als attraktiv ist: „Er war Gott gleich, hielt aber nicht daran fest, wie Gott zu sein ..." (Phil 2,6).

Und heute? Der nicaraguanische Priesterdichter und Mystiker Ernesto Cardenal etwa erlebte in der „anti-religiösen" Erfahrung des Gottesverlustes den entscheidenden Ur-Impuls moderner Gottesahnung. Solche „atheistischen" Erlebnisse sind den bedeutendsten Gottsuchern der Gegenwart – bis hin zu Mutter Teresa – nicht fremd. Cardenal formulierte es in poetisch religiöser Sprache unnachahmlich so: „Die Wirklichkeit ist Gott, der dunkel ist, und den wir weder mit unseren Sinnen noch mit unserer Vorstellungskraft noch mit unserem Geist aufnehmen können. Wir können ihn nur erfassen als etwas Vages, außerhalb unserer Phantasie und unserer Sinne, in der Dunkelheit des Glaubens. Obwohl der Glaube nichts Dunkles ist, sondern ein unsichtbares Licht, das tiefer in die Wirklichkeit eindringt als das Licht, das wir mit unseren Augen aufnehmen, wie Röntgenstrahlen, die alles durchdringen."[137]

In der christlichen Überlieferung wird dieses Geheimnis des Glaubens liturgisch inszeniert in der Feier der Eucharistie, im Sakrament des Abendmahls. Nicht Seelentrost steht am Beginn dieses Weges auf Hoffnung hin, sondern Seelennot: „Herr, erbarme dich ..." Darin drückt sich immer auch die natürliche Erschütterung aus, dass überhaupt etwas ist und nicht vielmehr nichts. Was kann uns als einsame seufzende Kreatur, verloren in einem unermesslichen Kosmos, retten aus dem Fall ins Nichts?

Im Herrenmahl verdichten sich Raum und Zeit, Tod und Leben an den Grenzen von Sprache und Symbol, an den Schnittstellen von Leib und Seele, Materie und Geist. Wir haben – so hoffen und feiern wir – über unser Ende hinaus doch noch etwas zu erwarten von Gott. Ernesto Cardenal spricht vom „ewigen Fest". Aber die eucharistische Feier der Kommunion des Menschen mit Gott, der Menschen untereinander und mit der Schöpfung, die in Geburtswehen liegt, schließt den Konflikt ein, das Ringen um Gott in der Nacht Gottes. In der Dichte der Bedrängnis voller Dramaturgie wird die Eucharistie zur Nahrung auf der irdischen Pilgerreise, zur maßgeblichen Wegzehrung im Kampf ums Dasein, um die Liebe für Diesseits und Jenseits. Cardenal: „Die Natur kommuniziert ständig mit sich selbst. Und Kommunion heißt Essen und sich zum Gegessenwerden hingeben. Das Essen ist die Kommunion des Lebens ... Christus hat nicht nur die menschliche Natur erlöst, sondern die gesamte Schöpfung. Auch das Brot und der Wein und das Wasser wurden erlöst, die ganze Materie wurde heilig durch Ihn ... Wenn wir mit Christus kommunizieren, kommuniziert der ganze Kosmos mit Christus ... Alle Lebewesen bewegen sich im gleichen kosmischen Rhythmus. Die Rotation der Atome und unsere Blutzirkulation, der Saft der Pflanzen und die Gezeiten des Meeres, die Phasen des Mondes, die Drehung der Sterne in den Galaxien und die Bewegung der Galaxien selbst, alles bewegt sich im gleichen Rhythmus, alles ist ein Lobgesang des Kosmos. Alle Naturgesetze, sagt das Buch der Weisheit, sind wie die Saiten eines Psalters. Der Chorgesang der Mönche, die Liturgie des Kirchenjahres, das Leben und der Tod (auch Christi Leben und Tod), alles nimmt teil an der Bewegung des Meeres und der Sterne ...“[138]

Cardenal sah in den Gaben von Brot und Wein beim Abendmahl das ganze Weltall vertreten. „Sie vertreten auch unseren Körper, denn auch unser Körper ist Frucht, wir sind diese verdauten Früchte, in Körper verwandelt. Unser Fleisch und Blut sind Brot und Wein. Und wenn sich Brot und Wein in das Fleisch und Blut Christi verwandeln, so verwandelt sich unser Leib in Christi Leib." Für den nicaraguanischen Dichter und Priester war die Liturgie des Herrenmahls ständige Bewegung, ein ununterbrochenes Suchen nach Gott, Abglanz des Göttlichen, Fixstern des Ewigen im Endlichen. Eine „tägliche Erinnerung hier auf Erden und hier in der Zeit an dieses Hochzeitsmahl, das in der Ewigkeit seinen Anfang nahm".

Solche mystisch-kosmische Sprache mag manchem fremd erscheinen. Doch trifft sie den Kern: dass Eucharistie und Abendmahl etwas *Besonderes* sind, die der ständigen symbolischen, seelischen, leiblichen, künstlerischen Kraftanstrengung bedürfen, um nicht ritualistisch zu verflachen. Begreifen wir als Christen eigentlich, welchen Schatz wir da haben, ein Geschenk, um das wir uns permanent reformerisch neu bemühen müssen? „Das Lebensbrot stillt Hungers Not." Das Geistige sättigt den Leib, der Leib hungert nach dem Mahl – dem himmlischen.

Für den Paläoanthropologen und Jesuiten Pierre Teilhard de Chardin verband sich mit der Hostie, diesem kleinen Stück Materie in einem gewaltigen Kosmos aus Materie und Geist, die „personale Energie" des universalen, des kosmischen Christus. Im Lauf der Zeit umhülle sich die sakramentale Hostie aus Brot immer inniger mit einer anderen, „unendlich viel größeren Hostie, die nichts weniger ist denn das Universum selbst". Die Materie des Sakraments ist die Welt selbst. Die Materie wird im eucharistischen Geschehen geheiligt, transparent auf den kosmischen Christus hin.

Im Geist dieser kosmischen Christusmystik hatte Teilhard *Die Messe über die Welt* geschrieben. Die Meditation entstand 1923 bei einer wissenschaftlichen Expedition in der Ordos-Wüste der Inneren Mongolei im Norden Chinas, als es für ihn nicht möglich war, die Eucharistie zu feiern:

„Herr, da ich wieder einmal, nicht mehr in den Wäldern der Aisne, sondern in den Steppen Asiens, weder Brot, noch Wein, noch Altar habe, will ich mich über die Symbole bis zur reinen Majestät des Wirklichen erheben und Dir, als Dein Priester, auf dem Altar der ganzen Erde die Arbeit und die Mühsal der Welt darbringen ...

Mein Kelch und meine Patene sind die Tiefen einer Seele, die allen Kräften weit geöffnet ist, die in einem Augenblick sich von allen Punkten des Erdballs erheben und zum Geist konvergieren werden. – Kommt also zu mir, Erinnerung und mystische Gegenwart derer, die das Licht zu einem neuen Tag erweckt! ...

Wir werden von der hartnäckigen Illusion beherrscht, das Feuer, dieses Seinsprinzip, gehe aus den Tiefen der Erde hervor, und seine Flamme entzünde sich fortschreitend entlang dem leuchtenden Kielwasser des Lebens. Du hast mir, Herr, die Gnade gegeben zu begreifen, dass diese Sicht falsch ist und dass ich sie, um Dich wahrzunehmen, umkehren müsse. Am Anfang stand die erkennende, liebende und tätige Macht. Am Anfang stand das

Wort, das in souveräner Weise fähig ist, sich jede Materie, die entsteht, zu unterwerfen und sie zu kneten. Am Anfang stand nicht die Kälte und die Finsternis; am Anfang stand das Feuer. Das ist die Wahrheit.

So bricht also nicht aus unserer Nacht nach und nach das Licht hervor, vielmehr räumt das präexistente Licht geduldig und unfehlbar unsere Dunkelheiten aus. Wir andern, die Kreaturen, wir sind aus uns selbst das Dunkle und das Leere. Du bist, mein Gott, der Grund selbst und die Festigkeit des ewigen Milieus ohne Dauer und Raum, in das schrittweise unser Universum emergiert und in dem es sich vollendet, indem es die Grenzen verliert, durch die es uns so groß erscheint. Alles ist Sein, es gibt überall nur Sein außerhalb der Zerstückelung der Kreaturen und des Gegensatzes ihrer Atome. Brennender Geist, personales und urgründliches Feuer, … würdige Dich auch diesmal wieder, auf die gebrechliche Schicht neuer Materie, mit der sich heute die Welt umgeben wird, herabzusteigen, um ihr eine Seele zu geben. Ich weiß: Wir können die geringste Deiner Gebärden weder vorschreiben noch vorwegnehmen. Von Dir kommen alle Initiativen, angefangen bei der meines Gebetes.

Funkelndes Wort, brennende Macht, Du, Der Du das Viele knetest, um ihm Dein Leben einzuhauchen, senke, ich bitte Dich, auf uns Deine mächtigen Hände, Deine zuvorkommenden Hände, Deine allgegenwärtigen Hände herab … Bereite mit diesen unsichtbaren Händen, durch eine höchste Anpassung, zu dem großen Werk, das Du bedenkst, das irdische Bemühen, dessen in meinem Herzen gesammelte Totalität ich Dir in diesem Augenblick darbringe. Ordne es neu in dieses Bemühen, berichtige es, gieße es bis in seine Ursprünge um, Du, der Du weißt, weshalb es unmöglich ist, dass das Geschöpf anders geboren wird als getragen von dem Trieb einer unbeendbaren Evolution …

Über alles Leben, das an diesem Tage keimen, wachsen, blühen und reifen wird, sage neu: ‚Dies ist mein Leib.‘ – Und über allen Tod, der sich zu zerfressen, zu welken, zu schneiden anschickt, befiehl: ‚Dies ist mein Blut!‘ …

Ohne zu zaudern werde ich zunächst meine Hand nach dem brennenden Brot ausstrecken, das Du mir anbietest. In diesem Brot, in das Du den Keim der ganzen Entwicklung eingeschlossen hast, erkenne ich das Prinzip und das Geheimnis der Zukunft …

Möge diese Kommunion des Brotes mit dem Christus, der mit den Mächten umkleidet ist, die die Welt ausweiten, mich von meiner Zaghaftigkeit und meiner Sorglosigkeit befreien! O mein Gott, ich werfe mich auf Dein Wort hin in den Strudel der Kämpfe und der Energien, in denen sich mein Vermögen, Deine heilige Gegenwart zu erfassen und zu erfahren, entwickeln wird. Wer leidenschaftlich Jesus, verborgen in den Kräften, liebt, die die Erde wachsen lassen, den wird die Erde mütterlich in ihren Riesenarmen emporheben, und sie wird ihn das Angesicht Gottes schauen lassen."[139]

Auf andere mystische Weise hat der Schriftsteller Peter Handke seine eucharistische Ergriffenheit beschrieben: „Abendmahl'? Als ich, lange nach meiner 1. Kommunion, endlich von mir selber geschubst (oder von etwas, das *mehr* war als ich selber), kommunizieren ging, nach einer etwa dreißigjährigen Epoche ohne Hostie, war das eher eine Art Morgenmahl für mich – etwas wie ein Gewecktwerden, für einen anderen Tag, für eine andere Zeit. Zugleich gab es dabei die alte Scheu vor der Eucharistie – als ob ich diese nicht verdiente – diese Scheu war aber nicht mehr verkleinert oder verdorben durch die Scham, die ich beim Kommuniongang als Kind oder Halbwüchsiger erlebt habe – es war eine Art erhabener, auch belustigter, oder erheiterter, spielerischer Scheu. Und zu dem erhaben-heiteren Spiel gehörte eben auch, dass ich mit *anderen* zu jenem ‚Mahl der Anderen Zeit' ging, dass ich in Gemeinschaft war; dass so Gemeinschaft erst, wie flüchtig auch immer, geschaffen wurde, so flüchtig wie beständig; eine der wenigen Gemeinschaften, die mir möglich wurden. Aber immerhin. Meine Dankbarkeit bleibt, und täglich vermisse ich das ‚mich zu DIR hinmahlzeiten' im Sinn von Celans ‚hinüberdunkeln zu dir'."[140]

Das Priesterliche: mystisch statt magisch

Das Sakrament Eucharistie verlangt gemäß katholischer und orthodoxer Überlieferung nach dem sakramentalen Priester als Vorsteher der Feier. Er handelt in der Person Christi, verkörpert ihn in der gesamten Inszenierung des eucharistischen Geschehens. Wie aber ist die realsymbolische Vergegenwärtigung des unbekannten Gottes in dieser rituellen Vergegenwärtigung Christi einem heutigen Zeitbewusstsein zugänglich – fernab der magisch-zauberartigen Vorstellungen, die jahrhundertelang mit dem Altarsakrament und weiterer sakramentaler Wundergläubigkeit verknüpft waren?

Zum Priesterjahr der katholischen Kirche 2009/2010 hatte Papst Benedikt XVI. ein Schreiben an die Geistlichen verfasst, in dem er ausführlich auf Johannes Maria Vianney, den Pfarrer von Ars, Bezug nimmt: „Er sprach vom Priestertum, als könne er die Größe der dem Geschöpf Mensch anvertrauten Gabe und Aufgabe einfach nicht fassen." Benedikt XVI. zitierte ihn ausführlich und bestätigte damit dessen aus der Weihegewalt abgeleitete, sich selbst ermächtigende und sich selbst erhöhende sakramentale Vorstellung: „Oh, wie groß ist der Priester! ... Wenn er sich selbst verstünde, würde er sterben ... Gott gehorcht ihm: Er spricht zwei Sätze aus, und auf sein Wort hin steigt der Herr vom Himmel herab und schließt sich in eine kleine Hostie ein ... Ohne das Sakrament der Weihe hätten wir den Herrn nicht. Wer hat ihn da in den Tabernakel gesetzt? Der Priester. Wer hat Eure Seele beim ersten Eintritt in das Leben aufgenommen? Der Priester. Wer nährt sie, um ihr die Kraft zu geben, ihre Pilgerschaft zu vollenden? Der Priester. Wer wird sie darauf vorbereiten, vor Gott zu erscheinen, indem er sie zum letzten Mal im Blut Jesu Christi wäscht? Der Priester, immer der Priester. Und wenn diese Seele (durch die Sünde) stirbt, wer wird sie auferwecken, wer wird ihr die Ruhe und den Frieden geben? Wieder der Priester ... Nach Gott ist der Priester alles! ... Erst im Himmel wird er sich selbst recht verstehen."[141]

Der Papst räumte zwar ein: „Diese Aussagen, die aus dem priesterlichen Herzen eines heiligen Priesters hervorgegangen sind, mögen übertrieben erscheinen." Doch sieht er darin „die außerordentliche Achtung", die Vianney „dem Sakrament des Priestertums entgegenbrachte", offenbart. Allerdings wirken jene Passagen heutzutage befremdlich. Nicht wenige Priester äußerten sich irritiert, ja entsetzt, welch streckenweise schamanistisch anmutendes Zauberei-Verständnis des Priestertums noch im dritten Jahrtausend als Vorbild hingestellt wurde.

Dabei steht außer Frage: Der Priestermangel bedrängt das Christentum katholischer Prägung heftig, nicht nur in Westeuropa und Nordamerika. In dem Maße, in dem sich die Gläubigen selbst am Tag des Herrn immer seltener eucharistisch um den Tisch des Herrn versammeln, verstärkt sich der Verdacht, dass die Kirchenführung diese Verelendung ihres Kernlebens hinnimmt, weil sie Reformen scheut. So verabschieden sich viele Katholiken schleichend von ihrem mit den Orthodoxen geteilten sakramentalen Verständnis. Priesterlose Gottesdienste verstärken Tendenzen in Richtung einer sakramentenreduzierten und damit auch mystikverschlossenen katholischen Freikirche.

Wenn Kirchenleitungen immer wieder die Gläubigen zu einem „Gebetsmarathon", ja „Gebetssturm" für geistliche Berufe aufrufen, wirkt das wie ein Offenbarungseid. Insgeheim wird damit den Laien unterstellt, an der Misere selber schuld zu sein. Vielleicht weil man Gott doch nicht intensiv genug angefleht hat? Welches Verständnis von Gebet steckt eigentlich dahinter? Und wie weit reichen Einsicht und Mut der weltkirchlichen Führung, Verantwortung für die schlimmen selbstgemachten Versäumnisse in der Nachfolge der Apostel zu übernehmen – zum Heil der Seelen?

Dem Kirchenvolk ist infolge zunehmender Präsenz ostkirchlicher Geistlicher im Westen bewusst, dass es Alternativen gibt, etwa bei der Zölibatsfrage. Schließlich sind nicht nur bei den Orthodoxen, sondern ebenso in den mit Rom verbundenen Ostkirchen viele Gemeindepriester verheiratet, ohne dass dies in irgendeiner Weise deren geistlicher Berufung und sakramentalen Vollmacht abträglich wäre. Im Gegenteil: Es ist eine große Beleidigung dieser Männer Gottes in der gemeinsamen katholischen Weltkirche, ständig vom römisch-lateinischen Blickwinkel her so zu tun, als sei der eigene Sonderweg der bessere.

Das Ganze wird aber auch in der lateinischen Teilkirche immer absurder. Niemand versteht mehr, wenn katholische Priester (west-)römischer Tradition allein deshalb, weil sie heiraten, in die evangelische oder altkatholische Kirche abwandern müssen, wenn sie ihren geistlichen Dienst weiter ausüben wollen, während umgekehrt evangelische und anglikanische Geistliche nach einem Übertritt in die römisch-katholische Kirche hier verheiratet priesterlich weiterwirken. Der lateinische Teil der katholischen Kirche ist in eine Glaubwürdigkeitsfalle getappt, aus der er ohne grundlegende Reformen nicht mehr herauskommt. Dabei kommt verstärkend hinzu, dass man aus vielen seriösen Umfragen und Forschungsarbeiten weiß, dass es nicht nur unbedeutende Einzelfälle unter den katholischen Priestern sind, die trotz der Verpflichtung zur sexuellen Enthaltsamkeit geschlechtliche Beziehungen unterhalten. Die jeweiligen Pfarrgemeinden schweigen meistens darüber, obwohl die Doppelmoral ein Ärgernis ist. Umgekehrt ist festzuhalten: In Zeiten, in denen die heilige treue Ehe einem großen Teil der Bevölkerung inzwischen nichts mehr wert ist, wäre es ein bedeutendes kirchliches Signal für dieses größte natürliche Sakrament der Liebe Gottes zu den Menschen, wenn die Männer Gottes auch die eheliche Heiligkeit mit ihrer Frau vorleben würden.

Natürlich lösen solche Änderungen nicht die Glaubensprobleme. Manche neuen Schwierigkeiten kämen hinzu. Die Gotteskrise und die damit verbundene Krise des Sakramentalen hat viele weitere Gründe, wie der Blick allein schon auf die evangelischen Kirchen zeigt, die vieles haben, was Katholiken vermissen, aber in der Glaubenspraxis noch schlechter dran sind. Dennoch sollte man die Priesterfrage bei der Glaubensfrage nicht unterschätzen. Das Priestertum ist und bleibt ein Katalysator für Glaubensentwicklung und Glaubensreform gerade im Horizont der Frage nach dem unbekannten Gott.

Hat der „Kultpriester" überhaupt noch Zukunft? Und wenn – wie dann? Im Zeitalter einer tief dringenden Entmythologisierung religiöser Vorstellungen und Gewohnheiten ist es dringlich, sich dem offen zu stellen. Der Theologe Karsten Lenz hat in seiner Doktorarbeit[142] an der Technischen Universität Chemnitz aufgezeigt, wie seit einem halben Jahrhundert ein gravierender Bedeutungsverlust des Priestertums zu beobachten ist. Dieser geht einher mit einem Bedeutungsverlust des Christentums überhaupt. Andere und anderes erklären die Welt besser. Für Sozialarbeit gibt es Fürsorgespezialisten, für die Seelenarbeit Psychotherapeuten, für Familien und Eheleute Beratungsexperten ... Aus dem Universalberuf Priester ist ein Sonderfall-Beruf geworden. Er wird angefordert für gelegentliche Dienstleistung etwa im Kontext der Familienfolklore, zur Stärkung des Familienzusammenhalts bei Lebensübergängen: Taufe, Erstkommunion, Firmung, Eheschließung ... Da und dort soll der Priester Trauerarbeit unterstützen, bei Katastrophen Notfallseelsorge leisten. Am Ende bleibt nicht viel mehr übrig als ein wenig Sakramentenspendung und Feier der Eucharistie, für die sich wiederum immer weniger Getaufte interessieren. Der Priester – ein Exot in Exotenwelten? Deshalb für die Massenmedien von Fall zu Fall besonders unterhaltsam und beliebt, bestens tauglich fürs Kuriose, wie Fernsehserien belegen?

Die permanente Rückwärtsbewegung und Reduzierung des priesterlichen Tätigkeitsfelds bei gleichzeitig sich aufblähendem Terminkalender-Sitzungs-Aktions-Katholizismus hat natürlich Einfluss auf die berufliche Motivation. Außerdem ist das einst hohe öffentliche Ansehen der Priester nicht nur wegen moralischer Skandale, vor allem wegen der unglaublich vielen Fälle sexuellen Missbrauchs von Kindern und Jugendlichen, gesunken. Der Priester ist schon lange nicht mehr Hochwürden. Er ist auch nicht mehr der Stellvertreter Gottes mit Macht, vor dem man Respekt hat, weil er regelnd und überwachend, notfalls mit der Hölle drohend, in viele Lebensbereiche eingreifen kann. Während ehemals der Priesterberuf Kindern aus Großfamilien, bäuerlichen und handwerklichen Schichten oder dem Arbeitermilieu sozialen Aufstieg ermöglichte, hat die Bildungsexplosion der letzten Jahrhunderthälfte viele berufliche Chancen eröffnet. Lenz stellt fest: „In einer modernen, nicht mehr ständisch geordneten Gesellschaft ist man nicht mehr darauf angewiesen, Priester zu werden, um Begabungen zu verwirklichen."

Dazu kommt, dass der Gemeindepriester selbst bei seiner Kernkompetenz – Theologie und Religion – kein Monopol und keine Sonderautorität mehr beanspruchen kann. Häufig hat er nicht einmal einen Bildungsvorsprung vor interessierten Laien, spätestens seit das Theologiestudium für alle geöffnet ist. Zudem können die meisten Seelsorgsaufgaben, abgesehen vom Vorstehen bei der Eucharistie sowie einzelnen Sakramentenspendungen, von Laien übernommen werden.

Warum also wird jemand heute Priester? Zu beobachten ist, dass ein Motiv in den Vordergrund tritt: Durchs Priestertum möchte der Einzelne für sich selber Sinn erfahren und anderen bei der Sinnfrage beistehen. Die „Sehnsucht nach Sinn" sei heute der alles bestimmende Grund bei der Berufswahl. Das aber heißt: Priester wird man nicht mehr zuerst, um der Kirche zu dienen, um in ihr ein offizielles Amt auszuüben und so – „verbeamtet" – die Sakramente zu verwalten. Das Amtliche tritt ganz zurück hinter dem Wunsch, individuell den einzelnen Menschen nahe zu sein. Entsprechend sehen sich die Priester heute eher als Lebensberater und Lebensbegleiter. Ihre Berufswahl hat sich individualisiert.

Besonders deutlich wird das beim Wandel des Bußsakraments. Es geht dabei immer weniger um Sündenvergebung – Lossprechung – oder Buße. Der Gedanke der Versöhnung tritt in die Mitte: Versöhnung jedoch nicht einmal mehr in erster Linie mit Gott, sondern des schuldiggewordenen Menschen mit sich, mit seinen Schwächen, seinem „Schatten". Lenz: „Der Beichtende soll im Sinne der katholischen Kirche seine biografischen Probleme mit Hilfe der Kirche lösen und sie in seine jeweils eigene Biografie integrieren und somit auch verarbeiten ... Was Priester bei der Beichte erreichen wollen, ist keine Verurteilung des Beichtenden, sondern dass der Einzelne zu sich selbst steht, und zwar so, wie er ist, und dass er aus den Handlungen, die in ihm Schuldgefühle evozieren, seine Konsequenzen zieht, indem er sie eher in einen gesamtgesellschaftlichen als spezifisch katholischen Verhaltenscodex einbettet."[143] Der Priester wurde vom Beichtvater zum Seelentröster.

Entsprechend haben wir es im priesterlichen Selbstverständnis mit einer besonderen Art von Entkirchlichung zu tun. Der Priester versteht sich in der Verkündigung heute weniger als Lehrer oder als amtlich-institutionelles Sprachrohr einer alleinseligmachenden Wahrheit, die er weiterzutragen habe, ob gelegen oder ungelegen. Er ist zuerst Mit-Lernender und Zuhörer der ihm Anvertrauten. Das wirkt auf den ersten Blick sehr sympathisch, wirft aber Probleme auf. Wird der einstmals auf aktive Menschenführung ausgerichtete Beruf des Priesters, der umsichtig mitfühlend und entschieden leitend den Weg zu Gott weisen und dabei vorangehen soll, umgemünzt zu einer eher passiv mitgehenden oder gar hinterhergehenden Tätigkeit? Manchmal scheinen die Hirten in religiösen Dingen genauso unsicher und ratlos zu sein wie ihre Schafe. Man kann es bei Trauergottesdiensten nach Amokläufen, Attentaten, Unfällen, Erdbeben, Tsunamis oder auch angesichts von Corona immer wieder beobachten: Die Geistlichen haben auf die große Warum-Frage nicht viel mehr zu sagen als zu bestätigen, dass sie selber das auch nicht wirklich wissen. Lenz beobachtet: „Alle Befragten machten deutlich: Sie wollen explizit nicht auf den Verkündigungsgedanken verzichten; aber sie verstehen sich nicht als ‚Amtspersonen‘, die verbindliche Wahrheiten verkünden. Vielmehr definieren sie sich, soweit sie dies explizit thematisieren, als eine Art ‚religiöser Berater‘ oder ‚Begleiter‘.“

Dabei zeigt sich beim Priesterberuf eine eigenartige Umkehr der in weltlichen Berufen üblichen Professionalisierung. Während man dort Spezialwissen und Führungskompetenz erwerben soll, ein Expertentum, das einen vom Laien abhebt, für die man Dienstleister ist, findet beim Priestertum eine Nivellierung statt, eine Angleichung an das, was jeder bei einigermaßen religiöser Bildung selber wissen, ahnen, tun kann.

Das gibt zu denken, da Priester als Menschendiener ja Gottesdiener sein sollen, um mit Vollmacht und Feingefühl die Leute auf den möglichen Gott aufmerksam zu machen, sie anzuregen, Gott unter den gewandelten Bedingungen einer vor allem durch die Naturwissenschaften an Erkenntnis bereicherten Zeit neu zu suchen. Priester sollen die Menschen auf die Spur des unbekannten Gottes bringen, auf das Reich Gottes hin vorbereiten. In gewisser Weise sind sie so etwas wie Hebammen der Gottesgeburt im Menschen und beim Menschen. Sie nehmen dem Einzelnen das religiöse Gebären nicht ab, leiten ihn aber aufgrund besseren Wissens und tiefer Erfahrung an und greifen manchmal erleichternd ein mitten im schmerzhaften Prozess. Priester sollen in diesem Sinne Hebammen des Religiösen sein, mit Führungssinn und Führungsverantwortung, aber ohne Besserwisserei, ohne den heute nur noch peinlichen sakral-magischen Dünkel eines besonderen „Auserwähltseins" und „Geweihtseins", als ob die vielen weltlichen Berufungen des Menschen keine göttliche Dignität hätten.

Eine Neubesinnung darauf, dass der Priester in erster Linie Mann Gottes (vielleicht irgendwann einmal auch bei Katholiken und Orthodoxen Frau Gottes) ist, könnte das Sakramentale aus seinen historisch definitiv überholten magisch-mythologischen Engführungen befreien und das Priestertum öffnen: zu einer neuen Art der sakramentalen Darstellung des göttlichen Mysteriums, für eine Mystagogie, die im sakralen Geschehen unser begrenztes Dasein durchsichtig werden lässt auf Erlösung hin. Für den eucharistischen Prozess heißt das: Er soll eine sakramentale Erfahrung ermöglichen, in der die heilige Seelenspeise und der heilige Himmelstrank zum Vorgeschmack des Ewigen werden können. Kommunion als Kommunikation, als mystische Verheißung der Vereinigung des Menschen mit Gott.

Dazu braucht es einen neuen und anderen Mut zum Priestertum, Mut vor allem zu seiner Reinigung und Reform im Kontext heutiger Welterfahrung. Beachtenswert ist, was Karl Rahner bereits 1961, noch vor dem Zweiten Vatikanischen Konzil, in einem Exerzitienvortrag weit vorausschauend sagte: „Der Priester von heute ist in einem besonderen Maß der Individualapostel im Massenzeitalter ... Auch wenn wir ... alle Positionen zu behaupten versuchen, die wir historisch ererbt haben, wenn wir die amtliche christliche Fassade einer Kultur und Zivilisation verteidigen, die weniger erfüllt, als sie verheißt, dann bleibt dennoch wahr: Wir müssen um jeden einzelnen Menschen kämpfen, müssen ihn innerhalb dieser Situation zu einem Christen zu machen versuchen, zu einem Menschen, der trotz dieses liberalen, atheistischen, skeptischen Milieus frohgemut glaubt ... Der

Priester wird immer der Hirte einer Herde sein und immer Vorsteher einer Gemeinde ... Infolgedessen ist er der Apostel eines individuellen Schicksals – und wer den Mut hat, das zu sein, ist Priester ...

In diesem Massenzeitalter ... muss dann der Priester viel mehr als früher der Mystagoge einer personalen Frömmigkeit sein. Das eigentlich Spirituelle, im Gegensatz zur bloßen Verwaltung des bloß Sakramentalen und institutionell Gesellschaftlichen, gewinnt heute sicherlich im priesterlichen Leben an Bedeutung. Er kann nicht einfach die Herde weiden und die Einzelnen mitlaufen lassen. Das gibt es in einem immer geringeren Maß. Im Beichtstuhl, in der persönlichen Aussprache, in der Belehrung muss der Priester heute mehr denn je auf eine persönliche Frömmigkeit des Einzelnen als solches hinarbeiten ... Dabei ist der Priester der Mittler, der in eine ganz persönliche Frömmigkeit Einweihende. Von da aus ergibt sich selbstverständlich, dass wir heute weniger als je zuvor Religionsbeamter, kirchlicher Funktionär eines kirchlichen Betriebes sein können ...

Dieser unser Gott ist der Unbegreifliche, das Geheimnis, und nicht dasjenige, hinter das wir gekommen sind ... Wir können im Letzten dem Menschen nur sagen: Knie mit mir zusammen nieder und bete den unbegreiflichen Gott an und glaube, dass er die ewige Liebe ist. Als solcher hat er sich uns in der Finsternis dieser Welt in Jesus Christus, dem Gekreuzigten, bezeugt ...

Wir richten die Wahrheit Gottes aus und nicht die eigene gescheite Erfindung, aber bis die Wahrheit Gottes nun die vom Menschen ergriffene und zur Wirklichkeit seines Daseins gemachte ist, muss sie eine Synthese mit all der Problematik und all den ungelösten Fragen des Menschen im allgemeinen und des Menschen von heute im besonderen eingehen – und da gibt es dann tausend konkrete Dinge, die dem Priester niemand genau sagen kann, bei denen alle noch so klaren naturrechtlichen und anderen Prinzipien irgendwo ins Dunkle gehen ...

Der Priester muss derjenige sein, der angstlos nach der neuen Sprache sucht. Das Christentum ist immer dasselbe und das Älteste, das Selbstverständlichste und kann zugleich das unerhört Neue sein. Dennoch können wir nicht leugnen, dass die Sprache, in der wir das Christentum verkünden, ... oft sehr altmodisch ist. Darüber zu jammern, hat ebensowenig Sinn, wie modische Einfälle zu haben, billige Mätzchen zu versuchen. Statt dessen sollten wir in uns selber zurückfragen, sollten uns unseren eigenen

Schwierigkeiten in all den Dingen des Glaubens unbefangen, angstlos, arglos stellen … Geben wir uns doch Mühe, nicht einfach deswegen die alten Klischees weiterzugeben, weil sie durchaus richtig sind, weil sie vielleicht sogar in der Heiligen Schrift stehen, weil sie sogar in der amtlichen Verkündigung der Kirche so bis auf den heutigen Tag, bis in die Enzykliken und die Hirtenbriefe der Bischöfe hinein, gesagt werden. Geben wir uns damit nicht einfach zufrieden, sondern suchen wir das Evangelium Jesu Christi so zu sprechen, dass es wirklich einigermaßen in unser eigenes Herz eindringt. Dann werden vielleicht auch manche andere es hören … Der heutige Priester muss ein Mensch des Wesentlichen im Religiösen sein."[144]

Das Priesterliche als mystische Begleitung der Menschen auf dem Weg zum unbekannten Gott hin – das wäre eine moderne, zeitgenössische Deutung. Es würde aber zugleich einen Paradigmenwechsel erheblichen Ausmaßes bedeuten fürs gesamte sakramentale Leben – und vielleicht nicht nur für die katholische Kirche.

XI. Stell dir vor, es gibt den Himmel

Ein Bild, das nicht verblasst

Kein anderer Text der Christentumsgeschichte, womöglich sogar der gesamten Religionsgeschichte, wird so häufig vorgelesen wie die „Himmelserzählung" im zweiten Kapitel des Lukasevangeliums: Engel verkünden den Hirten auf offener Flur herab aus der Himmelsnacht die Geburt Jesu Christi. Für Augenblicke strahlt Glanz auf, ehe sich die Himmelsboten wieder in ihre Sphäre zurückziehen. Annähernd vierhundertmal erwähnt die Heilige Schrift des Alten und Neuen Testaments den Himmel. Die Internet-Suchmaschine *Google* bietet – das deutsche und das englische Wort für Himmel zusammengenommen – mehr als 150 Millionen Treffer an. Der Himmel berührt die Seele. Er bewegt die Literatur, die Musik, den Film …
– ganz weltlich, ganz irdisch, ganz menschlich. Nur das religiöse Leben bewegt er inzwischen weniger. Wie oft predigen die Pfarrer wirklich noch vom Himmel? Welche Mutter, welcher Vater hat den Mut, den Kindern zu erzählen von dem, was kein Auge geschaut, was kein Ohr gehört, was kein Menschenherz empfunden hat, was aber allen verheißen ist, die den unbekannten Gott lieben?

Der „entleerte" Himmel in uns folgt dem „entleerten" Himmel über uns, seit wir die wissenschaftliche Erkenntnis verinnerlicht haben, dass der Himmel eigentlich gar nicht blau ist, sondern eher ein „schwarzes" Loch, eine unermesslich weit ausgedehnte Nacht des Nichts, allenfalls da und dort durchbrochen von Materieteilchen oder Strahlen aus unvorstellbar fernen Zonen des Alls. Der Himmel – das ist in neueren kosmischen Vorstellungen eher die Hölle, nicht heiß, sondern eiskalt, möglicherweise vorherbestimmt zum ewigen Verlöschen, wenn eines Tages der letzte Stern verglüht, das letzte Atom zerfallen, das kleinste Teilchen aufgelöst ist: Vakuum, Vakuum, nichts als Vakuum? Gegenüber den uns erschaudern lassenden jüngsten Spekulationen der Physik mutet uns die berühmte materialistische Antwort des ersten Kosmonauten Juri Gagarin, er habe Gott dort oben nicht gesehen, wie behaglichste Mythologie an. Wenn nichts mehr ist, was ist dann noch?

Keine Frage: Die Menschen sind über den Himmel, den es nicht gibt, aufgeklärt. Wundersam nur: Trotzdem haben sie den Himmel nicht aufgegeben. „Offenbar sehnen sich viele Menschen nach konkreten Bildern der Hoffnung, nach etwas, das die eigene Existenz überdauert und das immanente Dasein in all seiner Brüchigkeit und Fragwürdigkeit heilsam relativiert"[145], beobachtet die evangelische Theologin Isolde Karle. Wir wissen, dass der Himmel unserer Bilder nicht der naturwissenschaftliche Himmel ist. „Und doch ist der sky, der natürliche Himmel, eine Metapher für den heaven, den religiösen Himmel. Schon der natürliche Himmel beziehungsweise die sinnliche Wahrnehmung des Himmels – das Sternenzelt, der blaue Himmel, der sich über uns wölbt – ist ein Konstrukt unserer anthropomorphen Wahrnehmung und doch äußerst real. Wir wissen, dass da nichts ist beziehungsweise sich lediglich ein Luftraum über uns befindet. Und doch drängt sich der Himmel als ein Gebilde eigener Art unserer Wahrnehmung auf. Mit dem Himmel verbinden wir Erhebung und Befreiung, die Schwerkraft wird überwunden, die Alltagswelt unterbrochen. Der Himmel ist das Ursymbol der Transzendenz." Und das bleibt er, selbst wenn Gott aus der Lebenssphäre verschwindet.

Vermutlich ist der Himmel sogar der letzte Statthalter Gottes in einer gottfreien Zone. Der eigenartige Engel-Boom scheint ähnlich einen Hauch Sehnsucht zu wahren, irgendwie irgendwo eine letzte Brücke zwischen Diesseits und Jenseits zu haben. Doch die Theologie wirkt angesichts dieser überraschenden Entwicklung wie gelähmt. Isolde Karle stellt fest: „Es ist nicht leicht, in der Bestattungspredigt oder in der Seelsorge vom Himmel zu sprechen und Menschen Zugänge zur Hoffnung auf ein ewiges Leben zu erschließen. Und selbst wenn reflektierte Theologinnen und Theologen es wagen, über das ewige Leben zu reden, tun sie dies meist in recht abstrakter und dürftiger Form." Der Himmel wird dann schnell ins Innerliche verlegt, in den privaten Gemütszustand. Die Hölle – das sind die anderen. Der Himmel – das bin ich mir selber, wenn ich mich zum Beispiel wohlfühle. Oder der Himmel wird moralisch aufgeladen: Wenn wir anderen helfen, wenn wir spenden, barmherzig sind und uns versöhnen – das sei der Himmel. Die Menschen aber spüren solche Ausweichmanöver genau. Sie wollen wahren Trost, nicht billigen. „Heute besteht ... die Gefahr, dass sich die Trostmotive ganz auf das Diesseits und damit auf rein immanente menschliche Möglichkeiten beschränken", so die Theologin. Doch der abstrakte Himmel mitten unter uns kann nicht der eigentliche Himmel sein. Die Menschen wissen sehr wohl zu unterscheiden zwischen „Himmel" und Himmel.

Die Bibel selber kennt von den ersten Zeilen an die Schwierigkeit, angemessen von Gott zu reden – und vom Himmel als dem „Wohnort" Gottes. Der Himmel ist nicht Gott, sondern gehört zu dessen Schöpfung. Die Gestirne, mit dem der Himmel ausgestattet ist, werden daher als „weltlich Ding" dargestellt. Trotz ihrer Unmittelbarkeit zur göttlichen Sphäre sind sie selber nichts Göttliches, sondern Sachen, Objekte. Die Sonne etwa ist nur der „große Leuchter" und keine Schöpfungsgottheit, der Mond ist nur der „kleine Leuchter" und keine Göttin.

Gott ist schon in den alten heiligen Schriften nicht der Gott unserer Bedürfnisse, Träume und Wünsche. Auch der Gott der Menschwerdung in Jesus Christus bewahrt trotz aller Offenbarung seine Andersheit, Erhabenheit und Distanz, die den Menschen weiter Mensch sein lässt und nicht vereinnahmt. In den Traditionen der Mystik und der sogenannten negativen Theologie erschüttert uns die Unaussprechlichkeit und Unnahbarkeit Gottes besonders heftig, weil sie hier zusammenprallt mit der Sehnsucht nach Einswerdung mit Gott. Gerade in der Nähe ist Gott uns am fernsten, in der Ferne am nächsten. Kann man da nur noch schweigen? Wie aber kann man von Gott schweigen, ohne ihn zu verschweigen?

Womöglich sind unsere intuitiven – wenn auch ungenügenden – Vorstellungen vom Himmel so bedeutungslos nicht. Sie können zur Brücke werden, auf der Menschen religiös wieder laufen lernen. Isolde Karle hat Studenten befragt, wie sie sich den Himmel vorstellen. Das Erstaunliche: Die Bilder sind keineswegs derart verblasst, wie man vermuten könnte. Im Gegenteil: Mit Himmel verbinden viele nach wie vor Heimat, Wohnen, Schutz, Sicherheit, Personen, die man liebt. „Die meisten Studierenden wünschen sich, Familie und Freunde im Himmel wiederzusehen, trauen sich aber kaum, diesen Wunsch, den sie theologisch für unredlich halten, zu artikulieren." Die Verlegenheit blockiert nicht die Sinnlichkeit: etwa „das Bild von der Geborgenheit in der Hand Gottes, aus der niemand herausfallen kann, die Vorstellung von Geselligkeit und Begegnung mit anderen Verstorbenen, die keineswegs rein geistig, sondern auch … leiblich gedacht wird, der Himmel als Reich Gottes, in dem ein Leben der Fülle und Freude ohne alles Lebensabträgliche herrscht, das Bild von der behaglichen Wohnung, in der die eigene Person mit transformierter Identität in Kontinuität und Diskontinuität weiterexistieren kann"[146]. Ein nach wie vor beliebtes, ergreifendes und starkes Bild vom Himmel ist, dass dort geweint werden darf – dass aber Gott alle Tränen abwischen wird.

Obwohl der Himmel biblisch als „Wohnort" Gottes gezeichnet ist, an dem mythologisch sogar eine Art himmlischer Hofstaat beheimatet gedacht wird, bleibt trotz aller Nähe zu Gott die Distanz gewahrt. Der Himmel ist etwas Geschaffenes wie die Erde. Die Raum-Zeit Gottes übersteigt alle übrigen Raum-Zeit-Verhältnisse. Gott schafft am „Ende" nicht nur eine neue Erde, sondern auch einen neuen Himmel. Auch biblisch ist der Himmel kein statischer Ort eines unbewegten Bewegers, sondern die bewegte Sphäre eines dynamischen Gottes, eines energievollen Schöpfers und Erlösers, der selbst „im Himmel" nicht aufhört, Schöpfer und Erlöser zu sein, ein Gott des Lebens, nicht der Erstarrung.

Die Ehre Gottes ist der lebendige Mensch. Die Ehre des Menschen ist der lebendige Gott. Unsere Bilder vom Himmel haben trotz der Götterdämmerung Wesentliches bewahrt: die Vorstellung einer Dimension, die anders ist als das, was wir uns irdisch ausmalen. Gott – uns gegenüber und zugleich alles in allem. Im Licht der Aufklärung und der Wissenschaft können wir nicht mehr naiv von Gott und der Welt reden – auch nicht vom Himmel. Aber wir müssen ebenfalls nicht verstummen. Unsere Sprache lässt uns nicht im Stich, solange wir den Himmel „über" uns betrachten in einer geläuterten „Naivität", die nicht naiv ist: die Hoffnung, einmal Gott zu schauen, wie er ist, von „Angesicht zu Angesicht". Die „simple" Weihnachtserzählung von der Menschennähe Gottes hat trotz aller Entmythologisierung ihren authentischen Glanz bewahrt: Engel, Lieder, Frieden, Hirten. Auch säkular schimmert hier eine himmlische Liturgie durch, die einem wachen Menschen selbst in einer weltlichen Welt Zukunft und Hoffnung gibt. Die Poesie des Menschen öffnet sich der Poesie Gottes, von Zeit zu Zeit jedenfalls: wie im Himmel so auf Erden.

Der „unmögliche" Sehnsuchtsort

Was ist, wenn nichts mehr ist? Die erregendste Frage kann sich unter allen Lebewesen nur der Homo sapiens stellen. Wie kam er auf diese Frage? Wann wurde ihm – oder sogar Vormenschen – das Sterben bewusst? Wann konnte er über den Tod das Nichts denken und im Gegenzug über das Erlebnis der Geburt die Schöpfung aus dem Nichts?

Jedenfalls scheint das Gehirn auf dem Weg zum „weisen Menschen" irgendwann jene Komplexität erreicht zu haben, dass schließlich das, was es zuvor nicht erkennen, nicht wahrnehmen, nicht wissen konnte, denkbar wurde – und im Zuge dieser Überschreitung alles Empirischen dann sogar das Göttliche, Gott selber als jenes Ganz-Andere, das sich all unserem Begreifen und Verstehen entzieht, nicht jedoch menschlicher Ahnung. Ein Höhepunkt des bisherigen evolutiven Prozesses von Materie wie Geist war zweifellos die Möglichkeit, in paradoxer Weise selbst das Unmögliche zu denken, vor ihm zu staunen, es anzubeten: Gott. Und damit die Hoffnung zu ergreifen auf das, was kommt, wenn nichts mehr kommt: das ewige Leben, die Unsterblichkeit inmitten aller Sterblichkeit. Der Himmel, der stets unerreichbare Horizont vor dem unbegreiflichen Horizont des Universums, wurde irgendwann zum Sehnsuchtsort dieses letzten Unanschaulichen, Entzogenen, das dennoch vor aller Augen liegt.

Gott ist da und doch nicht da. Im berühmten Tempelweihegebet des Salomo ist dieser Denksprung hin zu kühnstem Abstraktionsvermögen festgehalten. Es handelt sich um eine frühe religionskritisch-paradoxe Aussage am Rand des Absurden: „Herr, Gott Israels, im Himmel oben und auf der Erde unten gibt es keinen Gott, der so wie du Bund und Huld seinen Knechten bewahrt … Wohnt denn Gott wirklich auf der Erde? Siehe, selbst der Himmel und die Himmel der Himmel fassen dich nicht, wie viel weniger dieses Haus, das ich gebaut habe … Halte deine Augen offen über diesem Haus bei Nacht und bei Tag, über der Stätte, von der du gesagt hast, dass dein Name hier wohnen soll. Höre auf das Gebet, das dein Knecht an dieser Stätte verrichtet. Achte auf das Flehen deines Knechtes und deines Volkes Israel, wenn sie an dieser Stätte beten. Höre sie im Himmel, dem Ort, wo du wohnst. Höre sie und verzeih!" (1 Kön 8, 23.27.29–30).

Wo wohnt Gott – und wo wohnt der Mensch, wenn er nicht mehr ist, der er ist? Seltsamerweise scheint diese Frage, die einmal die Substanz religiöser Ahnung bildete, aus der neueren Kulturgeschichte etlicher Gesellschaften ins Vage zu entschwinden, womöglich aus dem Bewusstsein hinauskatapultiert, vielleicht sogar aus dem genetischen Programm gelöscht zu werden. Ewiges Leben? Mit dem Tod sei doch alles aus! Es stimmt ja gar nicht, dass – wie selbst Kirchenleute behaupten – unsere Zivilisation den Tod verdränge. Vielmehr wird der Himmel verdrängt.

Allerdings machte schon Paulus diese Erfahrung, als er auf dem Areopag predigte und den Athenern anfangs gut zuredete, dass sie mit dem Altar des „unbekannten Gottes" ja bereits das verehren würden, was sich mit dem Christusereignis verbindet.[147] Im entscheidenden Punkt musste der Völkerapostel kapitulieren. Jedenfalls hält die Apostelgeschichte seine Hilflosigkeit fest. „Als sie von der Auferstehung der Toten hörten, spotteten die einen, andere aber sagten: Darüber wollen wir dich ein andermal hören. So ging Paulus aus ihrer Mitte weg" (17,32–33). Nur einige wenige nachdenkliche Leute scheinen sich ihm angeschlossen zu haben.

Sonntag für Sonntag feiern Christen in Eucharistie und Abendmahl liturgisch eigentlich nichts anderes als den Tod Jesu Christi und seine Auferweckung und damit die Hoffnung auf Auferstehung aller, die Erwartung ewigen Lebens. Doch gerade dieser Kern des Christseins scheint selbst in den kirchlichen Lebensäußerungen zum größten Tabu geworden zu sein.

Ein Verdacht drängt sich auf: Möglicherweise wollen die Menschen gar nicht mehr ewig leben. Die Verheißung von Unsterblichkeit erscheint nicht wenigen eher als Fluch denn als Befreiung. Vielleicht erklärt dies auch psychologisch, warum in der Tradition der Kirchengeschichte Höllenpredigten die Himmelspredigten stets überwogen haben. Mit der ewigen Verdammnis konnte man den Menschen leichter drohen, als sie mit der Verheißung einer dauerhaften Glückseligkeit zu locken. Nach dem Tod der Hölle, die in der religiösen Verkündigung so gut wie keine Rolle mehr spielt, stirbt der Himmel nun allerdings umso schneller.

Der Theologe Christoph J. Amor vermutet, dass viele Menschen die Aussicht auf ein ewiges Leben eher als Drohbotschaft denn als Frohbotschaft empfinden. Denn was erwarte uns dann schon – womöglich nichts als „himmlische Langeweile"? Amor erwähnt die Karikatur von Ludwig Thomas Stück *Ein Münchner im Himmel*: Wenn man alle Tage frohlocken und Halleluja singen müsse, werde der Aufenthalt unter Engeln und Heiligen schnell langweilig. Die Ewigkeit entartet in Überdruss – jedenfalls in den Vorstellungen, die wir uns mit unserem begrenzten Anschauungsvermögen, unserer schlichten räumlich und zeitlich orientierten Logik von Ewigkeit machen können. Wir haben weder philosophisch noch theologisch noch naturwissenschaftlich die hirnphysiologische, geistige Voraussetzung, Ewigkeit real denken, die Singularität ohne Raum und Zeit oder gar ein Jenseits von Raum und Zeit begreifen zu können. Stets greifen wir ersatzweise auf unsere Allerweltserfahrungen zurück, um daraus in Entsprechungen – Analogien – spekulativ das zu fassen, was wir gar nicht erfahren können. Jedenfalls so lange nicht, solange wir unsere diesseitigen Erfahrungen machen. Leben ist ja gerade nicht ewiges Leben. Und die bei christlichen Bestattungen gern verwendeten Bilder von der ewigen Ruhe verschärfen unter Menschen, deren Haupterleben das Erlebnis ist, eher abschreckend die Befürchtung einer unendlichen Monotonie. Vom Leben zum Lebensüberdruss ist der Weg nicht weit. Was wird aus dem Ich, wenn es nicht mehr Ich ist? Und will ich dann überhaupt noch Ich sein?

Für Amor ist es jedoch nicht hilfreich und alles andere als geistig befriedigend, wegen der Unanschaulichkeit des Ewigen auf diese Herausforderung, über das Diesseitige hinauszudenken, ganz zu verzichten. Er nimmt Zuflucht unter anderem zu Erkenntnissen der Psychologie. Auch das irdische Leben kenne ja durchaus Phasen der Langeweile. Trotzdem wird es als sinnerfüllend wahrgenommen und gestaltet. Leben ist immer auch das, was man daraus macht, was das Individuum in ihm entdeckt, aus ihm zieht – und nicht bloß das, was als Abwechslung, Aufregung ihm zufällt. „Wir verlangen von unserem irdischen Leben nicht, dass wir niemals gelangweilt sind, sondern bloß, dass die Langeweile ein bestimmtes Maß nicht übersteigt. Warum sollten wir von einem ewigen Leben unverhältnismäßig mehr verlangen?"[148]

Zudem muss Wiederholung, Routine keineswegs nur negativ erfahren werden. Im Gegenteil: Vielfach investieren die Menschen „einiges an Zeit und Energie, um bestimmte Erfahrungen erneut oder immer wieder machen zu können". Selbst bei vielfacher Wiederholung freuen sich die Menschen über Zuneigung, Liebe, Gemeinschaft, Sexualität, Essen ... Kann, darf man aber so trivial innerweltlich auf Jenseitiges schließen, ohne dass dieses selber banal wird, dem Projektionsverdacht unterliegt?

Amor verweist aus theologischer Sicht auf den Grundsatz, den das Vierte Laterankonzil (1215) formulierte: Bei Aussagen über das Jenseitige, Göttliche sei die Unähnlichkeit unserer Vorstellungen mit dem Gemeinten stets größer als die Ähnlichkeit. „Wenn das ewige Leben im Himmel in Gemeinschaft mit Gott besteht, so ist es nur folgerichtig, dass die Seligen auf irgendeine Weise an Gottes Ewigkeit ... teilhaben." Letztlich hängt die

Fähigkeit, trotz unserer Geistesbeschränktheit vom unbekannten ewigen Leben zu sprechen und auf ein ewiges Leben zu hoffen, davon ab, vom unbekannten Gott zu reden und auf Gott zu hoffen. Selbst wenn man nicht mehr darüber reden kann, muss man dennoch nicht darüber schweigen.

Für den in Chicago lehrenden französischen Religionsphilosophen Jean-Luc Marion ist allerdings klar, dass alles, was man über Gott sagt, „von vornherein und meist nur Auskunft über diejenigen" gibt, „die es sagen – über das *Man*, das es in ihnen sagt. Es betrifft aber keineswegs das, was ‚Gott' möglicherweise hat sagen wollen"[149]. Auch wenn derjenige, der über Gott spricht, unendlich mehr über sich selbst als über „diesen vermeintlichen ‚Gott'" sagt, ist es dennoch notwendig, unsere entscheidenden Fragen nicht zum Verstummen zu bringen.

Für die Glaubensgemeinschaft wäre es bereichernd, sich wieder auf das zu besinnen, was die existenziellste Frage ist: der unmögliche Gott, der unmögliche Himmel, das unmögliche ewige Leben – als unsere letzte Möglichkeit und erste Hoffnung.

Der ungläubige-gläubige „Thomas" Michel Houellebecq

Der Kirchenbetrieb hat die Intellektuellen verloren – und damit weitgehend die kritische Glaubensnachdenklichkeit. Doch stellt sich gerade in jenem Personenkreis der Denker und Schriftsteller – besonders in Frankreich – vereinzelt die religiöse Frage neu, verbunden meistens mit den letzten Fragen nach Tod und Unsterblichkeit. Dabei scheinen die Herausforderungen eines religiös sehr selbstbewusst auftretenden Islam eine Rolle zu spielen. Das religiöse Erwachen in einem ausgeprägt laizistischen Kontext nimmt die in Entmythologisierung erprobte Bevölkerung der *Grande Nation* offenkundig sensibler wahr als die der Bundesrepublik Deutschland.

Bezeichnend dafür ist der Schriftsteller Michel Houellebecq. Sein Roman *Soumission – Unterwerfung* – über eine fiktive politisch-kulturelle Machtübernahme des Islam im Frankreich des Jahres 2022 war zum Bestseller geworden, mit anhaltender Diskussionswirkung unter den Gebildeten nicht nur in Paris.[150] Den Autor beschäftigt in diesem Werk allerdings weniger die bedrohliche Globalisierung des Dschihad, sondern vielmehr die Selbstaufgabe des Christentums, der Verfall der großen geistigen Ideen des Abendlandes, die Ermüdung und Erschöpfung des Intellekts und dessen, wofür diese Zivilisation einmal einstand und kämpfte. Lethargie, Apathie, Langeweile und Geistlosigkeit überlagern nicht nur die sexuellen Beziehungen, sondern beherrschen alle Bereiche der Gesellschaft, die sich einem platten Materialismus, Säkularismus, ja öden, gedankenlosen Atheismus hingegeben hat. Man huldigt nicht mehr Idealen, sondern nur noch Idolen: Models, Modedesignern, Sportlern, Schauspielern, Popstars und Internetkreativen. Sie sind die bestbezahlten und am meisten bewunderten Heldinnen und Helden der Gegenwart. Den Grundton des Romans gibt die Melancholie vor, eine fast stille Traurigkeit, die sich aus scharfen Beobachtungen des Geistes geistloser Zustände – inzwischen auch im Katholizismus – geistreich nährt.

Über das schriftstellerische Werk hinaus besonders spannend ist, wie sich Houellebecq in zahlreichen Interviews direkt zu Glaubensfragen und insbesondere zum Christentum geäußert hat.[151] Gegenüber der *Süddeutschen Zeitung* erklärte er: „Die Aufklärung hat den Menschen die Religion genommen. Und es geht nicht ohne Religion ... Das Leben ist ohne Religion einfach so über alle Maßen traurig." Voltaire, Diderot hätten nicht scharf denken können. „Viel zu viel Rhetorik, die sind eher Polemiker als Philosophen. Kant war schwer in Ordnung." Über die modischen esoterischen Wellen und eigene Versuche, als westlicher Mensch etwa im Buddhismus das Heil zu finden, offenbarte der Schriftsteller schonungslos, bar jedweder politischen oder interreligiösen Korrektheit: „Buddhismus. Da saß ich rum, starrte die Wand an und habe mich furchtbar gelangweilt." Auf die Frage, ob er womöglich mal zum Katholizismus konvertieren wollte, folgt die fast lakonische Antwort: „Stimmt, aber es hat nicht geklappt." Ob er dennoch selber religiös sei? „Nein, das ist ja das Tragische. Ich versuche es immer wieder. Seit ich 13 bin, denke ich, das Universum ist so unfassbar – es kann doch nicht sein, dass das alles einfach so da ist. Aber es gelingt mir trotzdem nicht zu glauben."

In der *Zeit* hat Michel Houellebecq diesen Gedanken aufgegriffen: „Es gibt Leute, die an Gott glauben, weil sie die Kirchenmusik so schön finden ... Ich bin das weniger. Mich überzeugt die Harmonie des Kosmos. Ich halte es mit Kant, den hat auch der gestirnte Himmel überzeugt. Das ist kein Argument, aber ein starker Eindruck." Ein für Houellebecq besonders erschütternder Eindruck ist – der Tod. „Jedes Mal, wenn ich auf eine Beerdigung gehe, spüre ich, dass der Atheismus unserer Gesellschaften unerträglich geworden ist." Der Tod sei nicht auszuhalten ohne Glauben. Houellebecq wagt sich mit einer Prognose dann weit vor: Er vermutet, dass das Zeitalter der Revolution und der Aufklärung von einem neuen religiösen Zeitalter abgelöst werde. „Eine Gesellschaft ohne Religion ist nicht überlebensfähig. Der Laizismus, der Rationalismus und die Aufklärung, deren Grundprinzip die Abkehr vom Glauben ist, haben keine Zukunft." In vielen seiner Romane fänden sich „Entwürfe einer neuen Religion", erläuterte der Autor.

Noch deutlicher wurde Houellebecq in einem *Spiegel*-Gespräch, in dem er sogar – anders als in sonstigen Interviews – eine erstaunliche persönliche Nähe zum Glauben erkennen lässt. Auf die Frage, ob er selber gern an Gott glauben würde, reagierte er mit einem Zwei-Buchstaben-Wort: „Ja". Nur gelinge es ihm „nicht oft". „Ich sage mir, es wäre besser, einfach zu glauben und aufzuhören, darüber nachzudenken. Aber das schaffe ich nicht. Das geht wahrscheinlich den meisten so. So gesehen ist der Agnostizismus ein Tribut an die intellektuelle Ehrlichkeit. Ich will Ihnen etwas sagen, das Ihnen sonderbar vorkommen mag: Es fällt mir leichter, an Gott zu glauben, wenn ich auf dem Land bin … In der Stadt sind wir nicht so intensiv in Berührung mit der Schöpfung, wie das am Anfang vorgesehen war. Die Erfahrung der Einsamkeit im Angesicht der Schöpfung führt uns auf eine ganzheitliche Betrachtung des Universums und auf eine theistische Vision der Welt zurück."

Wiederholt verwies Houellebecq auf Todeserfahrungen: Zwar sei das Staunen vor dem Kosmischen das „eindrücklichste Gottesargument". Das „ergreifendste indes ist die Teilnahme an einer Beerdigung … Der Tod ist den meisten Menschen unerträglich, sie würden gern an ein Leben danach glauben. Nach dem Tod eines nahen Angehörigen suchen sie Trost im Gedanken an Gott." Von sich selber bekennt er: „Es ist schon etwas dran, dass mein Atheismus die Todesfälle in meiner Umgebung nicht überlebte." Eine irritierende Bemerkung, weil üblicherweise der Tod das Hauptargument für den Abfall vom Glauben ist. Houellebecq sinniert nach: „Vielleicht war ich auch nie ein wirklicher Atheist, nur ein Skeptiker, ein Agnostiker."

Schließlich ließ sich Michel Houellebecq sogar auf eine erstaunlich positive Aussage über die katholische Kirche ein, in ökumenischer – konfessioneller – Hinsicht allerdings befremdlich und provokativ: „Persönlich bin ich überzeugt, dass noch viel Kraft im Katholizismus steckt. Ich glaube, er hat Zukunft, obwohl sich die Entwicklung im Buch anders darstellt. Der Protest gegen die gleichgeschlechtliche Ehe brachte in Frankreich ungeheure Menschenmengen auf die Straße, darunter eine neue Generation junger Katholiken, modern, offen, sympathisch, brüderlich, leuchtend, wie ich sie nie gesehen hatte. Ganz anders als die alten Traditionalisten oder die Progressisten, die in Wahrheit verkappte Protestanten sind. Der Protestantismus als Geist der Aufklärung ist der Niedergang des Katholizismus, in der Kunst wie im Glauben."

Seinen Flirt mit dem christlichen Glauben trotz des Bekenntnisses zur Glaubenslosigkeit, erklärt Houellebecq vor allem damit, dass der Glaube an Gott „eine Lösung" gewesen sei, dass man gewiss nie eine bessere finden werde. „Ich bin katholisch in dem Sinne, dass ich dem Schrecken einer Welt ohne Gott Ausdruck verleihe."[152]

Besondere Probleme, bekennt Houellebecq, habe er allerdings mit der Kreuzestheologie: „Die Menschwerdung des Gottessohns, und damit die Existenz einer Mutter Gottes, mehr noch der Opfertod Christi am Kreuz, der Triumph des Gekreuzigten – das alles missfällt den Muslimen in hohem Maße. Sie verstehen es nicht. Ehrlich gesagt, ich verstehe es auch nicht."

Leider nur werden solche intellektuellen Dispute über Glauben und Unglauben und das ewige Leben nicht mehr in den Kirchen, nicht einmal mehr in den Kirchenleitungen geführt. Oder so gut wie nicht. Man muss sich nur einmal die tagtägliche Nachrichtenlage aus dem Kirchenbetrieb mit unaufhörlichen Sozialmoral-Appellen anschauen. Permanent warnen die einen vor dem und fordern die anderen dieses und jenes bis zum Überdruss. Tausendmal gehört. Kirchenappell-Routine bei ansonsten bleierner Beharrlichkeit.

Nur das Eigentliche, der Kern des Christseins – die religiöse Frage nach dem unbekannten Gott, das Österliche, die Auferstehung Jesu Christi und die Hoffnung auf die Auferweckung der Toten, auf das Reich Gottes, das jetzt und hier schon beginnt, mitten im eucharistisch-sakramentalen Feiern und Leben, scheint in der Dauer-Geschäftigkeit, Dauer-Geschwätzigkeit und Dauer-Behäbigkeit unterzugehen. Ist für die letzten Fragen kein Platz mehr in der selbstproduzierten religiösen Vernebelung, durch die ein Thema nach dem anderen – und stets sind es nur dieselben Themen – im Propagandaton getrieben wird? Wobei das Ernsthafteste, Erschütterndste,

Ergreifendste und Bewegendste angesichts der eigenen Sterblichkeit und Endlichkeit vertagt wird? Kirche, Kirche über alles. Aber es geht doch ums Christsein, um das Gottesverständnis, um Gott!

Wann beginnt man in der Glaubensgemeinschaft wieder zu begreifen und zu erkennen, was nachdenkliche Leute in Wirklichkeit umtreibt, jene Gebildeten, die keinerlei Interesse (mehr) an der Alltäglichkeit des State-ment-Kirchentums und an den zugehörigen provinziellen Binnensichten sowie ermüdenden Dauer-Strukturdebatten über Macht und Machtvertei-lung haben? Geistesabwesenheit äußert sich in kirchlichen Kontexten als „Heiliggeistabwesenheit". Die interessantesten österlich-pfingstlichen Ge-danken und Gestalten unserer Tage scheinen eher von außerhalb der Religi-on, von außerhalb des kirchlich verfassten Christentums zu kommen, wenn auch nicht allzuweit weg von ihm. Die diesem Personenkreis entsprechende Gestalt der biblischen österlichen Erzählung ist der „ungläubige", skepti-sche, aber dennoch irgendwie gläubige Thomas. Eine der eindrücklichsten literarischen Gestalten der religiösen Erzählungen der Gegenwart ist der ungläubige-gläubige „Thomas" Michel Houellebecq. Vielfach gelesen und referiert in außerkirchlichen Debatten, häufig von den Gebildeten unter den Verächtern der Religion. Wird es irgendwo auch mal eine österliche Predigt über ihn geben? Im Kirchenraum, mitten in der Welt? Und das nicht nur zur Osterzeit.

Wir Säulensteher

„Mein Gott, mein Gott, warum hast du mich verlassen?" Laut Markus- und Matthäusevangelium schreit Jesus am Kreuz laut auf und stirbt. In der kirch-lichen Verkündigung aber scheint diese ganz und gar unfrohe Botschaft ver-gessen zu sein. Sie wird jedenfalls leicht verdrängt, gern übergangen. Allen-falls einmal im Jahr flackert sie bloß kurz auf, in der katholischen Liturgie am Palmsonntag in den Lesejahren A und B. Exegetisch wird dieser irritierende Satz, den Jesus angeblich in seiner Todesstunde aus sich herausgestoßen habe, ebenfalls gern harmonisierend interpretiert. Es handele sich dabei ja um ein Zitat, den Beginn von Psalm 22. Und dieser Psalm der Gottverlassen-heit münde gegen Ende doch in das Vertrauen, dass Gott retten möge. Alles also gar nicht so schlimm? Jesus zweifelt nicht, und er darf nicht zweifeln.

Somit ist der Schrecken, den der Menschensohn und Gottessohn mit seinen letzten Atemzügen – gemäß der literarischen Überlieferung – verbreitet hat, entsorgt. Es geht hurtig Ostern und der Auferstehung entgegen!

Welch seltsame Angst der christlichen Glaubensgeschichte vor der womöglich bitteren Wahrheit! Dabei wussten die Menschen allezeit, gerade die um ihren Glauben ringenden, dass es niemals leicht ist, Gott zu vermuten, und noch schwerer, seine Hilfe in äußerster Drangsal zu erhoffen. Sämtlichen Mystikern, bis hin zur „Missionarin der Nächstenliebe" Mutter Teresa, blieb es nicht erspart, in die dunkle Nacht des Glaubens zu fallen. Und dies ist eben nicht bloß eine gewisse Lebensphase der Glaubensentwicklung, aus der man irgendwann endgültig heraustritt, eine Stufe, die man ein für alle Mal überschreitet, sondern das ganze Leben wird immer wieder in diesen Abgrund hineingetaucht.

Besonders hart trifft es jene, die meinten, gut zum Glauben gekommen, in ihm fest verankert zu sein. Plötzlich fällt all das, was man schön fromm geordnet und umfangen vermutete, in sich zusammen – sogar bei jenen, die sich in Meditation geübt hatten, die in spiritueller Betrachtung und Versenkung schon weit vorangeschritten waren. Johannes vom Kreuz (1542–1591) schrieb dazu: „Jetzt aber lässt Gott sie so sehr im Dunkeln, dass sie nicht wissen, wohin sie mit ihren Vorstellungen und Gedankengängen gehen sollen. In der Meditation gehen sie keinen Schritt voran, wie sie es früher gewohnt waren, denn ihr innerer Sinn ist in diesen Nächten schon untergegangen. Gott lässt sie in solcher Trockenheit zurück, dass sie in geistlichen Übungen, in denen sie früher wonniglichen Geschmack zu finden pflegten, nicht nur keinen Saft und Geschmack mehr finden, sondern im Gegenteil in diesen Dingen Unbehagen und Bitterkeit empfinden. Da Gott spürt, dass sie bereits ein klein bisschen gewachsen sind, nimmt er sie von der süßen Brust weg, damit sie nun erstarken und aus den Windeln herauskommen, lässt sie von seinen Armen herab und gewöhnt sie daran, auf eigenen Füßen zu gehen."[153]

Wie der Dozent für Spiritualität Michael Höffner erläuterte, unterscheidet Johannes vom Kreuz in der Nachterfahrung einen passiven und einen aktiven Gesichtspunkt: „In die Nacht hineingeführt zu werden, ist Passion, Widerfahrnis."[154] Es gehe aber nicht darum, diese Nacht zu verscheuchen, sondern sie aktiv zu bejahen und sich so durch sie hindurchführen zu lassen. Und das immer wieder im Leben.

Denn: Gott ist nicht nur lieb und nett. Das ist Wirklichkeit. Der Jesuit Franz Meures weist darauf hin, dass der Osterglaube in erster Linie „Teilhabe an der Gottesferne"[155] bedeutet. „Er ist nicht hier." Die Frauen finden am Ostermorgen ein leeres Grab vor und wissen nicht recht, diese Aussage eines jungen Mannes in weißem Gewand zu deuten. Schlimmer noch. „Da erschraken sie sehr." Und wenige Verse später, mit denen wahrscheinlich das gesamte Markusevangelium ursprünglich endete, ohne die erbauliche Zusammenfassung der Erscheinungen des Auferstandenen am Schluss, heißt es: „Da verließen sie das Grab und flohen; denn Schrecken und Entsetzen hatte sie gepackt. Und sie sagten niemand etwas; denn sie fürchteten sich" (16,8).

Meures beklagt die religiöse Schönfärberei, eine „Wellness-Spiritualität", die – nicht nur in der Religionspädagogik – in den letzten Jahrzehnten des allgemeinen Wellnessbooms aufblühte. Daran wollten die kirchlichen Führungsfunktionäre teilhaben und heuerten für viel Geld Unternehmensberater an, die ihnen ins Ohr flüsterten, was für eine tolle „Marke" – sprich: Botschaft – sie doch hätten, die sie nur geschickter werbemäßig unters Volk bringen sollten. Also: „Jesus liebt dich." „Jesus ist dein Freund und ist dir immer ganz nahe." „Ich darf mich von Gott ganz getragen wissen." Und so weiter. Dabei wird das den tatsächlichen Erfahrungen der Abwesenheit, der Ferne Gottes nicht gerecht. Meures: „Die fast ausschließliche Verkündigung des nahen, tröstenden und liebenden Gottes wirkt wie eine Ausgrenzung auf jene, die in tiefem Zweifel stecken oder lange Zeiten der Gottesferne durchleben." Der Theologe erwähnt eine Frau, die ihm sagte: „Ich habe mich in der Kirche hinter einer Säule versteckt, weil alles, was da vorne gesagt wurde, auf mich gar nicht mehr zutraf." Und auch viele Seelsorger zweifeln stark an dem, was sie verkündigen, ob überhaupt stimmig sein kann, was sie da behaupten. Meures zitiert einen hauptamtlich in der Seelsorge Tätigen: „Kann ich angesichts meiner inneren Leere und Dunkelheit meinen Beruf eigentlich noch ausüben?" Ein junger Priester: „Ich stehe da hinter dem Altar, blicke in die Gemeinde und frage mich: Warum stehe ich hier? Was will ich hier? Ich habe denen schon lange gar nichts mehr zu sagen."[156]

Hier aber liegen die eigentlichen Probleme sowohl der Menschen, die gern glauben würden, aber nicht glauben können, als auch des geistlichen Amts. Da hilft das Schlagwort von der „Neuevangelisierung" oder die Phrase, man müsse „missionarisch Kirche sein" nicht weiter, so Meures. Vielmehr müsse man in die Tiefe der existenziellen Not hinabsteigen und der Illusion entgegentreten, als seien es einzig „heroisch-heilige" Menschen gewesen, die „die Fackel des Glaubens durch die Jahrhunderte" getragen haben und tragen. Der Jesuit rät zu Wahrhaftigkeit, zu „größerer Nüchternheit und demütiger Ehrlichkeit". Es gelte, „die ursprüngliche und genuine Auferstehungserfahrung in ihrer ganzen Fülle ernstzunehmen und zu verkünden. ‚Ja, wir glauben an den Auferstandenen, sind aber selbst oft Tastende, Irrende und Zweifelnde.' Das entspricht überhaupt nicht den heutigen Werbestrategien, ist aber Markenzeichen der österlichen Glaubenserfahrung."

Manchmal glaube ich, manchmal glaube ich nicht. Das ist ehrlich, das ist echt. Das haben viele Schüler in einer früheren Umfrage der Wochenzeitschrift *CHRIST IN DER GEGENWART* so oder so ähnlich bekundet, ein aufrichtiges Schwanken zwischen der Sehnsucht nach Glauben und der Verzweiflung am Glauben. In einem der rund 4000 an die Redaktion gesandten Texte heißt es: „Gott? / Zeig uns dein Gesicht! / Oder gibt's dich nicht? / Was hältst du verborgen? / Bist du längst gestorben? / Zeig uns deine Macht! / Angst, dass die Welt lacht? / Gibt's nur dich, den einen? / Und sonst wirklich keinen? / Bist du das Leben und der Tod? / Unser Schicksal?" Oder: „Auch Götter sterben, wenn niemand mehr an sie glaubt', schrieb Jean-Paul Sartre. Gott ist tot …?! / Wir haben einen Freund, der gibt uns Wärme, einen Feind, der gibt uns Kälte, oft können wir Seine Wärme gebrauchen. / Sein Leben ist wie ein Fluss in die falsche Richtung, in Richtung des Ursprungs. Er sickert zugrunde. Wir vergessen ihn. / Wer war das? Wir haben es vergessen."[157]

„Hinter verschlossenen Türen": Wenn auch bei Weitem nicht so wie die ängstlichen Jünger nach dem Kreuzestod Jesu haben sich manche Menschen in der Zeit der „Ausgangssperren" wegen Corona gefühlt. Ein bedrohliches Virus, eine tödliche Seuche hat dem einen oder anderen möglicherweise den Blick auf das gelenkt, was man längst vergessen hatte, was aber in der Abgekapseltheit wieder ins Bewusstsein treten konnte. Was wird kommen? Was wird unsere – hoffentlich gute – Zukunft sein? Die Jünger Jesu harrten ungewiss aus auf etwas hin, von dem sie nicht wussten, was es ist. Jenseits der vielen kirchlichen Worte sowie der allzu oft phrasenhaften dogmatischen und moralischen Stellungnahmen könnte eine Phase stillstehenden Schweigens hilfreich sein, um den inwendigen Christus zu suchen und von

Neuem auf die Reise zu gehen nach dem Gott, der uns oft so fern ist, aber österlich nahegekommen ist. Mehr Innerlichkeit wagen.

Wie einer der Jugendlichen schrieb: „Gott ist für mich wie ein sanfter Schleier, wie ein unsichtbarer Schal, der leise die Erde umhüllt hat. Leicht und gutmütig schwebt er über jeder Seele. Jeder ist von ihm umgeben, und doch wird niemand erdrückt." Ähnlich der Frau, die sich in der Kirche hinter einer Säule versteckt, sind wir häufig wohl eher Säulensteher. Verdeckt lauschen wir und harren wir aus, ob etwas Heiliges, wenn auch gebrochen, an unser inneres Ohr dringt und unsere Seele zum Klingen bringt. Weiter reisend, weiter suchend unterwegs im Glaubenszweifeln. Wie der Religionspädagoge Albert Biesinger gern sagt: „Gott entgegenzweifeln."

Warum sollte dann nicht mit einem befreienden Osterlachen auch mal ein freches Osterbekenntnis Platz bekommen, so wie das eines Schülers: „Gott ist cool und Gott ist nett, / drum geh ich / mit 'nem Gebet ins Bett. / Wenn ich Gott brauch, dann ist er da, / schneller als der Pfarrer war. / Gott ist mal da und auch mal dort, / aber er ist niemals fort. / Ich kann sterben und er nicht, / drum überlebt er mein Gedicht."

Über uns nur Sky?

Der Glaube bleibt der Erde treu. Im Tod erlischt jedoch alles Irdische. Was dann? Wer will eigentlich noch in den Himmel kommen – abgesehen vielleicht von islamischen Selbstmordattentätern? Die Diesseitsreligion hat die Jenseitsreligion überformt, vielfach abgelöst. Bezeichnend dafür ist, was nach der Rede von Papst Franziskus vor der Vollversammlung der Vereinten Nationen in New York im September 2015 geschah: Kaum hatte der Papst das Plenum verlassen, trat die kolumbianische Popsängerin Shakira in den Saal, um ihre Sicht der Zukunft der Welt und der nachhaltigen Entwicklungsziele zum Besten zu geben. Sie trug John Lennons berühmte gott-lose Friedenshymne *Imagine* vor. Es sei eine „Choreographie von eigentümlicher Symbolik" gewesen, kommentierte die *Frankfurter Allgemeine*. Im Lied heißt es: „Imagine there's no heaven. It's easy if you try. No hell below us. Above us only sky. Imagine all the people living for today …" Übersetzt: „Stell dir vor, den Himmel *(Heaven)* gibt es nicht. Es ist leicht, wenn du es versuchst.

Keine Hölle unter uns, über uns nur das Firmament *(Sky)*. Stell dir all die Leute vor, die für das Heute leben … Stell dir vor, es gibt … auch keine Religion …" Die alleinseligmachende frohe Kunde lautet: „Die Welt wird als eine leben."

Das Paradies, so die Pop-Verkündigung, die damals von der internationalen Staatengemeinschaft ausging, verwirklicht sich mit der Agenda 2030 auf Erden? Oder demnächst mit der neuen Klima(ersatz)religion, die alles Heil von einer Energiewende erwartet? Wer's glaubt, wird selig. Und wer's nicht glaubt, kommt auch in den UNO-Himmel. Vielleicht aber ist der Zweifler trotzdem der wahre Realist. Derjenige, der, obwohl er sich nach Volkes Stimme schämen müsste, daran festhält, dass er mit seinem Tod lieber doch in den echten jenseitigen Himmel eingehen möchte.

Die Jenseitsvergessenheit scheint inzwischen viele erfasst zu haben. Wer wagt es überhaupt noch, vom Himmel zu predigen, von dem, was kommt, wenn nichts mehr kommt, wenn alle Öko-Träume von einer paradiesisch erhofften Öko-Welt spätestens mit dem kosmischen Ende der Welt erloschen sind? Immer noch erweist sich die Erde als Tal der Tränen, als Jammertal für die Vielen, für all jene jedenfalls, die jenseits des Garten Eden der westlichen Wohlfahrts- und Wellnessreligion unter Schmerzen, Krankheit, Elend, Einsamkeit, Versagen, Unrecht, Gewalt leiden. Kurzum: denen die Welt voller individueller wie struktureller Sünde nicht so wohlgesonnen ist wie dem demokratisch-sozialstaatlich umhegten Kapitalismusbürger. Und selbst der mag von Zeit zu Zeit erfahren, dass die Erde keine Glücksagentur ist mit ihren bald acht Milliarden Einzelschicksalen, mit unzählbaren persönlichen wie kollektiven Krisen allenthalben.

Der wieder einmal angekündigte „neue Mensch" lässt auf sich warten. Wann wird er kommen? So wie die neutestamentlich verheißene Wiederkehr Christi noch zu Lebzeiten seiner frühen Verehrer ausblieb und die enttäuschte Naherwartung, die Parusieverzögerung, eine erste tiefe Glaubenskrise verursachte, hat sich auch das beschworene säkulare Reich der Freiheit und Gerechtigkeit, die klassenlose Gesellschaft bisher nirgendwo blicken lassen. Von der Diktatur des Proletariats will spätestens seit der Wende in Osteuropa schon gar niemand mehr etwas wissen. Die Allerwelts-Wellness-Propheten als Priesterersatz finden zwar noch ihre Gefolgsleute. Aber es ist wohl nur eine Frage der Zeit, bis dieser Betrug ebenfalls durchschaut wird, zumindest von den kritischen Geistern.

Bleibt als realistische Hoffnung und realistischer Trost inmitten der vielen Illusionen am Ende womöglich doch einzig das, was sich im Lauf der Menschheitsgeschichte im Symbol des Himmels verdichtet hat? Allerdings ist selbst der Himmelsglaube nicht „vom Himmel gefallen". Er hat sich in einer langen Evolution des Geistes gebildet – und in immer neuen Bildern ausgedrückt. Auch Offenbarung kommt nicht einfach von außen, sie braucht die Vernunft von innen, den Verstand und die Emotion, das Hirn und das Herz als Ankerplatz mitten im Leben.

Biblisch-alttestamentlich finden sich – gemäß heutigem Stand gelehrter Hypothesen und Spekulationen – in den vorexilischen Textschichten noch „keine sicheren Spuren einer Hoffnung auf Zukunft des Menschen bei Gott nach dem Tod". Darauf hat der Theologe Thomas Marschler aufmerksam gemacht. Selbst der Glaube an einen einzigen Gott, also der Monotheismus, ist da noch nicht fixiert. Erst nach der Exilszeit des Volkes Israel weitet sich der Blick allmählich über die Todesgrenze hinaus. Mit den apokalyptischen Vorstellungen kommt der Gedanke eines Gerichts am Ende der Zeiten auf – und damit die Hoffnung auf eine Auferweckung der Toten. Zwischen dem Gott des Anfangs und dem Gott der Vollendung wird eine Verbindung hergestellt. Marschler: „Gott, der allmächtige Schöpfer und gerechte Herr, kann diejenigen, die nach seinem Willen gelebt und sogar als Märtyrer für ihn gestorben sind, nicht einfach dem Vergessen in der Schattenwelt der Scheol überlassen. Je deutlicher das Bekenntnis zu einem einzigen Gott Ursprung und Vollendung des Kosmos ganz in seine Hand legt, desto klarer kommt eine die Grenzen des irdischen Lebens übersteigende Heilserwartung in den Blick, die sich mit einer theologischen Vorstellung vom ‚Himmel' verbinden kann."[158] Der Himmel wird einerseits zum Symbol für die Andersheit, die Transzendenz JHWHs, andererseits ist er der Ort, an dem der Mensch, der Gerechte, in die irdisch unerreichbare Gottesgemeinschaft aufgenommen wird.

Neutestamentlich nähert sich das Himmlische, vermittelt durch Jesus Christus, dem Irdischen an: Inkarnation. Der Vater im Himmel, dessen Reich in der Vaterunser-Bitte erfleht wird, errichtet seine Königsherrschaft endzeitlich – eschatologisch – auch auf der Erde. Am Ende werden ein neuer Himmel und eine neue Erde entstehen. Der Autor des Matthäusevangeliums benennt das Gottesreich als Himmelreich. Die ursprünglich auf Gott gerichtete Hoffnung wird zusehends auf den nachösterlichen Christus übertragen. Die Sehnsucht nach dem Himmel meint nun nicht mehr bloß ein – so Marschler – „Ankommen bei Gott", sondern ebenso ein „Beim-Herrn-Sein" (vgl. 1 Thess 4,17). Gemeinschaft mit Gott verwirklicht sich in der Gemeinschaft mit Christus.

Die Jenseits- und Himmelswelten schwingen hin und her. Sie erwecken stetig neue Bilder, etwa das vom messianischen Gastmahl, von der ewigen Sabbatruhe oder der Herabkunft des himmlischen Jerusalem. Zusehends drängt die Vorstellung einer „beseligenden Schau Gottes" in den Vordergrund. Im Buch Exodus darf Mose die Herrlichkeit des Angesichts JHWHs nicht sehen, „denn kein Mensch kann mich sehen und am Leben bleiben". Gottes Schönheit zieht vorüber. Nur ein Blick auf den Rücken des bereits Vorübergegangenen wird gewährt (vgl. 33,18 ff.).

Die Bergpredigt wagt mehr. Die Schau Gottes ist denen verheißen, die „ein reines Herz haben" (Mt 5,8). Der erste Korintherbrief spricht vom irdischen Schauen in einen Spiegel, in dem wir nur rätselhafte Umrisse sehen. Verheißen wird jedoch ein künftiges Schauen „von Angesicht zu Angesicht", eine Erkenntnis „durch und durch" (1 Kor 13,12).

Da die von den frühen Christen noch zu Lebzeiten, also zeitnah, erwartete Wiederkunft Christi ausblieb, verblasste allmählich die ursprüngliche Hoffnung auf eine baldige Vollendung der gesamten Menschheit und des Kosmos. Das kollektivistische Erlösungsdenken wurde abgelöst von einem individuellen: Der einzelne Glaubende werde nach seinem Tod von Gott in dessen Reich aufgenommen. Allerdings ist dem Jenseits das Gericht vorgeschaltet.

Mit dem platonischen Denken setzte sich bei den Kirchenvätern der Gedanke einer unsterblichen Seele durch, die sich im Tod vom Leib trennt und die sofort in die beseligende Schau Gottes eintritt, sofern sie keiner vorausgehenden Reinigung im Fegfeuer bedarf. Diese Idee wirkt bis in unsere Gegenwart weiter. „Mit ihrer Konzentration auf die ‚visio beatifica' hat die christliche Tradition des Altertums und des Mittelalters ein hoch reflektiertes, vor allem für philosophische Diskurse anschlussfähiges theoretisches Konzept ewiger Vollendung entwickelt." So erklärt Marschler die erstaunliche Erfolgsgeschichte dieser Vorstellung, die direkt biblisch nicht greifbar ist. Der Schwachpunkt dieser individualistischen, spiritualisierten Sicht von Seele ist, dass das Gemeinschaftliche und Leibliche ausgeschlossen bleibt. Was wird im Tod aus dem, was den Menschen in seiner Ganzheit, in seiner Erscheinung, seiner Identität ausmachte? Mit der Idee einer Unsterblichkeit der Seele trat die neutestamentliche Vorstellung einer Auferstehung der Toten in den Hintergrund.

Daraufhin folgte eine weitere Wendung der Theologie, um die platonischen Mängel zu beheben. Die neuen Theorien brachten einen Auferstehungsleib ins Spiel und zahlreiche Spekulationen, wie er beschaffen sei. Das Pendel schlug jetzt in die entgegengesetzte Richtung: statt Spiritualisierung Materialisierung und Verdinglichung. Naturalistische Vorstellungen kamen auf, die den auferstandenen Leib in eine gewisse Kontinuität zum früheren irdischen Körper bringen wollten, als ob er wiederhergestellt würde, weshalb der Leichnam auch nicht beschädigt dem Grab übergeben werden dürfe. Immerhin ist diesem Denkversuch zugutezuhalten, dass er das ewige Leben nicht einfachhin esoterisch, gnostisch, rein geistig bestimmt, sondern als ein kommunikatives, gemeinschaftliches Geschehen ernstnimmt, das sich am Leiblichen festmacht. Marschler erklärt den Sinn dieser spekulativen Verknüpfung von Geistigem und Materiellem, Seelischem und Leiblichen so: Es gehe um „Vollendung des ganzen Menschen mit Seele und Leib". Vor allem die Theologie des zwanzigsten Jahrhunderts habe die „Einbeziehung des ganzen Menschen als Inbegriff der biblischen Hoffnung neu in den Vordergrund gerückt". Weder soll die Individualität der jeweiligen Person „im Himmel" ausgelöscht sein, noch soll sie vereinzelt und getrennt von der Gemeinschaft das ewige Heil erfahren. „Erst in der vollkommenen Gemeinschaft mit Gott werden wir uns ‚ganz' zum Ausdruck bringen können, denn erst dann wird uns ein Leib geschenkt werden, der das Wesen von Leiblichkeit in möglichst reiner Form verwirklicht: nämlich Medium menschlicher Freiheit und Kommunikation zu sein." Das Subjekt wird demnach zwar individuell, aber nicht individualistisch aufgehoben bei Gott.

Damit korrigiert die Theologie das egoistisch anmutende „Rette deine Seele!". Der Mensch soll allerdings durch irdische Anstrengung, durch irdische Verdienste dazu beitragen, sein ewiges Glück zu erreichen, in einem geistigen Akt, der ihn – so Marschler – „zugleich ganz zu Gott und ganz zu sich selbst führt", die Person also zu wahrer Identität befreit. Die Würde des Subjekts bleibt erhalten. Die ewige Seligkeit bei Gott ist aber verknüpft mit der Erlösung aller Glaubenden. „Wie niemand allein für sich zum Glauben an Christus kommt, sondern nur vermittelt durch die Traditions- und Bekenntnisgemeinschaft der Kirche, so geht niemand einem einsamen Glück bei Gott entgegen, sondern dem Leben in der ‚Gemeinschaft der Heiligen‘. ‚Der Himmel‘, so Joseph Ratzinger, ‚kennt keine Isolierung; er ist offene Gemeinschaft der Heiligen und so auch die Erfüllung alles menschlichen Miteinanders, die nicht Konkurrenz zu, sondern Konsequenz aus dem reinen Geöffnetsein für Gottes Angesicht ist.‘"[159]

Welchen Platz aber hat der Kosmos, das Unbelebte, in diesem Prozess der Erlösung? Hat der ewige Himmel mit dem physikalischen Universums-Himmel rein gar nichts zu tun? Was bleibt, wenn nichts mehr bleibt, wenn alles vergeht, Erde, Sonne, das ganze Weltall, wenn sämtliche Sehnsüchte des Menschen nach Frieden, Gerechtigkeit und Liebe erlöschen, wenn auch eine UNO-Agenda 2030 Makulatur wird, jedenfalls angesichts des je individuellen Sterbens? Dann hilft uns auch kein *Sky*, wenn es keinen *Heaven* gibt.

Den Himmelspredigten einst wurde vorgeworfen, Opium des Volkes zu sein, auf ein Jenseits zu vertrösten, nur damit sich an den herrschaftlichen Zuständen der Privilegierten nichts ändere. Johann Baptist Metz hat den Blick hingegen auf die Opfer der Geschichte gelenkt, auf die Leidenden, denen die Geschichte innerweltlich nichts mehr bringt, deren Schrei zu Gott verhallt, als ob Gott selber ihn nicht höre. Was dann?

Wenn die Diesseitsvertröstung versagt, der so viele Menschen huldigen, obwohl sie ein noch größerer Mythos ist als alle Mythen, die eine Religion aufbringen kann, erhebt sich die letzte Frage nach dem Sinn von allem jenseits unserer vielen kleinen Sinngebungsversuche, die doch sämtlich an dem scheitern, was uns als einschneidendste Grenze erwartet: der sichere Tod.

Mit ihm vor Augen ist nichts realistischer, als sich auf jene bedeutende geistesgeschichtliche Evolution zu besinnen, die dem Homo sapiens offenbarend allmählich das Jenseits eröffnete, das dem malenden Höhlenmenschen der frühen Steinzeit oder Vor-Steinzeit möglicherweise noch vor dem Volk Israel plausibel erschien. Was ist der Sinn des Lebens? Wozu sind wir auf der Welt? Ganz so dumm war es wohl doch nicht, was die alten Katechismen dazu sagten: „Wir sind auf Erden, um Gott zu erkennen, ihn zu lieben, und ihm zu dienen und dadurch in den Himmel zu kommen." Stell dir vor, es gibt den Himmel …

Der beobachtbare Himmel – *Sky* – ist vermutlich sogar die sinnfälligste Brücke zum unbeobachtbaren Himmel – *Heaven* –, jener letzten Ahnung gegen das Nichts, wenn Himmel und Erde vergehen. Jedenfalls meinte der Direktor der Vatikanischen Sternwarte, der Astrophysiker und Jesuit Guy Consolmagno, im Wissenschaftsmagazin *Science*: „Den Himmel beobachten zu können, macht uns zu Menschen – denn unsere Seelen müssen ebenso wie unsere Mägen gefüttert werden."[160] Es gibt keine stärkere Hoffnung, keine bessere Realutopie als die des Himmels in seinen beiden Gestalten, ob mit oder ohne Amen.

Ostern ist anders

Weihnachten beginnt im September, Ostern spätestens im Februar; immer rechtzeitig vor der Fastenzeit, wenn Schokoladenhasen, Nougatküken und bunte Eier die Kaufregale füllen, wenn Frauenzeitschriften die angesagtesten Frühjahrsfrisuren präsentieren und die neuesten Schmuckkreationen für Körper, Haus und Garten. Das passende Festtagsbraten-Rezept bekommen wir regelmäßig mitserviert, selbst wenn bei aller Liebe zu Leib und Seele blass und diffus bleibt, was inhaltlich denn nun eigentlich zu feiern sei.

Denn Ostern ist anders, ganz anders als Weihnachten. Trotz vieler Versuche der Medien-, Geschäfts- und Werbewelt, sich beim Ur-Fest der Christenheit in einer artigen Mischung aus Folklore, Gemütlichkeit und Lebenslust zu bedienen – einige wenige religiöse Versatzstücke eingeschlossen –, hat sich dieses christliche Hauptfest bisher jedweder Vereinnahmung entzogen. Während die Jahresendbehaglichkeit samt wiederkehrenden Ritualen neben der Volksfrömmigkeit mit Gott eine Art Volksfrömmigkeit ohne Gott hervorgebracht hat, schweigt an Ostern solch doppeldeutiges „Süßer die Glocken nie klingen ..." Und das, obwohl sie nach dem Schweigen der Passionstage so sinnlich laut und fröhlich läuten wie nirgendwann sonst im Jahr. Allen Bemühungen um eine österlich gestimmte säkulare Sakralität zum Trotz bleiben die medial gesteuerten Emotionen der Menschen immer wieder in einem Frühlings-Niemandsland hängen.

Im Gegensatz zum Weihnachtschristentum findet das ursprüngliche Osterchristentum mit seinem abstrakten Glauben an die Auferweckung Jesu Christi und der Hoffnung auf die Auferstehung der Toten keinen Halt bei der alltäglichen Lebenserfahrung oder in der Natur. Wer hätte je gesehen, dass ein Toter zum Leben kommt? So ist Ostern ein komplizierter Fall für eine natürliche Theologie. Weihnachten dagegen fällt alles sehr viel leichter. Die Feier der Ankunft des Logos, des Gottes- und Menschensohnes, auf Erden hat – wenn auch von Nichtglaubenden als bloßer Mythos wahrgenommen – wenigstens Teil an den universalen Geburtserfahrungen der Menschheit. Weihnachten kann so auch für religiös nicht Ergriffene ein Fest des Wunders des Lebens und der tiefsten menschlicher Rührung werden – angesichts einer andauernden Erneuerung durch Fortpflanzung von Generation zu Generation. Die Menschwerdung Gottes lässt sich auch feiern als archetypische Menschwerdung des Menschen, mit allen Gefühlen der Betroffenheit – bis hin zum biologischen Kindchenschema, in dem das Neugeborene als hilflos, süß, unschuldig, rein liebenswert erscheint und unsere Beschützerinstinkte weckt. Als kollektiv inszeniertes Familienfest hat Weihnachten in unseren kulturellen Breiten nicht ohne Grund den höchsten Rang bekommen als Fest aller Feste. Sogar die Zeit steht dann für ein paar Tage still. Nichts rührt sich. Die übliche Geschäftigkeit muss warten.[161]

Aber Ostern gilt das nicht. Für die meisten Menschen ist das kein Fest beschaulicher Ruhe, sondern höchster Mobilität. Mit dem weltlichen Frühlingserwachen beginnt die neue Reisesaison. Nicht die gemütlich bequemen Nesthocker, sondern die aktionsfreudig geladenen Nestflüchter sind jetzt gefordert. Zum religiösen Gehalt von Ostern stellt sich – anders als Weihnachten – so gut wie keine natürliche Brücke her. Denn der Gedanke des ewigen Kreislaufs der Natur und ihres steten Wiedererwachens im regelmäßigen Rhythmus hat mit dem christlichen Auferstehungsglauben, der die Kreisläufe von Zeit und Raum und damit auch des Lebens der Menschheit ein für alle Mal unterbricht, nichts gemein.

Aber auch die Gläubigen haben ein Problem der Veranschaulichung. In der Passion Christi finden sie wenigstens noch Spiegelbilder für die Leidenswege der Menschen: Schmerz, Erniedrigung, Verhöhnung, Tod. Das ist ein Stoff, der uns Tag für Tag erregt. Aber es ist nicht der Stoff zum Feiern oder gar Träumen. Nein, die Natur hat Ostern nicht vorgesehen. Hier finden sich keine Entsprechungen. Ostern ist und bleibt einzigartig, singulär, ohne Parallele, nicht nur in der Religions-, sondern auch in der menschlichen Erfahrungsgeschichte. Ein sperriges, ein widerspenstiges, ein ungemütliches Datum – wider Biologie wie Anthropologie. Dennoch markiert es den Dreh- und Angelpunkt christlichen Gottes- und Weltverständnisses.

Mit dem österlichen Christusglauben haben die Jüngerinnen und Jünger Jesu einen historischen Sprung im Bewusstsein vollzogen – von anschaulich-mythologischen Sichtweisen hin zu unanschaulich-mystischen, von diesseitigen Gottesbildern zu transzendenten Gottesbildern, vom Konkreten zum Abstrakten, vom Begreifbaren zum Unbegreifbaren, von der Geschichtlichkeit zur Ewigkeit, vom Staunen zum Denken, vom schauenden Glauben zum glaubenden Reflektieren, von der spirituellen Behaglichkeit zur religiösen Provokation, von der Heimeligkeit zur Unheimlichkeit, vom Kinderglauben zum Erwachsenenglauben, von der Eindimensionalität zur Mehrdimensionalität, von anthropomorph-einfachen zu paradox-universalen Heilsvorstellungen.

Christsein erweist sich ab diesem Augenblick als schwierig – und anspruchsvoll. Das gehört zur Geburtsurkunde dieses vor 2000 Jahren gestarteten neuen Glaubenswegs. Er erschöpft sich nicht darin, moralische oder philosophische Allerweltsweisheiten mit einem gewissen religiösen Offenbarungs-Überbau zu versehen. Das Christentum begann unplausibel, verstörend, alltagsuntauglich. Es verstand sich schon damals nicht als weltlich-naturale Wellnessreligion zur Hebung allgemeinen Wohlbefindens. Es war auch keine agrarische Opferkultreligion zur Sicherung von Nahrung und Überleben einer Sippe oder eines Stammes. Vielmehr wurde das Opfer Jesu Christi am Kreuz gleich universal gedeutet – und extrem abstrakt: nicht um damit im Gegenzug weltlich-dingliche Güter von der Gottheit zu bekommen, sondern als Befreiung der Menschen von Sünde und Schuld, als Hingabe an die Menschen aus Liebe. Der „Mehrwert" dieses Geschehens erschöpft sich nicht in ein bisschen besserem Leben hier, sondern zielt auf ein *ganzes* Leben, das ganz andere Leben – bei Gott. Damit verbunden ist eine Sprache und Bildhaftigkeit, die alle üblichen Bilder der Anschaulichkeit sprengt.

Die österlichen Geschehnisse werden bereits in der frühen Überlieferung recht verschieden und widersprüchlich geschildert. Die Begegnungen mit dem Auferstandenen – sogenannte Erscheinungen – lassen sich nicht harmonisieren. Die davon Betroffenen trifft es heftig, unvorbereitet, unerwartet, ganz anders, als man sich „wunderbare" Ereignisse vorstellen würde: statt Freude blankes Entsetzen, statt Jubel Erschrecken, statt frohlockendem Verkündigen introvertiertes Schweigen, statt ekstatischer Freude zögerliches Nachdenken, statt triumphalistischer Propaganda zweifelndes Meditieren. Mit einer solch vagen, erstaunlich unpraktischen Religion, wie sie aus der frühen Frohbotschaft der neutestamentlichen Schriften spricht, ist eigentlich keine Religion zu machen. Die österlichen Szenen wirken eher wie Anti-Szenen, kaum werbewirksam. Wir empfangen Signale voller Vieldeutigkeit: zusammengefaltete Leinentücher, ein weggerollter Stein, ein leeres Grab, wortkarge Engelfiguren, die wenig aufklären, indem sie erklären. Selbst Christi Auftreten wirkt gespenstisch. Wie ein Fremder bewegt er sich unter Bekannten oder auf Bekannte zu. Erst die Ansprache durch ein Wort wie bei Maria aus Magdala oder das Signal des Brotbrechens bei den Emmausjüngern weckt eine Art Schlüsselreiz und öffnet die – inneren – Augen. Diese Augen sehen den Auferstandenen paradoxerweise oftmals erst dann, wenn sie ihn fast schon wieder nicht mehr sehen, jenseits naturaler Sinnlichkeit. Eine seltsame Melancholie und Traurigkeit, Introvertiertheit und Zweifel begleiten den Osterglauben.

Der Glaube der ersten Zeuginnen und Zeugen beginnt nahezu wie ein „Anti-Glaube". Er hat jedenfalls wenig gemein mit den späten Liedern, die selbstbewusst und siegesgewiss vom Triumphator Christus über den Tod singen. Die biblische Osterfreude wird allmählich und bedächtig geweckt. Sie kommt von einem anderen Sehen her, das sich erst durchs Diffuse, Widersprüchliche, Absurde durcharbeiten muss – auch durch eine widerspenstige Gefühlslage, durch eine ganz und gar „ungläubige" Emotion. Das macht diese Art von Glauben so sympathisch unspektakulär. Kann man solchem Glauben glauben?

Die christlich-österliche Haltung lebt trotz ihrer vielen emotional bewegenden Bilder aus einer tiefer greifenden Bildlosigkeit. Nicht aus der Wahrheit kommt solches Glauben, sondern zuerst und vor allem aus Wahrhaftigkeit. Der schwache Glaube weckt den Glauben. Der vage Glaube führt zum Glauben. Das ist die Lehre von Ostern, auch zwei Jahrtausende danach. Nicht die spektakulären konkreten Geschehnisse mit Jesus und um Jesus sind es, die den Christusglauben begründen. Es sind vielmehr die Deutungs- und Denkversuche, die durch den Zweifel gegangen sind und die die Möglichkeiten wie Unmöglichkeiten der praktischen Vernunft samt konventioneller Logik ausgelotet haben: „Mein Herr und mein Gott."

Anders als die naturale „Weihnachtsreligion" hat die viel frühere „Osterreligion" weit höhere Ansprüche. Auch die Osterfreude hat wenig Populäres an sich. Angesichts von Tod und – ewigem – Leben trägt jeder Einzelne seinen Kampf mit sich und mit Gott selber aus, stets einsam in der Gemeinschaft der Glaubenden. Niemand glaubt für mich. Das Kollektiv ersetzt das nicht. Wer auch immer den Stein vor dem Grab weggerollt hat: Nur ich selber kann eintreten, sehen – und glauben. Ostern ist anders. Die Emotion Ostern beginnt still. Die Nacht des Schweigens erst macht den Osterglauben wahr und die Osterfreude hell.

Auferstehung!

Paulus hat in wenigen Sätzen formuliert, was das Wesen des christlichen Glaubens ausmacht: „Christus ist für unsere Sünden gestorben, gemäß der Schrift, und ist begraben worden. Er ist am dritten Tag auferweckt worden" (1 Kor 15,3–4). Einen weiteren Satz diktierte der Völkerapostel der erst allmählich sich konstituierenden Christus-Nachfolgegemeinschaft, heute Kirche genannt, ins Stammbuch: „Da nämlich durch einen Menschen der Tod gekommen ist, kommt durch einen Menschen auch die Auferstehung der Toten" (1 Kor 15,21).

Sünde – Tod – Auferstehung. Das ist der Dreiklang, aus dem sich im Christsein alles andere ergibt und auf das alles Sonstige zuläuft. Warum aber ist dieses religiös Musikalische als größte und einzige Hoffnung in der Not des Menschseins heute derart versteckt, ja erstickt, stiefmütterlich behandelt? Man redet über alles Mögliche. Vor *dem* Möglichen aber fürchtet man sich, vielleicht weil man Angst hat, das Anstößige, Ärgerniserregende, Abstößige ohne Wenn und Aber zu bekennen, zu verkündigen, zu feiern, zu leben? Aus Furcht davor, eventuell wie Paulus auf dem Athener Areopag verspottet, ausgelacht, als Dummkopf verachtet zu werden, als kenne man das Leben nicht? Immerhin soll es laut Apostelgeschichte damals einige Neugierige und Nachdenkliche gegeben haben, die sich ihm anschlossen und gläubig wurden.

Die Zeit Athens scheint stehen geblieben zu sein – oder wiederzukehren. Möglicherweise fehlt uns nur ein zweiter Paulus, jemand seiner Kraft und seines Kalibers, der in der Lage wäre, die Kirchen aufzurütteln, ihnen ins

Gewissen zu reden, sie geistig auf die Höhe zu bringen, auf – wie der einstige Ratsvorsitzende der evangelischen Kirche Deutschlands Wolfgang Huber während der Coronakrise sagte – Existenzrelevanz hin. Denn um nichts anderes geht es doch in unserem sterblichen Dasein als um die Dialektik von Nichts und Alles. Und darum, ob aus dem definitiven Nichts dennoch ein Alles werden kann. Paulus bekundete es ohne Beschönigung denen, die er mit dem Christusimpuls anstoßen wollte: „Wenn wir allein für dieses Leben unsere Hoffnung auf Christus gesetzt hatten, sind wir erbärmlicher daran als alle anderen Menschen" (1 Kor 15,19). Ja, der Auferstehungsglaube ist eine gefährliche Geschichte. Jenseitsvertröstung?

Der Theologe Paul Michael Zulehner drückte es nicht weniger drastisch aus, jedoch mit umgekehrter Perspektive: Unsere Kultur habe sich in der Diesseitsvertröstung abgekapselt. Die Kirchen scheinen diesen Trend nachzuahmen, indem sie sich auf Diesseitsermutigung kaprizieren. Sprich: mit Vorliebe aufs Moralisieren. Als ob das nicht jeder sonst genauso gut könnte, ganz ohne Christusglauben. Entgegen mancher gottesdienstlichen Rhetorik hat sich eine auffällige Auferstehungsvergessenheit, Christusvergessenheit, Gottvergessenheit ins routiniert ablaufende Kirchensystem eingeschlichen in dem Maß, in dem man meint, es der Gesellschaft schuldig zu sein, das Gefällige, Allerweltliche, Naheliegende in Wiederholungsschleifen aufzuwärmen und dem Kulturbetrieb nur ja nichts Irritierendes zuzumuten: den Glauben an die Auferstehung am Ende der individuellen wie kollektiven Zeiten.

Der evangelische Theologe Ulrich H. J. Körtner beklagte dies am Beispiel eines kirchlichen „Zukunftspapiers". Über den Dreh- und Angelpunkt des Christlichen, über Gott und seine Erlösung, habe das Dokument *Kirche auf gutem Grund* kein Wort verloren. Stattdessen herrsche eine „Urbild- und Vorbildchristologie", eine pure „Jesulogie" vor, die bekanntermaßen aufzählt, was die Kirche „für die Vielen" tue und zu tun habe.[162] Demnach folge die Kirche Jesu Geist, „wenn sie sich für die Schwachen, Ausgegrenzten, Verletzten und Bedrohten sowie für Frieden und Bewahrung der Schöpfung einsetze". Das ist gewiss ehrenwert, wichtig, schön und gut. Aber tun das die Vielen anderen – ganz ohne Kirche – nicht auch?

Nicht nur in evangelischer, auch in katholischer Emphase klingt ständig an, die Christen müssten missionarisch sein. Missionarisch aber wohin und wozu? Nur als Verlängerung und Nachbeten dessen, was „die Welt" ebenso gut weiß? Körtner vermutet, dass mit Mission gar nicht in erster Linie an Seelsorge und Verkündigung im Sinne des urchristologischen Dreiklangs Sünde – Tod – Auferstehung gedacht wird, sondern an eine sogenannte öffentliche Theologie, die ausschließlich sozialpolitisches Handeln meint. „Kein Wort hingegen von Tod und Auferstehung Jesu, seiner Heilsbedeutung für den Einzelnen wie für die Welt im Ganzen. Kein Wort von Sünde und Vergebung, es sei denn nur von Schuld in einem moralischen Sinne, aber nicht als Synonym für eine zerrüttete Gottesbeziehung. Kein Wort von Gottesferne oder davon, dass Gott in irgendeiner Weise fehlen könnte."

Selbstverständlich sollen die Christen tätig sein in vielerlei Akten irdischer Befreiung. Das ist der Sinn des Diakonischen, Caritativen. Das Handeln folgt dem Glauben. Ein neopolitisches Prälatentum aber, das sich selbst in funktionierenden demokratischen Gesellschaften integralistisch besserwisserisch in alle Lebensbereiche einmischt, brauchen und wollen wir als mündige Bürger nicht. Das ändert nichts an der universalen Bedeutung der Befreiungstheologie, die ihren bevorzugten Ort in diktatorischen, autokratischen Kulturen hat, wo – wenn überhaupt – eher kirchliche Amtsträger widerständige Meinungen äußern und das Volk menschenrechtlich aufklären können. Was über derartige gesellschaftliche Kontexte hinaus freilich alle Gläubigen zur Verantwortung ruft, Ausbeutung, Unterdrückung, Gewalt und Elend entgegenzutreten, die befreiende, therapeutische Praxis Jesu zu üben gemäß der vernunftgeleiteten Argumentationskraft, orientiert an den jeweiligen Bedingungen und der Autonomie der irdischen Wirklichkeiten.

Die Befreiungstheologie war nie ein bloß innerweltliches Sozialkonzept. Sie ist und bleibt abgeleitet von der Hoffnung auf das Reich Gottes, das über das Diesseits hinausweist, und sie empfängt ihre spirituelle, mystische Kraft vom Ende her. Genauer: Befreiungstheologie kommt vom Anfang her, der Auferstehung heißt. Nicht als triviales Aufstehen im Diesseits, wie Auferstehung selbst kirchlich manchmal domestiziert und säkularisiert wird, sondern wahrhaft als Auferstehung und Auferweckung durch Gott ins Jenseits, in die Gottesnähe samt göttlichem Gericht. Daher ist Auferstehung nicht nur anstößig, sondern auch „gefährlich" als Rechenschaft über das eigene Leben vor dem göttlichen Richterstuhl.

Körtner erläutert es so: „Bevor die Kirche zur tätigen Kirche wird, muss sie zunächst einmal hörende Kirche sein. Als solche aber ist sie, mit Bonhoeffer gesprochen, ganz auf die Anfänge des Verstehens zurückgeworfen, was christlicher Glaube überhaupt noch bedeutet. Kirche als religiös angehauchte, aber ganz diesseitsorientierte Bewegung schafft sich ab. Sie droht den beschworenen guten Grund unter ihren Füßen zu verlieren." Ihr Grund heißt nicht einfachhin nur Jesus, sondern Christus – also von Gott gesalbter Messias. In ihm weitet sich die Befreiung von Sünde und Tod zur Hoffnung auf einen neuen Himmel und eine neue Erde, in der das Seufzen und Klagen der Kreatur, alles Geschaffenen, des Belebten wie des Unbelebten, das Leiden der evolutiven Schöpfung überwunden wird bei Gott und in Gott.

Das abgegriffene PR-Schlagwort von der „Kirche für die Menschen" (für wen denn sonst?) sollte endlich aus dem Kirchensprech verschwinden. Denn Kirche ist am besten da, wo sie für Gott wach ist, sehnsuchtsinspirierend und sehnsuchtsverheißend aufs Ewige, auf Auferstehung hin. Aus nichts anderem nährt sich – bei allen das ganze Leben begleitenden Zweifeln – Christsein als wahrhaft sakramentaler, heiliger Prozess des Christwerdens, aus dem Ringen mit Gott, aus der Hoffnung auf einen den Tod endgültig überwindenden Neuanfang. Von diesem möglichen Gott des – ewigen – Lebens hat Christus Kunde gebracht.

Nichts anderes feiern wir eucharistisch – wenn wir wirklich Eucharistie feiern würden: die Erschütterung im Dreiklang aus Sünde, Tod und Auferstehung. Was aber erschüttert und ergreift uns noch in den Oberflächen-Ritualabläufen der Liturgie? Sie soll keine Moralpropaganda-Veranstaltung sein und keine gemütliche erbauliche Geselligkeit, sondern gemäß dem Theologen Johann Baptist Metz eine „gefährliche Erinnerung", eine apokalyptische Unterbrechung des Diesseits, eine aufwühlende Neuorientierung auf Gott, den Horizont des Jenseits, hin. „Deinen Tod, o Herr, verkünden wir, und deine Auferstehung preisen wir, bis du kommst in Herrlichkeit!"

Die Herrlichkeit der Auferstehung dringt in den Schrecken des Todes ein. Wo aber überfällt uns heute noch dieser Schrecken und weitet ihn auf den Schauder des Ewigen hin? Wo konfrontieren uns die heiligen eucharistischen Gaben von Brot und Wein als Seelenspeise und Seelentrank noch mit unserer schrecklichen Endlichkeit – als Stärkung auf der irdischen Pilgerreise zum Tod und durch den Tod hindurch? Harmlos ist es geworden, dieses einstmals gefährliche Sakrament, das oft nur noch existenziell und spirituell amputiert als Gemeinschaftsmahl zur rituellen Erbauung – in der Erstkommunion für die Familienfolklore – dient. Dabei sollte das eucharistische Sakrament das

267

Taufsakrament in einem lebenslangen sakramentalen Prozess bewusstseinsmäßig erneuern und stets erweitern in dem Sinne, wie es Paulus sagt: Als Getaufte – und in der Kommunion mit Christus Jesus verbundene – sind wir
„auf seinen Tod getauft" und bestimmt. „Wir wurden … mit ihm begraben
durch die Taufe auf den Tod, damit auch wir, so wie Christus durch die Herrlichkeit des Vaters von den Toten auferweckt wurde, in der Wirklichkeit des
neuen Lebens wandeln" (Röm 6,4). Brot des Lebens – Kelch des Heiles: eine
immerwährende Liturgie des Existenziellsten.

Während der Corona-Weltseuche waren die Kirchen vielfach kritisiert
worden, sie seien weithin unsichtbar und stumm geblieben. Diese Vorwürfe wiesen Kirchenobere wie Kirchenuntere vehement als üble Nachrede zurück. Sie seien sehr wohl engagiert seelsorglich präsent gewesen. Sie hätten
Kranke besucht, Sterbende und deren Angehörige getröstet, Gottesdienste
auf verschiedensten alternativen Kanälen gefeiert, Gebetsanregungen und
Andachts-Zettelchen über Internet oder Hauswurfsendung verteilt und so
weiter und so fort. Ja, so war es. Trotzdem fühlten sich viele Menschen religiös verwaist, weil Seelsorge über das je Individuelle hinaus als öffentliche,
gesellschaftliche Präsenz in den bedeutendsten letzten Fragen auf Tod und
Leben nicht stattfand, wie abgetaucht war. Weil der Mut fehlte, die Coronaseuche mit all ihrem Leid und Tod zu deuten im Sinne dessen, was Paulus über die strukturelle Sünde, die totale Sünden- und Todesverfallenheit
wusste, über die Gottvergessenheit, aber ebenso über die letzte, die einzig
wahre Hoffnung, die nicht stirbt, wenn alle sonstigen Hoffnungen erlöschen: die Hoffnung auf Auferstehung.

War es zum Beispiel peinlich, diese Hoffnung sprachlich wie symbolisch
sichtbar und liturgisch-sakramental dicht zu inszenieren, ins Bewusstsein
der Gläubigen wie der Ungläubigen zu bringen, ins Herz eines erschütter-
ten Universums? Papst Franziskus immerhin versuchte es – im stummen
Segnen während des strömenden Regens auf dem gespenstisch leeren Pe-
tersplatz, im ergreifend stillen Beten vor dem Pestkreuz, vor dem frühere
Generationen voller Verzweiflung ihr Leid Gott geklagt und Trost gesucht
hatten. Welche Aura – ohne Worte! Das ist karfreitaglich-österliche Sakra-
mentalität, Durchscheinen des Geistig-Göttlichen in den Tragödien dieser
Welt. Realistisch, zeitnah, lebensnah, alles andere als kühl aseptisch. Diese
Gesten, medial vermittelt, haben nicht wenige Leute innerlich ergriffen,
nicht nur die Frommen.

Ja, die Kirche – gerade in der Repräsentanz und öffentlich sichtbaren Wahrnehmung des geistlichen Amtes – fehlte, weil ihr offensichtlich etwas fehlte. Sie hat über weite Strecken in der Coronatragödie versagt, weil ihr der Christusimpuls, der Auferstehungsimpuls als Anstößiges und Ermutigendes, als Sinn und Geschmack fürs Unendliche abhandengekommen war, weil es ihr nicht gelang, diesen Horizont öffentlich zu öffnen – für die Vielen in Bedrängnis und Zweifel, für die Gebildeten wie die Ungebildeten, für die zumindest Nachdenklichen selbst unter den Verächtern der Religion. Gott fehlt. Gott fehlt mir. Wo war die Kirche – die Gemeinschaft aller Glaubenden, nicht nur der Pfarrer, Priester und Laien-Angestellten – da für die Vielen, als Spiegel der eigenen Klage, wie sehr Gott ihr selber fehlt inmitten ihrer professionellen Geschäftigkeit, die vieles übertüncht, statt das Entscheidende ans Licht zu bringen?

Dann streiten wir wieder über lächerliche Konflikte, über vatikanische Behörden-Borniertheit, die theologische Ewiggestrigkeit, ja Unbelehrbarkeit von Kurienfunktionären, unter anderem darüber, was ein Priester – in der gewaltigen Identitätskrise dieses Berufs – sei und was ein Laie nicht sein und nicht tun darf. Als ob dies Leute in einer Kultur massivster christlicher Entfremdung noch ernsthaft interessierte oder gar jene berührte, die weiter um Glauben ringen, ihn vielleicht noch nicht ganz als schier unmögliche Möglichkeit aufgegeben haben. Kirche – werde wesentlich! Wenn sie funktionärsmäßig oben wie unten geschäftig routiniert so weitermacht wie bisher, schafft sie sich über kurz oder länger tatsächlich ab. Die Auferstehung aber – wie immer wir sie uns mit unserem schwachen Gehirn und Verstand vorzustellen versuchen – schafft sich nicht ab. Als Sehnsucht nicht, solange es Menschen gibt. Und als Realität nicht, sofern es Gott gibt.

Es könnte in der kirchlich dramatischen Krisenzeit – und da ist nichts mehr zu beschwichtigen – zur Gewissenserforschung hilfreich sein, das Hohelied der Liebe des Paulus im ersten Korintherbrief einmal auf den Auferstehungsglauben hin umzudichten, als gefährliche Erinnerung inmitten des Kirchenbetriebs mit vielfachem Kirchenleerlauf: „Wenn ich in den Sprachen der Menschen und Engel redete, hätte aber den Auferstehungsglauben nicht, wäre ich dröhnendes Erz oder eine lärmende Pauke. Und wenn ich prophetisch reden könnte und alle Geheimnisse wüsste und alle Erkenntnis hätte, wenn ich alle Glaubenskraft besäße und Berge damit versetzen könnte, hätte aber den Auferstehungsglauben nicht, wäre ich nichts. Und wenn ich meine ganze Habe verschenkte und wenn ich meinen Leib opferte, um mich zu rühmen, hätte aber den Auferstehungsglauben nicht, nützte es mir nichts … Der Auferstehungsglaube hört niemals auf. Prophetisches Reden hat ein Ende. Zungenreden verstummt, Erkenntnis vergeht … Jetzt schauen wir in einen Spiegel und sehen nur rätselhafte Umrisse, dann aber schauen wir von Angesicht zu Angesicht. Jetzt ist mein Erkennen Stückwerk, dann aber werde ich durch und durch erkennen, so wie ich auch durch und durch erkannt worden bin" (vgl. 1 Kor 13).

Kirche, erkenne dich selbst! Werde zum Spiegel. Zum Spiegel der Auferstehungssehnsucht. Das ist dein Job!

Vom Spaß zum Sinn

Die infantile Haltung Erwachsener, dass das Leben ständig unterhaltsam und lustig sein müsse, erschöpft sich mit der Zeit. Die permanente Leichtigkeit des Seins wird irgendwann schal, unerträglich. Spätestens dann taumelt man in einen Zustand der Ermüdung, der Langeweile, des Überdrusses. Die anhaltende Vermarktung des Gewöhnlichen als sensationell Neuen erweist sich als banal. Das Ewigselbe ist eben das Ewigselbe. Der Berliner Philosoph Wilhelm Schmid meint, einen entsprechenden Umschlag in den Wohlstandskulturen ansatzweise bereits erkennen zu können. Lange Zeit lautete die entscheidende Frage: „Was macht Spaß?" Nun aber sehnten sich die Menschen „immer mehr danach, in einer Sinngesellschaft zu leben; ihre Frage ist: Was macht Sinn?". Anscheinend begreifen die Menschen wieder, „dass es im Leben zuweilen um ernstere Dinge"[163] geht als nur um das Vergnügen. In schwierigen Zeiten hilft uns nicht der Spaß, diese durchzustehen, sondern allein der Sinn.

Was aber ist Sinn, was macht Sinn, was stiftet Sinn? Auffällig ist schon die Verschiebung im Sprachgebrauch vom Sein zum Machen. Früher sagte man, etwas *ist* sinnvoll, etwas *hat* Sinn. Heute ist Sinn nicht mehr durch Gott oder die Tradition vorgegeben, geschenkt, sondern er wird konstruiert, erarbeitet, geschaffen, gestiftet – *gemacht*, vom Einzelnen. Das Soziale geht darüber jedoch nicht verloren. Schmid: „Sinn, das ist Zusammenhang, Sinnlosigkeit demzufolge Zusammenhanglosigkeit." Beziehungen stiften Sinn. Sinn gibt Halt.

Sinn baut auf Sinnlichkeit. Der Philosoph stellt fest: „Wer die Sinne voll entfaltet, nimmt das tausendfältige Leben und sämtliche Erscheinungsformen der Welt wahr, sieht die Gesichter, die Gebäude, die Bäume, hört die Stimmen, die Geräusche, den Lärm, riecht Blüten und allerlei Düfte, schmeckt Wasser und all das, was sich essen lässt, betastet Oberflächen, findet Sinn in der Bewegung des Körpers und in dessen innerer Wahrnehmung." Schmid vermeidet dabei leider jeden Bezug aufs Religiöse. Dabei wären die aufregendsten Belege für leiblich-sinnenhafte Sinnstiftung biblisch zu entdecken, insbesondere in den sehr vielfältigen und widersprüchlichen Erzählungen von den Auferstehungserfahrungen der Jüngerinnen und Jünger, ihren Begegnungen mit dem österlichen Christus. Sie erkennen ihn am Essen, beim Brotbrechen, durch Berührung, durch Zeigen und Sehen der Wundmale, durch das Hören der vertrauten, Angst abbauenden Friedenszusage … Die Sinnlichkeit der Sehnsucht bahnt der österlichen Offenbarung den Weg durch Zweifel, Verwirrung und Erschrecken hindurch. Auch religiöser Sinn beginnt sinnlich.

Das Sinnliche weckt die Seele. Sinn wird gefühlt durch Zuwendung und Liebe, was Vertrauen schafft. Schmid: „Im Zusammenleben mit dem geliebten Menschen, in der starken Beziehung zwischen Eltern und Kindern, im Leben mit Freunden entfaltet sich die Fülle des Sinns; sogar noch in der Negation von Beziehungen in Form von Streit und Auseinandersetzung." Von Angesicht zu Angesicht stiftet Beziehung Sinn, auch religiös. Der auferstandene Christus sucht den Blickkontakt. In der Seelentiefe erwacht die Achtsamkeit: Sehen durch Fühlen. Durch Sehen zum Verstehen.

Der gefühlte Sinn braucht aber ebenso den gedachten Sinn, die intellektuelle Durchdringung, das Ausgreifen aufs Ganze. Wozu bin ich da? Wozu bist du da? Wofür ist das Leben, wofür ist die Welt gut? Der Mensch lebt, indem er auf Ziele hinlebt. Wenn sie alle erreicht sind, wenn sich nichts Neues mehr auftut, verblasst die Neugier, schwinden Ehrgeiz und Sinn. „Jede Tätigkeit aber, und sei sie noch so unscheinbar, kann Sinn begründen, wenn wir uns ihr aus ideellen und nicht nur materiellen Gründen widmen." Schmid klammert da ebenfalls die religiösen Sinngehalte aus. Die lange Religions-Menschheitsgeschichte – nicht nur die des Christentums – belegt jedoch, dass gerade in der Einsamkeit, in Kontemplation und Gebet, in der innigsten Beziehung zum Göttlichen die reinste Form immaterieller „Arbeit am Sinn" erreicht werden kann. Und dass für Milliarden Menschen Gott das Zentrum ihrer Sinngebung war und ist. In der puren, „nichtsnutzigen" Meditation öffnen sich die weiten Horizonte jenseits des irdischen Eden.

Kann der christliche Glaube heute noch maßgeblich Sinn stiften? Der Theologe und Pfarrer Andreas Rössler plädiert dafür, den Auferstehungsglauben unter den Bedingungen unserer Welterfahrung neu zu entdecken. Wichtig sei, den Glauben selber glaubwürdig zu buchstabieren, indem man das zentrale Heilsgeheimnis aus naiv-mirakulösen, magisch-stofflichen Verstehensweisen befreit. Die religiöse Sprache sei schließlich nicht grundlos gleichnishaft-symbolisch. Das gilt genauso für die biblische Anschauung. Die Rede von der Auferweckung Jesu Christi „weist mit ihren Vorstellungen und Begriffen, die aus unserer raumzeitlichen Welt genommen sind, über sich hinaus auf das ganz Andere". Daher solle man bescheiden darauf achten, „dass unsere Erkenntnis begrenzt ist – die über unsere erfahrbare und messbare Welt und erst recht die über den göttlichen Hintergrund unserer Welt. Gott als Geheimnis des Daseins, als Woher und Wohin von allem ist immer größer als alles, was wir von ihm erkennen und aussagen können"[164]. An die Stelle einer Minimalisierung des Glaubens müsse ein „Universalismus" treten, eine Ausweitung. Es brauche Mut zu einem Gottesverständnis, das mit Paulus daran festhält, dass Gott alles in allem ist. Gott ist – so Rössler – die Macht, „die alles bedingt, trägt, umgreift und ohne die es keine Vollendung gibt". Gott sei kein Teil unserer Welt, sondern „deren Grund und Abgrund". In Fragen des Göttlichen könne es somit „keine strengen Beweise geben, auch keine zwingenden Gegenbeweise, wohl aber Hinweise, Fingerzeige, Plausibilitäten – und für den Einzelnen ganz persönlich eine innere Gewissheit." Das verlangt, durch standardisierte Glaubensvorstellungen hindurchzudringen, in die geistigen Tiefenschichten zu bohren.

Erstaunlich ähnlich dieser Auffassung aus der Sicht liberaler Theologie hatte sich – von einer ganz anderen Grundhaltung her – Papst Benedikt XVI. geäußert und bedauert, dass auch unter den Christen der Glaube an die Auferstehung Gegenstand von Verwirrung sei. Die Auferstehung von den Toten sei nicht auf naive Weise zu verstehen als eine Art Rückkehr in das frühere irdische Leben. Mit der Auferstehung eröffne sich vielmehr eine „neue Wirklichkeit", die nur mit den Augen des Glaubens zu erfassen ist. Der Tod bilde eine Mauer, über die hinaus der Mensch nicht sehen könne. Mit dem Herzen jedoch könnten die Gläubigen zumindest mit Bildern und Symbolen vom ewigen Leben sprechen.[165]

Die Sehnsucht nach ewigem Leben ist freilich kein Beweis für Auferstehung, aber doch eine wahre Hoffnung. Andreas Rössler erläutert das so: „Wir leiden an der Endlichkeit. Und unsere Begrenztheit führt zur Ahnung von etwas Unbegrenztem ... So ist die Auferstehung Jesu auf alle Fälle eine denkbare Option." Die Logik, in der wir von der Realität unseres diesseitigen Lebens auf die Möglichkeit eines ewigen Lebens schließen, ist jedenfalls nicht schwächer als die Logik, dass überhaupt etwas ist und nicht vielmehr nichts – ja dass wir sind, wie wir sind. Eigentlich wäre es angesichts der unvorstellbaren Räume und Zeiten unseres Universums viel wahrscheinlicher, dass es uns als bewusste Wesen, dass es dich, dass es mich nicht gäbe – und siehe, wir leben! Aller Unwahrscheinlichkeit zum Trotz behauptet sich unser Leib, unsere Seele, unser Geist als existent. Das macht nicht nur Sinn, das hat Sinn – mit Zukunft.

Rössler wagt ein Gedankenexperiment, das dem, der sich darauf einlässt, Weltvertrauen und Gottvertrauen eröffnen kann – und damit einen plausiblen Sinn: „Gesetzt den Fall, die Osterbotschaft ist in ihrem Gehalt wahr, und es gilt: ‚Ich weiß, dass mein Erlöser lebt‘ und ‚Jesus lebt, mit ihm auch ich‘. Dann dürfen wir uns in Zeit und Ewigkeit in Gott geborgen wissen und können uns im begrenzten irdischen Dasein ganz den hiesigen Aufgaben widmen."[166] Nicht der Sinn schafft mir Gott, sondern Gott schafft mir Sinn.

Das kann verstörend sein, wie bei Ijob. Glauben reift aus Zweifeln und im Zweifeln. Der Alttestamentler Ludger Schwienhorst-Schönberger sieht jedoch gerade im Leidensweg Ijobs den existenziellen Dreh- und Angelpunkt von Sinnerkenntnis überhaupt. Er zitiert den Mystiker der göttlichen Nacht Johannes vom Kreuz: „So bestand auch die Vorbereitung, die Gott Ijob zuteilwerden ließ, um mit ihm zu sprechen, nicht in jenen Wonnen und Herrlichkeiten, die er, wie Ijob dort selbst berichtet (Ijob 1,1–8), bei seinem Gott zu haben pflegte, sondern darin, dass er ihn entblößt auf einen Misthaufen setzte, verlassen und sogar verfolgt von seinen Freunden, voller Angst und Bitterkeit ... Erst dann würdigte sich der, der den Armen aus dem Staub emporhebt (Ps 113,7), Gott der Allerhöchste, herabzusteigen und von Angesicht zu Angesicht mit Ijob zu sprechen und ihm die tiefen, großartigen Höhen seiner Weisheit zu erschließen, was er zuvor, in der Zeit, als es ihm gut erging, nie getan hatte (Ijob 38–42)."[167]

Nicht im Spaß, in Entbehrung und Not erschließt sich der erste und der letzte Sinn. Schwienhorst-Schönberger beschreibt diesen Erkenntnisweg, der über die Standardantworten eines routinierten Traditionsglaubens hinausweist, so: Die Freunde wollten Ijob beruhigen, auf vertraute Bahnen lenken. Dieser Versuch misslang. Ijob merkte, dass sein Verlangen eine neue Ebene brauchte, die das Zerbrochene in Leben und Glauben ebenso einschließt wie das Erhoffte: „vom Glauben zum Schauen". So wurde Ijob in der Achtsamkeit Gott zum Sinn, zum Lebenssinn, ja zum Sinn ewigen Lebens. Solche Wandlung eines Menschen erzeugt immer auch Verwandlung im Glauben selbst. Aber das war, ist und bleibt der Kern von Ostern: Verwandlung. Dem Wesen des Christusglaubens nähern wir uns zitternd im Fühlen, stockend im Denken, stotternd im Beten und doch fröhlich im Singen. Vor dem auferstandenen Christus wird Leben zum Glauben und Glauben zum Leben: vom Spaß zum Sinn.

XII. Das Tragische – oder: Wie universal ist Gott?

Menschenkatastrophen sind Gotteskatastrophen

Warum? Wozu? Weshalb? Drei Fragen wühlen den Menschen auf der Suche nach dem Sinn des Lebens am heftigsten auf, wenn die blanke Sinnlosigkeit mit tragischen Ereignissen über Einzelne sowie ganze Völker hereinbricht. Jedes Leiden unterbricht die noch so nette Weltfrömmigkeit, die sich aus glücklichen Augenblicken nährt. Erst recht bricht es die religiöse Frömmigkeit, die sich in glückseligen Erfahrungen auflädt. Krankheiten, Naturkatastrophen, Unfälle, Verbrechen, Untreue verschiedenster Art, Kriege, Terrorakte und Flüchtlingselend lassen uns ahnen, wie unbehaust wir sind – dem Tod und dem Schicksal ausgesetzt. Denn es meint es nicht immer gut mit uns, selbst in reichen Wohlstandsverhältnissen nicht. Den Schmerz der Anderen, der uns über die sozialen Netzwerke und die global operierenden Nachrichtenkonzerne aus allen Winkeln der Erde erreicht, mögen wir zeitweise verdrängen. Auf Dauer aber gelingt das nicht einmal den Hartgesottenen, den Zynikern. Von Zeit zu Zeit ergreift das Entsetzen uns heftig bis zum Verstummen und sprachlos-tätigen Mitfühlen. Wie gut ist diese Schöpfung wirklich, von der es biblisch heißt, dass Gott sie sehr gut gemacht habe?

Nochmals gesteigert: Wie gut ist Gott? Gerade in düsteren Stunden wird deutlich, dass an den konventionellen Gottesvorstellungen vieles nicht stimmt. Wo ist Gott? Wie mächtig, wie ohnmächtig ist Gott? Nach barbarischen Ereignissen wird der Schrei der Menschen nach einem letzten Sinn inmitten der Sinnlosigkeit unüberhörbar. Für Augenblicke blitzt dann durch die äußere Betroffenheit hindurch jenes transzendente Erschaudern auf, das aus dem Urgrund der menschlichen Seele kommt. Der Bonner Philosoph Heinz Robert Schlette sagte einmal: Diese Welterfahrung, „extrem radikalisiert durch den schier unglaublichen Terror ..., kann, wie man weiß, in eine finstere, trostlose Einsamkeit hineinführen, in der etwas, das das Ganze ... zusammenhält, nicht mehr erfahren wird". Und der Theologe Romano Guardini beschrieb die religiösen Folgen jener Momente der schier absoluten Sinnlosigkeit so: „Die Einsamkeit im Glauben wird furchtbar sein."[168] Dann reicht es auch nicht mehr, sich darauf hinaus retten zu wollen, dass das alles nur eine Prüfung sei, damit die Menschen zusammenstehen. Braucht Gott wirklich die Drangsal, um die Menschen zueinander und zu sich zu führen? Kann das der Sinn sein, dass Gott seine Kreatur quälend, geradezu folternd, in den elenden Tod schickend zur Nächstenliebe zwingt?

In die Erschütterung mischt sich auf schreckliche Weise die Erkenntnis, dass dies alles den Geschichtsverlauf nicht kümmert, dass das Leben weitergeht, als wäre nichts gewesen. Schon das Gestern verrinnt im Bewusstsein. Die große Erinnerung wird vom großen Vergessen getilgt, spätestens dann, wenn die Welt um uns herum und in uns erneut aus den Fugen gerät. Doch gerade dann bleibt die Geistesgeschichte in Bewegung – und das trotz allem mit neuen Hoffnungsgeschichten. Gibt es eine Heilsgeschichte inmitten der Unheilsgeschichte eventuell doch?

Das rebellische, widerständige biblisch-prophetische Erbe eines Kampfes um Heil und Erlösung, um Recht und Gerechtigkeit lässt uns ebenfalls nicht los. Immerwährend treibt uns ein inwendiger Stachel zu humanschöpferischer Erneuerung des eigenen Herzens wie des Antlitzes der Erde an. Die alttestamentliche Schöpfungsgeschichte hat eine ins Universale drängende Dynamik insbesondere in den jüdisch-christlich geprägten Kulturkreisen entfacht. Sie hat nachhaltig die stete Neugier über das Bestehende hinaus inspiriert: Macht euch die Erde untertan! Und nicht nur: Richtet euch ein in dem, was war, was ist und was so bleiben wird, wie es immer war. Denn nichts bleibt, wie es ist, zu keiner Zeit. Der göttliche Herrschaftsauftrag an den Menschen wurde zwar auch für Umweltzerstörung verantwortlich gemacht. Andererseits aber hat er auch eine unaufhörliche „Eroberungsgeschichte" immer neuer kreativer Ideen, in Kunst, Wissenschaft und Technik, eine fruchtbare Geistesgeschichte fürs soziale wie politische Zusammenleben religiös in Gang gesetzt.

Der jüdisch-christliche Weg nicht nur der Bewahrung, sondern ebenso der fortwährenden Entwicklung der Schöpfung hat nicht zuletzt die säkulare Sicht des Menschen, seiner unverzweckbaren Würde und Rechte geprägt: als Person, als Subjekt, als schöpferische Begabung, als in den geschöpflichen Bedingungen und Begrenztheiten dennoch freies und verantwortliches Wesen. Als Ebenbild und Partner Gottes ist der Mensch berufen zur aktiven Teilhabe und Gestaltung der Welt. Daraus entwickelte sich eine starke geistige Leistungsfähigkeit im Kampf ebenso gegen das Leiden, gegen die Naturgewalten, zur Beherrschung von Gefahren – wobei jeder Fortschritt auf der Kehrseite Gefahrenpotenziale erzeugt. Dennoch ist es kein Zufall, dass die heute effektivsten caritativen wie technischen Mittel zur Katastrophenhilfe wie Katastrophenvermeidung weitgehend vom einst christlichen Zivilisationskreis entwickelt wurden und bereitgestellt werden. Und von da aus auch andere Kulturkreise beeinflusst haben. Das neuzeitliche Verständnis von persönlicher Freiheit und sozialer Verantwortung ist der biblischen Sicht des Menschen als Mit-Kreator Gottes in einem evolutiven Prozess mitzuverdanken.

In einer kosmischen Sicht von Harmonie und Schicksalsmächten, im Horizont eines Vielgötterglaubens oder gar Nicht-Glaubens hatte und hat man mit der Einordnung der ungerechten Verteilung von Glück und Elend, Reichtum und Armut, Gesundheit und Krankheit und so weiter stets weniger Probleme als im Monotheismus, im Glauben an einen allmächtigen, fürsorgenden, barmherzigen Gott, der in seiner Einzigkeit der Einzigkeit eines jeden Menschen als Kind Gottes zugewendet ist. Christsein macht in dieser Perspektive weniger glücklich als unglücklich. Unsere Kultur- und Religionstradition ist am schärfsten dem logisch nicht auflösbaren Konflikt ausgesetzt, wieso Gott das Leid als Wirklichkeit der Evolution eingestiftet hat. Warum hat Gott überhaupt eine unvollkommene Schöpfung in Gang gesetzt, mit den einbeschlossenen Begrenztheiten der Freiheit von Anfang an? Warum wollte Gott – wie Genforschung, Hirnforschung und Psychologie immer bestimmter aufweisen – nicht nur den freien, sondern ebenso den in seinem Willen vielfach unfreien Menschen in einer freien-unfreien Evolution, spontan schöpferisch und gesetzmäßig determiniert zugleich? An den größten Übeln der Welt ist ja nicht immer ein falscher Gebrauch der menschlichen Freiheit schuld, wie Theologen oftmals behaupten, um so trickreich die Güte Gottes zu retten auf Kosten des Menschen. Der Tod kam – das belegt die Evolutionsgeschichte definitiv – nicht durch die Sünde des Menschen in die Welt, sondern lange vor dem Menschen durch die Prozessenergie alles Kosmischen. Der Mensch mag zwar Überträger von Viren und Bakterien sein, manchmal durch sündiges Verhalten. Aber die todbringenden, höchst wandlungsfähigen, stets neue Resistenzen entwickelnden Keime hat es längst vor dem Homo sapiens gegeben – und die Endlichkeit bereits, bevor überhaupt lebendige Eiweißmoleküle sich regten. Auch den permanenten Kampf ums Dasein mit Fressen und Gefressenwerden hat

Gott „gewollt", sofern er diese Evolution wollte. Und so blieb es, bis hin zum Krieg um Nahrung, wo Nahrung ausblieb – oft genug provoziert durch Naturkatastrophen, für die der Mensch, der doch nur überleben will, nichts kann. Nein, der Mensch kann zur Ehrenrettung Gottes nicht für alles haftbar gemacht werden, schon gar nicht für das, wofür er objektiv nichts kann.

Hier kommt die offenbarungsgeschichtlich begründete Theologie an Grenzen. Hier hilft es nicht, sich in eine Art spirituelle Zwei-Reiche-Lehre zu flüchten und stets dann, wenn das Glaubenswissen angesichts des Vernunftwissens versagt, schlichtweg wider besseres Wissen zu behaupten, dass sich theologische Behauptungen und naturwissenschaftliche Erkenntnisse nicht widersprechen. Real widersprechen sie sich in ungeheurem Maße. Die evolutiven Fakten sind vielfach nicht mit den traditionellen Gottesbildern und Heilsvorstellungen in Einklang zu bringen. Glauben wir dann trotzdem und nur noch, weil oder obwohl es absurd ist? Solcher Glaube kann kein tiefer Glaube sein. Dann leben wir religiös unter unseren Möglichkeiten und neben unserer Einsicht her, was nur so lange gut geht, bis ein größter anzunehmender Unfall – GAU – auslöscht, was religiös „fest" war. Nein, auch religiös müssen wir uns um Horizonterweiterung mühen, Paradigmen ergänzen, korrigieren, verwerfen, neue entwerfen.

Katastrophen jedweder Art – bis zur definitiven Katastrophe des eigenen Todes – verändern die Sicht auf Gott und Welt. Sie erschüttern den Glauben stets von Neuem. Nur dort können wir redlich gläubig leben, wo wir um Gott und um Einsicht kämpfen. Viel ist die Rede davon, Glaube und Vernunft neu zu verbinden. Aber die stärksten und nachhaltigsten Erdbeben im religiösen Bewusstsein der Gegenwart haben wir mitsamt der traditionsreichen Theologie bisher noch völlig unzureichend wahrgenommen, geschweige denn auf die Folgen hin zukunftsfähig bedacht. Die Menschenkatastrophen sind eben auch Gotteskatastrophen.

Angesichts dessen gehört das rebellisch Aufbegehrende zum besten jüdisch-christlichen prophetischen Erbe für unser In-der-Welt-Sein: Wir wollen uns nicht abfinden mit den Zuständen, wie sie sind. Wir wollen uns aber auch nicht abfinden mit allzu bewährten Gottesvorstellungen, die uns volkstümliche, manchmal wundersüchtige Anschauungen zwar zur Verfügung stellen, die aber nicht mehr tragen. Am Ende mancher Verzweiflung kann uns dennoch die Hoffnung aufscheinen als Licht, in dem der Gott einer fehlbaren Schöpfung uns entgegengeht als Gott einer vielleicht dennoch unfehlbaren Erlösung. Wie kommt der Mensch als gerechter Mensch durch die Evolution? Wie kommt Gott als guter Gott aus der Evolution? Das sind Fragen, die uns ein Leben lang umtreiben. Alles, was wir ersehnen, ist Liebe, Barmherzigkeit, Frieden, Gerechtigkeit, Befreiung zur Freiheit, für die uns laut dem Galaterbrief Christus freigemacht hat (5,1). Wir wünschen das alles für uns: von Gott. Und wir wünschen das auch von uns: für Gott. So arbeiten wir als Christen dauerhaft daran, dass die Fallstricke der Vernunft wie des Glaubens zu Leitfäden eines sich weiter entwickelnden Bewusstseins werden: inmitten der menschlichen Freiheit voller Grenzen.

Leben in Grenzen

Gefangen in Systemen, im Zusammenspiel unglücklicher Umstände, Zufälle, Irrtümer, Fehleinschätzungen, reflexartiger Reiz-Reaktionsmuster sowie erblicher Vorbelastungen ist das Leben permanent tragischen Entwicklungen, individueller Sündhaftigkeit und struktureller Schuld ausgesetzt. Wie frei und selbstbestimmt kann menschliches Leben überhaupt sein?

Das menschliche Subjekt, das neuzeitlich auf seine Autonomie so stolz ist, wird immer wieder als fremdbestimmtes Objekt identifiziert, selbst unter freiesten Voraussetzungen im Land der Freien. Auch unter besten demokratischen Bedingungen hat die Selbstbestimmung Grenzen. Es beginnt politisch bereits bei den reinen Prozentverhältnissen, wenn einzig aufgrund der Zahlenwerte über Koalitionen und politische Inhalte bestimmt wird, selbst wenn viele Wähler der später an der Regierungsbildung beteiligten Parteien es ursprünglich anders gewollt hatten. Demokratische Selbstbestimmung geht gar nicht ohne Fremdbestimmung. Wer seinen Volksrepräsentanten wählt, tritt damit zugleich an ihn seine politische Selbstbestimmung ab. Der Gewählte soll nach eigenem besten Wissen und Gewissen parlamentarisch entscheiden. Es gibt kein imperatives Mandat. Der Abgeordnete ist nicht an Aufträge oder inhaltliche Weisungen der Bürger, die ihn gewählt haben, gebunden. Das haben viele westliche Staaten in ihren Verfassungen so verankert. Die Selbstbestimmung des einzelnen Bürgers endet realpolitisch in der Wahlkabine – bis zum nächsten Urnengang, um dann wieder im Vertrauen auf gute Lösungen das Kreuzchen auf den Stimmzettel zu setzen oder einfach nur für ein geringeres Übel. So aber

funktioniert Demokratie: wesentlich durch Selbstbestimmung zur Selbst-
beschränkung.

Ich bin nicht das Maß aller Dinge. Ich bin nicht der Staat, und der Staat
ist nicht Ich. Das Gemeinwesen hat sich nicht nach meinen Gewohnheiten
und Vorlieben zu richten. Im Zeitalter einer verqueren Selbstverwirkli-
chungs- und Selbstbestimmungseuphorie wäre derartige politische Bescheidenheit neu zu lernen, Abkehr von privaten Allmachtsfantasien, denen die (a)sozialen Netzwerke hinreichend gesteigerte Gelegenheit bieten,
sich kundzutun, im schlimmsten Fall als Hetz- und Hasstiraden, die das öffentliche Klima vergiften. Gegen Rechthaberei, gepaart mit der Illusion von
Grenzenlosigkeit, hilft allein die Anwendung einer klaren rechtsstaatlichen
Durchsetzungsmacht, die Grenzen setzt. Das gilt für drinnen wie für draußen. Grenzen staatlicher Hoheit haben ihren guten Sinn und müssen ohne
Wenn und Aber durch ein entsprechendes Grenzregime geschützt werden.
Solche Grenzen sind in erster Linie nicht als Bollwerke gegen andere errichtet, sondern dazu, im Inneren die geordnete politische, ökonomische und
kulturelle Entwicklung eines Gemeinwesens zu gewährleisten. Wie das in
einem grenzüberschreitenden globalisierten Zeitalter – bisher ohne echte
Weltordnung – zu leisten wäre, ist eine der größten Herausforderungen an
eine nicht nur nationale Politik. Denn erst Grenzen und Unterscheidung,
was sich auch in verschiedenen Sprachen zeigt, ermöglichen Selbstbe-
stimmungsrechte in einem überschaubaren Selbstbestimmungsraum. Sie
markieren aber ebenso eine Selbstbestimmungspflicht, in der Völker und
Nationen in Eigenverantwortung für ihr je eigenes Wohl zu sorgen haben,
kulturell, ökonomisch, politisch.

Solidarität setzt die Eigenanstrengung voraus, zum Beispiel für Bildung, für gesundes Wirtschaften, gegen korrupte Eliten und tyrannische
Regime. Die nationale Selbstverantwortung in afrikanischen, asiatischen
oder lateinamerikanischen Staaten nimmt keine Entwicklungshilfe, keine
noch so großzügige Regelung für Einwanderung und Asyl der dortigen
einheimischen Bevölkerung ab. Grenzen markieren Entfaltungsspielräu-
me, durch Verfassung und Recht. Grenzen sind ein natürlicher Ansporn für
Wettbewerb, für Initiativgeist, für Entwicklung. Freiheit gibt es nicht ohne
Begrenzung, (wirtschaftliche) Fairness und Gerechtigkeit nicht ohne eine
Rahmenordnung. Das scheint schon der Verfasser der Apostelgeschichte
als bedeutsam empfunden zu haben, der an einer Stelle Paulus in seiner

Athener Rede die entsprechende Weisheit Gottes rühmen lässt: „Er hat aus einem einzigen Menschen das ganze Menschengeschlecht erschaffen, damit es die ganze Erde bewohne. Er hat für sie bestimmte Zeiten und die Grenzen ihrer Wohnsitze festgesetzt" (17,26).

Mancher grenzenlose Freiheitsbekehrungsdrang wiederum, manche „westliche" Hybris, andere demokratisieren zu wollen, ohne die mentalen und kulturellen Voraussetzungen vor Ort zu beachten, produziert geradezu Verderben. Solche Anmaßung hat das Chaos in Afghanistan vermehrt, den Irak, Syrien und Libyen als Kampffelder den miteinander rivalisierenden Milizen und dschihadistischen Weltrevolutionären preisgegeben. Angebliche Selbstbestimmung offenbarte sich als Fremdbestimmung. Manchmal hätte sich die internationale Politik, vor allem die Interessenpolitik der Großmächte, zugunsten des geringeren Übels diplomatisch besser selbst begrenzt, statt Freiheitsillusionen zu nähren und dafür krasse Fehlentscheidungen zu treffen, die in noch größere Übel mündeten. Selbstbegrenzung ist manchmal nicht die schlechteste Selbstbestimmung.

Das hatte auch die katholische Kirche – zumindest theoretisch – im Verlauf des Zweiten Vatikanischen Konzils schon mal eingesehen, wenn auch bis heute noch nicht beherzigt. Damals schob das Dokument über die Kirche in der Welt von heute *Gaudium et spes* der integralistischen Versuchung, sich in alle Lebensbereiche einmischen zu können, alles besser wissen und besser bestimmen zu wollen, einen Riegel vor. Es erkannte die „Autonomie der irdischen Wirklichkeiten" an. Gemeint ist, „dass die geschaffenen Dinge und auch die Gesellschaften ihre eigenen Gesetze und Werte haben, die der Mensch schrittweise erkennen, gebrauchen und gestalten muss". Aber auch diese Autonomie ist keine unabhängige, vielmehr laut Konzil hingeordnet auf die Wahrheit Gottes. „Wird aber mit den Worten ‚Autonomie der zeitlichen Dinge' gemeint, dass die geschaffenen Dinge nicht von Gott abhängen und der Mensch sie ohne Bezug auf den Schöpfer gebrauchen könne, so spürt jeder, der Gott anerkennt, wie falsch eine solche Auffassung ist."[169]

Allerdings sind auch ohne Glauben an Gott die Gesetzmäßigkeiten der Natur vorgegeben. Trotz aller Determiniertheit und Kausalität lassen diese Prozesse jedoch eine atemberaubende Fülle an Spontaneität und Zufälligkeit zu, biologische Mutationen ebenso wie „unlogische" Erscheinungen im Mikro- und Makrokosmos. Liegt im Zufall die Geburt der Freiheit? Oder ist

Freiheit nur eine Fiktion, eine Verknüpfung hochkomplexer Ursache-Wirkung-Ketten, die mangels Durchschaubarkeit oder Messbarkeit vom Menschen als Freiheit bezeichnet und klassifiziert werden, ohne es im eigentlichen Sinne zu sein? Entscheide ich frei – oder entscheidet mein Gehirn für mich noch vor allem Bewusstsein? Was ist Intuition? Was ist ein Gedanke? Wie kommt er zustande? Ist Freiheit bloß eine Metapher, ein Ersatzbegriff für eine – noch – nicht erklärbare Determiniertheit höherer Dimension? Ganz besonders im Geist-Materie-Komplex?

Außerdem: Wie frei, wie selbstbestimmt ist der Einzelne tatsächlich, abhängig von seinem Erbgut, von der ihm per DNA von den Ahnen potentiell mitgegebenen Intelligenz, von Talenten, die in ihm schlummern – oder eben nicht? Das Selbstbestimmungspathos endet besonders rasch, sobald der Mensch, ohnedies definitiv zum Tode hin programmiert, erkrankt. Die Rede vom Freitod, in der die Protagonisten eines angeblich selbstbestimmten Todes auf Verlangen nicht ohne heroische, selbstherrliche Untertöne ein letztes rhetorisches Aufbäumen versuchen, erweist sich als pure semantische Täuschung. Denn kein Mensch ist frei vom Tod, der letzten Beschneidung von Freiheit und Selbstbestimmung, der schärfsten und schrecklichsten Kränkung der Lebenssucht und Autonomiesehnsucht des Menschen.

Gesundheits-, Schönheits- und Wellnesswahn nähren die Illusion, der sterblichen Kreatürlichkeit entfliehen, den Alterungsprozess aufhalten, zumindest weit hinausschieben zu können. Der Mensch soll auf seinen Körper, seine Seele achten, sich um ein gesundes Leben mühen. Aber er ist nicht schuld an seinem letzten und entscheidenden Unglück, sterben zu müssen. Das einzige Lebewesen, das auf die Idee kam, andere zu heilen und dafür die Heilkunst zu erfinden, ist trotz allen medizinischen und pharmakologischen Fortschritts nicht Herr über Viren und Bakterien. Der Tod war, anders als es die Mythen nahelegen, längst in der Welt, noch bevor der erste seiner selbst bewusste weise Mensch sündigen oder zumindest ahnen konnte, dass er etwas Böses tut. Der Tod war allen frommen Erklärungsversuchen zum Trotz nie eine Strafe Gottes, womit viele Religionssysteme die Menschen quälten und drangsalierten. Jesus selber trat einer derart verqueren Auffassung bei der Heilung des Blindgeborenen entgegen mit der anstößigen Aussage, dass weder der Mann noch seine Eltern gesündigt hätten, sondern dass einzig die Werke Gottes an ihm offenbar werden sollen (vgl. Joh 9,3).

Allerdings hat jeder Mensch, dem das Leben geschenkt wurde, als Dank für dieses Geschenk eine persönliche Verantwortung, sein Leben zu schützen, was die Sorge für die Gesundheit einschließt. In einer wellnessgläubigen Gesellschaft, in der die Gesundheitssysteme – aufgrund der hochtechnisierten Möglichkeiten zu heilen beziehungsweise den Verlauf von Krankheiten zumindest zu verzögern – sehr teuer und extrem belastet sind, breitet sich jedoch die liberalistische Ansicht aus: Wer krank ist, ist selber schuld. Eine derartige Zuschreibung lenkt jedoch – womöglich nur zur Selbstberuhigung und Fremdbeschuldigung – ab von der grundsätzlichen Krankheits- und Todesverfallenheit des gesamten Daseins. Das Bemühen um Gesundheit und Vorbeugung erfährt „per se eine naturale Selbstbegrenzung" in der „immer schon bestehenden Begrenztheit des eigenen Selbst, der Vergänglichkeit des Menschen und einem nicht zu leugnenden Alterungsprozess", so der Moraltheologe Ingo Proft. Es seien gerade „Grenzerfahrungen, in denen sich im Umgang, Bewältigen oder Scheitern wirkliche menschliche Größe und Tragfähigkeit offenbaren"[170]. Daher beurteilt der Ethiker die Gesundheits-Definition der Weltgesundheitsorganisation der Vereinten Nationen als „Zustand vollständigen körperlichen, geistigen und sozialen Wohlbefindens und nicht nur als die Abwesenheit von Krankheit und Schwäche" kritisch. In Medizinerkreisen kursiert ohnehin der Witz: „Gesund" sei – nur noch nicht intensiv genug untersucht.

Was körperlich gilt, gilt ebenso seelisch. Spätestens Sigmund Freud schockierte ein wohlgelehrtes Bürgertum, das stolz meinte, aufgeklärt, frei, überlegen Herr seiner Sinne zu sein, mit der Erkenntnis, dass der Mensch von seinen Gefühlen, Trieben, Ängsten, vom Unbewussten bestimmt und gelenkt wird. Erst im Zusammenspiel dieser Kräfte des Es mit einem normierenden, gebietenden und verbietenden moralischen Über-Ich, dem Gewissen, kann das Individuum zum Ich werden. Doch selbst dann bleibt es weiter dem Unterschwelligen ausgesetzt. Paulus wusste das schon früher: Ich will das Gute – tue aber das Böse.

Auch religiöse Gemeinschaften und Kulturen sind bestimmt durch Vorgegebenes. Keine Religion ist frei von Lehre und Lehrern, von „Meistern" der Spiritualität, von Charismatikern der Gottsuche, die Schülerkreise um sich sammeln und – spätestens über die Nachfolger – lehramtlich Verbindliches festlegen, also Tradition stiften. Auch die Kirchen können sich dieser Dialektik von Selbstbestimmung und Fremdbestimmung nicht entziehen. Es fällt ihnen unterschiedlich leicht oder schwer, die je eigene Glaubensüberlieferung geschichtlich einzubetten und weiterzuentwickeln.

Lange Traditionen binden immer stärker als kurze. So hat es Papst Franziskus nicht leicht, etwa in der Zölibatsfrage um des Heils der Seelen willen Ausnahmen anzusteuern, wenn große Teile des bischöflichen Kollegiums und auch noch der Ex-Papst per Intervention gegen Reformabsichten öffentlich Stellung beziehen. Das kirchlich-dogmatische Autoritätsproblem ist nie nur ein Kontinuitätsproblem, sondern ebenso eines des menschlichen Respekts mit entsprechender Befangenheit. Darf diese aber alles überwiegen, zumal wenn die traditionellen Ansichten keine argumentative Überzeugungskraft mehr haben? Denn man wird ja nicht unterstellen wollen, dass die seit jeher verheirateten Priester der mit Rom verbundenen katholischen Ostkirchen und die verheirateten Popen der orthodoxen Kirchen weniger engagierte, ja schlechte Geistliche seien, nur weil sie Familie haben. Das wäre nicht nur eine üble Beleidigung dieser engagierten Seelsorger, sondern genauso der vielen Väter und Mütter, die keineswegs geringer als unverheiratete Personen in weltlichen Berufen ihren Mann, ihre Frau stehen. Kurioserweise haben Arbeitsstudien sogar nachgewiesen, dass Verheiratete, insbesondere mit Kindern, sich beruflich im Durchschnitt noch stärker engagieren als andere. So bleibt momentan unklar, ob sich Kirche im Geflecht aus Selbstbestimmung und Fremdbestimmung weiterentwickelt – oder an Mutlosigkeit zerfällt.

Ist Gott selber ein Gott der Selbstbestimmung, obwohl er doch so viel Fremdbestimmung in die evolutive Schöpfung eingestiftet hat? Er hat sich gemäß den Vorstellungen der biblischen Autoren über den Bund mit seinem Volk sogar von diesem, also von Fremdbestimmung, abhängig gemacht. Sonst müsste er nicht laufend, wie die Texte belegen, um dessen Liebe buhlen, um die Aufrechterhaltung der Zuwendung und Treue werben. Gott will nicht die Vernichtung des Sünders, sondern dessen Reue und Umkehr. Göttliche Selbstbestimmung sieht anders aus.

Wie allmächtig, wie allwissend, wie frei ist Gott? Die menschlichen Vorstellungen von Allmacht, Allwissen, Freiheit, übertragen auf den unbekannten Gott, sind ungenügend, ja falsch, weil pur anthropozentrisch. Menschliche Entsprechungen taugen immer weniger, um das Mysterium des Göttlichen schwingen zu lassen.

Leben in Grenzen – das ist wahre Freiheit, Selbstbestimmung im Bewusstsein der Fremdbestimmung. Das Subjekt bleibt Objekt. Für alles gibt es eine Zeit, etwa für das Freiheitspathos. Dann aber gibt es auch eine Zeit, den Mythos Freiheit zu entmythologisieren, diese ins Realitätsprinzip zu erden. Gott ist kein Gott der absoluten Freiheit, der absoluten Selbstbestimmung, jedenfalls nicht gemäß menschlichen Vorstellungen von totaler Freiheit und Selbstbestimmung. Wer sich vom Glauben an diesen unbekannten, mysteriösen Gott fremdbestimmen lässt, kann vielleicht gerade deshalb selbstbestimmt leben. Nicht völlig frei, aber freier, auch im Blick auf Gott und die Erwartungen an die Kirche.

Gott – wie tragisch

Das Christentum ist keine Wohlfahrtsreligion und auch keine Morallehre für Bessermenschen. Es geht um Glauben, Zweifeln und um das große Drama zwischen Himmel und Erde mit allen naturalen Begrenztheiten, voller Tragik. In neuerer Zeit haben immer wieder die Tragödien der Flüchtlings- und Migrationsbewegungen die Menschen berührt und vielfach den Gottesglauben erschüttert. „Wer auch nur ein einziges Leben rettet, rettet die ganze Welt." Dieser Spruch, der volkstümlich dem Talmud zugeschrieben wird, jener jüdischen Lehrschrift, die von der Auslegung der biblischen Gebote handelt, wurde angesichts der grausamen Flüchtlingsdramen, des vieltausendfachen Ertrinkens im Mittelmeer, verschiedentlich zitiert. Eigentlich heißt es in der Version des *Jerusalemer Talmud*: „Wer eine einzige Seele zerstört, zerstört die ganze Welt. Und wer eine einzige Seele rettet, rettet die ganze Welt."

Der Kölner Kardinal Rainer Maria Woelki hatte anhand dieser Aussage per Negativton einen Bezug zu Gott hergestellt: „Wer Menschen im Mittelmeer ertrinken lässt, lässt Gott ertrinken."[171] Wer aber ist dieser „Wer"? Ist es das blinde Schicksal, der geldgierige Schlepper einer globalen Mafia, der skrupellose Bootsbauer oder Besitzer der „Seelenverkäufer"? Sind es korrupte Regierungen, die verzweifelte Menschen zur Auswanderung treiben, gewissenlose Rüstungslieferanten, machthungrige Kriegstreiber, radikalislamische Prediger, perverse Dschihadisten? Oder sind es gar illusionsverhaftete Oppositionelle, die stabile autokratische Systeme im Namen angeblicher Demokratie destabilisieren? Sind es andererseits die Einwohner der Zielländer, zum Beispiel die Deutschen, die innerhalb eines Jahres anderthalb Millionen Flüchtlinge – überwiegend junge muslimische Männer und im Nachzug nicht wenige Familien – aufgenommen hatten, beherbergten und trotz aller kulturellen wie sozialen Fremdheiten und eigener Probleme zu beheimaten versuchten? Lässt jeder Einzelne Gott ertrinken? Oder ertränkt Gott sich selber im Sturm der Wellen, die er wie die gesamte Welt mit all ihren Turbulenzen so rätselhaft unvollkommen erschaffen hat, mitsamt dem Tod als der vernichtenden „Krone" seines Schöpfungswerks, in dem alles irgendwann, irgendwo, irgendwie dem Untergang geweiht ist? Die biologisch und kosmisch grundgelegte Drangsal, die so vieles und so viele zum schrecklichen Kampf ums Dasein, ums Überleben zwingt – wer ist für dieses Drama verantwortlich? Der Mensch? Oder doch Gott? Wie tragisch!

Das Universum kannte kein Paradies. Seine Entwicklung war nie eine harmonische Heilsgeschichte, sondern – wenn schon fromm gedacht – stets ein Drama voller Unheil und Katastrophen, im Lauf der 13,8 Milliarden Jahre seit dem Urknall am allerwenigsten von Menschen gemacht, von Menschen zu verantworten. Im kosmisch gedachten Christusgeschehen spiegelt sich die gewaltige Unheils-Heilsdramatik wider: existenziell erschütternd. Christsein war zu keiner Zeit ein Wellnesstrip zur Erlangung moralischer Fingerfertigkeit oder ethischer Glückseligkeit, sondern stets ein unaufhörlicher Prozess des Überwältigtwerdens von bohrenden Fragen. Warum stellen Kirchenführer diese letzten Fragen, die heute so naheliegen, nicht? Warum weichen sie aus auf die trivialen „Antworten" inflationärer (Sozial-)Moralappelle, in Simulationen, das Gute zu tun, statt die religiösen Erdbeben Sinn und Verstand in aller Härte treffen zu lassen? Die hehren ethischen Bekenntnisse wirken wie Ablenkungsmanöver, um den schonungslos heftigen Zweifel nur ja nicht hochkommen zu lassen: Wo war Gott, als er nicht da war? Wo war Gott, als ihn die menschlichen Gebete – islamisch, christlich, jüdisch, hinduistisch, naturreligiös oder sonstwie – nicht erreichten? Wo war Gott, als hetzende Geistliche und fromme Gotteskrieger, die sich im gerechten und wahren Glauben wähnen, meinten, unter Berufung auf von Gott angeblich geoffenbarte Schriften den „Ungläubigen" den „Unglauben" mit Terror austreiben zu müssen? Ist das alles nur ein Versagen der Freiheit des Menschen?

Die wohlfeile kirchliche Sozialrede, die das große Pathos mit subtilen Pauschalverdächtigungen und Pauschalunterstellungen zum Beispiel gegenüber den Bürgern der Länder, in denen die Flüchtlinge Zuflucht suchen, nicht scheut, produziert durch ihre Verschleierung der religiösen Problematik geradezu den Glaubensverlust, dem sie zu entrinnen sucht. Statt Glauben: Gebote. Statt Gottesfrage: Weisungen. Statt Theologie: Soziologie. Wehe dann dem, der meint: „Ich bin nicht schuld am Unheil in Syrien, im Irak, in Somalia, in Nigeria …" Und der zustimmt: „Nichts ist gut in Afghanistan." Denn: „Ich bin dafür nicht verantwortlich und erst recht nicht für alles Elend der Welt." Wer ein Leben rettet, rettet die ganze Welt. Wenn man aber viele andere Leben nicht retten kann, weil die Verhältnisse und die Möglichkeiten trotz besten Willens nicht so sind? Des Menschen Geist und Kraft ist begrenzt. Ebenso begrenzt sind die emotionalen Quellen, die man in einer strukturell begrenzten Schöpfung auch der menschlichen Seele nicht unendlich ausbeuten kann. Selbst bestgemeintes Moralisieren überfordert.

Die menschliche Tragik legt sich gerade für gläubige Menschen genauso über Gott. Caritas ist gut, eine Konsequenz und Pflicht der Christusnachfolge. Die natürliche Humanität und Spontaneität des helfenden Herzens, der Barm-Herz-igkeit, wird aber das Widerborstige einer grundlegend imperfekten Schöpfung nicht entsorgen. Das Sozial-Diakonische kann das Tragische nicht auslöschen: den Zweifel an dem, wie wir das göttliche Schöpfungswerk landläufig dogmatisch korrekt idealisierend und harmonisierend zu sehen gelernt haben, dem die evolutionären Tatsachen aber nicht entsprechen. Die Natur ist nicht von Natur aus öko-schön, sondern grausam. Allzu oft fehlt dem zu öffentlichen Stellungnahmen aller Art neigenden kirchlichen Lehramt das religiöse Problembewusstsein für das, was jenseits menschlicher Machbarkeit und göttlicher Mächtigkeit liegt. Es fehlt das Verständnis für die der Welt eingestiftete Tragik, für die unaufhörlichen Irrationalitäten bei allen Rationalitäten, für die Willensschwäche bei aller Willensstärke, für das Unbewusste bei allem Bewussten. Es fehlt trotz „katholischen" Naturrechtsdenkens die Sensibilität für den biologisch-natural angelegten Selbsterhaltungswillen, der das Leben und das Überleben steuert. Es fehlt an Verständnis für die ganz normalen Gefühle von Fremdheit und Befremden. Diese aber sind wichtig und positiv für eine gesunde Persönlichkeitsentwicklung wie für die leistungsfähige Entwicklung eines Gemeinwesens, für seinen Schutz vor ökonomischer oder kultureller Überforderung. Es fehlt der Sinn für die dazu notwendigen Abgrenzungen und für die kulturellen Identitäten, deren Grenzen, etwa der Sprache(n), keineswegs etwas Beiläufiges sind. Wer dies leugnet, wird der inneren Verfasstheit des Menschen nicht gerecht. Ohne Grenzen kann der Mensch nicht gesund existieren, er wird krank. Er ist kein je nach Situation anzupassender Roboter, keine lenkbare Maschine, sondern ein lebendiger Organismus aus Geist, Seele, Körper – hineingesetzt in die Welt in einer konkreten Zeit an einem konkreten Ort: Heimat. Der Mensch ist Mensch, kein Übermensch. „Die Gnade setzt die Natur voraus", lautet ein theologischer Lehrsatz. Gnade also mit dem Menschen, gerade mit dem schwachen Menschen!

Und Gnade auch Gott! *Geduld mit Gott*, wie der Prager Theologe und Religionssoziologe Tomáš Halík in einem gleichnamigen Buch wünscht. Denn selbst Gott ist nicht „frei". Auch Gott ist kein Übermensch, sondern Gott – verwickelt in die Tragik seiner offenbar so gewollten Geschichte mit dem Universum und dem Leben darin. Daher sollten Bescheidenheit und Nachdenklichkeit einkehren in die christliche Verkündigung, die im Kern doch das Heilsdrama Christi bezeugt. Und dazu die Hoffnung auf Auferstehung, auf eine Vollendung, die Menschen trotz bester Anstrengung, anständig sein zu wollen, nicht aus eigener Kraft möglich ist: der Tod des Todes.

Die Gottesfinsternis, die Erfahrung des Nichts, des Nicht-Gottes, des Todes Gottes hat die Geistesgeschichte der Menschheit immer wieder erschüttert. Sie erschüttert viele Menschen guten Willens und begrenzter Möglichkeiten weiterhin in den Tragödien aller Art. Die Grausamkeiten religiös angezettelter Gotteskriege, des Dschihadismus, der unzähligen Leidens- und Unheilsgeschichten im Lauf der Menschheitsgeschichte sowie das Erschrecken über die Tragik Gottes selber lassen sich nicht mildern durch noch so viel Appellieren und Moralisieren, das blind ist für die Kontingenz, die Zufälligkeiten der Schöpfung und ihrer Kreaturen.

Der alttestamentliche Ijob hält den Schrecken wach. Auch die Kehrseite von Liebe und Lebenslust ist Gottesoffenbarung. Wie soll man Gott sonst ernstnehmen können? Der bloß liebe, aseptische Gott eines romantisch verzärtelten Gottesbildes ist harmlos, banal. Es gab Zeiten, da ahnten die Menschen: Not lehrt beten. In der Verlierergeschichte bricht Gott ins Dasein ein. Die christliche Hoffnung inmitten aller Tragödien bleibt als religiöse Hoffnung politisch – in einem weiten Sinn: dass sie die Leidensgeschichten der Menschen wachhält, dass sie immer neu gefährlich an die Tragik des Scheiterns erinnert, dass sie den Schrei nach einer Gerechtigkeit, welche diese Welt sich nicht geben kann, immer neu zu Gehör bringt. Die Kehrseite des Religiösen, der Zweifel, die Nacht des Todes gehört zu einem zeitgemäßen Glauben.

Der Publizist und ehemalige Kulturstaatsminister Michael Naumann sagte einmal: Hauptaufgabe der Kirche sei es, die Gottesfrage in der säkularen Gesellschaft wachzuhalten, sie wieder zu wecken. Allein dadurch könne das Christentum für moderne Menschen attraktiv werden, dass es die Fähigkeit hat, „die Sehnsucht nach dem Numinosen, Rätselhaften, Unerklärbaren zu stillen". Die Kirche sei leider viel zu sehr „zu einer sozialen Dienstleisterin des in einer entfremdeten Gesellschaft lebenden Menschen geworden"[172]. Soziale Hilfe und Moralappelle sind gewiss nicht unwichtig. Doch soziale Dienstleistung sei nicht die zentrale Aufgabe des Christseins, vielmehr – so Naumann mit einem theologischen Ausdruck: „die Vorbereitung auf das Eschaton", also die Vorbereitung auf das Reich Gottes, auf das ewige Leben. Hier – in der Hoffnung auf ewiges Leben bei Gott, auf die Auferstehung von den Toten – liegt der Kern des Christlichen. Das minimiert nicht die Gottestragik und auch nicht der Menschen Tragik. Aber es ist keine aussichtslose Tragik im großen Drama zwischen Himmel und Erde. In der christlichen Tragik steckt Hoffnung: auf Befreiung, Erlösung, Rettung. Oft genug nicht für diese, wohl aber für eine andere Welt. Und für Gott. Wer auch nur eine einzige Seele rettet, rettet ein bisschen den Glauben an Gott.

Das Glück des Tragischen

Alles ist gut. Und was nicht gut ist, wird gut? Selbst nach heftigen gesellschaftlichen oder kulturellen Krisen wie Corona möchte der Mensch am liebsten dort weitermachen, wo er vorher aufhörte. Danach ist alles anders als zuvor, mag ein frommer Spruch sein. Gültig war er nie. Denn nach einer gewissen Zeit setzt stets das Vergessen ein. Christsein heißt aber auch: kritische Erinnerung an den Sinn des Lebens – nach hinten *und* nach vorn. Die hoffnungsvolle Zukunftsorientierung auf das Reich Gottes hin mitten in der jeweiligen Gegenwart ist sogar der entscheidende Wegmarker eines Lebensstils in der Nachfolge Christi.

Für die überwältigende Mehrheit der Bevölkerung quer durch die Generationen scheint der Lebenssinn darin zu bestehen, möglichst viel Spaß zu haben. Genießen, glücklich sein – darin sehen die Allermeisten ihr höchstes Ziel. Das bestätigen viele Umfragen. Das bestätigt das reale Verhalten Tag für Tag. Noch in den Siebzigerjahren wurden Religion und Gewissen genannt. „Das zu tun, was Gott von mir erwartet" – einer solchen Aussage würde heute kaum noch jemand zustimmen. Die Kulturrevolution weg vom Christentum trägt Früchte.

Der polnische Philosoph, einstige linientreue Marxist und dann verfemte „Revisionist" Leszek Kołakowski (1927–2009), der sich mehr und mehr der religiösen Frage zuwandte, beobachtete: Die heutige Zivilisation beruhe auf der nicht ausgesprochenen Übereinkunft, dass das Vergnügen das höchste, wenn nicht das einzige Gut ist. „Doch das kann das Christentum auf keinen Fall hinnehmen, wenn es sich nicht den Todesstoß versetzen will." Papst Innozenz III. habe vor seinem Tod (1216) einen Traktat *Über das Elend des menschlichen Schicksals* verfasst: Heute scheine sogar „die Kirche dieses Thema vergessen zu haben. Es scheint, als ob sie sich ihrer Zeit anverwandeln wolle, indem sie uns suggeriert, es würde auf der Welt immer lustiger. Ich bin aber keineswegs der Meinung, dass es immer lustiger wird."[173] Die Kirche von heute solle – gegen den Wellness- und Beglückungswahn allerorten – Innozenz III. folgen und „vom Elend des menschlichen Schicksals sprechen, selbst auf die Gefahr hin, sich lächerlich zu machen oder sich dem dummen Vorwurf auszusetzen, die Kirche kenne das Leben nicht". Das Christentum habe eine große Zukunft, wenn es das Wort Gottes auf eine Art verkündet, die es lebendig werden lässt, die das Gewissen erreicht, Menschen erschüttert. Die Gottesahnung hänge entschieden davon ab, jenes Wort – so Kołakowski – durch Vorbild und Glauben zu öffnen, „insbesondere unter jungen und gebildeten Menschen". Das Christentum werde „gerettet werden, aber Heilige, nicht Bürokraten werden es retten, gute Menschen, nicht aufgeblasene Hasser, verschiedene Gemeinschaften von Gläubigen, die sich am Rande der Kirche oder außerhalb (wenn auch nicht allzu weit weg) von ihr befinden".

Schicksal, Fügung, Zufall? Eine Glaubenshaltung, die angesichts des Tragischen mit Gottergebenheit die Widerstandskraft der endzeitlichen

290

Erlösung im Diesseits wachhält, hat es doppelt schwer in einer Kultur, die meint, alles sei machbar, fast alles. Und sei es, ein Kind aus genetisch drei – oder mehr – Eltern erzeugen zu müssen. Der Mensch versteht sich als Herr über die Welt. Und wo er es nicht ist, werde er es irgendwann sein. So die Vorstellung. Solche Erwartungen beherrschen Wissenschaft, Wirtschaft, Politik und Kultur.

Möglicherweise hat sich mit der Illusion gefestigter Demokratie- und Wohlstandsverhältnisse jedoch eine gewisse Naivität eingeschlichen, dass sich alles auch in Zukunft günstig fortsetzt und dass sich Problematisches in Wohlgefallen auflöst. Selbst des Klimawandels meint man mit technischen und finanziellen Mitteln Herr zu werden, als ob am deutschen Wesen die übrige Welt genesen wolle und werde. Zudem ändert sich auch das Klima unaufhörlich aufgrund von Gesetzmäßigkeiten und Chaosprinzipien, auf die der Mensch keinen Einfluss hat. Mit eigentümlicher Seinsvergessenheit geht eine nicht minder seltsame Tragikvergessenheit einher, eine Verdrängung der Dialektik der Naturereignisse, der Geschichte wie des persönlichen Lebens. Sofern man gesund und materiell gut versorgt ist, scheint der eigene Tod weit weg zu sein, falls er überhaupt als Schicksal, das *jedem* real bevorsteht, bewusstseinsmäßig noch wahrgenommen wird. Das kann sich schnell ändern, wenn das Tragische heftig zurückkehrt. Wie ist der Mensch innerlich darauf vorbereitet? Wie bereitet er sich darauf vor? Oder hat er kurz nach Corona das schon wieder verdrängt?

Der Einübung gegen den Realitätsverlust, der Bewusstseinserweiterung für die strukturelle Begrenztheit und Sündenverfallenheit des Daseins dienten einmal die Buß- und Fastenzeiten. Sie waren der Versuch, den Lebensstil im regelmäßigen Rhythmus durch die asketische Übung des Leibes einer kritischen Überprüfung zu unterziehen – und damit die Tragik des Daseins nach der Ablenkung durch den Rausch der Sinne wieder ernstzunehmen. „Es geht um einen bestimmten Umgang mit Leid und Schicksal, Leben und Tod, Sinn und Sinnlosigkeit, Überwinden und Scheitern", stellt der Philosoph und Theologe Michael Rasche zur tragischen Dimension des Christentums fest.[174] In der griechischen Tragödie sind selbst die „personalen Götter" nicht allmächtig gegen das Schicksal. „Sie sind in einen ihnen überlegenen Zusammenhang verstrickt, dem sie nicht entkommen können." Der Mensch ist mit ihnen den Grenzen der Ordnung unterworfen, die vom Schicksal gesetzt sind.

Doch gibt es immer auch den tragischen Helden. „Seine Tragik besteht darin, sich gegen diese Ordnung aufzulehnen, die Allgegenwart des Göttlichen in Frage zu stellen und das Schicksal herauszufordern. Das Schicksal ist nicht starr; Menschen wie Götter können sich in ihm bewegen; sobald sie jedoch bestimmte Grenzen überschreiten, schlägt es unerbittlich zu und wird dann zu einem Unheilszusammenhang, dem man nicht entrinnen kann". Durch die Auflehnung und seinen Untergang wird der „Held" geboren. Sein Heroismus besteht darin, trotz aller Vergeblichkeit den Kampf zu wagen, auch wenn er vernichtet wird. Erst sein Aufbegehren bringt das Erhabene hervor, im Opfer. Rasche: „Gerade in der Erfahrung menschlicher Ohnmacht und Schwäche angesichts des Schicksals und der eigenen Endlichkeit kommt es zu einer ersten und frühen Entfaltung dessen, was man wahrhaft ‚humanistische' Größe bezeichnen kann: Der Mensch wird sich seiner selbst bewusst, und in diesem neuen Bewusstsein gewinnt er eine neue Kenntnis darüber, was ‚Menschsein' bedeutet." Es geht nicht ohne Verstrickung, ohne Kampf. „Diesen Kampf führt der Held als schuldlos-schuldiger: schuldlos, weil er unwissentlich die Grenzen des Schicksals überschreiten wollte, schuldig, weil er sie überschritten hat."

Auch die christliche Überlieferungsgeschichte kennt seit jeher das Tragische, beim leidenden Gottesknecht, dann aber besonders beim „tragischen Helden" Jesus. Nur setzte das Christentum von Beginn an einen grundlegend anderen Akzent als die griechische Tragödie: „Die Biografie Jesu, wie sie in den Evangelien erzählt wird, wäre eine tragische, wenn sie am Kreuz enden und nicht von der Auferstehung künden würde, ähnlich wie die gesamte Geschichte eine tragische wäre, wenn sie nicht in einer als letztendlich Erlösung verstandenen Apokalypse enden würde." Die biblische Geschichte verfüge zwar über die tragische Dimension, aber sie sei keine Tragödie. In ihr geht es um die „Erscheinung Gottes in der Zeit". Rasche stellt fest, dass die Bibel selten vom Schicksal spricht. „Aber auch sie kennt den Kampf des Menschen gegen einen ihn umgebenden Zusammenhang, dem er ausgeliefert ist: Es ist die menschliche Sterblichkeit …; es ist das Wissen um das eigene Ausgeliefertsein an eine Welt, die Unheil bereithält und der man nicht entkommen kann; es ist das Wissen um die eigene Endlichkeit, die den Menschen Erlösung suchen lässt." Aber: Will der Mensch einer westlichen Selbsterlösungskultur diese geschenkte Erlösung überhaupt noch suchen, religiös, christlich?

Außergewöhnliche Zeiten – nicht selten des Erschreckens und Aufschreckens – geben zumindest den Kritischen, die noch um die unvergleichliche Bedeutung der christlich-abendländischen Kultur wissen, Anlass, über die Seinsverhältnisse wieder einmal nachzusinnen. Michael Rasche markiert den Unterschied: „Die griechische Tragödie kennt keine dem Christentum vergleichbare Erlösung, der tragische Mensch hat nicht die Hoffnung, die Mächte des Schicksals besiegen zu können, die ihn in den Untergang ziehen. Gerade weil der den Menschen erlösende Gott fehlt, entwickelt die Tragödie einen um so höheren Humanismus: Der tragische Mensch entwickelt seine Menschlichkeit gerade angesichts seiner Ohnmacht gegenüber dem Schicksal; sie tritt strahlend hervor, weil sie sich vom Dunkel des Schicksals absetzen will. Der tragische Mensch weiß um seine Sterblichkeit und kann gerade in ihr seine wahrhaft humanistische Größe entdecken. Die christliche Theologie ihrerseits hebt darauf ab, dass dieser Mensch von Gott erlöst ist. Gerade die Wahrnehmung der tragischen Dimension des Menschen kann … helfen, die Größe des Menschen nicht nur von Gott her zu denken, sondern aus diesem selbst heraus zu entwickeln."

Es bleibt eine offene Frage, zu welcher Art Überwindung des Tragischen der Mensch neigen möchte – ob zu der der griechischen Tragödie oder zu der der christlichen Heilsdramatik. Oder ob er lieber gleich beides verdrängt. Schlussendlich hat sich die abendländische Kultur in der Dialektik der Aufklärung neu zu entscheiden, ob sie es mit dem Heidentum in einem Neuheidentum halten will oder ob sie es doch lieber noch einmal versuchen möchte mit dem Vertrauen in die humanistische christliche Erlösungsdynamik. In allem Tragischen hält der Christusglaube gegen die Tragödie die Hoffnung auf das große Glück wach, dass am Ende, bei der der letzten Prüfung unseres Lebens, wenn alles vorbei ist, doch nicht alles vorbei ist.

Wie universal ist Gott? – Die vielen Religionen und wir

Es war das vielleicht grausamste, zynischste und absurdeste „multireligiöse" Beten der Menschheitsgeschichte, nebeneinander auf engstem Raum: am Tag einer Tragödie, die so schnell nicht aus dem Menschheitsgedächtnis verschwinden wird – am 11. September 2001. Vorne im Cockpit bat der gläubige Moslem und Massenmörder Mohammed Atta Allah um Hilfe für seinen Plan, die „Ungläubigen" zu vernichten. Ein paar Meter dahinter im Flugzeug flehten Christen und Andersgläubige zu Gott, ihr Leben zu retten. Beteten alle zum selben Gott? Welcher Gott ist der wahre?

Solche Fragen darf man angeblich nicht mehr stellen im Zeitalter der politisch-religiösen Korrektheit, in der alle religiösen Anschauungen gleich (viel wert) sein sollen.

Der Kölner Kardinal Joachim Meisner (1933–2017) hatte Empörung ausgelöst, als er forderte, dass sich katholische Schüler nicht mehr an multireligiösen Gebetsfeiern in den Klassen beteiligen sollten. Tatsächlich schafft eine solche Anweisung im multikulturellen Schulalltag zusätzliche Probleme. Dennoch: Gibt es nicht gute Gründe für die Differenz der Religionen wie für die Differenz von Kulturen? Und dafür, diese Differenz zu achten? Und ist nicht manches wahr an Meisners Aussage: „Das Gottesbild der nichtchristlichen Religionen ist nicht identisch mit dem Gott, der Vater unseres Herrn Jesus Christus ist."? Daher seien gemeinsame Gottesdienste nicht möglich. „Jede Gemeinschaft kann daher nur allein zu ihrem Gott beten."

Dagegen erinnern wir uns gern an die anrührenden Gebets-Versammlungen der Religions- und Kirchenführer in Assisi. Kein Friede der Nationen ohne Frieden zwischen den Religionen! Die Mahnung Hans Küngs trifft weiterhin den Kern. Papst Johannes Paul II. hatte sich den Gedanken auf eigene Weise charismatisch-spirituell zu eigen gemacht und mit höchstem Engagement selber zwei Gebetstreffen in Assisi besucht. Wir vergessen niemals die Szenen andächtig betender Menschen unterschiedlichster Hautfarbe, Kleidung, Kopfbedeckung und Haltung. Wie sie aufrichtig um ihre religiöse Sprache rangen, um vor dem Höchsten, dem Heiligsten, dem Erhabensten ihr Herz auszuschütten – während die Danebenstehenden mit bewegter Seele und manchmal bewegten Lippen die große gemeinsame Sehnsucht nach Frieden und Gerechtigkeit auf dieser einen Erde vor Gott unterstützten. Fürbitten, Kerzenlicht, Selbstverpflichtungen ... Gewiss: Das war kein kindliches Beten, kein Beten von Kindern. Es waren erwachsene Menschen, die sich hier trafen, die manche Nacht des Glaubens und der Gottesferne bereits durchlebt hatten, die alles andere als naiv ihre Anliegen formulierten. Außerdem war es kein vermischtes „Multikulti"-Beten. Man betete im Angesicht der Anderen, nicht einfachhin mit den Anderen. Aber es war ein für alle ergreifendes neues Beten angesichts der Tragödien des

Daseins. Nicht wenige Christen meinten in jenen Augenblicken, tatsächlich so etwas wie das Wehen des Heiligen Geistes gespürt zu haben, eine echt heilige Atmosphäre, trotz aller Trennung in Sprachen, Kulturen und Kulten, in Glauben und Wissen. Wir sind nur Suchende, berufen zur Heiligkeit. Heilig, heilig, heilig aber ist nur *Er*, in tausend Worte gefasst und dennoch namenlos, offenbar und entzogen, uns so nah und so fern, stärkster Halt und mächtigste Einsamkeit, unser Alles, unser Nichts, Reden und Schweigen. Wer/was aber bist du wirklich – unnahbar naher Gott?

Nicht jeder Mensch ist ein Mystiker. Nicht jedes Symbol ist für jeden verständlich. Jeder hat seine eigenen Erfahrungen und Nicht-Erfahrungen mit Gott gemacht, kennt Zuneigungen und Abneigungen – auch im Umgang mit fremder Religion. Auch mit „Assisi" wusste nicht jeder etwas anzufangen. Dennoch sind diese Geschehnisse vielen nahegegangen. Wir sollten das Wahre, Gute und Schöne, das sich darin zeigte, nicht zerstören und es uns auch nicht nachträglich madig machen lassen durch die vielen Probleme im heutigen Kampf der Kulturen. Allerdings: Bilder sind Bilder, manchmal nur Bilder. Sie werden immer wieder eingeholt von einer nicht selten schonungslos brutalen Realität, inzwischen auch wieder des unheiligen „heiligen" Krieges von Moslems gegen Christen. Die Geschehnisse in der umbrischen Stadt des heiligen Franziskus mit ihren utopischen Ahnungen sollen keineswegs ablenken von der Wirklichkeit. Sie laden ein nicht zum Schwärmen, sondern zum Schauen, zum Tieferschauen, zu einem kritischen und selbstkritischen Glauben.

Da aber stellen wir fest: Wir haben in der Tat ein riesiges Problem, ein Gottesproblem, gerade als Glaubende. Wie universal ist Gott? Gerade im Beten, im Glauben sollen und müssen wir ehrlich bleiben: Wir sind nicht eins. Die eine Menschheit war nie eins, auch religiös nicht. Sie ist und bleibt vermutlich auf ewig in unterschiedlichste Vorstellungen und Interessen gespalten, ganz besonders in den Ansichten über das, was einem heilig ist. So wie wir nie die eine Weltsprache besaßen und wahrscheinlich auch nie künstlich schaffen können, so werden wir niemals einen gemeinsamen Allerwelts-Kunstgott produzieren, der allem und jedem gerecht wird. Der eine Gott, an den wir als Christen selber von Gehirn zu Gehirn und im Laufe des eigenen Lebens sehr wechselnd, vielfältig und vielfarbig glauben, wird nie der eine Gott sein, an den alle in gleicher Weise glauben können. Fast scheint es so, als ob Gott selbst seine Kreatur Mensch vor religiöser

Monokultur bewahren wollte durch seine mannigfaltige Schöpfung. Jedenfalls müssen wir die Tatsache ernstnehmen, dass die von Gott geschaffene Welt eine Welt in ständiger Bewegung ist, auch bei der Gottesfrage.

Die Vielfalt der Frömmigkeitsformen wie Theologien quer durch Räume und Zeiten gehört zu unserem Leben wie die Vielfalt der Sprachen. Über deren Ursache rätselten ja schon die frühen Menschen, zum Beispiel im Mythos über den Turmbau zu Babel. Nach neuerer Deutung ist der Reichtum der Sprachen alles andere als eine Strafe Gottes, vielmehr eine Art Neuschöpfung der Schöpfung: voller Kreativität und Fruchtbarkeit. Sprachen sind Nahrung, sind Leben. Kein Einheitsbrei. Sie ließen die Menschen sich voneinander abgrenzen, miteinander in Wettbewerb treten, konkurrieren, sich so gegenseitig bereichern, Horizonte und Ideen verschmelzen – und die ganze Welt bevölkern. Ohne Verwirrung und Zerstreuung hätte es jene unglaubliche Buntheit der Völker und Kulturen, verteilt über den ganzen Planeten, nicht geben können. In Babel spiegelt sich die ungeheure Pluralität des Menschengeschlechts wider, die Menschwerdung des Menschen, die Hominisation! Gott wollte die Differenzen der Vielfalt gegen die Monotonie der Einfalt. *Er* wollte die vielen Gene und nicht nur das eine Gen, die vielen Arten und nicht nur die eine Art. Gott wollte die Evolution. Wollte Gott also auch die Evolution der vielen Religionen?

Jedenfalls steht nach allem, was wir aus Paläobiologie, Archäologie und Religionsgeschichte wissen, fest, dass es zwar viele Ähnlichkeiten bereits in den frühen Religionssystemen gab, etwa bei Fruchtbarkeitskulten, Bestattungsriten und Gestirnsberechnungen, jedoch keine Einheitsreligion, keinen Einheitsglauben vor aller Zeit. Der Homo sapiens ist als weiser Mensch hervorgegangen aus einer langen zeitlichen wie räumlichen Wanderschaft über Kontinente hinweg. Die eine Menschheit war von Anfang an die vielfältige Menschheit, der eine Gott ein seit jeher vielfältig vorgestellter Gott in vielerlei Offenbarungen von Kulturen, Stämmen, Nationen.

Gemessen an den mindestens 100 000 Jahren, seit der moderne Mensch das Licht der Welt erblickte und sich weiterentwickelte, sind die gut 3000 Jahre biblischer Offenbarungsgeschichte nur ein winziger Abschnitt auf dem religiös-spirituellen Zeitpfeil. Aber diese winzige Epoche hat Großes hervorgebracht. Denn im Lauf dieser menschheitsgeschichtlich extrem kurzen Phase hat sich das Gottesbild revolutioniert. Es wurde immer komplexer, transzendenter, abstrakter. Gott – nicht mehr einer von uns, anthropomorph, menschengestaltig und mehr oder weniger diesseitig gedacht. Sondern umgekehrt: der Mensch – Ebenbild Gottes. In dem Maße, in dem die Menschen auf andere Kulturen trafen, sahen sie sich gezwungen, sich mit dem eigenen allzu provinziellen Stammesdenken auseinanderzusetzen, das Gott mehr oder weniger nur als Stammesgott für mich und die Meinen betrachtete. Sie begannen, ebenfalls ihr religiöses Denken Schritt für Schritt zu weiten. Wenn es so viele Götter gibt, welches ist dann der wahre Gott? Und wenn mein Gott der wahre ist, warum haben ihn dann die anderen nicht? Wie könnte mein Gott zum Gott auch jener Fremden werden? Ein Gott, der nur ein bisschen Gott ist, kann Gott doch nicht sein! Das Problem der Universalität Gottes kam in die Welt – und ist ungeklärt bis auf den heutigen Tag. Nachdenkliche Leute hat diese Beunruhigung allerdings bereits zur Zeit der alttestamentlichen Propheten erfasst. Ist Gott nur subjektive Projektion, Einbildung gemäß meinen Bedürfnissen und Interessen? Oder ist Gott Gott, objektive Wirklichkeit?

Gott soll Gott sein, nicht wie ein Mensch. Wem aber gehört Gott? Und wer gehört zu Gott? Bereits im dritten Jesaja-Buch, dem sogenannten Tritojesaja, wird versucht, das Problem anzugehen: Gott – so die Grundeinsicht – kann eigentlich nur dann wahr sein, wenn er der Gott aller Menschen ist. Wie aber können alle Menschen zu diesem Gott kommen? Eine gewaltige Denkanstrengung ist hier notwendig, die sich in der entsprechenden biblischen Passage in einer lebendig-kreisenden Sprache ausdrückt und unmittelbar am konkreten Leben festmacht, an einer universalen Sehnsucht nach Recht und Gerechtigkeit:

„So spricht der Herr: Wahrt das Recht und sorgt für Gerechtigkeit, denn bald kommt von mir das Heil, meine Gerechtigkeit wird sich bald offenbaren. Wohl dem Mann, der so handelt, wohl dem Menschen, der daran festhält, den Sabbat zu halten und nie zu entweihen und seine Hand vor jeder bösen Tat zu bewahren. Der Fremde, der sich dem Herrn angeschlossen hat, soll nicht sagen: Sicher wird der Herr mich ausschließen aus seinem Volk. Der Verschnittene soll nicht sagen: Ich bin nur ein dürrer Baum. Denn so spricht der Herr: Den Verschnittenen, die meine Sabbate halten, die gerne tun, was mir gefällt, und an meinem Bund festhalten, ihnen allen errichte ich in meinem Haus und in meinen Mauern ein Denkmal, ich gebe ihnen einen Namen, der mehr wert ist als Söhne und Töchter: Einen ewigen Namen gebe ich ihnen, der niemals ausgetilgt wird. Die Fremden, die sich dem

Herrn angeschlossen haben, die ihm dienen und seinen Namen lieben, um seine Knechte zu sein …, sie bringe ich zu meinem heiligen Berg und erfülle sie in meinem Bethaus mit Freude …" (56,1–7). Im Beten also führt Gott die Menschen zusammen, jene, die ihn verehren, und jene, die ihn – so – noch nicht kennen, die aber nach ihm fragen, ihn suchen, die Ausschau halten und neugierig sind.

Im neutestamentlichen Hebräerbrief heißt es mit einem für die damalige Zeit bestechenden Problembewusstsein, wie Gott nach dem historischen Christusereignis ein universal erlösender Gott auch für jene sein kann, die davor lebten und von Jesus nichts wissen konnten: „Viele Male und auf vielerlei Weise hat Gott einst zu den Vätern gesprochen durch die Propheten; in dieser Endzeit aber hat er zu uns gesprochen durch den Sohn" (1,1–2). Mit Jesus Christus haben sich die religiösen Horizonte über die bis dahin üblichen völkisch zentrierten Vorstellungen hinaus nochmals erweitert. Der Messias für ein auserwähltes Volk wird nun zum universalen Erlöser und Retter der gesamten erwählten Menschheit. In Jesus Christus – so der christliche Glaube – wird Gott Fleisch, sterblich wie die Sterblichen, im Tod des Todes aber befreit zur Auferweckung hin. Ein Gott des Lebens für alle Sterblichen! Nicht nur für die im selben Glauben Verbundenen, sondern auch für die „Ungläubigen"! In den großen Karfreitagsfürbitten der katholischen Weltkirche wird entsprechend für alle Menschen kosmisch geweitet gebetet: für alle, die nicht an Christus glauben, und für alle, die nicht an Gott glauben. Wenn zum Beispiel Muslime ähnlich regelmäßig rituell für Juden, Christen und andere beten würden, wäre das ein echter und nicht nur rhetorischer Fortschritt im interreligiösen Gespräch. Im expressivsten Ausdruck des Menschen, im Beten, zeigt sich der wahre Fortschritt des religiösen Bewusstseins.

Es ist kein Zufall, dass das Christentum im Lauf von nur zwei Jahrtausenden zur einzig wahren Weltreligion wurde, nahezu global präsent in fast allen Sprachen, Völkern, Kulturen und Regionen. Gewiss: Auch biblisch und nachbiblisch schwankte der durch das Christusereignis neutestamentlich substanziell erneuerte Glaube weiter hin und her zwischen der freien Gnade der Berufung und der Versuchung zum Zwang, zwischen der bewussten Gewissensentscheidung und bequemem Mitläufertum, zwischen Ehrfurcht vor dem religiös Fremden und alleinseligmachendem Absolutheitsanspruch. Aber trotz allem: Allein das Christentum hat es bisher geschafft, zumindest gedanklich das alte Modell der bloßen Stammesreligiosität eines Gottes nur für mich und die Meinen – „Außerhalb der Kirche kein Heil" – allmählich zu überwinden, in der Hoffnung auf eine Berufung und Versöhnung aller durch den allbarmherzigen Gott. In keiner anderen Religion gibt es bisher ein derart weites kritisches Bewusstsein von göttlicher Freiheit und Universalität. Ob es das Modell des universalen, kosmischen Christus eines Pierre Teilhard de Chardin ist – in Anlehnung an paulinisches Gedankengut – oder das des „anonymen Christen" bei Karl Rahner. Auch die viel diskutierten pluralistischen Religionstheologien sind bezeichnenderweise auf christlichem Boden entstanden und nicht – zum Beispiel – im Islam, der zweitstärksten Weltreligion, wo man immer noch kein Problem damit hat, die „Ungläubigen" zur ewigen Verdammnis verurteilt zu sehen, womit Gott weiterhin eine Art Stammesgott einzig derer bleibt, die zur eigenen Glaubensgemeinschaft – Umma – gehören.

Jeder Triumphalismus sollte den Christen allerdings fern sein. Sie sind selber immer wieder der Versuchung erlegen, „stammesgeschichtlich" zu denken und zu urteilen. Jedoch haben sie den größten Mut bewiesen und die Anstrengung des Intellekts nicht gescheut, schließlich doch religiös weiterzudenken, ihre Glaubenssysteme historisch-kritisch zu korrigieren, zu öffnen. Wir sind mit Gott nicht fertig. Gott ist mit uns nicht fertig. Auch beim Beten erleben und erleiden wir stets unsere innere Zerrissenheit: dass wir Gott gern für uns hätten, dass wir ihn aber nicht alleine für uns haben können, wenn er wirklich Gott sein soll – und nicht ein Götze bloß zur Befriedigung unserer naheliegenden Bedürfnisse und Interessen, die reine Projektion. Alles christliche Beten endet daher konsequent mit der Freigabe Gottes an den dynamischen, freien Gott – im Namen des Vaters und des Sohnes und des Heiligen Geistes. Gottes Wille ist es, der lenkt, nicht wir lenken Gott. Das heißt konsequenterweise: Nicht bloß die Gottesbilder der nichtchristlichen Religionen sind nicht identisch „mit dem Gott, der Vater unseres Herrn Jesus Christus ist", wie Kardinal Meisner zu Recht betonte. Auch unsere eigenen christlichen Gottesbilder und Gottesvorstellungen sind nicht Gott. Trotzdem können wir mit unseren irdischen Begrenztheiten aus ganzem Herzen beten, feiern, uns freuen an Gott und hoffen auf Gott. Denn wir sind Menschen, das ist menschlich. Gott allein ist Gott – und größer als unser Herz und unser Verstand.

Wenn wir dann von Zeit zu Zeit auch vor Andersglaubenden und für Andersglaubende zu Gott beten, ist dies die höchste Ehre, die wir ihnen erweisen können – und mit ihnen dem freien Gott. In diesem Sinne bräuchten wir weiterhin viele „Assisis", ein Beten wahrhaft auf der Höhe der modernen Welterfahrung und Welterkenntnis, kritisch, nicht naiv, unterscheidend, nicht vereinnahmend, in die Tiefe gehend, nicht oberflächlich billig. Ein solches Beten ist nicht dazu da, für unsere sozialkulturellen Integrationsprobleme verzweckt zu werden. Jenes Beten verlangt ein waches Bewusstsein für den Problemhorizont. Es ist ein kritisches Beten, alles andere als gemütlich harmonisierend. Es fragt inmitten des unaufhörlich Tragischen gefährlich ungemütlich die Glaubenden ebenso an wie die Andersglaubenden und Nichtglaubenden. Es fragt Gott an.

Solches Beten zwischen den Religionen und unter Nichtreligiösen müssen zuerst die Erwachsenen einüben, pflegen und weiterentwickeln, mit einem erwachsenen, alles andere als infantilen Glauben. Sie sollen und dürfen es nicht als Ausweichmanöver an Kinder delegieren. Es ist alles andere als Psychohygiene, alles andere als ein bloßes rituelles Selbstgespräch, um Probleme zu beschwichtigen oder sich selbst zu beruhigen. Wellness ade! Zum wahren erwachsenen Beten gehört wahre Buße und wahre Gewissenserforschung, Schuldbekenntnis, Reue, Umkehr. Wer betend aufrichtig um Gott und die Welt ringt, hat allerdings ein Recht, sich in der ganzen kritischen Weite des Glaubens und Hoffens auszudrücken. Kritisch im Blick auf die fremde wie die eigene Religion.

„Vater unser im Himmel …" So lehrte Jesus seine Jünger das Beten, nicht provinziell, sondern universal. So sollten Christen das Beten je neu lernen, offen und kompetent, die Geister unterscheidend, mit Niveau. Gott sprengt alle unsere Bilder und Vorstellungen. Er sprengt auch unser Gebet. Gott ist nicht harmlos, Beten ist nicht harmlos. Nur ein universaler Gott ist Gott. Das wissen wir als Christen spätestens seit Christus. Christus sei Dank!

XIII. Lebensstil Christsein

Nur wer sich treu bleibt, ändert sich

Mit jedem neuen Jahr fassen die Menschen neue Vorsätze – und sind enttäuscht, wenn sich dann meistens doch nur wenig ändert, falls überhaupt. Angeblich leben wir in einer Zeit rasanter Umbrüche. Die Klimafrage drängt in den Vordergrund. Ökologisches Verhalten wird allenthalben gefordert. Doch der Konsumrausch sowie die Verschwendung und Verschleuderung der wertvollen Ressourcen der Erde setzen sich ungebrochen fort mit entsprechender Verschmutzung der Umwelt. Nach der Corona-Weltseuche, die mit den Einschränkungen von Shopping, Reisen und sonstigem Freizeitvergnügen eine Wende im Bewusstsein hätte einleiten können, wollten die Leute möglichst rasch und intensiv nachholen, was sie zwischenzeitlich versäumt hatten. Was stimmt da nicht an den Predigten von Verzicht und an den Aufrufen zum Andersleben?

Nach wie vor heißt es: Unsere Kinder sollen es einmal besser haben. Seit jeher beten Eltern dieses Mantra vor sich her. Ist damit in erster Linie nur das Materielle gemeint? Oder was kennzeichnet Lebensqualität heute? Tatsächlich ging der Fortschritt im Haben und Bekommen – zumindest beim Durchschnitt der Bevölkerung wohlhabender Nationen – in Erfüllung. Und die weniger wohlhabenden Völker wollen aufschließen, die Bewohner Chinas, Russlands, Indiens, zusammen fast vierzig Prozent der Weltbevölkerung, forciert. Die sonstigen Asiaten, die Afrikaner und Südamerikaner wollen ebenfalls am Wohlstand mit wachsendem Verbrauch Anteil erhalten.

Der wissenschaftliche, technologische und medizinische Fortschritt hat einen gewaltigen Kulturwandel begünstigt. Man möge nur einmal hundert Jahre zurückdenken: Kaum Autos, kein Computer, kein Internet, keine Organtransplantation … Von der künstlichen Erzeugung von Leben ganz zu schweigen. Trotzdem: Sind die Menschen glücklicher geworden? Haben sie mit der erheblich erweiterten Lebenserwartung mehr Sinn für ihr Dasein gefunden?

Die epochalen Abbrüche im Religiösen wecken zumindest Zweifel, was die Perspektive über den Tod hinaus betrifft. Aber auch sonst: Anscheinend glauben viele Menschen immer weniger an einen Sinn des Lebens, ihres Lebens – oder sie wollen sich damit lieber gar nicht befassen, sich darum schon gar nicht kümmern. Der Wissenschaftjournalist Ulrich Schnabel hat auf Studien hingewiesen, wonach zunehmend den Leuten die Sinnfrage „weitgehend egal" ist.[175] Laut der Innsbrucker Psychologin Tatjana Schnell empfindet jeder zweite Befragte sein Dasein nicht als sinnvoll. Besonders ausgeprägt sei die Ratlosigkeit unter jungen Leuten. „Ihr Leben bleibt mehr an der Oberfläche, manche wissen gar nicht mehr, was Sinn überhaupt ist."[176] Dennoch scheinen nur wenige unter der Sinnleere zu leiden. Die meisten der – wie Tatjana Schnell sie kennzeichnet – „existenziell Indifferenten" lebten vor sich hin, ohne sich groß Gedanken über den Mangel zu machen oder gar seelisch daran zu erkranken.

Andere Befunde widersprechen dem Sinnverlust. Angeblich wende sich die Generation der sogenannten Millennials, also jener, die um die Jahrtausendwende herum geboren wurden, vom Materialismus der Altvorderen ab und ideellen Werten zu. Das jedenfalls meinen Marktforscher zu beobachten. Sie behaupten eine Trendwende unter den heute 20- bis 35-Jährigen. Die Medien haben das übernommen und in die öffentliche Meinung getragen. Der Stellenwert des Konsums sei gesunken. Teure Autos, luxuriöse Markenkleidung, exotische Traumreisen, das allerneueste Smartphone ... – all das sei für Jüngere nicht mehr so interessant. Viel mehr als Statussymbole zählten gute Freundschaften, funktionierende soziale Netzwerke. Sogar das zuletzt schwächelnde ökologische Bewusstsein erhalte Auftrieb und profitiere von der Wende im Denken, was sich unter anderem in der Nachfrage nach Bio-Produkten zeige und in letzter Zeit in den Fridays-for-Future-Demonstrationen zumindest rhetorisch kundtat. Verspricht sich die neue Generation also mehr Lebenslust und Zufriedenheit abseits des materialistischen Trubels? Steuert unsere Kultur auf eine neue Askese zu, auf eine Umwertung der bisherigen Werte, genauer: auf eine Rückbesinnung auf ganz alte Werte, Spiritualität inbegriffen?

Die Datenlage bleibt widersprüchlich. Die Befunde lassen sich so oder so deuten. Sie könnten auch falsche Hoffnungen auf ein postmaterielles Zeitalter nähren. Denn nach wie vor suchen begüterte, gut verdienende und von ihren Eltern her mit reichem Erbe „gesegnete" junge Leute ihr Glück und Ansehen im Konsum. Aber was ist mit den anderen, die sich einschränken? Haben sie ein besseres Bewusstsein? Der Schweizer Finanzfachmann

Patrick Herger bezweifelt das und führt Studien von Ökonomen der amerikanischen Notenbank an, die ganz andere Gründe für „Verzicht" benennen. Die Kaufvorlieben würden sich gar nicht wesentlich von denjenigen der Eltern und Großeltern unterscheiden. Nur einen Unterschied gibt es: „Als die Eltern und Großeltern der Millennials so alt waren wie diese, hatten sie real mehr Geld zur Verfügung als ihre Kinder beziehungsweise Enkel heute ... Diese Tatsache bedeutet, dass Millennials nicht die ökologisch orientierten Hipster sind, als die sie gerne beschrieben werden. Millennials verzichten nicht ..., weil sie andere Produkte cooler finden; sie müssen auf teure Markenprodukte verzichten, weil sie sich diese nicht leisten können. Autos und Motorräder fallen nicht dem ökologischen Bewusstsein der jungen Generation zum Opfer, sondern deren Geldmangel ... Aufgrund der finanziellen Restriktionen wohnen Millennials länger bei ihren Eltern und heiraten später. Und sie bekommen weniger Kinder."[177] Das nicht, weil sie zu egoistisch, zu unreif sind, um Verantwortung für Elternschaft zu übernehmen, sondern weil sie allein schon beruflich oft lange hingehalten werden, weil Wohnraum teuer, teilweise unerschwinglich ist und weil man mit den auch für heutige Familien geforderten Standards nicht mithalten kann.

Unter Jugendlichen und jungen Erwachsenen breitet sich in vielen Ländern Frustration über mangelnde Chancengerechtigkeit, fehlende gesellschaftliche Teilhabe, niedrige Löhne aus. Obendrein soll die nachwachsende Generation für die hohen Rendite-Ansprüche der Älteren sorgen, während die teure private Eigenvorsorge bei extremer Niedrigverzinsung bei Weitem nicht an jenes Niveau heranreichen wird. Länderübergreifend stellen die Wissenschaftler laut Herger fest: „Millennials zahlen einen hohen Preis für das Erwachsenwerden während und nach der Finanzkrise. Obwohl sie die bestausgebildete Generation sind, bleiben die beruflichen Aussichten trübe. Wer während einer Rezession ins Berufsleben tritt, muss dauerhaft Nachteile gewärtigen. Der Lohn ist geringer im Vergleich zu Arbeitnehmern, die ihre Karriere während des Booms beginnen konnten, selbst Jahrzehnte später. Dazu arbeiten ‚Rezessionseinsteiger' tendenziell für kleinere, weniger angesehene Firmen, die schlechter bezahlen."

Der Kapitalismus frisst seine Kinder? Jedenfalls hält er eines seiner wichtigsten Versprechen nicht mehr ein. „Dieses Versprechen ist, dass es den Kindern finanziell besser geht als den Eltern." Die Nachgeborenen müssen im Gegenteil mit schweren Problemen und hohen Kosten fertigwerden, die ihnen die Vorherigen aufgebürdet haben: von gigantischen Schuldenbergen über Umweltzerstörung bis zum Raubbau an den Ressourcen des Materiellen wie Geistigen, wenn man nur die vielen kaputten Familienverhältnisse und instabilen intimsten Beziehungen bedenkt. Die gängige Erzählung, dass die heutige Generation viel bewusster wieder klassische Werte lebe, dient laut Hergers Einschätzung der vorherigen Generation als Alibi, um am eigenen Lebensstil nichts ändern zu müssen. Dabei hätten sich alle Gesellschaften mit der wachsenden Ungleichheit und der Mehrbelastung der Nachkommen politisch auseinanderzusetzen. Die Rede vom freiwilligen Konsumverzicht ist demnach nichts anderes als eine Mär zur Selbstberuhigung und „Abschiebung von Verantwortung".

Zwar wird in politischen, ökonomischen und kulturellen Sonntagsreden ständig der rasante Wandel – oft unter den modischen Schlagwörtern Globalisierung und Digitalisierung – beschworen. Doch tatsächlich ändert der Mensch an seinen Gewohnheiten und seiner Kultur weitaus weniger als behauptet und vermutet. Die Trägheit erweist sich trotz allen Wandels als das stärkere Lebensprinzip. Ohne Trägheit gäbe es gar keinen effektiven Wandel. Änderung nur um der Änderung willen driftet tendenziell ins Chaos.

Das hat der Münchner Soziologe Armin Nassehi untersucht. „Wir sind träger, als wir wollen – im wahrsten Sinne des Wortes: Wir sind träger, als wir es uns mit unserem dynamischen Selbstbild von Selbstkontrolle und Autonomie zugestehen wollen; und wir sind am Ende träger, als es unser Wille je überwinden kann."[178] Das wussten die Menschen seit jeher sprichwörtlich: „Der Weg zur Hölle ist mit guten Vorsätzen gepflastert." Ständig nimmt sich der Mensch dies oder jenes vor – gesünder essen, mehr Sport treiben, weniger Auto fahren … – und belässt doch alles beim Alten. Der neue Mensch ist, wie es Revolutionen im großen Weltenlauf fast immer bestätigen, schlussendlich stets der alte. Auf jeden Pendelausschlag in die eine Richtung folgt der in die entgegengesetzte. Das betrifft Einzelne wie Familien, Organisationen, Gesellschaften, Staaten – einschließlich der Kirchen. Nur eins ändert sich nie: die Diagnose, dass – so Nassehi – „alles Gewohnte verschwindet", dass „dies oder jenes eine Zäsur sei". Nach jedem Schicksalsschlag sagen die Zeitgenossen, dass „es nie mehr so sein wird, wie es war".

Dabei ist diese Erkenntnis trivial: Niemand steigt zweimal in denselben Fluss. Trotzdem bleibt vieles für lange Zeit, wie es war, lernen die Menschen nur schwer oder gar nicht aus der Geschichte, wie die vielen Kriege und Kulturkämpfe der Gegenwart belegen. Nassehi sieht in der allabendlichen „Nachrichtendiagnose", dass sich vieles ändern werde, einen geradezu „prozessualen Garanten" dafür, dass alles so weitergeht wie bisher.

Diese Sicht mag zu pessimistisch erscheinen, aber sie bestätigt die altehrwürdige religiöse Erfahrung, dass der Menschen erbsündig in seiner Verfassung strukturell gefangen bleibt, von Gott gerecht gemacht und dennoch ein Sünder. Aus der sozialen Sündhaftigkeit und Sündenverfallenheit können Einzelne wie Gemeinwesen nur schwer ausbrechen. Das schließt den Fortschritt – wie die „Entdeckung" der universalen Menschenrechte – nicht aus, aber trotz alles Revolutionären bleibt er in manchen Bereichen eine Schnecke.

Die Evolutionsgeschichte bestätigt zudem, dass es trotz aller Mutationen und Varianten unvorstellbar lange Zeiträume braucht, bis sich wesenhaft Neues durchsetzt. Zwar ändert sich vieles, überwiegend allerdings im Kleinen, Schritt für Schritt. Rückblickend erst kann man das ermessen: zum Beispiel im Verhältnis zwischen Katholiken und Evangelischen mit Selbstverständlichkeiten, die einst undenkbar erschienen. Oder im Verhältnis zwischen Deutschen und Franzosen, Deutschen und Polen, Christen und Juden … Nicht immer und nicht überall verlaufen solche Prozesse parallel.

Armin Nassehi stellt fest: Geändert hat sich vieles erst dann, „wenn man es nicht mehr merkt". Selbst Katastrophen ändern häufig wenig, weil sie tendenziell Abschottung bewirken, Verdrängung begünstigen oder nach Sündenböcken Ausschau halten lassen. Daher kann man berechtigt skeptisch bleiben, ob zum Beispiel die vielen Maßnahmen, die in der katholischen Kirche angesichts der offenbar gewordenen Katastrophe des sexuellen Kindesmissbrauchs beschlossen wurden, tatsächlich das weitaus größere gesamtgesellschaftliche Problem lösen helfen. Befördert wurde in der öffentlichen Meinung vor allem moralische Entrüstung und Heuchelei, ein Ablenkungsmanöver bei jenen, die in den Kirchen den Feind der Moderne, den alleinigen und hauptsächlichen Sünder ausgemacht haben und so den immensen Komplex sexueller Perversionen dorthin entsorgt meinen.

Einzig Selbsteinsicht in die eigenen Schwächen und ins eigene Versagen – von Personen wie Institutionen – kann dazu beitragen, kleinste Veränderungen in Angriff zu nehmen, die irgendwann einmal in eine größere

Veränderung münden. Nur wer sich ändert, bleibt sich treu? Eher: Nur wer sich treu bleibt, ändert sich. Schon das menschliche Gehirn funktioniert so. Es kann nur dann gesund und innovativ Nervenzellenverknüpfungen mit höherer Komplexität entwickeln, wenn es eine gewisse Stabilität bewahrt. Diese wird wesentlich durch die Stabilität elterlich-kindlicher Nächstenliebe und zwischenmenschlicher Beziehung gewährt. Diese Trägheit erst gebiert das Neue. Ohne Trägheit gibt es nur Tohuwabohu. Daher rät Nassehi auf paradoxe Weise: „Wir müssen anerkennen, dass alle dynamischen Systeme – von Organismen über Nervensysteme, Menschen und soziale Einheiten – nur deshalb dynamisch sein können, weil sie eine Grundstabilität haben, die erst die Basis für Veränderungen ist. Nehmen wir uns also vor zu bleiben, wer wir sind. Das ist die einzige Möglichkeit, wirklich etwas zu verändern."

Möglicherweise bringt dieses Kleine, Allmähliche, Bedächtige sogar das Glaubensleben und das Kirchenleben viel weiter voran als die großen Forderungen umwälzender Reformen, die alles auf einmal wollen. Das Unscheinbare im Menschen erzeugt mehr Lebenssinn als der große Plan vom definitiven Lebensglück, der nach schalem Konsumieren in neuer Traurigkeit und Niedergeschlagenheit endet.

Wie aber stößt der Mensch auf einen Lebenssinn, der sich nicht an Äußerlichem festmacht, sondern verinnerlicht und damit den Lebensstil grundiert, sogar verändert? Für Ulrich Schnabel ist dazu „das Gefühl des Gebrauchtwerdens und des Eingebundenseins" in ein umfassendes Wir wesentlich. Nichts ist so tragisch und gefährlich, wie wenn eine Gesellschaft den Menschen stattdessen „das Gefühl der Nutzlosigkeit" vermittelt. Schnabel bezieht sich auf den Psychologen, Kognitionswissenschaftler und Philosophen Alexander Batthyány: Tatsächlich ahnten die meisten Menschen im Innersten, was wertvoll und sinnvoll sei – und was nicht. Die Frage nach dem Lebenssinn solle man nicht zu sehr überhöhen und meinen, die ganze Welt retten zu müssen. „Ein freundliches Wort, eine Danksagung, ein unerwartetes Geschenk, sogar ein einfaches Lächeln, das Wohlwollen ausdrückt" – dies und vieles andere sind für Batthyány, „kleine Sinnmöglichkeiten"[179]. Entscheidend sei – so Schnabel –, die Erfahrung machen zu können, „dass es der Welt nicht egal ist, dass wir existieren".

Vielleicht kommt solch diesseitigem Sinn angesichts der Begrenztheit des irdischen Daseins da und dort aber auch wieder jener jenseitige Sinn zu

Hilfe, der Jung wie Alt die beglückende religiöse Erfahrung machen lässt, dass es Gott nicht egal ist, dass wir existieren. Auch für die Getauften gilt: Wer sich und seinem Glauben treu bleibt, ändert sich – in und mit ihm. Und findet Sinn über das Vordergründige hinaus. Das prägt dann auch die innere Haltung und somit das Verhalten, den persönlichen Lebensstil, im Bewusstsein ebenso der je eigenen Unvollkommenheit, des je eigenen Versagens.

Sünde – gibt's gar nicht?

Einst drangsalierten Seelsorger die Katholiken mit Sündenpredigten und stürzten sie in Höllenangst. Besonders, wenn es um Sexuelles ging. Die kirchlich erzeugten Neurosen haben ganze Generationen geplagt – und schließlich die Vielen aus der Glaubensgemeinschaft vertrieben. Jetzt verlegen sich die Amtsträger mit Vorliebe auf Sozialmoral-Appelle. Aber was davon betrifft wirklich den Einzelnen, was ist nach wie vor und auf moderne Art Sünde – persönlich, individuell?

„Ich war's nicht. – Ich auch nicht." Lehrer können ein Lied davon singen, wie schon in jungen Jahren bei persönlichem Versagen und schuldhaftem Verhalten die Entschuldigungsmechanismen greifen, wie sich jeder und jede hinter der Anonymität des Kollektivs versteckt. Das scheint ein Wesenszug der menschlichen Evolution zu sein. Nur nicht sein Gesicht verlieren. Schamkulturen und Schuldkulturen sind da gar nicht so verschieden. Sündenbekenntnisse fallen schwer. Ganze Institutionen üben sich im Vertuschen und Leugnen. Von der „unfehlbaren" Industrie bis zur „heiligen" Kirche.

Als gesamtgesellschaftliches Phänomen hat das Verhalten einen Namen bekommen: Unschuldswahn. Dieser hat sich dahingehend gesteigert, die Tatsache der Sünde – jedenfalls was das Persönliche, Individuelle betrifft – überhaupt zu bestreiten. Ein bisschen sexuell untreu sein, ein bisschen tricksen, ein bisschen andere übervorteilen, ein bisschen lügen … – was soll's? Das tun doch alle. Wir kommen alle, alle in den Himmel, weil wir eigentlich ja so brav sind. Die Bösen – das sind die anderen. Es braucht schon gehörige Willensstärke, zu dem zu stehen, was nicht „man", sondern *ich* Unrechtes getan, verbrochen, wo *ich* versagt habe.

Die kirchliche Rede hat sich dem Weichspülen angepasst, indem sie es möglichst vermeidet, persönliche Sünde noch als solche zu benennen, gar anzuprangern. Vielleicht, um nicht auch noch die Letzten zu verprellen in einer Zeit, in der die Beicht- und Bußpraxis darniederliegt. Stattdessen hat man sich auf bequeme Sünden verlegt, die das Soziale betreffen und hinter denen sich der Einzelne gut einrichten kann, weil sie ihn ja nicht betreffen. Die kirchlichen Mahnungen und Appelle sind harmlos, weil sie ins Allgemeine sowie Prinzipielle zielen und entsprechend abstrakt bleiben: Migranten nicht abweisen, Flüchtlinge im Mittelmeer nicht ertrinken lassen, für Fremdenfeindlichkeit, Rassismus und Antisemitismus nicht anfällig sein, den Regenwald nicht abholzen, das subunternehmerische Ausbeutersystem nicht anwenden, Bauern in der Dritten Welt nicht die Preise drücken, Autoabgase nicht manipulieren, rechte Parteien nicht wählen, den Frieden nicht gefährden, die Umwelt nicht verschmutzen, Aktien für schädliche Produkte nicht kaufen ... Alles kein Problem. Das tue ich ja nicht. Ich habe eine reine Weste. Zuständig für all jene Dinge sind doch die da oben, die Politiker, die Wirtschaftsmanager und eventuell noch die zur Aufklärung des Menschengeschlechts verpflichteten Lehrer. Eben wieder die anderen.

In Wahrheit ist es ja so: Die Weltstrukturen sind komplex. Von meinem individuellen Verhalten, von meiner privaten Vorliebe und Wahl hängt systemisch gar nichts ab, nichts, was im großen Ganzen geschieht oder nicht geschieht. So bleibt sämtliche kirchliche wie politisch-bürgerschaftliche Rede vom Ruck durch die Gesellschaft ohne Relevanz für mein Leben, läuft ins Leere, Anonyme. Dann kommt die Kirche öffentlich ganz gut weg, denn sie rückt niemandem mehr – wie einst – mit direkten kritischen Anfragen, die wehtun, und Forderungen, denen das Individuum nicht ausweichen kann, auf den persönlichen Pelz. Auch eine derart dauerpräsentierte und längst abgenutzte abstrakte Prinzipienmoral produziert Unschuldswahn.

Vor allem wird dann nicht mehr verstanden, dass Sünde mehr meint als ein bloßes moralisches Fehlverhalten: eine gebrochene Beziehung zu Gott, eine Zurückweisung Gottes selbst. Darin liegt die weit ausgreifende Dramatik des Sündigens. Wer nicht mehr von der Sünde in diesem Sinn des existenziellen Bruchs mit Gott zu reden weiß, „versteht auch nicht mehr, weshalb wir Menschen überhaupt auf Gottes bedingungslose Gnade angewiesen sind und worin sie besteht", bemerkt der Theologe Ulrich H. J. Körtner. „Dies führt gleichermaßen zur Verharmlosung Gottes wie zur Verharmlosung des Problems der menschlichen Existenz. Weil das Sündersein nicht mehr ernstgenommen wird, gibt es in der Beziehung des Menschen zu Gott scheinbar kein Problem mehr, und Gott verlangt nichts von uns Menschen. Die Botschaft Luthers und Calvins lautete: ‚Gott liebt dich, obwohl du bist, wie du bist.‘ Dieser Satz wird heute oft verkürzt: ‚Gott liebt dich so, wie du bist.‘ Das aber ist ein fatales Missverständnis, weil es zur Annahme einer billigen Gnade führt, wie Dietrich Bonhoeffer das genannt hat.“[180]

Was aber wäre, wenn jene Dramatik wahrgenommen würde und wenn es dann auch ans Eingemachte ginge, an das, was jeden Einzelnen und jede Einzelne unmittelbar angeht? Was wäre, wenn man den sicheren Hafen gefälliger, letztlich unverbindlicher Weisungen einer abstrakten Sozialmoral verlassen und sich wieder auf das schwierige, Empörung auslösende Feld der konkreten Individualmoral begeben würde und damit auf das direkte Verhältnis Mensch-Gott, dem sich niemand entziehen kann? Dann würde es nicht nur anschaulich, sondern ungemütlich – für die Einzelnen wie für die Kirche selber. Sie käme unter Druck, den Menschen das Leben zu vermiesen. Das will sie doch nicht. Und der/die Einzelne käme unter Druck, das Gewissen und seine/ihre Glaubenstreue Gott gegenüber selbstkritisch zu erforschen. Das will er/will sie jedoch nicht. Dabei gäbe es vieles, was durch Reue, Bekenntnis, Buße und guten Vorsatz wenigstens ein bisschen das Verhalten ändern, zumindest zeitweise einer gewissen Sündenanfälligkeit vorbeugen, das Leben erleichtern, freudiger machen könnte. Individualmoral nicht zur Drangsalierung des Menschen, sondern als Befähigung zu wahrhaftiger Gewissensbildung. Mehr noch: als Wegmarke zur Erneuerung der Beziehung zu Gott aus der Hoffnung auf die heilende Gnade der Vergebung durch Gott.

Wie könnte ein Gewissensspiegel aussehen, der das Konkrete, Alltägliche, Naheliegende unter modernen kulturellen Bedingungen in den Blick nimmt? Was geht mich unbedingt und unmittelbar an?

Auf dem weiten Feld der persönlichen Beziehungen, in Partnerschaft, Freundschaft, in der Familie könnte das alte Gewissensfragen neu auslösen: Wie intensiv kümmere ich mich um die eheliche Liebe? Wie ernst nehme ich sexuelle Treue, die Verbindlichkeit der Partnerschaft? Habe ich wirklich den Willen zur lebenslangen Festigung von Vertrauen, zur lebenslangen gegenseitigen Unterstützung? Ist alles nur eine spielerische Beziehung auf

Zeit, oder will ich, wollen wir wirklich einen Weg zur definitiven Ehe hin? Bin ich, sind wir bereit, für diese auch in schweren Tagen zu kämpfen?

Heute heißt es selbst in der Kirche oft, dass Ehen „scheitern". Aber sie verfallen nicht aufgrund einer anonymen Schicksalsmacht. Ehen werden gebrochen – oft schleichend durch Nachlässigkeit, Lieblosigkeit, Untreue, Eigensinn und Rücksichtslosigkeit, Egoismus, mangelnden Vergebungs- und Versöhnungswillen, auch durch Spielsucht, Alkoholismus, durch psychische wie körperliche Gewalt. Wie wächst die Bereitschaft, Krisen durchzustehen, statt allzu rasch aufzugeben? Wie kräftige und bekräftige ich den Bindungswillen zum Wohl für Partner und Kinder, zur Vermeidung von seelischem, geistigem, körperlichem Unglück und Verderben? Bin ich bereit, professionelle Hilfe zu holen, auch zur persönlichen Umkehr (des Herzens)?

Wie sieht es aus in der Beziehung zu den eigenen Kindern – mit der Eigen-Erziehungsverantwortung, die jeder Vater, jede Mutter mit der Zeugung von Nachwuchs übernimmt und die nicht einfachhin an andere Instanzen zu delegieren ist? Sind wir präsent, geistig und körperlich? Kümmern wir uns als Eltern aufrichtig und intensiv um die Heranwachsenden, wenn sie an sich und am Leben zweifeln, wenn sie Probleme haben, etwa mit Freunden, in der Schule, mit den Hausaufgaben? Oder wird auch das, etwa aufgrund der eigenen beruflichen Belastungen, einfachhin abgeschoben, weil schließlich doch andere Institutionen und Personen – Schulen, Bildungsministerien, Schulämter, Lehrer, Sozialarbeiter und so weiter – professionell für die Qualität der Betreuung zuständig seien? Und für die Frühförderung Kindergarten-Erzieherinnen? Bin ich träge, oder bin ich engagiert, meine Kinder im christlichen Glauben zu erziehen, damit sie nicht um Gott betrogen werden?

Wie halte ich es mit der Fürsorge für meine altgewordenen Eltern und Großeltern? Inwiefern überlasse ich sie weitgehend professioneller Betreuung? Nehme ich mir Zeit für sie gegen Vereinsamung?

Ein weites Feld öffnet sich in der überbordenden Wohlstandskultur unter dem Horizont des Konsum-Überflusses. Wie stark gebe ich mich der Genuss-, Gier- und Vergnügungssucht hin? Entziehe ich mich der Schnäppchenjagd und Produkthascherei, die darauf abzielen, stets den letzten Schrei vom Smartphone bis zu Markenklamotten haben zu müssen? Ist Partymachen, einfach nur Spaß haben wirklich ein substanzielles Lebensziel? Reisen, Reisen, Sport, Sport, Freizeit, Freizeit über alles? Was stelle ich in ihr und mit mir an? Ist Bescheidenheit, Sparsamkeit und Disziplin noch eine Zier? Wie bereit bin ich, mich asketisch einzuüben, um die Tiefe des Seelenlebens zu erkunden, echten Sinn des Lebens wiederzugewinnen?

Wie nutze ich meine Zeit zur Eigenbildung? Lasse ich mich ein auf die geistige Anstrengung Lesen, um mir in abgeschiedener Nachdenklichkeit eigene Urteile zu bilden, Wissen zu vermehren, neue Einsichten zu gewinnen? Verplempere ich die Zeit beim Surfen durch die sozialen Netzwerke? Womöglich mit Leichtgläubigkeit, die alle möglichen und unmöglichen, zur Sensations- und Empörungslust gesteigerten sowie zur kommerziellen Kundenfesselung erzeugten Schlagzeilen und Videos ernstnimmt? Oder schlage ich die Zeit tot mit dem Gedaddele von Videospielen? Wie wäre es mit Internetfasten, um den Nichtigkeiten, dem ganzen Schmu und Mist, der da meine Aufmerksamkeit beansprucht und gefangen nimmt, zu entgehen, wenigstens von Zeit zu Zeit auszuweichen? Ich denke, also bin ich. Gebe ich René Descartes heute noch eine Chance?

Das gilt auch für die religiöse Bildung. Was setze ich dafür ein, meinen Glauben gegen so viel Aberglauben weiterzuentwickeln, ihn christlich auf die Höhe der Zeit hin zu denken, statt bloß lehramtlich als Tradition Vorgegebenes nachzubeten? Bin ich ein Vorbild fürs Christsein – nicht nur in die Familie, auch in die weltliche Öffentlichkeit hinein? Nehme ich die Sonntagspflicht wahr nicht als Pflicht, sondern als Sehnsucht nach dem unbekannten Gott, als eine Beziehung, die sich auch durch „langweilige" Liturgie nicht entmutigen lässt? Halte ich mit gottesdienstlicher Präsenz den Sonntag heilig als Solidaritätsbeitrag in der und für die Glaubensgemeinschaft zur gegenseitigen Ermutigung, Erbauung und Erhebung der Seele?

Und wie halte ich es mit dem Gemeinwohl? Zahle ich meine Steuern so, wie es das Gesetz vorsieht? Oder beteilige ich mich auch da gern an den Tricksereien, wenn auch mit erheblich kleinerem Budget als die Großen und Mächtigen, auf die ich, im Gleichklang der Medien, voller Empörung mit dem Finger zeige? Wie bereichere ich mich, womöglich ohne es sehen zu wollen, an fremdem Eigentum?

Vieles Weitere hätte Platz in einem solchen Gewissensspiegel, der den Einzelnen unbedingt angeht – ohne Ausweichen. Vieles mehr könnte da deutlich werden als reale Sünde, als Sünde auch wider die Wahrheit und gegen den Heiligen Geist. Die Sünde gibt es nicht, weil es so viele Sünden gibt, die man vernachlässigen kann? Doch alle Sündhaftigkeit – und diese im Plural – ist nichts anderes als Ausdruck einer gestörten Beziehung zu Gott, Abfall von seiner Treue und seiner Erwartung an mich. Trotz aller strukturellen und sozialen Sündenverfallenheit ist und bleibt Sündigen eine höchst individuelle Angelegenheit.

Am Ende stellt sich die Frage, wie trotzdem Versöhnung möglich ist und wie eine Befreiung aus der Umklammerung des Bösen möglich wird, sodass der Geist sich wieder erhellt und erheben kann. Solche Anhörung und Lossprechung ist der ureigentliche Sinn des Priesterlichen: nicht bloß mahnen und anklagen, sondern heilen, die Versöhnung mit Gott und den Menschen einleiten. Nichts anderes bedeutet Sakrament, als ein wirksames Heilszeichen und Heilswerkzeug zu sein. Das Bußsakrament soll nicht ein Instrument zur Züchtigung und Unterjochung des menschlichen Lebenstriebs sein, sondern zur Erweckung von Freude und Hoffnung auf die Verheißungen Gottes hin dienen.

Wer kann dieses Priesterliche unter dem weiten Horizont des Göttlichen, des heilenden Heiligen ausüben? Nur der Priester? Das Sakramentale als Energiezufuhr des Heiligen kennt keine Grenzen. Daher kann es sich auch anders vollziehen als auf bekannten klerikalen Bahnen. Zum Beispiel durch vertraute, gebildete, psychologisch und therapeutisch geschulte Personen, die keineswegs die Weihe ins geistliche Amt haben müssen. Das Sakrament der Ehe spenden sich ja auch die Eheleute selber. Und taufen kann und darf – im Notfall – jeder. Der Taufende muss nicht einmal selber Christ sein. Das ist sakramentale Weite im tiefsten religiösen Sinn!

Für mehr Mut zur sogenannten Laienbeichte hat der Moraltheologe Michael Rosenberger plädiert. Er weist darauf hin, dass es seit gut anderthalb Jahrtausenden eine entsprechende, jedoch verdrängte Tradition gab und gibt – in der frühen Kirche ebenso wie im Mittelalter, im altehrwürdigen Mönchtum ebenso wie in heutigen geistlichen Bewegungen. Dabei mag die Lossprechung von schwersten Sünden – etwa Ehebruch und Mord – einem bischöflichen Amtsträger vorbehalten sein, mit Delegation an die entsprechend ausgebildeten Priester, in besonderen Fällen (zum Beispiel Abtreibung) an eigens beauftragte Geistliche. Der sündige „Standard“ aber ist eher das, was als lässliche Sünde bezeichnet wird. Sie kann jedoch ebenso verheerende Auswirkungen haben für die betreffenden Personen, ihre Beziehung untereinander und die Beziehung zu Gott.

Nicht immer sind Männer die geeigneten Vertrauenspersonen für den Dienst der Versöhnung, zum Beispiel wenn Frauen mit der Not ihrer Seele ringen und sich aussprechen wollen: von Frau zu Frau. Es ist höchste Zeit, dass eine Kirche, die ansonsten stark auf dem Naturrecht beharrt und die biologisch wie seelisch gegebene Polarität von männlich und weiblich betont, das auch ernstnimmt, wenn es um die Heilung und Wiederversöhnung dessen geht, was durch Sünde zerbrochen wurde. Konkret: dass im Leben bewährte Frauen – *Mulieres probatae* – jene priesterliche sakramentale Berufung wahrnehmen, die sie faktisch haben, um anderen Frauen – wenn gewünscht auch Männern – Rat zu geben und die göttliche Barmherzigkeit zuzusagen. Rosenberger: „Laienbeichte wäre … keine vorrangige Sache der studierten und langjährig ausgebildeten Hauptamtlichen, sondern einfacher Gläubiger, die sich in ihrem Umfeld als spirituell erfahrene und tiefgängige Menschen erweisen. Denn auch sie haben Kraft und Autorität, ihren suchenden Glaubensgeschwistern die Vergebung Gottes zuzusprechen. Diese alte Einsicht neu zu beleben, wäre eine wundervolle Aufgabe für einen Bischof.“[181]

Auch wenn die Menschen immer wieder meinen, dass sie selber ja gar nicht sündigen und dass die Sicht der Sünde heute überholt sei, ahnen sie in bedrängenden Situationen doch, dass dies nicht der Fall ist. Letztlich wollen die Menschen sich nicht selbst belügen, sondern in der Wahrheit leben. Die Wahrheit wird uns freimachen, auch von der Sünde. Der Wunsch nach Heilwerden und Heilsein hört nicht auf.

Anders leben

„Alle, die gläubig geworden waren, bildeten eine Gemeinschaft und hatten alles gemeinsam. Sie verkauften Hab und Gut und gaben davon allen, jedem so viel, wie er nötig hatte. Tag für Tag verharrten sie einmütig im Tempel, brachen in ihren Häusern das Brot und hielten miteinander Mahl in Freude und Einfalt des Herzens. Sie lobten Gott und waren beim ganzen Volk beliebt." In wenigen Versen beschreibt die Apostelgeschichte den Lebensstil der frühen Christen (2,44–47). Wie beliebt sind die Christen wegen ihres Lebensstils beim Volk – 2000 Jahre später?

Inzwischen haben wir gelernt, jene Zeilen nicht ganz so ernstzunehmen wie viele ähnliche sperrige Bibelstellen, etwa die Bergpredigt. Die Exegese lehrt uns, dass man die Apostelgeschichte als Werbeschrift lesen muss. Der Verfasser habe die Verhältnisse in der Glaubensgemeinschaft idealisiert. Leute von heute wissen, wie vorsichtig man mit PR umgehen muss. Sie verspricht uns den Himmel auf Erden und entlässt uns am Ende in die ungeschönte Wirklichkeit. Spätestens nach dem Scheitern des realexistierenden Sozialismus sind uns die urkommunistischen Anwandlungen der Urgemeinde peinlich geworden.

Außerdem kennen wir die weniger harmonischen Überlieferungen aus apostolischer Zeit, den handfesten Streit zwischen Petrus und Paulus, die Richtungskämpfe im obersten kirchlichen Lehramt. Zum ersten Konzil der Glaubensgeschichte kam es ja gerade nicht, weil alle ein Herz und eine Seele waren. Und der Einsetzung von Diakonen zum „Tischdienst" ging ein massives Gerechtigkeitsproblem bei der Versorgung von Bedürftigen voraus. Standes- und Klassenunterschiede, ja Klassenkämpfe haben von Beginn an die Kirche belastet. Dennoch: Kann man wesentliche biblische Sätze wie die über einen anderen Lebensstil, der die Christen auffällig von der heidnischen Umwelt unterscheidet, derart entsorgen? Ist es ganz in Ordnung, wenn die Christen sich dem Lauf einer entchristlichten, säkularisierten Welt anpassen?

Die Theologie der Säkularisierung in den Sechzigerjahren meinte: Ja. Sie wollte aus der Not der „Stadt ohne Gott" eine Tugend machen. In der Säkularisierung, in der Weltlichwerdung der Welt, sah man zumindest eine Chance für eine christliche Wiederbelebung – gegen die Depression. Je weltlicher sich die Christen fühlten, je liberal-freiheitlicher sie sich den Zeitströmungen anglichen, umso attraktiver würden sie schon wieder werden, auch für die Welt. Sie müssten sich nur anfreunden mit den Sachgesetzen, mit der Autonomie der Wirklichkeit.

Im Konzil wurde dann der Dialog mit der Welt zum großen Thema der Weltkirche. Aggiornamento, Angleichung, Verheutigung … Das beschäftigte die damalige Generation. Die Spätergeborenen können kaum noch gerecht nachempfinden, welche Befreiung das für die Ahnen im Glauben bedeutete. Kirche *und* Welt!

Kirche *und* Welt? Wir Weltkinder fühlen ganz anders. Eine Trennung spüren wir nicht. Sie ist nicht mehr unser Problem. Wir *sind* doch Welt! „Welt" haben wir genug. Wir haben andere Bedürfnisse: Wie können wir als modern-postmoderne, wissenschaftlich aufgeklärte Weltbürger redlich *christlich* glauben und authentisch *christlich* leben? Und was macht das Besondere des Christlichen aus, wenn alles in der Welt doch irgendwie austauschbar und plural beliebig geworden ist?

Johann Baptist Metz und die lateinamerikanischen Befreiungstheologen hatten bereits Ende der Sechzigerjahre ein Unbehagen gespürt. Denn das Aggiornamento allein gibt auf große Herausforderungen des Christseins keine Antwort, etwa auf das himmelschreiende Elend, die erdrückende Ungerechtigkeit global. Verlangt sei da weniger „Angleichung" als Widerstand, Widerspruch, Bekehrung. Bewegend wie kein zweites Dokument der neueren Christentumsgeschichte hat der Beschluss *Unsere Hoffnung* der Würzburger Synode der westdeutschen Bistümer diese Horizonte geöffnet, prophetisch für unsere jetzige Situation.

„Wir sind die Kirche eines industriell und technologisch hochentwickelten Landes. Mit zunehmender Deutlichkeit erfahren wir heute, dass die Entwicklung nicht unbegrenzt, ja, dass die Grenzen der wirtschaftlichen Expansion des Lebensraums, die Grenzen der Umwelt- und Naturausbeutung eine wirtschaftliche Entwicklung aller Länder auf jenes Wohlstandsniveau, das wir gegenwärtig haben und genießen, nicht zulassen. Angesichts dieser Situation wird von uns – im Interesse eines lebenswürdigeren Überlebens der Menschheit – eine einschneidende Veränderung unserer Lebensmuster, eine drastische Wandlung unserer wirtschaftlichen und sozialen Lebensprioritäten verlangt ... Es werden uns neue Orientierungen unserer Interessen und Leistungsziele, aber auch neue Formen der Selbstbescheidung, gewissermaßen der kollektiven Aszese abverlangt. Werden wir die in dieser Situation enthaltene Zumutung aggressionsfrei verarbeiten können? Jedenfalls wird diese Situation zum Prüfstand für die moralischen Reserven, für die gesamtmenschliche Verantwortungsbereitschaft in unseren hochentwickelten Gesellschaften werden. Wer wird die damit geforderte folgenreiche Wandlung unseres Bewusstseins und unserer Lebenspraxis in Gang setzen und nachhaltig motivieren?"[182]

Die Synode gab eine klare Antwort: Es sind die „im Christentum schlummernden moralischen Kräfte". „Hier müssen gerade wir in unserem Land handeln und helfen und teilen – aus dem Bewusstsein heraus, ein gemeinsames Volk Gottes zu sein". Ein halbes Jahrhundert später rätseln wir: Sind es womöglich doch die Christen, die die Kraft haben, im Widerspruch gegen die neuheidnische Selbstverwirklichungskultur und deren Anspruchsdenken die Gesellschaft aus der „Egoismusfalle" zu befreien?

Dem wird die säkulare Bevölkerung freilich gleich entgegenhalten: Welche Überheblichkeit! Schaut euch doch selber an! Was unterscheidet euch Christen denn noch von anderen, wenn man nur einmal die zweite Tafel der Zehn Gebote bedenkt? Sogar in der Meinungsbildung habe sich die christliche „Welt" längst dem Mainstream angeglichen, sei es bei der Beurteilung von Abtreibung, Sterbehilfe, Promiskuität, Treulosigkeit …

Wie biblisch leben die Christen? Christen sind Zeitgenossen. Das sollen sie sein. Ihnen ist nichts Menschliches fremd. Auch sie sind Sünder und Sünderinnen, immer wieder fehlbar, nie unfehlbar. Aber in der Taufe wurde ihnen eine Haltung mit auf den Lebensweg gegeben, die nicht beliebig ist. Sie müssen als Bürgerinnen und Bürger nicht wie Mönche oder Nonnen zeichenhaft in einer „Kontrastgesellschaft" wohnen und arbeiten. Aber sie sollen im Kontrast leben zu vielem, was gesellschaftlich gang und gäbe ist. Sie müssen einen christlichen Lebensstil, eine innere christliche Leitkultur entwickeln in der Freiheit eines Christenmenschen. Das wird zur großen Bewährungsprobe für die Zukunftsfähigkeit, die Überzeugungs- und Anziehungskraft des Christlichen im dritten Jahrtausend. In dieser Hinsicht sind wir der Urgemeinde sehr nahe – mit unseren Sünden und Schwächen, aber ebenso mit unserem guten Willen und Stärken. Auch unsere Zeit ist eine Achsenzeit, in der sich entscheidet, was der christliche Gottesglaube noch wert ist – oder neu wert werden könnte.

Was aber kann das sein: eine innere christliche Leitkultur? Zunächst einmal: Christen sollen nicht zu bigott-frömmlerischen Sonderlingen degenerieren, die in einer Art Neointegralismus allen Bereichen des Daseins vorschreiben, wie sie zu funktionieren haben. Christen sollen als Weltkinder und Gotteskinder klug, einsichtig, verständnisvoll auf dem Boden der Tatsachen stehen. Aber sie sollen *ihren* Weg gehen, nicht irgendeinen Weg. Das Maß ist und bleibt Jesus Christus, der Weg, die Wahrheit, das Leben. *Anders* leben – bewusst, zielbewusst, selbstbewusst, suchend mit den Suchenden, bescheiden auch und nachsichtig, barmherzig, vergebend, ebenso aufrichtend und durchaus fordernd, herausfordernd.

Zum Beispiel in der Geschlechterbeziehung. Sexualität ist das Thema unserer Kultur schlechthin, ja selber zu einer Art Leitkultur geworden. Christen scheint es inzwischen peinlich zu sein, auf diesem Feld Farbe zu bekennen und zu sagen, was in christlichem Geist eben *nicht* geht, selbst wenn niemand von uns ohne Sünde ist und daher sich auch nicht anmaßen sollte, den ersten Stein zu werfen. Allerdings: Beziehung, Treue, Partnerschaft, Liebe, Sex sind keine Spielwiese, auf der Christen sich den Gewohnheiten einfachhin anpassen dürfen.

In der Aufklärung des Nachwuchses soll deutlich werden, welche Art von Beziehung einem christlichen Lebensstil entspricht, wie hoch man die Ehe und die personale sexuelle Verbindlichkeit trotz aller Schwierigkeiten und Enttäuschungen schätzt – und dass es sehr wohl hohe, aber nicht unerreichbare christliche Ansprüche gibt, um die Mann und Frau sich ein Leben lang mühen können und mühen sollen, in Verständnis füreinander, Verantwortung miteinander und Sehnsucht zueinander.

In die Erziehungs- und Jugendarbeit hat sich über Jahrzehnte manche Nachlässigkeit eingeschlichen. „Bei euch aber soll es nicht so sein!…" Der biblische Ruf gilt hier nicht minder. Es gibt eine religiöse Pflicht der Erziehung zur Beziehung, zur Beziehungsfähigkeit, zur festen Beziehung. Das soll nicht verklemmt, nicht in Prüderie geschehen. Aber es verlangt pädagogisch alles andere als ein Laissez-faire. Als Vorbild für die Jugend ist gerade in Krisen immer wieder neu Verlässlichkeit und Vertrauen zu fördern – ein sich gegenseitig unterstützendes, fürsorgliches Zusammensein von Mann und Frau, partnerschaftliche Zusammenarbeit, die Bereitschaft zur Vergebung.

Ein christlicher Lebensstil prüft das Übliche, Durchschnittliche. Das gilt fürs private wie fürs soziale Verhalten. Christliche Führungspersönlichkeiten, etwa im Beruf, im Management, werden sich bei Gehältern anders benehmen als raffgierige Vorstände oder auch als die Stars im Show- und Sport-Unterhaltungsbusiness, die stets so „siegreich" und von sich selbst überzeugt ins Licht der Öffentlichkeit treten. Jeder ist seinen gerechten Lohn wert. Leistung ist gut. Keine Gleichmacherei! Aber Jesus ruft deutlich auf zu evangelischer Armut, zum Lasten teilen, zu Bescheidenheit und Offenheit, zum Schaffen von Gerechtigkeit. Das heißt heute vor allem: Start-, Chancen- und Teilhabegerechtigkeit. Die Mahnungen, in der Nachfolge Christi einen einfachen Lebensstil zu pflegen, sind weiter zeitgemäß, nicht nur aus ökologischen Gründen. Christen haben tatsächlich einen caritativen Mehrwert zu erbringen, der über das hinausgeht, was steuergesetzlich vorgeschrieben ist. Das Maß des Christseins geht auch beim Besitz, bei der

Sozialpflichtigkeit des Vermögens über bloße Verfassungsrhetorik hinaus. Im Artikel 14 des Grundgesetzes heißt es ja, inzwischen weitgehend vergessen beziehungsweise verdrängt: „Eigentum verpflichtet. Sein Gebrauch soll zugleich dem Wohle der Allgemeinheit dienen."

Wir sind nicht zum Tod berufen, sondern zum ewigen Leben, nicht zur bürgerlichen Spießigkeit auf Erden, sondern zum Streben nach dem Himmel. Wie einladend wirkt der Lebensstil der Christen auf Menschen, die dem Reiche Gottes vielleicht gar nicht so fernstehen? Wie heiligen wir unseren Beruf als Berufung – und nicht nur als Job zum schnellen Geld? Wie heiligen wir unseren Alltag, unsere Freizeit? Und wie heiligen wir dabei den Sonntag durch die aktive und regelmäßige Teilnahme an der Eucharistie? Wie heiligen wir den unbekannten Gott als den Gott, der das Ewige und damit seine ewige Nähe verheißt? Wie lassen wir uns durch Gott heiligen? Und wie solidarisieren wir uns im Beten mit unseren Geschwistern im Glauben? Wie helfen wir ihnen und uns durch das kontinuierliche Mitfeiern der Liturgie, aus religiöser Einsamkeit und Isolation herauszufinden in die Lebenslust der Kinder Gottes?

Es sind die kleinen Signale der Achtsamkeit, die den Unterschied setzen. Ignatius von Loyola hat sie beschrieben als ein Gottsuchen und Gottfinden in allen Dingen. Die Dinge sind Dinge, weltlich. Aber sie sind nicht nur weltlich Ding, weil sie für Glaubende Gottes Nähe spüren lassen. Es ist keineswegs dasselbe, ob man säkular dahinlebt oder sakramental lebt; das heißt achtsam fürs Durchscheinen Gottes in Zeit und Raum. Auch Freizeit ist Gottes Zeit, und die Freizeitgestaltung ist keine gottfreie Zone. In der Konsum*kultur*, in der Art und Weise des persönlichen Konsums wie des Konsumverzichts, zeigt sich augenfällig, welcher Geist es ist, der unseren Geist bestimmt, wessen Geistes Kind wir sind – und zu welcher Lebensfreude wir uns im Gebrauch der Kräfte von Materie und Geist berufen fühlen.

Die Freiheit eines Christenmenschen meint weder klein- noch großbürgerliche Behaglichkeit. Christen haben Rechenschaft zu geben von der Hoffnung, die sie trägt. Ob wir an die Auferweckung Jesu Christi und an die Auferstehung der Toten glauben oder nicht – das macht einen wesentlichen Unterschied.

Der christliche Lebensstil ist kein Lebensstil wie jeder andere. Er ist etwas anderes, Besonderes, Unterschiedenes und Unterscheidendes. Bei aller Universalität des Christusgeschehens wollen wir dieses feine Grenzbewusstsein nicht verlieren. Das Christliche bleibt ein Mehrwert, den diese Welt sich nicht selber geben kann, den sie aber braucht – als geistige Leitkultur, anstößig. Aggiornamento – mit Anspruch und Herausforderung! Die christliche Hoffnung macht nicht schlichtweg ergeben, und sie macht nicht alle und alles gleich. Glaubende Christen sind – wie in der Urgemeinde – vielleicht eben doch ein wenig anders.

Gefährliche gute Langeweile

Gesundheit ist das höchste Gut. Work-Life-Balance lautet das Schlagwort. Gemeint ist der rechte Ausgleich von Arbeit und Freizeit, von Schaffen und Wellness. Am besten, so wird behauptet, sei es, wenn Arbeiten selber nichts als ein großes Wohlgefühl sei. Was für eine Illusion. Von Zeit zu Zeit melden sich wissenschaftliche wie populärwissenschaftliche Zeitschriften zu Wort mit „neuesten" Erkenntnissen von der Forschungsfront, was gut oder schlecht, vorteilhaft oder nachteilig für den Menschen, für sein Wohlbefinden, für sein Glück sei. So hieß es im Zuge der Achtundsechziger Emanzipationsbewegung: Religion – vor allem katholischer Prägung – wirke sich besonders ungünstig auf die seelisch-geistige Entwicklung aus. Glauben beflügele Duckmäusertum und Sklavenmoral, blockiere Neugier, Lebensfreude und Leistungskraft, vermiese alles, was Spaß macht, verteufele das Glück der Selbstverwirklichung und setze den Einzelnen einem rigorosen, repressiven ethischen Leistungsdruck aus, an dem jeder zerbrechen müsse. Die Folge seien ekklesiogene Neurosen, also schwere kirchlich erzeugte psychische Zwangserkrankungen. Zurückgeführt werden diese auf eine „theologische" Lehre vom ständig kontrollierenden, alles akribisch im Buch des Lebens aufzeichnenden Überwachergott, der jede menschliche Freiheitsregung unterdrückt. Der Psychoanalytiker Tilmann Moser sprach damals von „Gottesvergiftung".

Etliche Jahre später jedoch machte er eine andere Entdeckung: dass eine sensible religiöse Wahrnehmung und Erziehung die Entwicklung des Kindes begünstigt, weil sie nicht traumatische Gottesbilder wachruft, sondern Andächtigkeit, Achtsamkeit und Staunen anregt. Diese Fähigkeiten seien bereits im Säugling, ja sogar schon vorgeburtlich angelegt, gehörten zum Wesen des Menschseins und müssten daher gefördert werden. Das geschehe zum Beispiel durch Religiosität, durch eine entsprechend aufmerksame, fürsorgliche Mutter, einen nicht minder achtsamen Vater. So könne man von der Gottesvergiftung zu einem erträglichen, befreienden Gott kommen, günstig für die physische wie psychische Gesundheit.[183]

Auch im Zuge der Lebensberatungs- und Wellnesswelle in Amerika wurde der positive Einfluss von Religion auf das Wohlbefinden, vor allem aber auf die Heilungskräfte bei Krankheiten ergründet und gewürdigt. Je mehr man untersuchte, umso mehr weitete sich das Panorama günstiger Prognosen. Am Ende gab es fast nichts mehr, wofür Religion nicht gut war. Wer religiös lebt, ernähre sich gesünder, sterbe später, wirke glücklicher, habe mehr Freunde, übe engagierter Nächstenliebe, sei beruflich erfolgreicher, verdiene mehr – und habe sogar besseren Sex. Die Glücksspirale des Religiösen schien unendlich zu sein. Wenn das kein durchschlagendes Argument für den Glauben an Gott ist … Nur: Süffisanz und Ironie als kritische Reaktion auf derart diesseitig-leichtgewichtiges spirituelles Nützlichkeitsdenken tragen in den eigentlichen existenzialistischen Fragen, in den harten Kernbereichen des Religiösen auch nicht weit.

Gott, Auferstehung und ewiges Leben werden jedenfalls keinen Deut plausibler dadurch, dass die netten religiösen oder halbreligiösen Lebensratgeber und Wertebeschwörungen funktionieren. Was bringen Rituale, wenn Gott am Ende doch bloß Fiktion wäre, Produkt der Einbildungskraft, ein von wohlmeinenden Psychologen, Soziologen oder Psychologen nur modern verabreichtes kollektives Opium des Volkes, ein Placebo, wirksam ohne Wirklichkeit? Hauptsache gesund? Wie gut, wenn es Gott als großen Glücksbringer und wohltätige Übermutter gibt, auch wenn es ihn nicht gibt? Was hilft's, wenn's nur hilft? Nachdenklich-kritischen, um Gott ringenden Menschen bringt solch wohltätiger Funktionalismus nichts, wenn er einzig auf einem Märchen, auf einer schöngeistigen Erzählung beruht.

Psychologische Unheilspropheten wiederum meinen entdeckt zu haben, dass Langeweile, ob beruflich oder privat, schädlich, geradezu lebensgefährlich sei. Sie gehe mit einem höheren Herzinfarkt-Risiko einher, vor allem wenn Menschen keinen Sinn in dem sehen, was sie tun, besonders im Arbeitsleben. Wer sich langweile, habe unter anderem häufig einen höheren Puls und Blutdruck als andere. In seinem Blut finde sich das Stresshormon Cortisol. Langeweile verursacht demnach sogar mehr Stress als Traurigkeit, wollen kanadische Neurowissenschaftler herausgefunden haben.[184]

Da angeblich alle Probleme auf schwierige biochemische Reaktionsmuster in Gehirn zurückzuführen sind oder zumindest mit diesen einhergehen, gibt es auch eine neurologische materielle Erklärung für den düsteren Befund: Bei monotonen Tätigkeiten werde das Belohnungszentrum im Gehirn wenig aktiviert. Wenn dieser Zustand über einen längeren Zeitraum anhält, könne das einen Dopaminmangel verursachen. Dann werde man für psychische Erkrankungen wie Depressionen und Suchtverhalten anfälliger, aber auch für Angstzustände und Aggressionen. Zugleich lasse ständige Langeweile die Widerstandskraft – Resilienz – gegen widrige Umstände sinken.

Langeweile ist tödlich? Neben der monotonen Arbeitswelt käme als Übeltäter wieder einmal auch die Religion in Blick, Gebet, Gottesdienst. Ein Hauptargument für Kirchgangsverweigerung lautet ja von Kindheit an: Liturgie ist langweilig, bringt nichts. Erstaunlicherweise haben die psychologischen Warner vor Langeweile als eine Art Arznei zur Therapie von Langeweile ausgerechnet die Religion entdeckt. Genauer: zumindest einige Instrumente und Methoden, die bevorzugt religiöse Menschen nutzen, vor allem Meditation und Achtsamkeit. So will die amerikanische Psychotherapeutin Nicole LePera festgestellt haben, dass Achtsamkeit psychische Ressourcen aktiviert. Einen Beweis dafür liefert angeblich das Berufsleben. Genauer: Es sind die langweiligen Meetings voller Leerlauf. Wenn der Mensch nicht weiterweiß, gründet er einen Arbeitskreis, heißt es süffisant. Bei derartigen Arbeits- und Projektsitzungen, die in vielen Betrieben inzwischen inflationär betrieben werden, ohne deshalb rascher und effektiver Entscheidungen zu fällen, vertreiben sich viele Büromenschen die Zeit, indem sie nebenbei auf Papier oder anderem herumkritzeln. „Britische Psychologen fanden heraus, dass Kritzeleien Achtsamkeit und Konzentration stärken könnten", dass sie also ähnlich wie Kontemplation oder Gebet wirken. „Sie helfen dem Zeichnenden, sich gedanklich von seiner Umwelt abzukoppeln. Die Gedanken und Gefühle geraten in Fluss, die Kreativität wird neu angeregt."[185]

Tests einer amerikanischen Forschergruppe wollen das experimentell bestätigt haben. Die Wissenschaftler beauftragten Personen, kreative Aufgaben zu lösen. Die eine Hälfte der Versuchskaninchen musste sich sofort mit der gestellten Aufgabe befassen. Die andere Gruppe sollte sich zuerst eintönigen Tätigkeiten zuwenden – und durfte erst dann ans Kreativwerk gehen. Siehe da: „Sie hatte die vielfältigeren Ideen." Langeweile ist also manchmal doch gut, wenn sie die rechten Werkzeuge der Achtsamkeit beflügelt.

Wirklich kreative Menschen wussten das allerdings schon seit jeher. Die große Kunst – ob Malerei, Dichtung, Musik – wird nicht aus Aktionismus im Hier und Jetzt geboren, sondern aus der Langeweile des Nichts. Früher sprach man von Muße. Doch selbst dieser haftet heutzutage der Zwang zum Ergebnis an. Das reine Nichts hingegen füllt sich nicht durch Machen. Die absolute, oft ungegenständliche Langeweile der wahren Meditation und insbesondere der religiösen Gottesanschauung in der Anschauung seiner Leere bewegt zur Spannung: in christlicher Perspektive in der Leere des Kreuzes oder in der Leere der Krippe, wenn diese nach der süßlich-weihnachtlichen Kindchenschema-Geschichte wieder ausgeräumt, auf dem Weg Richtung Gologotha radikal geleert worden ist. Erst aus der Gottesleere wird jene Fülle geboren, die gläubig Zweifelnde und zweifelnd Gläubige zu allen Zeiten als Gipfel seelischer Fruchtbarkeit und Inspiration ihrer Gottsuche erlebten, eine erschütternde, geradezu paradox unglücklich machende Glückseligkeit gegen das allüberall umherschwirrende Glück, mehr dunkel als hell.

Dunkel beginnt Heil, Erkenntnis, Offenbarung, Erlösung. Von solcher Art einer anfangs eher unbewussten Leere, die der Mensch gar nicht richtig wahrnimmt, erzählt das Lukasevangelium in der Episode vom Besuch der Eltern des zwölfjährigen Jesus beim Paschafest in Jerusalem. Nach den Festtagen auf dem Heimweg merkten sie zunächst nicht, dass es leer um sie war, dass ihr Sohn – der Menschensohn und Gottessohn – fehlte. „Sie meinten, er sei irgendwo in der Pilgergruppe … Als sie ihn nicht fanden, kehrten sie nach Jerusalem zurück und suchten ihn dort." Als sie ihn schließlich lehrend im Tempel entdeckten, erklärte ihnen Jesus: „Warum habt ihr mich gesucht? Wusstet ihr nicht, dass ich in dem sein muss, was meinem Vater gehört? Doch sie verstanden nicht, was er damit sagen wollte" (2,44–45.49–50).

Das beschreibt authentisch die Langeweile als etwas Notwendiges im Lebensstil alles echt Religiösen: Leerwerden vor dem, was den Menschen unbedingt angeht. Suchen, ohne zu suchen, finden, ohne zu finden – und in der Nutzlosigkeit der abgründigen Fraglosigkeit auf die letzten Fragen zu stoßen, die Sinn geben, ohne Sinn zu „machen", aus der Kreativität des gottgegebenen Geistes. Gefährliche Langeweile wäre dann der erste und letzte Schritt hin zu der gefährlichen rettenden Erinnerung: Gott. Er liegt jenseits unserer Vorstellungs- und Verstehenskraft und ist greifbar nur in der Nichtgreifbarkeit: Gott, unser Nichts, unser Alles. Sogar die Langeweile schuf er als Ort seiner Offenbarung! Langeweile tötet? Langeweile macht lebendig. Gelobt sei die Langeweile, spannend gefährlich!

Zeit für mich – Zeit für Gott

Im Alltagsfluss meint der Mensch, er lebe auf Erden ewig, und die Zukunft liege in seiner Hand. Dabei überschauen wir – wenn überhaupt – nur eine extrem kurze Spanne der Zeit. Und diese Zeit ist stets sehr wertvoll für den Einzelnen. Erst recht sind es die besonderen dichten Zeiten, in denen die Zeit wie stillzustehen scheint. Zum Beispiel die Urlaubszeit.

Daneben gibt es die religiös dichten Zeiten, die zu innerer Einkehr einladen – etwa die Adventszeit oder die Fastenzeit, kirchlich: die österliche Bußzeit. Viele gute Ratschläge werden zu den vierzig Tagen der Besinnung beziehungsweise „sieben Wochen ohne" den Christen, aber nicht nur diesen, erteilt – für eine moderne Askese. Die kirchlichen Stellen für Öffentlichkeitsarbeit, christliche Vereine, Verbände und Institutionen geizen dann nicht mit Ideen, wie man sein Leben bewusster gestalten kann: Autofasten, Handyfasten, Internetfasten, Computerspielfasten, Wegwerffasten, Plastikfasten, Klimafasten ... Wer will schon sein Leben nicht in den Dienst der guten Sache Ökologie stellen! Seltsamerweise fehlt im Reigen der Angebote das, was eigentlich für Getaufte das Naheliegendste wäre: ein sonntägliches Ausschlaf- und Ausgiebig-Frühstücken-Fasten, um mal wieder in die Kirche zu gehen, regelmäßig den Gottesdienst zu besuchen, vielleicht sogar einen Werktagsgottesdienst, sofern es diesen überhaupt noch gibt und er nicht mangels Publikums und wegen Pfarrers Termininflation abgesagt ist.

Das wäre ein Fasten, wie Gott es liebt, ein Fasten nicht „ohne", sondern „mit": *mit* der Eucharistie, *mit* dem Abendmahl, *mit* Beten, *mit* Bibellesen, *mit* anspruchsvoller Lektüre zur Glaubensbildung und Glaubensentwicklung, vielleicht sogar *mit* Beichte und Versöhnung, *mit* einem Neuanfang in der ehelichen Beziehung, *mit* Buße. Vor allem aber: eine Zeit *mit* Gott.

Ein berührendes Vorbild für solche Sehnsucht nach dem Wesentlichen könnte – auch für Männer – eine Frau sein, Hanna, über die das Lukas-evangelium erzählt: „Sie hielt sich ständig im Tempel auf und diente Gott Tag und Nacht mit Fasten und Beten" (2,37). Auch wenn das für Christen mitten in der Umtriebigkeit der Welt kein 24-Stunden-Job sein kann, ist es doch eine Herausforderung, wenigstens von Zeit zu Zeit an Gott zu denken. Fasten – Beten – Almosen geben: Mit diesem Dreiklang hat sich der islamische Ramadan mittlerweile ins allgemeine Bewusstsein des in der Antike christlich neubegründeten Abendlands eingepflanzt. Nicht nur zu dieser – durch rege mediale Berichterstattung – öffentlichkeitswirksam gehypten Zeit bildet das tägliche fünffache Beten eine Säule des Islam. Ständig ist vom interkulturellen Lernen die Rede. Was lernen wir in der „Willkommenskultur" vom Fremden für das Eigene, fürs Christsein? Man könnte ja mit dem beginnen, was zumindest religiöse Menschen verschiedenster Glaubenswege im Tiefsten der Seele miteinander verbindet, selbst wenn das ihnen im Alltagslauf nicht bewusst sein mag: mit dem Gotteslob.

Papst Franziskus hatte anlässlich der Fastenzeit 2018 empfohlen, die Seele zu pflegen – und zwar nicht in einem egoistischen Sinn der Selbstverzweckung auf Wellness hin, sondern um die Beziehung zu Gott neu zu knüpfen, sich diese als Geschenk knüpfen zu lassen: „Lass diese Hektik und dieses sinnlose Rennen, das die Seele mit dem bitteren Gefühl erfüllt, niemals irgendwo anzukommen." Hektik stehle die Zeit „für Selbstlosigkeit und für Gott". Das „wirkliche Leben" sei etwas ganz anderes, „und unser Herz weiß das gut". Es gehe darum, „die heilende und versöhnende Zärtlichkeit Gottes" zu erfahren.

„Ich habe keine Zeit." Das fühlen und sagen viele Zeitgenossen inmitten der Psychostress produzierenden Geschäftigkeit, nicht nur dann, wenn sie sich ausgebrannt fühlen. Burnout ist allerdings zu einer Volkskrankheit geworden. Dabei hat der Mensch sehr wohl Zeit, allerdings nur begrenzte Zeit in einer sterblichen Zeit. Womöglich stirbt die Zeit „eines Tages" selber zusammen mit dem Raum, so wie im Anfang der Schöpfung Zeit und Raum aus einem vermuteten Vakuum-Nichts urknallmäßig entstanden sind. Der Kosmos im Großen wie im Kleinen vergeht – ganz gewiss. Was aber bleibt am Ende meiner und am Ende aller Tage?

Der Mensch sehnt sich danach, möglichst viel erleben, genießen, ausschöpfen zu können. Schon die antiken griechischen Philosophen hatten das Leiden an der Kürze des Lebens beklagt, wie der Philosoph und Literaturwissenschaftler Sebastian Knell erläuterte. „Unser knapp bemessenes Leben reiche nicht aus, um echte Weisheit zu erlangen und es in der Wissenschaft sowie der Kunst zur Vollkommenheit zu bringen."[186] Während Tiere voll und ganz in der ihnen bestimmten Lebenszeit aufgehen und keinen Drang empfinden, ihren Horizont zu erweitern, treibt den Menschen die Neugier voran, viel mehr zu erfahren, als er erfahren kann. Die Lebenszeit reicht aber nicht aus, um auch nur annäherungsweise „die von uns selbst geschaffene kulturelle Welt" zu erfassen. Selbst die bedeutendsten wissenschaftlichen Experten überblicken nur Teile ihres Fachgebiets. An den größten physikalischen Experimenten wie beim Teilchenbeschleuniger des CERN arbeiten tausende Wissenschaftler und Techniker mit, um Aufschluss über den Aufbau der Materie wie des Universums zu erhalten – und das Zusammenspiel funktioniert, obwohl das eine Team von der Arbeit und dem Wissen des anderen nur wenig oder fast nichts versteht. Keiner überblickt wirklich das Ganze, das jedoch als Ganzes funktioniert.

Der Mensch versucht, reisend seinen Raum zu erweitern, mehr Raum zu erobern. Eine Eroberung der Zeit im Sinne ihrer Erweiterung ist dem Individuum aber nicht möglich. Zwar schießen Spekulationen ins Kraut, womöglich durch biotechnologische Verbesserungen die Alterung abzubremsen und so die Lebenszeit zu verlängern. Die leiblich-psychische Sterblichkeit des Einzelnen aber bleibt, selbst bei transhumanistischen oder posthumanistischen Fantasien, irgendwann einmal die neuronalen Funktionen eines Menschengehirns scannen, kopieren und in einen superkomplexen Computer einspeisen und dann zumindest simulieren zu können. Die qualitätsmäßigen Erfahrungen wie das Wahrnehmen von Zahnschmerzen oder der Schmetterlinge im Bauch beim Verliebtsein, die Gefühle beim Anblicken eines blühenden Obstbaums oder beim Bestaunen eines Feuerwerks werden jedoch nicht als analoge reale Bewusstseinszustände außerhalb des leiblich-geistig-seelischen Menschensubjekts zu erzeugen sein, vermutet Knell. Erst recht nicht jener Zustand, wie der menschliche Geist sich zu sich selbst in Beziehung setzen, über sich selber nachdenken kann. Es ist ein seltsames individuelles Ich, das sich selbst als Ich reflektiert und sogar überschreitet. Die „gesamte mentale Sphäre" ist „nicht von einer leiblich verfassten, sozialen Lebensform ablösbar". Es wird kein abstrakt gedachtes Computerprogramm geben, das ein Mensch-Individuum in Echtheit simuliert und unabhängig von der leiblichen wie geistigen Bindung ein Ich entstehen lässt, das es mit der Besonderheit und Einmaligkeit des komplexen, sich selbst betrachtenden Ich eines Menschen aufnehmen könnte.

Auch ein erweitertes langes Leben wird kurz sein, für den Menschen zu kurz. Aber womöglich doch erfüllt, wie schon das jetzige Leben erfüllt sein kann? Knell erinnert an die Schrift *De brevitate vitae* des römischen Philosophen, Politikers, Schriftstellers und Naturforschers Seneca, eines der bedeutendsten Vertreter der sogenannten Stoa: Das Leben sei nur dann zu kurz, wenn der Einzelne die ihm zur Verfügung stehende Zeit nicht richtig gebraucht. Der Mensch lebe im Einklang mit der Natur und den Gesetzen des Kosmos, und diese seien vernünftig.

Wenn man schon nicht die Zeit unendlich ausweiten kann, lässt sie sich dann wenigstens anhalten, von Zeit zu Zeit? Ja! Es gibt die Zeit des stehenden Augenblicks und der Momente, die uns herausheben aus dem Strom verrinnender Zeit. Seit jeher haben Menschen das erfahren, wenn sie im Kult, im Fest, im Feiern mit der Gottheit in Verbindung traten. In der Liturgie, in der Feier der Eucharistie und des Abendmahls, der Sakramente bleibt die Zeit stehen, um diese Zeit mit Gott zu verbringen und mit dem, was unsere größte Sehnsucht ist: Ewigkeit. Der Gottesdienst unterbricht den Zeitstrom, reißt die Feiernden aus der Zeit heraus, heraus auch aus dem „Veitstanz" ums Ich.

Im christlichen Verständnis ist diese Zeitlosigkeit inmitten der Zeit ein Vorgeschmack auf den Himmel, auf die himmlische Liturgie, die wir als Verheißung erhoffen. Gespeichert im Gedächtnis, im Geheimnis des Glaubens, der Erfahrung des österlichen Christus. Die Zeit für Gott und mit Gott, mit Christus im Sakrament, mit denen, die ich liebe und in diesen Momenten Gott anvertraue, ist verdichtete Zeit auch für mich. Zeit zu leben unter dem Horizont des ewigen Lebens.

Der Unruhetag Sonntag

Jeder ist seines Glückes Schmied? Lange glaubten die Menschen an eine Art heimliches Geschichtsgesetz: dass es mit dem Wirtschaftswunder ewig bergauf geht. Höher, schneller, weiter – und immer besser. Die Krisen auf den Weltfinanzmärkten und die gigantisch hohe, durch die immensen staatlichen Subventionen zur Ankurbelung der Ökonomie in der Corona-krise nochmals gesteigerte weltweite Verschuldung zeigen jedoch anderes. Den rosigen Versprechungen von einst trauen viele nicht mehr, erst recht nicht jene Jugendlichen und jungen Erwachsenen, die genau wissen, dass sie es sind, die einmal die Zeche der heutigen Verschwendungssucht bezahlen müssen.

Der Mensch ist eben nicht nur der Homo faber, der Handwerker und ständig Schaffende, der alles, was er möchte, aus eigener Kreativität entwickeln und mit ständiger Kraft umgestalten kann. Und der dann auch die Früchte seiner Tätigkeit ausgiebig genießen wird. Im Gegenteil: Das Unberechenbare kehrt in die Geschichte zurück.

Lange lebten wir in unserer Gesellschaft und Kultur von der Verheißung, dass jeder und jede sich selbst verwirklichen, dass jeder und jede alles aus sich machen kann, wenn er/sie es nur will. Auf einmal spüren die Menschen aber wieder, dass selbst die erstaunlichste und bewundertste Leistung im Bankrott enden kann, dass sogar das tollste Geschick vor dem Schicksal machtlos ist, das stets zuschlagen kann. Der Journalist Thomas Assheuer meinte einmal, dass eine Art Melancholie in unser Leben zurückkehrt, verbunden mit Skepsis: Man empfinde „die gegenwärtige Gesellschaft als Hamsterrad mit goldenen Speichen. Zwar gebe es hier und da noch kleine Fortschritte und Erleichterungen, aber im Wesentlichen drehe sich alles Leben im Kreis. Der Kapitalismus frisst seine Kinder und erschöpft sich in der freudlosen Leere des profitablen Lebens."[187] Wo früher ein glücklicher Sinn war, ist heute nur noch die Möglichkeit geblieben, dies oder das zu kaufen, zu konsumieren, sich vollzustopfen mit verschiedensten Dingen. Aber: Ist das alles vom Leben? Ist das wirklich *mein* Leben?

Manche wenden sich inzwischen enttäuscht von dieser Welt ab und flüchten sich ins reine Gefühl. Sie bevorzugen die Tradition, verklären das Vergangene, als ob früher alles besser gewesen sei. Einige sehnen sich sogar in die Epoche noch vor Christentum und Judentum zurück, in eine vermeintlich heile Welt des frühen Heidentums, in eine angeblich friedvollere Epoche vor dem Ein-Gott-Glauben, in eine – so meint man – harmonische Einheit von Mensch und Natur. Schöne alte Welt?

Diesen Skeptikern stehen andere gegenüber, die statt der Flucht in eine heimelige Vergangenheit die Flucht in die Zukunft propagieren. Wieder andere verlangen Härte, Männlichkeit, Akzeptanz der Welt, wie sie nun einmal sei. Nur keine Visionen, nur keine Utopien. Forderungen nach sozialer Gerechtigkeit, nach Lastenausgleich, nach einer sozialreformerischen Ordnung des freien Marktes sind diesen Leuten ein Greuel. Ihr Heldentum verlangt Anpassung an die angeblich unausweichliche Realität. Genauer: an das, was sie selber als Realität, als Sachzwang beurteilen. Für Gesellschaftskritiker und Weltverbesserer haben diese Menschen nur ein müdes Lächeln übrig. Die fetten Jahre sind vorbei. Das wahre Leben sei eben kein Wohltätigkeitsverein.

Was aber ist das wahre Leben? Wo stehen wir als Christen? Bei denen, die jammern und sich ins vermeintlich bessere Gestern zurückträumen, oder bei den Hartmachern, die den sozialdarwinistischen Kampf ums Dasein propagieren? Hilf dir selbst, so hilft dir Gott? Krisen ökonomischer, politischer oder kultureller Art, wie wir sie momentan erfahren, könnten der Anstoß zu einer Gewissenserforschung sein.

Wozu leben wir, wozu sterben wir? Wozu bin ich auf der Welt? Leben wir richtig, leben wir falsch? Was sollen und was wollen wir lernen? Wie viel Lust tut uns gut, wie viel Disziplin und Verzicht brauchen wir?

Diese Fragen stellen sich nicht wenige neu. Selbstverwirklichung ist gut – aber welche Selbstverwirklichung meinen wir? Selbstverwirklichung ist nicht alles. Inzwischen erscheinen uns andere Themen weitaus wichtiger: zum Beispiel, wie wir zwischen Beruf, Familie und Freizeit gute Beziehungen knüpfen, wie wir eine bessere Partnerschaft von Mann und Frau und Kindern leben können. Die Familie wird wiederentdeckt – und bei allem auch wieder: echte Freundschaft.

Christen wissen um die Tragik und Härte des Lebens, um das Leiden, auch im religiösen Leben. Sie kennen spirituelle Krisen, Zweifel, Enttäuschungen. Enttäuscht selbst von Gott. Und das ist auch gut so, um sich nicht blenden zu lassen, auch nicht von Frömmelei. Wahre Frömmigkeit weicht den Tatsachen nicht aus. Nirgendwo liegen Tod und Leben, Sinnlosigkeit und Sinn derart eng beieinander wie in der religiösen Betrachtung von Leben, Leiden, Sterben und Auferweckung Jesu Christi. In diesem Geschehen verdichtet sich die Spannung, der wir als gläubige Menschen ewig ausgesetzt bleiben, im religiösen wie im weltlichen Bereich. Wir erfahren immer wieder neu die Ohnmacht des Karfreitags. Wir erwarten die Auferstehung der Toten und das Leben der kommenden Welt, Befreiung, Rettung, Trost, Erlösung.

Das Österliche ist die Mitte dessen, was wir jeden Sonntag feiern, was wir im Gottesdienst liturgisch-symbolisch uns vergegenwärtigen im Brechen des Brotes, im gemeinsamen Verzehr von Brot und Wein – als Kommunion und Kommunikation untereinander und mit Gott. Deshalb ist der Sonntag eigentlich gar kein Ruhetag, wie er ständig in Lippenbekenntnissen von Kirche und Gewerkschaften gefordert und beschworen wird. Der Sonntag ist für Christen zutiefst ein Unruhetag, mehr noch ein Beunruhigungstag. Er lässt uns im regelmäßigen Rhythmus von Woche zu Woche Ausschau halten nach dem wahren Leben, das so oft umgeben ist vom unwahren. Wir wollen echt leben, authentisch – mit Hoffnung auf morgen, mit Liebe fürs Jetzt. Ja, es gibt im christlichen Sinn ein Leben *vor* dem Tod, weil es ein Leben *nach* dem Tod gibt, ein Leben durch den Tod hindurch und jenseits des Todes, das aus dem Leben vor dem Tod kommt.

Gegen die Schicksalsgläubigkeit voller Gottvergessenheit wie Selbstvergessenheit finden wir uns als Christen weder mit der Banalisierung des Lebens ab noch mit der Banalisierung des Todes. Deshalb feiern wir den Sonntag als Tag der Unterbrechung. Er hilft uns, zur Besinnung zu kommen, an Gott zu denken, daran, dass es mehr als alles gibt. Das österliche Leben der Hoffnung ist unsere Kraft fürs Dasein. Unsere Spiritualität ist und bleibt österlich – daher bezogen auf das Reich Gottes, das ein Reich der Gerechtigkeit wie der Freiheit der Kinder Gottes ist.

Das Gegengift gegen die Ergebenheit in den Lauf der Dinge kommt aus dem Sonntag, jener Rebellion in Eucharistie und Abendmahl, die sich nicht zufriedengibt mit dem, wie es nun einmal sei. Das Zweite Vatikanische Konzil hat in seinem berühmten Dokument über die Kirche in der Welt von heute vorausgeahnt, was viele Menschen jetzt immer deutlicher spüren: Es wachse die Zahl derer, „die die Grundfragen stellen oder mit neuer Schärfe spüren: Was ist der Mensch? Was ist der Sinn des Schmerzes, des Bösen, des Todes – alles Dinge, die trotz solchen Fortschritts noch immer weiterbestehen? Wozu diese Siege, wenn sie so teuer erkauft werden mussten? Was kann der Mensch der Gesellschaft geben, was von ihr erwarten? Was kommt nach diesem irdischen Leben? ... Die Kirche aber glaubt: Christus, der für alle starb und auferstand, schenkt dem Menschen Licht und Kraft durch seinen Geist, damit er seiner höchsten Berufung nachkommen kann."[188] Diese Berufung meint: österlich leben. Christen sind keine Fatalisten. Wir haben Hoffnung. Dazu hilft uns der beunruhigende Ruhetag

Sonntag. Ihn wollen wir nicht missen und nicht preisgeben. Daher sollten wir einen sonntäglichen Lebensstil pflegen. Wer den Unruhetag Sonntag – gerade auch für sich selber – rettet, rettet den Menschen, rettet die Seele vor ihrem Ausverkauf, rettet das Gemeinwesen.

Zu lange hatten sich die Kirchen auf eine falsche Gemütlichkeit festgelegt, als sie den Sonntag zu einem bürgerlichen Tag der Ruhe erklärten, während doch an diesem Tag alles Weltliche in Bewegung gerät. Am Sonntag kommt mit der Unterbrechung der Allerweltsbewegung Gott selber in Bewegung. Das macht den religiösen Mehrwert des sonntäglich-feiertäglichen Rituals aus, das kein bloßer Funktionalismus zur bürgerlichen Gemeinschaftsbildung in behaglicher Wellness ist, sondern einlädt zu einem Transzendieren auf Transzendenz hin. Unruhig ist unser Herz, bis es ruht in Dir, Gott. Nicht die ewige Ruhe erwarten und erhoffen wir, sondern das ewige Leben.

Gefahrenzone Bittgebet – Glauben im Beten

Seit 5000 Jahren in innigster Umarmung – das Foto ging um die Welt. In Italien waren 2007 bei Ausgrabungen in einem Industrievorort von Mantua zwei Skelette gefunden worden von Menschen, die sich zum Zeitpunkt des Sterbens eng aneinanderschmiegten. Die „Liebenden von Valdaro" schieden möglicherweise im Augenblick grausamster Einsamkeit, dem des Todes, zärtlich miteinander verbunden aus dem Wunder des Lebens. Die Spekulationen der Forscher und der Medienleute schossen ins Kraut. Ein junger Mann, eine junge Frau – vielleicht von einem Unglück überrascht? Oder wurden zwei Tote nur zufällig so zusammengelegt?

Nichts ergreift uns derart wie die Liebe – und wenn Liebende tragisch auseinandergerissen werden durch den Tod. Die Liebe ist ewig, behaupten wir. Und: Gott ist die Liebe. So auch der Titel der Antrittsenzyklika von Papst Benedikt XVI. Aber ist Gott wirklich lieb? Jedenfalls haben sich die menschlichen Gottesvorstellungen seit jeher an den Grenzerfahrungen von Liebe, Sexualität, Fruchtbarkeit und Sterben entwickelt. Alles Wissen der Archäologen und Anthropologen deutet darauf hin. Wir erschaudern jedes Mal neu, wenn wir auf Zeugnisse der frühesten Menschheitsgeschichte stoßen. Wie kam der Mensch zu Gott, wie kam Gott zum Menschen? Und warum ist der Homo sapiens heute – etliche Evolutionsschritte weiter – in manchen Regionen plötzlich derart gottvergessen, innerhalb von ein, zwei Generationen?

Andererseits wird immer wieder gerade in den säkularen Medien über eine Wiederkehr der Religion diskutiert, zumindest über eine Wiederkehr des Interesses an religiösen Phänomenen, des Redens über Religion. Der Philosoph Peter Sloterdijk erklärte: Für ihn sei es eine „sehr überzeugende Annahme", dass „schon das Interesse für Religion die Religion selbst sein kann"[189]. An Religion sei eigentlich nur eins wichtig: „die Offenheit, die Erfahrungsbereitschaft". „Wenn einer eine Rose richtig anschauen kann, sagte unser Religionslehrer, dann hat er möglicherweise vom Wesentlichen mehr verstanden, als wenn er sich verbal zu Christus bekennt." Sloterdijk bekannte seinerzeit: „In dieser Gefahrenzone bin ich seit jeher zu Hause."

Der Lebensstil religiöser Leute mag Neugier wecken. Religion mag damit im entferntesten Sinn beginnen. Glauben aber ist es noch nicht. Denn dies hängt in allen Kulturen ab von ausdrucksstarken Akten: von der aktiven Teilhabe am kollektiven wie individuellen Kult, an meditativer Verinnerlichung. Die expressivste religiöse Kraft manifestiert sich seit frühester Zeit im Beten, verbal wie nonverbal. Ich bete, also bin ich – Mensch. Vor jeder Religion kommt Religiosität. Das Unaussprechliche verdichtet sich in Sprache: im Sprechexperiment. In dem von dem italienischen Anthropologen, Evolutionsbiologen und Priester Fiorenzo Facchini herausgegebenen Bildband *Die Ursprünge der Menschheit* heißt es kurz und bündig: „Religiosität ist dem Menschen angeboren und findet sich bei allen Völkern ... Die Idee des ‚Heiligen' wird inspiriert durch die Wahrnehmung von etwas, das über dem Menschen steht und gegenüber dem er sich machtlos fühlt oder dessen Wesen er nicht kennt. Die Notwendigkeit eines Sinns für die eigene Existenz, eines Zufluchtsortes und einer Hoffnung, vor allem in den Angstmomenten oder in Anbetracht des Todes, ruft Religiosität hervor ... Der Homo faber war aber auch ein Homo symbolicus und sapiens, und wenn man darunter sein Abstraktionsvermögen versteht, so trug er die Voraussetzungen der Religiosität bereits in sich."[190]

Gott kam und kommt zu den Menschen weniger von außen als von innen – dank entwickelter Geisteskraft, dank eines in einer langen Evolution komplex herangereiften Gehirns. Erst die atemberaubend vielfältige, zigtausendfache Verknüpfung jeder der zehn Milliarden Hirnzellen machte den Menschen fähig für Gott – und Gott für den Menschen. Übernatürliche Gotteserkenntnis beziehungsweise Gotteserfahrung – kurzum: Offenbarung – hat ihre natürlichen Wurzeln in den Rezeptoren sowie in der Rezeptionsfähigkeit des menschlichen Gehirns. Ohne das Wunder der geistigen Evolution gäbe es nicht das Wunder der geistlichen Evolution, der Gottesgeburt im Menschen. So – über seine Schöpfung – wollte Gott offenbar vom Menschen als Gott erkannt werden. Wozu sonst die vielen Umwege und Irrläufer und Sackgassen des seit Milliarden Jahren andauernden kosmischen Werdens?

Vom ersten Hauch religiöser Ahnung an hat den Menschen aber auch Enttäuschung begleitet, die bittere Erkenntnis, nicht in der besten aller womöglich denkbaren Welten zu leben und selber ein Mängelwesen zu sein: imperfekt, stets gefährdet, dem Abgrund nah. Was rettet, was birgt, was schützt?

Der Religionswissenschaftler und orthodoxe Theologe Wassilios Klein sieht in dieser grundlegenden Infragestellung menschlicher Existenz den Kristallisationskern menschlicher Sprachschöpfung im Gebet. Neben der Vielfalt der menschlichen Sprache ist die Fähigkeit zum vielfältigen Beten universal verankert. Ganz unabhängig vom religiösen System, von Stilen und Sprechformen, ob man an personale Gottheiten glaubt oder nicht: In allen Weltregionen und Völkern gibt es das betende Bitten. Klein meint sogar: „Beten heißt zuallererst Bitten.“[191] Das Bittgebet ist keine Lehre, keine Dogmatik, keine Mythologie. Es ist unmittelbarste, reinste Kommunikation. Oder ist es doch nur Illusion, Projektion? Der Dialog ein Monolog, das Gespräch mit Gott ein gehobenes Selbstgespräch?

Ganz oben auf der gebeteten Wunschliste stehen überall Leben und Gesundheit, Heilung von Krankheiten. Sehr konkret können die Menschen bitten, so Klein: um gesunde Kinder, um eine liebe Frau, einen tüchtigen Mann, um Schutz auf Reisen und gewinnträchtige Geschäfte, um starke Schenkel, Muskeln, Sehnen, ja um Unterstützung im Kampf und um Vernichtung der Feinde, um täglich zwei Fische im Netz oder um viele Ziegen, Schafe, Rinder. „Lass mich reich werden.“ Nichts Menschliches ist der Religion fremd, so Klein.

Wenn aber Gott *nicht* hört, wenn er *nichts* unternimmt, wenn alles Rufen und Klagen in den Wind geworfen ist? Die ersten schweren Gotteskrisen der Menschheit begannen überall dort, wo Gott schwieg, wo er versagte.

So hat sich im Lauf der Zeit das Bittgebet auch immer wieder gewandelt. Die Wünsche wurden abstrakter, mystischer, allgemeiner – nicht mehr so dinglich. Manches Gebet mündet einfach in die Bitte um Gottesnähe. Ijobs Empörung schließlich reißt die Horizonte auf. In manchen Psalmen mutiert die Klage des Menschen zur Anklage Gottes.

Wie sollen wir recht bitten, wie können wir richtig beten? Jesus lehrt die angemessene Perspektive im Vaterunser, gewiss immer noch im Horizont orientalischer Bittsteller, die erst einmal der Majestät schmeicheln und sie loben, deren Herrschaft und Macht preisen müssen, um dann die eigenen Wünsche vortragen zu können. So wird der Vater im Himmel voller Inbrunst gepriesen, dass sein Name geheiligt werden möge. So wird in der Geste verbaler Unterwerfung ihm uneingeschränkt zugestimmt, dass sein Reich kommen und sein Wille geschehen möge – ehe es zum Vortrag der persönlichen Wünsche an ihn kommt: bittend um Brot beziehungsweise um das geistige, himmlische Brot, um Schuldvergebung, Befreiung von Versuchungen und Erlösung. Aber bereits hier zeigen sich die Bitten erstaunlich aufgeklärt und abstrakt. Das reicht bis zur biblischen Mahnung, nicht allzu viele Worte zu machen. Denn Gott weiß doch, was die Menschen brauchen. Am „aufgeklärtesten" und am meisten entmythologisiert wirkt in dieser Hinsicht der Hebräerbrief: Die rechte Gebetshaltung sei das „Opfer des Lobes" (13,15). Jesus selbst wünscht sich im Garten Gethsemani, dass der Kelch des Leidens an ihm vorübergehen möge – aber nur, wenn Gott es will …

Der Alttestamentler Thomas Hieke vermerkt, dass im fortschreitenden Beten mit Jesus „das Bittgebet dann eigentlich keine Bitte mehr" ausdrückt, sondern wesentlich das Vertrauen auf Gott begründen will. So steht schließlich bei Jesus selbst „nicht mehr das Bitten als Sprechakt an sich im Vordergrund …, sondern das Gebet als Ausdruck der Kommunikation und Gemeinschaft: Der himmlische Vater wird in seiner Güte und Vorsehung für alle sorgen, die sich an ihn wenden."[192]

Stimmt das aber? Das Leiden der Welt widerspricht dem doch! Selbst wenn es Gott gäbe, er tut ja nichts … – so die neuzeitliche Grunderfahrung, die eine schleichende, inzwischen eher schon galoppierende religiöse Entfremdung begünstigt. Die übliche Ausrede, Gott werde schon wissen, wozu es gut ist, wenn er unsere Wünsche nicht erfüllt, wird mehr und als Psychotrick zur Dauerentschuldigung Gottes wahrgenommen, egal wie es ausgeht, ob positiv oder negativ. Gott wirkt eben immer, wenn die offene Bitte lautet, er möge helfen – oder eben, wenn es sein Wille ist, nicht. Dann ist Gott immer der „Gewinner". Aber wenn wir Gott nur noch bitten, ohne ihn eigentlich ernsthaft zu bitten und auf echte Erfüllung zu hoffen – was für einen Sinn hat das dann? Beten wird auf diese Weise zur puren Psychohygiene. Man hat mal sein Herz ausgeschüttet, sich von Druck befreit. Solches Beten wäre jedoch nur noch eine Methode zur seelischen Selbststabilisierung. Womöglich gar ein Opium des Einzelnen wie des Volkes? Uneigentliches Bitten, das Gott in vorauseilender Beschwichtigung bereits dafür entschuldigt, dass er nicht antworten wird, nimmt sich selbst nicht ernst. Und der Beter sich auch nicht. In jedem Fall geht es vermeintlich gut aus für Gott. Für den Verstand des Menschen jedoch nicht. Und auch nicht für einen kritischen Gottesglauben, der sich nicht wider die Vernunft stellen lässt. Am Ende beschädigt es Gott selbst.

So hat auch der Prozess des Abstrahierens und Verflüchtigens beim Bittgebet seine Grenzen. Die Beteuerung, dass Gott schon selber wissen wird, wozu alles gut sei, wenn er nicht eingreift, wirkt am Ende zynisch, menschenverachtend. Das Buch Ijob hat dem jüdischen und christlichen Glauben da bereits eine frühe Lektion erteilt. Zu viel steht auf dem Spiel. Die Dramen, die sich Tag für Tag abspielen, sind aber alles andere als nur Spiel.

Drastisch sichtbar wurde das Problem in der Coronakrise. Kein Zweifel: Der Fels des modernen Atheismus liegt in der Desillusionierung des Menschen über Gott. Während der Coronaseuche wurde zu Gebetsstürmen aufgerufen, was unter kritischen Gläubigen den Verdacht einer Wiederkehr oder Neubelebung magischen Denkens weckte, als ob sich ein tödlicher Keim geradezu wegbeten ließe. Auf der anderen Seite wurde den Zweiflern unterstellt, kleingläubig zu sein, nicht der Allmacht Gottes zu vertrauen, dem doch alles möglich sei. Corona hat in religiöser Hinsicht eines vor allem offengelegt: dass der christliche Lebensstil nachhaltig davon getroffen beziehungsweise beeinträchtigt ist, was man in der Not als Segen dem Gebet noch zutraut oder aber von ihm in einem aufgeklärten Bewusstsein nicht mehr erwarten kann. Traditionelle Glaubensverständnisse und konventionelle Glaubensweisen, die unterschwellig da und dort nachwirken sowie verschiedentlich beharrlich verteidigt werden, sind zerbrochen.

Wo aber mutiert der Glaube gerade im Beten zum Aberglauben? Nach wie vor gibt es die schlichte Volksfrömmigkeit, die ein übernatürliches Eingreifen Gottes in den Lauf der Geschichte und in die Naturgesetze für möglich hält und meint, das durch Bittgebete beschleunigen oder wenigstens anregen zu können. Daneben gibt es eine eher intellektuell ausgerichtete, philosophisch und naturwissenschaftlich imprägnierte Hochreligiosität, die um ein Glaubensparadigma ringt, das Licht aus dem Horizont moderner Welterfahrung empfängt, diese jedenfalls nicht verdunkelt. Die Turbulenzen im Wandel religiöser Anschauungen sind nicht länger zu beschwichtigen. Sie fordern mehr und mehr Kirche wie Theologie heraus, ob und inwiefern sie bereit sind, sich auf diese Veränderung, die keineswegs eine bloß äußerliche Veränderung der Form ist, einzulassen. Das betrifft die Sakramente ebenso wie Lehre und Amt. Nicht zuletzt das gemeinschaftliche wie individuelle Beten. Hilft Beten? Oder ist es doch nur ein ritualisiertes Selbstgespräch gegen die Angst?

Wegbeten und Herbeibeten hilft nicht. Das mussten schon die Baalspriester erfahren, die mit viel Geschrei zur Anrufung ihrer Gottheit einen großen Tanz aufführten, um eine Offenbarung zu erhalten, aber im Stich gelassen und von Elija peinlich blamiert wurden (vgl. 1 Kön 18). Heutzutage mag den einen das fürbittende Beten noch den Glauben stärken, den anderen aber wird es ihn eher zerstören. Was ist rechtes Beten? Ein anderes Beten jedenfalls als die oft so flachen, gequält „zeitaktuell" formulierten, meistens bloß trivialen, infantilen Mustervorschläge, die leider zunehmend verbreitet und als Fürbitten in den Gottesdiensten verwendet werden.

Für den Theologen Johann Baptist Metz war wahres Beten ein existenzieller Aufschrei der Seele angesichts des Leidens. Ein Protest gegen die Leidverdrängung in Wohlstandskulturen. Derartiges Beten meint ebenfalls Unterbrechung: gegen den Trott gesellschaftlicher wie religiöser Sicherheit, gegen gläubige Selbstgefälligkeit, gegen die Routine der Gottvergessenheit, gegen den Tod Gottes. „Was geschieht, wenn die Kindheitsträume zerfallen, die einen bislang mit der Welt vertrauensvoll versöhnt hatten? Was geschieht, wenn die fugendichte Normalität des Lebens einen Riss bekommt?"[193], fragte Metz in einem sehr persönlichen Glaubenszeugnis. „Was, wenn der Glaube nicht mehr auf einem naturwüchsigen Vertrauen ruhen kann?" Wird dann alles, was man bis dahin gelebt und gehofft hat, zu einer großen Lüge? Gott selbst?

Immer liegt – so Metz – „ein Hauch von Unversöhntheit" über der Glaubensgeschichte: „Gebete sind für sie vor allem Gebete des Vermissens, des

Gott-Vermissens ... Meine Gebete sind bis heute durchdrungen von diesem lautlosen Schrei." Letzten Endes laufe alles darauf hinaus, „Gott um Gott zu bitten", „Gott also um ihn selbst zu bitten". Damit aber gibt der Glaube seine Infantilismen, seine oft untergründig nachschleichenden, den Zweifel weckenden magischen Vorstellungen auf. Es ist ein einschneidender, aber notwendiger Paradigmenwechsel, erklärte Metz: „Es ist also allemal, wenn überhaupt, mit einem nicht passenden Gott zu rechnen, mit einem Gott, ... der uns nicht einfach ein Innewerden unserer selbst ohne jegliches Erschrecken vergönnt, der nicht nur jubeln, sondern auch schreien und schließlich verstummen lässt" – wie der verstummende Schrei Jesu am Kreuz.

Der Theologe Erwin Dirscherl sieht keinen anderen christlichen Weg, als sich dem Abgrund des möglichen religiösen Scheiterns ganz auszusetzen. Die Leidfrage sei für den, der glaubt, begrifflich-verstandesmäßig nicht zu lösen. Sie ist vielmehr „im Gebet auszuhalten", das um seine Grenzen weiß. Aber auch um seine Stärke: Die „Rückbindung im Gebet" versteht Dirscherl als tiefstmögliche Rückbindung an Gott, an den unerträglich schweigenden Gott, an dieses „unverfügbare Geheimnis". Das bittende Beten, das durch alle Enttäuschungen hindurch den Menschen wachhält vor Gott, kann am Ende keinen anderen Zweck haben als auszuharren vor dem Unaussprechlichen. Erst „im Nachhinein kann sich für mich ein Sinn erschließen, der zuvor nicht sichtbar war. Das ist vielleicht die tiefe Bedeutung des Satzes, dass die Zeit Wunden zu heilen vermag. Zeit aber ist das, was zwischen Gott und uns geschieht, eine Beziehung."[194] Vielleicht also auch: eine Fügung; etwas, das das Leben im Vertrauen auf Gott zusammenfügt unter einem Horizont, den ich mir selber nicht zusammenzimmern kann.

Die Welt, in der wir leben, mag nicht die beste aller möglichen Welten sein, die wir uns vorstellen könnten. Aber diese unvollkommene Welt ist genau die, die uns als Mensch möglich machte, jeden Einzelnen von uns. Ohne dieses Universum und seine Evolution, die von Gott als Werdewelt mit allen Möglichkeiten, Gesetzmäßigkeiten und Grenzen gedacht wurde, wären wir nicht. Aber wir sind! Für den Theologen Magnus Striet ist inmitten aller Rätselhaftigkeit, inmitten auch der Unvollkommenheiten und des Leidens, dies das eigentliche Wunder der Wunder: unsere Existenz mit und unter diesen Naturgesetzen, nicht gegen sie; „dass eine Welt ist, in der freie Menschen sind, die einander wahrhaft menschlich sein können oder doch jedenfalls könnten"[195]. Diese offenbar chaotische Natur mit allem Elend macht es möglich, dass auch wir sein dürfen, dass wir ins Leben treten konnten. Warum ist die Welt, wie sie ist, und nicht anders? Warum schweigt Gott? Warum erfüllt er die konkreten Bitten des Menschen nicht? Striet: „Wir wissen es nicht." Auch als gläubige Menschen wissen wir es nicht. Dennoch, so Striet, werden wir am Beten, ja sogar an bittendem Beten festhalten, „um Gott um ihn selbst zu bitten" und darum, dass die Menschen diese Welt als „Geschenk und Gabe trotz allem gerne akzeptieren mögen". Denn diese Welt ist unsere Welt, die uns dasein lässt, wo wir als in Grenzen freie Menschen Gott entgegengehen können.

Betend entwickeln wir uns und unsere Religiosität und damit unseren christlichen Lebensstil unaufhörlich weiter. Kritisch betend reinigen wir unsere manchmal allzu infantilen, teilweise noch magischen Bilder von Gott, dem Allmächtigen, dessen Allmacht aber auf einer anderen Ebene liegt als auf der kindlicher Omnipotenz-Fantasien.

Die heftigste existenzielle Herausforderung ist die Gottesfrage, die sich im Horizont des Betens aufs Schärfste stellt. Daran entscheidet sich letztlich die Art, christlich zu leben, der christliche Lebensstil. Wie jegliches Gottdenken, wie alles Zu-Gott- und Von-Gott-Sprechen bewegt sich das Christsein in einer „Gefahrenzone", nie abgesichert, immer experimentell, vorläufig, auf dem Weg. So aber wurden schon die ersten Christen verstanden als die, die auf dem Weg sind, auf dem neuen Weg (vgl. Apg 9,2). Das ist christlicher Lebensstil damals wie heute. Unter evolutiv erweiterten Horizonten können wir dann redlich zum unbekannten, aber keineswegs unplausiblen Gott beten, ihm danken, ihn loben und feiern. Einen Gott, der anders (all-)mächtig ist, als es unsere irdisch begrenzten Vorstellungen von Allmacht nahelegen.

Christliches Glauben und Beten, das sich dem fortschreitenden Erkennen öffnet, wird aus der puren Defensive der Apologetik heraustreten, um eine religiöse Sprache mit der Vernunft zu finden. Ich glaube und bete, weil es vor modernen, wissenschaftlich geprägten Horizonten nicht unvernünftig ist! Das zu öffnen, fordert die christliche Theologie noch einmal neu heraus. Sie soll und muss gerade aufgrund der evolutiven Welterfahrung die Allerwelts-Ahnungslosigkeit vieler Menschen über Gott offensiv erschüttern und irritieren.

Thomas Assheuer deutet eine entsprechende Zukunftsfähigkeit des religiösen Bewusstseins an: „Religionen sind nicht bloß die Bewährungshelfer der Weltgesellschaft. Sie sprechen auch über einen ‚Skandal‘, der alle Menschen bewegt, obwohl keine Macht der Welt Schuld daran trägt: über Zeit und Vergänglichkeit, über ein Leiden, das aus der menschlichen Existenz selbst entsteht, aus Endlichkeit und Tod. Dafür haben die Weltreligionen eine Sprache gefunden, die durch keine andere ersetzt werden kann, erst recht nicht durch die Heilsversprechen der Ökonomie oder der Naturwissenschaften. Dieses anzuerkennen kann auch für Kritiker der Religion eigentlich nur – vernünftig sein.“[196] Letzten Endes ist die wohl expressivste Sprache, die Menschen möglich ist, die Sprache des Gebets.

So könnte das Coronavirus mit den davon ausgehenden schrecklichen Leiden auf dem gesamten Erdenrund mitsamt der es umrankenden existenziellen Angst ein Anlass sein, das eigene Leben und Glauben kritisch zu überprüfen und ungewöhnliche Perspektiven zu wagen. Wenn ein religiöses Verstehensmodell abstirbt, kann ein neues entstehen. Hans Küng hatte oft darauf aufmerksam gemacht und darauf hingewirkt. In dem für seine persönliche Glaubensentwicklung wohl bedeutendsten Werk *Christ sein* schreibt er mit Bezug auf Dorothee Sölle: „Leiden also braucht nicht und gerade für den Christen nicht ein passiv zu ertragendes Geschick zu sein, ein Fatum, ein Schicksal, in das er sich zu fügen hätte. ‚Leiden ist eine Art Veränderung, die der Mensch erfährt, sie ist ein Modus des Werdens.‘ Das Werden auf ein größeres, höheres, freieres Endziel hin.“ Das alles aber ohne Vertröstung, ohne Verharmlosung, ohne Ignorieren, ohne Revoltieren.

„Mit dem Blick auf Jesus bleibt der Mensch bei der mit allen Mitteln vollzogenen Bekämpfung des Leids realistisch. Er wird nie der Illusion verfallen, als ob es durch technologische Entwicklungen oder sozial-revolutionäre Veränderungen, durch Umweltveränderung, psychische Stabilisierung oder auch genetische Manipulation je einmal gelingen könnte, die Fraglichkeit der Wirklichkeit abzuschaffen, die Dialektik des Negativen aufzuheben, die Teufelskreise menschlicher Selbstzerstörung zu durchbrechen, die Macht des Nichtigen, des Chaos, des Sinnlosen in der Welt zu bändigen, ein Paradies auf Erden, ein goldenes Zeitalter, das Reich der Freiheit auch von allem Leid selber zu schaffen … Auch wer sich auf Jesu Weg einlässt und im Alltag sein eigenes Kreuz nüchtern auf sich nimmt, kann das Leid nicht schlechthin besiegen und beseitigen. Aber er kann es im Glauben durchstehen und bewältigen. Nie wird er dann vom Leid einfach erdrückt und im Leid verzweifelt untergehen. Wenn Jesus im äußersten Leid der Menschen- und Gottverlassenheit nicht untergeht, dann wird auch der, der in vertrauendem Glauben sich an ihn hält, nicht untergehen. Denn ihm ist im Glauben Hoffnung gegeben: dass das Leid nicht einfach das Definitive, das Letzte ist. Das Letzte ist auch für ihn ein Leben ohne Leid, das freilich weder er selbst noch die menschliche Gesellschaft je verwirklichen werden, sondern das er von der Vollendung, vom geheimnisvollen ganz Anderen, von einem Gott erwarten darf: alles Leid definitiv aufgehoben in ewigem Leben."[197]

Wer durch die Nacht des Betens gegangen ist, durch jene Gefahrenzone, in der alles Bitten endet – und oft genug Gott selbst –, kann in einem zweiten Anlauf gerade im Zweifeln am menschenförmig gedachten „Mängelwesen" Gott einen Weg zum unbekannten Gott erkunden im Werden der Welt. Das kann zugleich einen sich unterscheidenden Lebensstil hervorbringen im Vertrauen auf den Ganz-Anderen, der sich als der Gute, Wahre und Schöne erweisen möge.

XIV. Kirche – das bin doch ich!

Gemeinschaft der einzelnen Seelen

Besonders fromm klingt es nicht gerade, wie die Urchristen ihresgleichen und ihre Lebensart bezeichneten. Laut Apostelgeschichte handelt es sich schlichtweg um Leute, die „auf dem Weg" sind, auf dem „neuen Weg" (9,2). In Bewegung also. Sachlicher, nüchterner lassen sich die „Fans" und „Follower" Jesu und deren Hoffnung auf Auferstehung im Reich Gottes kaum beschreiben. Die Kirche der Folgezeit wollte da schon mehr sein, ein Haus voll Glorie, eine perfekte Gesellschaft, wenigstens das Volk Gottes. Dabei wäre so mancher kirchlich Bedienstete schon froh, wenn die Getauften von heute wenigstens noch „auf dem Weg" wären. Nur: auf welchem?

Wenn man nach den Bedürfnissen des Wohlfahrtsstaates – zumindest in unseren Breiten – geht, soll die Kirche vor allem für Zusammenhalt sorgen, für den sprichwörtlichen „Ruck durch die Gesellschaft". Die entsprechende Formulierung des Bundespräsidenten Roman Herzog (1934–2017) in seiner berühmten Berliner Rede vom April 1997 hat Karriere gemacht. Herzog appellierte an den Gemeinsinn der Republik: „Durch Deutschland muss ein Ruck gehen. Wir müssen Abschied nehmen von liebgewordenen Besitzständen. Alle sind angesprochen, alle müssen Opfer bringen, alle müssen mitmachen." Als Bundesinnenminister hatte Thomas de Maizière das beim Leipziger Bürgerdialog 2017 auf die Glaubensgemeinschaften hin ausgeweitet: „Der gesellschaftliche Zusammenhalt ist in einem Land mit Kirchen stärker als in einem Land ohne."[198] Entsprechend klingen die Aufrufe von Parteiführern bis zu Religionsführern uniform bei verschiedensten Gelegenheiten: Zusammenstehen, Zusammenhalten, Einheit, Geschlossenheit, Gemeinschaft, Miteinander … Je mehr im Argen liegt, umso mehr sollen es die Gläubigen richten.

Und je massiver das Christentum als religiöser Glaube an Zustimmung verliert, umso mehr wähnen sich vor allem kirchliche Repräsentanten – ob Kleriker oder in irgendeiner Funktion tätige Laien – berufen, im Sinn einer außerparlamentarischen Hyperinstanz Christen, Nichtchristen und Nichtglaubende sozialmoralisch belehren zu müssen, wie man zu denken, zu fühlen, zu urteilen und zu handeln habe. Zum Beispiel in der sehr komplexen Migrationsfrage. Derartiges Besserwissen hat der Soziologe Hans Joas in einem Essay einer kritischen Sichtung unterzogen. Mit der Konzentration auf Moral werde nicht nur der „Eigencharakter des Religiösen" verfehlt, sondern auch „der des Politischen". Wer meint, mit ausschließlich moralischen Argumenten in realpolitische Abwägungen eingreifen zu müssen, erscheine nur „hilflos oder arrogant". Hilflos, weil er der Komplexität eines Problems nicht gerecht wird, insofern er sich „um die absehbaren Wirkungen einer aus moralischen Gründen befürworteten Politik"[199] nicht ernsthaft kümmert. Arrogant, weil er für sich eine „moralische Höherwertigkeit" in Anspruch nimmt und nicht anerkennt, „dass andere aus nicht weniger moralischen Impulsen heraus zu einer ganz anderen politischen Schlussfolgerung gelangen". Aber auch unter Christen sei – so der Katholik und Sozialdemokrat Joas – „ein großes Spektrum legitimer politischer Urteile möglich". Mit einer „reinen" Gesinnungsethik, die anders denkenden und anders argumentierenden Gläubigen vorwirft, unchristlich zu sein, diese also aus der Gemeinschaft geistig exkommuniziert, ist weder Staat noch Kirche zu machen.

Wie aber ist die Spannung auszuhalten, die jeden einzelnen Menschen innerlich durchziehen kann? Joas beschreibt das am Beispiel der Flüchtlings- und Einwanderungsproblematik so: „Obwohl ich persönlich ein Freund der Option für die Armen bin, ein Verteidiger gewaltfreier Konfliktlösung und ein Verfechter der Menschenrechte, weiß ich, dass deshalb nicht alle soziale Ungleichheit, jeder Militäreinsatz und alle Grenzkontrollen und Zuwanderungsbeschränkungen unchristlich sind." Der Sozialphilosoph verweist auf den amerikanischen evangelischen Theologen Helmut Richard Niebuhr: Im christlichen Verständnis haben alle Menschen zwar dieselbe Würde und denselben Wert vor Gott, aber die Menschen leben in Beziehungen. Als Beziehungswesen gewichten sie, was für sie einen höheren Wert hat. Ständig geht es in der Tragik, Zufälligkeit und Begrenztheit des Lebens um Güterabwägungen, oftmals unbewusst.

Aus der Einbettung des Menschen in seine Nahbeziehungen erwachsen besondere moralische Verpflichtungen. Der Christ ist zwar in einer universalen Glaubensperspektive auch den Fernstehenden, den Fremdesten gegenüber zur Nächstenliebe, ja sogar zur Feindesliebe aufgerufen, aber: „Wir fühlen uns mit guten Gründen etwa unseren Kindern in besonderer Weise verpflichtet." Entsprechend kann ein in seinen materiellen wie geistig-kulturellen Ressourcen begrenztes Staatswesen nicht schlichtweg „die ganze Welt retten", auch wenn das Elend im Übermaß die Menschen in vielen Erdgegenden quält. Das biblische Liebesgebot hebelt die politische Klugheit nicht aus. Die universalistische Aufforderung, alle Menschen zu lieben, schließt nach Joas nicht aus, sich in einer vorrangigen Option jenen zuzuwenden, „die in besonders hohem Maße des Schutzes bedürfen". Eventuell, weil sie anderswo kaum Chancen auf Hilfe und Anerkennung haben. Das betrifft zum Beispiel die aus religiösen Gründen von Dschihadisten vertriebenen nah-mittelöstlichen Christen, die in muslimischen Ländern Unterschlupf suchten, dort aber nicht wirklich beheimatet werden. Joas verweist für Deutschland auf die ethnisch bevorzugte Aufnahme von Russlanddeutschen. Aus seiner Sicht wäre eine vorrangige Option für verfolgte Christen oder verfolgte demokratische Aktivisten jedenfalls kein Widerspruch zur Universalität.

Seltsamerweise wenden sich die Menschen, einschließlich der Getauften, von den Kirchen beschleunigt ab in einer Phase, in der diese sich gesellschaftlich als besonders nützlich erweisen wollen, indem sie – ob gefragt oder ungefragt – öffentlich gemeinschaftliche Werte predigen und einfordern. Die (lehr-)amtlichen Autoritäten rufen ständig das Kollektiv Volk zu Gemeinschaftlichkeit auf. Liegt da womöglich der Kern des Problems: dass der Mensch als Individuum, als einzelne Seele und einzelner Körper, in den Mahnreden des Kirchenkörpers religiös gar nicht mehr vorkommt? Gemeinde, Gemeinde, Gemeinde! Noch nie war so viel Kirche als Institution und Struktur wie heute. Aber eben auch und noch nie so viel Abbruch. Es ist ein schwerer religiöser Irrtum, den Blick bevorzugt auf den „Überbau" zu richten und darüber die individuellen Seelen, den „Unterbau" aus vielen einzelnen Gläubigen und vielleicht auch Glaubensuchenden zu vergessen.

Definitiv vorbei sind die Zeiten, als die Kirchen – was heute zu Recht kritisiert wird – wie Heils- und Gnadenanstalten auftraten. Sie erschlossen von oben herab dem Einzelnen, so die traditionelle Vorstellung, das Himmelreich über die Heilsmittel, verabreicht über Katechese, Bibel, Kult, Sakramente. Der das Volk bevormundende Amtsträger war dank Berufung erhoben zum göttlichen Gnadenvermittler. Diese klerikale Anmaßung wurde mit der Reformation, je länger, je mehr auch im katholischen Kontext, dekonstruiert. Das Heil kommt aus Glauben, aus Gnade, durch Christus.

Allerdings sollte ein wichtiger Aspekt jener einstigen Beziehung von Institution und Individuum nicht vergessen werden: Trotz mancher geistlichen Arroganz heiliger Verfügungsmacht ging es um die unmittelbare Zuwendung des Amtsträgers zu jeder einzelnen Seele. Das meint Seelsorge im eigentlichen Sinne: Nähe. Und dazu gehören die Freiräume, in denen jeder einzelne Gläubige ohne institutionelle Drangsalierung die Atmosphäre des Heiligen für sich in privater „Häresie" und eigenwilliger Gläubigkeit empfangen kann, umgeben vom weiten Raum des Sakralraums mit seinem sakralen Hintergrundrauschen. In der Gestalt der tridentinischen Liturgie war der Gläubige als Einzelner entsprechend eingebettet in eine heilige Aura, innerhalb derer er seine frommen Übungen privat für sich verrichten konnte, ins Andachtsbuch vertieft oder ins Rosenkranzgebet – während die Priester wie Magier in der Ferne ihre sakralen Opferhandlungen vollzogen. Das Gott dargebrachte Opfer wurde unabhängig vom Kollektiv Gemeinde als wirksam und heilbringend empfunden, ohne in ein Mittun, ohne in eine aktive Teilnahme, aus der es kein Entrinnen gibt, eingezwängt zu sein. Viele Messen, viele Opfer, viel Gnade – so die magische Sicht der eucharistischen Dinge. Daher auch die Inflation der Privatmessen ohne sonstige Teilnehmer. Der Teilnehmer der kultischen Sakralhandlungen, einschließlich der Hochämter, war weniger als Gemeinschaftswesen anwesend, vielmehr als Individuum, für sich und sein Seelenheil. Als Einzelner ließ er im mystisch-mythologischen Klangraum seine Seele „baumeln", ließ er sich seine Seele erbauen. Dieses Kirchesein von einst soll und darf nicht beschönigt werden, wie es bei mancher Wiederbelebung der tridentinischen Liturgie der Fall ist. Trotz aller strukturellen Amtsarroganz hatte man einst aber anscheinend noch ein Gespür für die Notwendigkeit und Sinnhaftigkeit der individuellen kleinen Fluchten jedes einzelnen Gläubigen – träumend, schwebend, wandelnd mitten im feierlichen „Drumherum".

Aus guten theologischen Gründen ist die pure Privatheit dieses „Rette deine Seele" als Heilsegoismus gebrandmarkt worden. Spätestens mit der Liturgiereform des Zweiten Vatikanischen Konzil setzte sich die tätige Teilnahme aller Gläubigen in der Liturgie durch. Aber es wurde eine tätige Teilnahme immer weniger von Jahr zu Jahr. Die immer größer werdenden Seelsorgeinheiten und der gravierende Priestermangel geben ihr den Rest im wortwörtlichen Sinn. Nur noch ein Rest der Getauften nimmt regelmäßig teil an der sonntäglichen Feier des Osterfestes, der Auferstehung Christi und der Hoffnung auf die Auferweckung der Toten. Das Opfer wurde transformiert zum routinemäßigen Gemeinschaftsmahl, jedoch mit immer weniger Gemeinschaft und immer weniger Individualität. Ihm fehlt jene kostbare Besonderheit, die einst der einmalige Empfang der eucharistischen Gaben in der Osterkommunion spüren ließ. Das Sakrament der harmonisierten und idealisierten großen Dauer-Communio des ganzen Volkes Gottes hat den Einzelnen und dessen persönliche Single-Frömmigkeit ausgeblendet. Gemeinde über alles. Die Gemeindeideologie brachte die eingeschworene Binnengemeinde mit ihrem selbstzufriedenen Binnenmilieu und ihren eigenwilligen Binnenvorlieben hervor, eine Art Volkskirche aus bloß ihresgleichen, die alle abstößt, die von außen als Einzelne eventuell dazustoßen würden und sich dann aber als fremd erleben. Der Friedensgruß mit dem Banknachbarn wirkt inzwischen nur noch als zwangsbeglückende Pflichtübung, damit für das Gemeinschaftsgefühl Sorge getragen ist.

Der Paradigmenwechsel weg vom Einzelnen hin zum Ganzen, vom Persönlichen zum Gemeinschaftlichen, von der Einzelseele zum Kirchenkörper hat geholfen, magisch-mythologische Sichtweisen des Sakramentalen – zumindest teilweise – aufzuklären und zu überwinden. Das ging allerdings einher mit einem Bedeutungsverlust des Mystisch-Religiösen, das sich wesentlich aus persönlicher Ergriffenheit, unteilbarer Seelenerschütterung und existenzieller Einmaligkeit nährt. Wo bin *Ich*, Ich und *mein* Gott, unverwechselbar, unaustauschbar, unerklärbar? Wo finde ich noch den ausgesparten Platz für Privatheit und ihre besonderen religiösen Klangfarben, die unter dem Eindruck des größeren sakralen Geschehens entstehen? Wo bleibt da *mein* Gottringen, *meine* Heilssuche, *meine* Berufung, *mein* Hoffen in *meinem* Zweifeln und *mein* Zweifeln in *meinem* Hoffen? Wie wird dieses Individuelle, Rebellische liturgisch und theologisch, ja lehramtlich-kirchlich noch aufgenommen und ernstgenommen? Das eucharistische Geschehen, in dem Leben, Leiden, Tod und Auferstehung Christi inszeniert sind, produziert ja keine Heilswellness, sondern vergegenwärtigt ein Heilsdrama: Im Christusgeschehen spiegelt sich dann das eigene Lebensgeschehen, innerlicher als ich mir selber bin. Wie aber findet das – voller Erschütterung – kirchlich noch statt?

Theologie, Liturgiewissenschaft und Lehramt müssen sich kritisch die Frage stellen, ob der Bedeutungsverlust des christlichen Glaubens – und damit der Kirche – womöglich doch die Folge einer auf halbem Wege stecken gebliebenen Liturgiereform ist. Vermeintlich wurde mit der Communio-Idee Gemeinschaftlichkeit gewonnen, das Individuum aber verloren, ausgerechnet jenes Individuum, das sich in individualistischen Zeiten nicht mehr in Kollektive hineinpressen lassen will. Jeder ist eben einzigartig in dem, was ihn im Innersten berührt und erregt, als sündiger Mensch, der Trost und Erlösung sucht – und das jenseits gefälliger bürgerlicher Moral, wie sie auch viele andere Institutionen und Instanzen humanistisch verkünden.

Hans Joas verweist auf die frühchristliche Missionsbewegung. Sie beginnt, wo Jesus seine Jünger als *Individuen* anspricht und nicht als Kollektiv in seine Nachfolge ruft: „Mit Moral kann man schlecht missionieren, Mission muss von Begeisterung getragen sein und mit dieser Begeisterung anstecken … Religion … ist attraktiv, ‚enabling‘, sie vergrößert unsere Handlungsmöglichkeiten, indem sie uns überhaupt erst Wege und Erfahrungen eröffnet, die nicht schon immer gangbar waren."[200]

Vermutlich ist das der Grund, warum nachdenkliche Leute Spiritualität im Sinne der Erschütterung und Auferbauung, der Tröstung ihrer Seele abseits von Kirche mit ihren – jedenfalls oft so empfundenen – Zwangsritualen und Zwangsmoralisierungen suchen. Dass man Sünder ist und imperfekt, weiß jeder selbst.

Daher spricht sich der Theologe und Wirtschaftsmanager Wolfgang Bergmann für einen „theologischen Neustart" aus: Es müsse wieder um das Wesentliche gehen, um „Elementarisierung", um die Gottesfrage. Statt so zu tun, als ob man vieles über Gott wisse, hat man sowohl im universitären Lehrbetrieb als auch im Kirchenleben wieder Bescheidenheit zu üben: Nichtwissen, das in Unruhe versetzt. „Gott als Frage zu stellen, heißt schon, Gottferne zu diagnostizieren."[201] Und damit kommt man modernen Lebensgefühlen von Menschen nahe, die an Gott zweifeln, aber nicht ganz von ihm als reale Möglichkeit lassen. Die traditionelle dogmatische Gottesrede, welche die Gebetsformeln wie die liturgischen Gepflogenheiten unabänderlich weiter beherrscht, wird angesichts jener Welterfahrung als vielfach nicht mehr passend empfunden. Eine religiöse „Poesie", die in mythologischer Anschauung zu vieles als „real so" behauptet, überzeugt viele Menschen, die durchaus glaubensoffen wären – und selbst Glaubende –, immer weniger. Dabei könnte gerade in den Paradoxien und Rätseln des Weltgeheimnisses die Ahnung eines Gottesgeheimnisses aufbrechen. Heutige Theologie sollte daher eine „agnostische Grundstruktur" haben, wünscht sich Bergmann. „Die Suche nach dem Erkennen setzt das vorläufige Nichterkennen voraus. Die Vermutung, dass sich hinter dem Schleier ein Mehr verbirgt, und die Vermutung, dass sich dahinter ein Nichts verbirgt, liegen nur einen Wimpernschlag voneinander entfernt."

Denkerisch gelangt der Mensch ständig an Grenzen. Zum Beispiel ist eine ewige Materie, also ein Universum ohne echten Anfang, vom Intellekt ebenso wenig vorstellbar wie eine göttliche Schöpfung aus dem Nichts. Rein rational, gemäß den Möglichkeiten konventioneller Logik und Vernunft, kommt der Mensch da nicht weiter. Wenn es einen echten Anfang gab, durch Gott, was war dann „vor" dem Anfang – und was war „vor" Gott? Warum überhaupt Gott, ewig Gott? Was „machte" Gott zu Gott?

Nur weil solche Fragen gemäß der linearen Zeitvorstellung und gemäß der Dreidimensionalität unserer Anschauung keine logischen Antworten finden und stets ins Widersprüchliche gleiten, sind sie aber keineswegs sinnlos. Sie lassen umso mehr nach Sinn schreien. Das menschliche Gehirn ist zwar trotz seiner hohen organischen Komplexität so beschaffen, dass es bloß eine begrenzte kognitive Fähigkeit besitzt. Trotzdem weist die Grenze den Geist über sich hinaus ins Unbekannte. In derart individuellen Erschütterungen liegt der Ursprung des Religiösen wie des Nichtreligiösen. Es wäre dringend notwendig, dass die Kirche gerade auch in ihren institutionellen Funktionsträgern solche schwierige und unbeugsame Individualität in den seelischen Bewegungen wieder wahrnimmt und aufnimmt, sich ihrer annimmt, statt sich in die trivialen Kollektivismen der Moralbelehrung zu flüchten. Seelsorge sollte wieder zur Fürsorge werden für die je individuelle Seele, die eine religiöse Aura braucht, eine auch liturgische Atmosphäre, in der die letzten Fragen nach dem unbekannten Gott gedeihen können, religiös-nichtreligiös stets hin- und hergerissen, Luft schnappend nach Sinn und Plausibilität.

Wolfgang Bergmann erwähnt, dass ein Sinn in allem genauso schwer erklärbar ist wie die mögliche Sinnlosigkeit. „Die Grenzen des Denkens zu diagnostizieren, ermöglicht aber nicht, das Denken loszulassen. Denken gehört zum Lebensvollzug. Es bleibt als ein Tasten im Vorläufigen." Wie die frühesten Christen sind die nachdenklich Gläubigen und Glaubensuchenden von heute nicht auf einen kirchlichen Standort mit Standpunkten fixiert. Sie bewegen sich wie die Urahnen in der Nachfolge Christi in einer Haltung der Offenheit, „auf dem Weg". Bergmann: „Das, was Gott genannt wird, lässt sich nicht in Worten ausdrücken, nur in gelebtem Leben. Wahrheit ist ein dynamischer Begriff. Gott ereignet sich."

Als Gemeinschaft von Individuen, deren Eigenseele, Eigendenken und Eigensinn, deren persönliches Christsein religiös besser geachtet wird, könnte das Kirchesein wieder an Sinn und Überzeugungskraft gewinnen. Sinn entsteht dialogisch in einem „Dazwischen". Für Bergmann ist das die moderne Übersetzung von „Heiliger Geist". Er ist „dazwischen", zwischen der einzelnen Seele und ihrem Gott. Demnach ist Kirche weder ein Gebäude noch eine moralische Institution, sondern „Gemeinschaft in Beziehung". Gott wird in Beziehung sichtbar, „wenn zwei oder drei in seinem Namen beisammen sind", als Einzelne also, nicht als Kollektiv.

Der Theologe Reiner Knieling, Leiter des Gemeindekollegs der Vereinigten Evangelisch-Lutherischen Kirche Deutschlands, deutet gemäß den biblischen Erzählungen Gott selber als „in und zwischen uns gegenwärtig". Ähnlich wie die ersten Christen könnten auch Heutige sich von der pfingstlichen Geisteskraft des Göttlichen berühren lassen: „Oft werden die Gotteserfahrungen an der Grenze und im Neuland gemacht", in „Zwischenräumen, im unbekannten Gelände"[202]. Das wäre eine Chance für eine Kirche, die nicht überheblich belehrt, sondern bescheiden menschenfreundlich unterwegs ist.

Was ist kirchliches Kerngeschäft?

„Die" Kirche tut dies und das. „Die" Kirche soll es richten. Und „die" Kirche soll sich ändern. Die aktuellen Ohnmachtserfahrungen und Ratlosigkeiten im Kirchenbetrieb decken jedoch mehr und mehr auf, dass die Erwartungen an die „Institution" nur auf einen Holzweg führen. Denn niemand ist Kirche als die Christen selber. *Wir* sind Kirche! *Ich* bin Kirche! Jeder einzelne Getaufte ist Kirche. Es sind gerade nicht bloß „die da oben", also die amtlich in irgendeiner Weise Leitenden. Doch sobald das Wort Kirche fällt, scheinen stets nur gewisse geistliche Protagonisten gemeint zu sein. Der brasilianische Theologe Leonardo Boff sprach das einst provokativ an: „In einem langen geschichtlichen Prozess … kam es zu einer Asymmetrie der religiösen Produktion. In analytischer Begrifflichkeit (die jedoch frei von jeder moralischen Konnotation ist) könnte man von einem Prozess sprechen, in dem der Klerus dem christlichen Volk die religiösen Produktionsmittel enteignete. Ursprünglich war das christliche Volk in der Kirche an der Macht, an den Entscheidungen und an der Wahl der Amtsträger beteiligt. Nach und nach wurde es dann nur noch konsultiert und geriet in der Frage der Macht schließlich ganz an den Rand."[203]

Wegen dieser kritischen Aussage wurde Boff die Lehrerlaubnis entzogen – mit allen weiteren Folgen. Immer dann wird es gefährlich, wenn die Machtfrage gestellt wird, wie in politischen so auch in kirchlichen Verhältnissen. Aber sie ist zu stellen, und das nicht in einem reduzierten Sinn. Denn die religiöse, die geistliche, die intellektuelle und christliche Vollmacht haben alle Getauften durch die Taufe. *Ich* glaube, und *wir* glauben. Haben wir dieses Selbstbewusstsein aus dem Taufbewusstsein womöglich in religiöser Selbstenteignung preisgegeben? Der Papst, die Bischöfe, Landesbischöfe, Ratsvorsitzenden, Superintendenten, Präsides, Pfarrer, Mönche, Theologieprofessoren und so weiter glauben doch niemals für sich allein. Die gegenwärtige Rede von Kirche, nicht nur in den Medien, zeugt im Grunde von einer maßlosen Selbsterniedrigung und Schwäche des religiösen Selbstbewusstseins, in der sich der einzelne Christ selber klein macht und meint, sein Ich des Glaubens sei nichts wert, es müsse im Grunde an andere delegiert werden.

Der Religionspädagoge Albert Biesinger hat in seinem seit Jahrzehnten andauernden Bemühen, die Erstkommunionkatechese als Familienkatechese grundzulegen, darauf aufmerksam gemacht, dass die religiöse Kompetenz – und zwar die erste – bei den Eltern liegt, bei Vater und Mutter, und nicht beim Pfarrer oder bei der Pastoralreferentin. Wann beginnen wir als Glaubende wieder genau das zu entdecken, dass Glauben nicht ein durch Lehre erzeugtes und von außen herangetragenes Substantiv ist, sondern ein Verb, ein Tuwort, ein Tun, das von dir und mir ausgeht. Kirche – das sind nicht einfach nur die anderen. Das Glauben kommt von innen, wächst von innen, gedeiht von innen und entwickelt sich weiter von innen.

Weil es so ist und nicht anders, sollte man auch nicht darauf vertrauen, dass sich Wesentliches für die Glaubensentwicklung institutionell bewegt. Da mag es noch so viele synodale Prinzipien, Prozesse und Wege, ja Konzilien geben, die zweifellos manches Strukturelle klären können: Die entscheidende Glaubensatmosphäre und Glaubensplausibilität kommt jedoch aus dem eigenen Nachdenken, Nachfühlen, Staunen, Erwarten, Hoffen, Zweifeln und Mühen, sich bildend die großen existenziellen Fragen über Gott und die Welt, Sein und Zeit und Ewigkeit anzueignen. Ohne das alles ist alles nichts, auch religiös nichts.

Was kann ich dann von den Amtsträgern erwarten? Weitaus weniger, als ständig gesagt, gefordert und vermutet wird. Ein Beispiel für die Wahrheit dieser organisierten und organisatorischen Trägheit, ja Verantwortungslosigkeit des „Systems Kirche", das aber nicht „die" Kirche ist, hatte der Jesuit Hans Zollner offengelegt. Der an der Universität Gregoriana und in einer päpstlichen Kommission tätige Psychologe und Theologe, Fachmann für Kinderschutz zur Vorbeugung von Kindesmissbrauch, sagte hinsichtlich des gewaltigen, massiv kirchenzerstörerischen Problemfeldes: Die institutionellen Instanzen der Kirche würden zwar bei den einzelnen Katholiken anmahnen, Fehler zu bekennen, zu bereuen und wiedergutzumachen. Zugleich schafften jene selber es aber nicht, eigene Fehler öffentlich zu bekennen und zu bereuen. Es fehlten klare Verantwortlichkeiten und Rechenschaftspflichten. Zollner fragt, warum die Kirchenleitenden es nicht schaffen, Personen bestimmte klare Aufgaben zu übertragen und von ihnen auch einzufordern, die Verantwortung zu übernehmen. Zwar gebe es einen gewissen Wandel, aber nur äußerst langsam. Weltweit zeigten sich in vielen Ortskirchen die gleichen Prozesse der Verleugnung der Missbrauchsproblematik und der Verweigerung von Aufarbeitung. Die Mentalitäten veränderten sich nur sehr langsam: „Oft hört die Kirchenleitung auf nichts anderes als auf äußeren Druck."[204]

Wie aber steht es mit dem Druck bei der persönlichen und gemeinschaftlichen Glaubensverantwortung für die Glaubensgeschichte? Aus langer historischer Erfahrung muss man wohl annehmen, dass von den Amtsträgern da eher wenig zu erwarten ist. Die entscheidenden religiösen Aufbrüche kamen fast immer von unten, aus dem Kirchenvolk, das Kirche ist. Unter anderem auch aus den monastischen Bewegungen, deren Gründungsgestalten und am stärksten inspirierende Persönlichkeiten häufig Laien waren. Das wundert eigentlich nicht, denn Glauben beginnt nicht institutionell, sondern individuell, auch wenn es sich körperschaftlich und damit gemeinschaftlich einen Ausdruck verschafft. Doch ohne den je eigenen Körper, ohne die je eigene Leiblichkeit in Seele und Geist, ohne den Funken, den Gottes- und Christusimpuls, ohne die Intuition aus heiligem

Geist geschieht kein Glauben. Nichts anderes meint der theologisch überladene Begriff Gnade.

Es ist die Dynamik, die den Einzelnen ergreift. Niemand weiß genau, warum und wie das geschieht. Es ist einfach da – oder nicht. Es kommt über einen – und das keineswegs einfachhin charismatisch. Es kann ein langer mühsamer und schmerzhafter Prozess sein, dahinein zu finden. Faktisch dauert er ein Leben lang. Was ist dazu von Kirchenleitungen, von den kirchlich Beschäftigten zu erwarten? Wenig bis nichts. Deshalb sind auch die fast flehentlichen Erwartungen nach „draußen" und „oben" infantil, kindlich bis kindisch. Denn das Gottesvolk entwickelt sich aus dem Bewusstsein dessen, was in Herz, Seele und Verstand der vielen Einzelnen eingeschrieben ist.

Was also ist das Kerngeschäft der Kirche? Es ist all das, was mich unbedingt angeht, was mein religiöses Kerngeschäft ausmacht. Es beginnt damit, im Sinne von Friedrich Schleiermacher Sinn und Geschmack fürs Unendliche zu wecken, zu finden und dem ständig weiter nachzugehen, in Konflikten und Krisen durchzuhalten.

Dazu gehören – von klein auf – die feierlichen Momente der Andächtigkeit, die sich in der Kontemplation ebenso entwickeln und weiterentwickeln können wie im Beten, Betrachten, Schauen, Hören. In einer Öffnung aller Sinne. Ohne Sinnlichkeit geht Christsein nicht. Die Messe routiniert zu „lesen", tötet – auch nachtridentinisch. Das aber scheint im Kirchenbetrieb vielfach vergessen worden zu sein.

Aus der Sinnlichkeit bildet sich Liturgie. Und wo sie sich nicht in Poesie, Musik, in stehenden und bewegten Bildern, in Architektur und somit lebendigen Werken aus Stein, Glas und weiteren Materialien materiell fortlaufend neu manifestiert, kann Glauben sich kaum entfalten. Statt Neues zu bauen und dazu manches Alte einzureißen, wie es christliche Generationen vor uns exerzierten, reißen wir inzwischen fast nur noch ab, ohne etwas im kulturellen, künstlerischen, ja wissenschaftlichen Geist unserer Gegenwart neu zu errichten. Armselig. Wir „feiern" Gottesdienst vielfach im Gestern und Vorgestern statt im Heute für Morgen.

Ist der Geist der Liturgie vorrangig eine Sache von Liturgen und entsprechenden Arbeitskreisen? Nein, es sind wir, es ist unser Geist, in dem wir geistvoll feiern – und gegen die geistlosen Zustände in Kirche und Welt anfeiern. Oder nicht.

Wie leben wir aus dem Wort, aus dem Menschenwort des Wortes Gottes? Wie intensiv beschäftigen wir uns noch – auch streitbar und widersprechend – mit der Bibel, die doch nichts anderes ist als der zu Buchstaben geronnene Geist dessen, was eigentlich längst tief in unserem Inneren als – so Karl Rahner – „übernatürliches Existential" antreibend angelegt ist, was im Grunde wie ein sokratischer Spiegel wirkt, in dem wir das, was uns zum Glauben befähigt, entdecken können?

Zum kirchlichen Kerngeschäft gehört, wie wir selber uns verhalten – und weniger, was wir an Verhalten anderen predigen und von diesen verlangen. Die christliche Authentizität – Echtheit und Aufrichtigkeit – erweist sich zuerst am Körper jedes Einzelnen und erst in der Folge am Körper der Vielen. Seht, wie sie einander hassen, wie die Christen, die Amtsträger einbeschlossen, sich im Kirchenleben und öffentlich vor aller Augen selber zerfleischen und demontieren! Oder doch eher, wie es der antike Kirchenschriftsteller Tertullian im zweiten Jahrhundert einmal beschrieb: „Seht wie sie einander lieben."? Oder wie der Autor der Werbeschrift Apostelgeschichte – wenn auch geschönt – den Zusammenhalt der Glaubenden als Hauptattraktion beschrieb: „Die Menge derer, die gläubig geworden waren, war ein Herz und eine Seele. Keiner nannte etwas von dem, was er hatte, sein Eigentum, sondern sie hatten alles gemeinsam. Mit großer Kraft legten die Apostel Zeugnis ab von der Auferstehung Jesu, des Herrn, und reiche Gnade ruhte auf ihnen allen. Es gab auch keinen unter ihnen, der Not litt. Denn alle, die Grundstücke oder Häuser besaßen, brachten den Erlös und legten ihn den Aposteln zu Füßen. Jedem wurde davon so viel zugeteilt, wie er nötig hatte" (Apg 4,32–35).

In diesen wenigen Sätzen ist im Grunde das gesamte kirchliche Kerngeschäft zusammengefasst, als Bekenntnis des Wesentlichen, das sich unter den Bedingungen der jeweiligen Zeit zu entfalten hat – im Sinn für die Realitäten und die Autonomie der irdischen Wirklichkeiten. Verkündigung der Auferstehung, des ewigen Lebens bei Gott. Wo ist das heute im Kerngeschäft kirchlicher Bildung und Weiterbildung geblieben, in der Erziehung des Nachwuchses? Und was heißt Teilen in einem Wohlfahrtsstaat mit vielfältigen sozialen Absicherungen? In einer Kultur, in der Diakonie und Caritas als humanitäre Unternehmen längst institutionell ins Wohlfahrtssystem eingespannt sind – in unseren Breiten als größter Arbeitgeber neben dem Staat? Wie steht es hier um das je ureigene christliche Zeugnis aus der Christus-Bewegtheit jedes Einzelnen?

Bildung, Bildung und nochmals Bildung. Dazu gehört Selbstbildung in den Dingen der Welt wie in den Dingen des Religiösen. Ein Lehrer, ja ein „Kirchenlehrer" kann und sollte jeder einzelne Getaufte selber sein, ein Lehrer seiner selbst und jener, die ihm unmittelbar anvertraut sind. Ein Lehrer aber ist nichts anderes als der sokratische Lehrer, der nicht dogmatisierend und moralisierend indoktriniert, sondern anregt, damit der Einzelne in sich selber das entdecken und verwirklichen kann, was gut, richtig und an der Zeit ist. Wie sokratisch sind wir als Christen, als Kirche? Nehmen wir den Christus-Sokrates in uns überhaupt noch wahr, ja ernst, oder delegieren wir ihn lieber wieder an „die da oben"? Das Delegieren, verbunden mit einem übersteigerten Anspruchsdenken, betrifft ja nicht nur das kirchliche, sondern ebenso das gesamte gesellschaftliche Leben, das in vielen Bereichen an den Abweisungen von Eigenverantwortung an eine imaginäre Fremdverantwortung leidet.

Barmherzigkeit mit anderen und mit uns selbst. Vielleicht ist es das, was mit einem Wort das eigentliche Kerngeschäft des Christlichen ausmacht, wie Jesus es vorgelebt hat als einer, der zu Sünde und Schuld nicht sagte: Vergessen, ist alles halb so schlimm, sondern der sokratisch die Betreffenden dahin bewegte, aus eigenem Antrieb umzukehren, den Sinn zu ändern und darin den eigentlichen Sinn des Lebens neu zu finden.

Es könnte hilfreich sein, wenn auch die amtlich Bestellten und Bestallten der Organisation Kirche sich in Bescheidenheit üben würden, statt mit tönenden besserwisserischen Forderungen und plakativen Dogmatismen die Leute drangsalieren zu wollen. Bescheidenheit nicht aus Angst vor einem womöglich rebellierenden Kirchenvolk, sondern aufgrund von Weisheit und Einsicht, dass klerikale Allmachtsfantasien nur noch lächerlich wirken in einer Zeit, in der das Lehramt faktisch keine Macht hat als jene, die als Glaubensmacht jedem einzelnen Getauften auf dem Weg des Christseins mitgegeben ist. Vielleicht hat es ja sogar sein Gutes, wenn der kollektive Körper Kirche sich derart radikal aushöhlt, wie es gegenwärtig in nahezu allen Weltgegenden geschieht: damit der Körper des Christseins sich wieder füllen kann unter den Nachdenklichen und manchmal gar nicht so Fernen der Religion. Das kirchliche Kerngeschäft voller Verantwortung beginnt in der Gottes- wie Christusinspiration jedes Einzelnen. Nirgendwo sonst.

Werde wesentlich!

Vielerorts ist das Gemeindeleben erstorben. Manche Tradition wird nur noch künstlich-folkloristisch – bei erheblichem Schwund – „aufrechterhalten". Die Seelsorge erreicht die allermeisten Getauften nicht. Das verlorene Schaf ist nicht mehr das biblisch eine, dem der gute Hirt nachgeht, während 99 noch in der Herde verharren, vielmehr sind inzwischen achtzig bis neunzig von hundert verschwunden. Glücklich kann sich der Pfarrer schätzen, der noch zehn Prozent seiner Gemeindemitglieder zum sonntäglichen Gottesdienst um sich versammelt. Wo sind die Hirten, die es bräuchte, um den Vielen mit intensivster Kommunikation nachzugehen, darüber hinaus jenen, deren religiöse Sehnsucht nicht ganz erloschen ist, die in der Gottesfrage neugierig geblieben oder sogar neugierig geworden sind, aber anders als es der lehramtliche Standard vorsieht?

Ja: Seelsorge findet in der Breite der Bevölkerung als ein wahrhaft öffentliches Geschehen gar nicht mehr statt. Man schließt sich ein hinter Kirchentüren, ein Grüppchen nur für sich. Corona mit seinen vielen kirchlichen Einschränkungen und Rückzugsbewegungen hat nur offenbar gemacht, was längst Realität war. Der Jenaer Philosoph Hartmut Rosa bedauert überdies, die Kirchen und die Religionsvertreter hätten in der Coronakrise eine gewisse Mutlosigkeit gezeigt. Sie hätten eine sehr defensive Einstellung, ein Gefühl, dass die Gesellschaft nichts von ihnen wissen wolle, so Rosa im Deutschlandfunk. Dabei wäre es an der Zeit gewesen, „in der Gesellschaft eine religiöse Stimme zu hören"[205]. Genauer: eine christliche. Das Virus habe der Bevölkerung wieder ins Bewusstsein gebracht, dass bestimmte Dinge auch in einer modernen Kultur unverfügbar und nicht beeinflussbar sind. „Religion kann eine Stimme sein, die uns das Verhältnis von Verfügbarkeit und Unverfügbarkeit noch einmal vor Augen führt." Oder genauer: Der unscheinbare Krankheitserreger machte uns die – wie Friedrich Schleiermacher sagte – „schlechthinnige Abhängigkeit" deutlich. Es wäre also durchaus eine Chance gewesen, das Urgründige des Religiösen zeitnah und zeitaktuell ins Gespräch zu bringen – noch vor jeder näheren christlichen Bestimmung.

Der Kirchen- und Theologiehistoriker Matthias Kroeger erläuterte das einmal so: „Jetzt ist es das Gefühl als das Organ, mit dem das Göttliche begriffen wird ... Schleiermacher sagt nicht Gott, sondern das Göttliche. Und was ist das Göttliche? Er sagt, Religion zu haben oder Gefühl zu haben, heißt ‚Sinn und Geschmack für das Unendliche'. Wer ein Gefühl für den Kosmos hat und für das Lebendige, das in jeder Pore dieser Welt zugange ist, der ist beteiligt an der Lebendigkeit des Kosmos und der ist beteiligt an der Lebendigkeit und Ursprünglichkeit des Göttlichen." Nach Schleiermacher kann – so Kroeger – jeder Mensch „dieses fühlen, jeder Mensch kann sich darauf einlassen. Und wenn er dies tut, dann fühlt er sich auch, wenn er Unendlichkeit und Ewigkeit erkennt, absolut abhängig." Schleiermacher hatte einen Religionsbegriff, „der den ganzen Kosmos und jeden Menschen einbegreift"[206].

Das auch seelsorglich zu veranschaulichen, wäre durchaus eine Chance, das Religiöse zu verlebendigen und daraufhin in einem längeren Prozess ebenfalls wieder das Christliche ins Spiel zu bringen. Warum aber geschieht das so wenig? Warum wurde und wird diese Möglichkeit vertan – für die Gebildeten unter den Verächtern der Religion ebenso wie für jene mit geringerer Bildung, die entweder um das Religiöse betrogen wurden oder aber durchaus gern darüber etwas wissen wollen, aber nicht zu fragen wagen?

Die kirchliche Verzagtheit, ja Nachlässigkeit bei routinierter Geschäftigkeit hatte auch der evangelische Theologe und ehemalige Militärbischof Hartmut Löwe bemängelt: Entscheidend sei zu deuten, wie Gott und Gottvertrauen in und trotz allem gesucht und gefunden werden können, auch in der Not, auch im Leiden, im Sterben, in der „Heimsuchung". Also erst recht dann, „wenn wir nur mühsam oder gar nicht verstehen, was Gott uns sagen will"[207].

Krisenzeiten könnten helfen, das Christsein von der Wurzel her neu zu befragen – im Horizont der Welterfahrung, angesichts des Düsteren wie des Hellen, des Schrecklichen wie des Überraschenden. Ganz besonders im „ungläubigen Staunen" über diese mysteriöse Welt. Christsein heißt dann aber auch: Kirche sein. Mit einem hohen Anspruch an sich selbst wie an die Glaubensgemeinschaft. Werde wesentlich!

XV. Vergesst die Hoffnung nicht

Abrahamitische Minderheiten in nachchristlicher Gesellschaft

Karl Rahner sprach im Blick auf die Lage des Christentums einmal von einer „winterlichen Zeit". Desinteresse, Distanzierung, Abbrüche schier unaufhaltsam und riesigen Ausmaßes sind nicht nur in europäischen Breiten zu beobachten. Die statistischen wie qualitativen Befunde zum Glaubens- und Kirchenleben deuten nicht auf eine Trendumkehr hin. Trotzdem gibt es kein Geschichtsgesetz, das eine unendliche Abwärtsspirale festschreibt. Möglicherweise keimt unter den – wie der brasilianische Bischof der Armen Hélder Câmara sie bezeichnete – „abrahamitischen Minderheiten" religiös nachdenklicher Leute trotz aller Wirrnisse im Verborgenen wieder etwas von jener Hoffnung auf, die einmal den kleinen Kreis jener beflügelte, die im Christusereignis und in der jesuanischen Verheißung des Reiches Gottes mehr sahen als nur ein bisschen Glück für ein bisschen Leben. Nicht Vertröstung, sondern tröstende Ermutigung, dass mit dem Tod nicht alles aus ist. Dass die Idee Gottes plausibel ist allein schon deshalb, weil eine Welt ohne Gott höchst unplausibel ist. Von nichts kommt nichts. Und ohne Gott wäre alles Nichts. Weil es aber nicht so ist, wird die große Unruhe der unendlichen Suche an kein Ende kommen: Unruhig ist unser Herz, unser Gehirn – bis es ruht in *ihm*? Die Frage nach dem Wesensgrund von Welt und Mensch verblasst nicht.

Das könnte das Christentum stimulieren, neu und vielleicht ein wenig anders als üblich nach der Spur des unbekannten Gottes Ausschau zu halten und auf dieser Spur einer wundersamen Evolution von Sein und Zeit staunend zu pilgern. Wie Hélder Câmara schrieb: „Es ist möglich, allein zu gehen. Aber der gute Wanderer weiß, dass die große Reise die Reise des Lebens ist, und da braucht es Kumpane. Kumpan – das heißt etymologisch: der das Brot mit mir isst. Glücklich, wer ewig auf Wanderschaft ist und in jedem Nächsten einen erwünschten Kumpan sieht. Der gute Wanderer nimmt sich seiner entmutigten, müden Wanderer an. Er ahnt den Moment, wo sie kurz vor der Verzweiflung stehen. Er nimmt sie, wo er sie findet. Er hört sie an. In kluger Zurückhaltung, und vor allem mit Liebe, hilft er ihnen, neuen Mut zu fassen und neuen Geschmack am Marschieren zu finden. Vorwärtsgehen, um vorwärtszugehen, das heißt noch nicht, ein echter Wanderer sein. Ein echter Wanderer sein heißt, sich auf die Suche nach einem Ziel machen; es heißt, an eine Ankunft denken … Für die abrahamitischen Minderheiten bedeutet aufbrechen, sich in Bewegung setzen."[208]

Der Politik- und Kulturwissenschaftler Hans Maier spricht den Christen ebenfalls Mut zu: Trotz betrüblicher Signale sei das Christliche keineswegs völlig ausgesondert. „Feste kirchlichen Ursprungs und christliche Rituale umgeben nach wie vor die ‚Passagen' unseres Lebens, wenn auch ihr Einfluss nicht mehr so deutlich spürbar wird wie früher und vieles inzwischen einfach ein Stück Gewohnheit ist."[209] Aber auch christliche Gewohnheiten sind nicht zu unterschätzen. Sie haben für das kulturelle Gedächtnis Bedeutung, können eine schleichende Langzeitwirkung entfalten.

Für Hans Maier ist es ein gewisses Hoffnungszeichen, dass wir immer noch in einer Welt leben, die „vom christlichen Verständnis des Lebens" geprägt sei. „Nicht nur, dass wir unsere Jahre nach Christi Geburt datieren, wir empfinden auch unser Leben, christlicher Vorstellung folgend, als einen einmaligen, unumkehrbaren, unwiederholbaren Akt, als ein Geschehen, für das wir Verantwortung tragen und das auch unsere unmittelbare Umgebung verpflichtet. Die nachreligiöse Gesellschaft, in die wir uns hineinbewegen, ist keine irreligiöse Gesellschaft; sie hat sich nur von ihren religiösen Ursprüngen entfernt – manchmal so weit, dass sie zwar noch deren Wirkungen wahrnimmt, aber den dahinterliegenden Sinn nicht mehr erkennen und weitervermitteln kann." Auch politisch hallt die Christentumsgeschichte nach, nicht bloß in der Präambel des Grundgesetzes. Weiterhin gibt es Politiker, die sich christlich motiviert sehen. Das christliche Hintergrundrauschen verschwindet so schnell nicht.

Trotzdem ist das für Maier kein Grund zur Beruhigung. Wenn man das Christliche nicht mehr voraussetzen kann, müsse man sich darauf besinnen, es neu zu begründen, neu zu formulieren. „Was uns trägt, muss sichtbar gemacht, muss vergegenwärtigt werden. Hier müssen wir unkonventionelle neue Mittel und Wege finden."

Ist der religiösen Depression Positives entgegenzusetzen? Möglicherweise kann der Blick auf säkulare Trends helfen. Denn in allen historischen Prozessen spielt das psychologische Moment eine wichtige Rolle. Über das Sein bestimmt nicht allein das Bewusstsein, sondern ebenso das Unbewusste, das Gefühl. Das betrifft genauso das Christsein. Stets wird die Wahrnehmung der Realität und damit die Realität gesteuert durch – kollektive – Emotionen. Die gefühlte Realität ist zwar nicht identisch mit der realen Realität, aber jene beeinflusst diese erheblich. Das haben Psychologie und Hirnphysiologie ausgiebig belegt.

Der kalifornische Neurowissenschaftler Steven R. Quartz beschrieb diesen spannungsreichen dialektischen Prozess so: Die Horrormeldungen der Medien fast schon im Sekundentakt, die ununterbrochen schlechte Nachrichten aus allen Teilen der Welt in unsere kleine Aufnahmewelt transportieren, erzeugen das Gefühl, global werde von Tag zu Tag alles schlimmer und schlimmer. So glauben zwei Drittel der Amerikaner, dass sich die Anzahl der Menschen, die in extremer Armut leben, in den letzten zwanzig Jahren verdoppelt habe. Verwiesen wird auf die Konflikte im Nahen und Mittleren Osten, auf die chaotischen Rebellionen in Afrika, auf die Ausbreitung des Dschihadismus, auf demokratische Turbulenzen, das Aufkommen neuer nationalpopulistischer Strömungen und so weiter. Das alles verstärkt den Verdacht, die Demokratie befinde sich im Niedergang, der Wohlstand schwinde. Dabei belegen die ökonomischen und sozialwissenschaftlichen Analysen das genaue Gegenteil. „Faktisch hat sich die extreme Armut in den letzten zwanzig Jahren nahezu halbiert – etwa eine Milliarde Menschen sind ihr entkommen. Der materielle Wohlstand – Einkommen, reduzierte Säuglingssterblichkeit, Lebenserwartung, Zugang zu Bildung (insbesondere für Frauen) – hat in den letzten Jahren rasant zugenommen. Die Anzahl der Demokratien unter den Entwicklungsländern hat sich seit den achtziger Jahren verdreifacht, während die Zahl der Menschen, die bei bewaffneten Konflikten getötet wurden, um 75 Prozent gesunken ist."[210]

Warum aber haben wir trotzdem den Eindruck, dass früher alles besser war? Das hängt – so Quartz – mit „kognitiven und emotionalen Voreingenommenheiten" zusammen, die unsere Weltanschauung verzerren. Denn wir erinnern uns an die Vergangenheit nicht so, wie sie war, sondern wir „bearbeiten" sie. Dabei lässt man das Schlechte in der Erinnerung typischerweise weg, während man das Gute hervorhebt, „was zu einer schönfärberischen Wahrnehmung führt". Modernem, Innovativem begegnet der Mensch wiederum zunächst mit Misstrauen. Negative Erlebnisse der Gegenwart werden weit über ihre reale Bedeutung hinaus gewichtet. Vor allem sollten wir bei Erzählungen – sogenannten Narrativen – des Niedergangs auf der Hut sein, rät Quartz. Denn sie aktivieren hirnphysiologisch vor allem jene Schaltkreise, die dafür zuständig sind, Bedrohungen zu erkennen. „Diese Panik verursachenden Narrative identifizieren eine unmittelbare oder bevorstehende Bedrohung, wobei unbewusst die Amygdala (der für die emotionalen Bewertungen und lustvollen Empfindungen im limbischen System zuständige Mandelkern; *d. Verf.*) aktiviert und eine Kaskade chemischer Stoffe im Gehirn ausgeschüttet wird – Norepinephrin, Azetylcholin, Dopamin, Serotonin und die Hormone Adrenalin und Cortisol." Durch diese körpereigenen Botenstoffe beziehungsweise Neurotransmitter, die an den sogenannten Synapsen – den Verbindungsstellen der Nervenzellen des Gehirns – die Erregung von Zelle zu Zelle weitertragen, entstehen „Urgefühle von Furcht". Unsere „Aufmerksamkeit wird an dieses Narrativ gefesselt, was wiederum dazu führt, dass eine rationale Einschätzung nicht mehr möglich ist", so Quartz.

Den Trend, Erzählungen des Niedergangs zu verstärken, über die böse Welt zu klagen, sieht der Hirnforscher auch in den Kirchen, sogar in Lehrschreiben von Papst Franziskus, in den – wie Quartz sie bezeichnet – „antimodernistischen" Auffassungen von Wirtschaft, Technik, Biomedizin, Umwelt … Die Christen scheinen – je mehr sie religiös in die Defensive geraten, umso mehr gesteigert – gern zu Unheilspropheten mit tiefer Fortschrittsskepsis zu werden. Das Lehramt macht das vor mit seinen ständigen Warnungen vor einem Allmachtsanspruch des Menschen, der sich über die Allmacht Gottes erhebe und voller Hybris, im Machbarkeitswahn, ihm ins Handwerk pfusche. Alles wolle der Homo sapiens irdischen Manipulationen unterwerfen, sogar das Menschsein selber. Quartz bedauert die Voreingenommenheiten, die dazu führen, von Panik zu Panik zu segeln.

Die Weltfrage ist auch eine religiöse Frage. Die Einstellung zur Welt, zur Dynamik des Fortschritts und des Menschseins, entscheidet über die Zukunftsfähigkeit und Bedeutung des Christlichen. Ein Glaube, der die Erde nicht liebt, verliert irgendwann auch Gott. Dabei hatte das Christentum seinen Schub in der Antike und darüber hinaus im sich innovativ konstituierenden Abendland der Tatsache zu verdanken, dass es sich pfingstlich gebildet öffnete für Neues: geistbetont, geisterfüllt, voller Geisteslust, Expansionsdrang, Neugier.

Schon Paulus sprach das bei den Athenern auf dem Areopag an, als er dem Menschen göttliche Qualität zuerkannte, was in kirchlicher Abwehrhaltung minimiert ist, ja vergessen zu sein scheint. Den unbekannten Gott, dem im Heiligtum ein Altar geweiht ist, verkündet der Völker-apostel ungewöhnlich innovativ. „Denn in ihm leben wir, bewegen wir uns und sind wir, wie auch einige von euren Dichtern gesagt haben: Wir sind von seiner Art" (Apg 17,28). Gemeint ist: Wir sind gottähnlich, in gewisser Weise gottgleich. Was für eine gewagte Aussage, kirchlich ta-buisiert, kaum vorgelesen, weil zu blasphemisch, zu häretisch? Dabei ist genau das: pfingstlich!

Der unbekannte Gott, in dem Menschen leben, sich bewegen und sind, ist selber in Bewegung und stiftet an zur Bewegung: „Sie sollten Gott su-chen, ob sie ihn ertasten und finden könnten; denn keinem von uns ist er fern" (Apg 17,27). Dem unbekannten Gott im Prozess entspricht der unbe-kannte Mensch. Auch er ist im Prozess, sein Wesen ist in Bewegung.

Der Theologe Michael Seewald sieht eine Parallele zwischen der Ver-borgenheit von Gottes Wesen und der Verborgenheit des menschlichen Wesens, zwischen dem *Deus absconditus* und dem *Homo absconditus*. Der Mensch ist sich selber verborgen – und seit Anbeginn seiner Evolution vol-ler Entwicklungskraft. Es sei nicht möglich, „das Wesen des Menschen ein für alle Mal vollständig und abschließend zu bestimmen". Was der Mensch in seinen Ahnen und vormenschlichen Urahnen einmal war, ist er heute nicht mehr. Und was er heute ist, wird er so in Zukunft nicht mehr sein. Christlich-theologisch ist das bisher nicht eingeholt. Man tut so, als sei der Mensch immer der von heute gewesen und als bleibe er so immerfort. Welch ein Irrtum! Seewald sagt es klar: „Der Mensch ist im beständigen Werden begriffen – er war nicht immer und wird nicht immer so bleiben, wie ihn der Verstand im Hier und Jetzt ausdeutet."[211]

Die Gefahr des Christlichen liegt darin, das Wesen des Menschen fest-zurren, auf aktuelle, jedoch vorläufige Gewissheiten im Hier und Jetzt ein-engen zu wollen. Christliches Hoffen sieht anders aus. Im Sinne des Paulus macht es den unbekannten Gott groß mit dem unbekannten Menschen – das Gewohnte und Gewöhnliche überschreitend. Darin liegt die rebelli-sche pfingstliche Kraft christlicher Hoffnung über das biblische Pfingsten hinaus: unabgeschlossen, weit, tröstlich, innovativ, fortschrittsfreundlich, positiv, alles andere als ängstlich, beharrend, depressiv.

Das Transzendieren ist dem Wesen des Menschen evolutiv schöpferisch eingeschrieben als Lust auf Leben, als Sehnsucht nach Ewigkeit, als stille Er-wartung, dass es den unbekannten Gott vielleicht doch geben möge, jenen

Geist, der uns nicht fern ist. Solche Neugier ist nicht erloschen. Sie könnte auch in einer nachchristlichen Gesellschaft die christliche Gesellschaft wieder inspirieren, aus einer dynamischen Tradition heraus Ja zu sagen zum Neuen gegen das traditionalistische Neinsagen, gegen die ständige Furcht vor allem, was innovativ ankommt, uns erwartet, vom Geist erweckt wird. Diese Lust auf Gott verankert sich in der Lust auf die Welt, auf das Leibliche, Sinnliche, unerschöpflich Schöpfbare.

Michael Seewald umschreibt es so: „Menschsein ist leibliches Sein – ohne Leib ist Menschsein nicht vorstellbar, auch wenn die Leiberfahrung jedes Menschen unverwechselbar subjektiv bleibt. In seinem Verhältnis zu sich, zu anderen und letztlich zu dem, was man Welt nennen könnte, macht der Mensch die Erfahrung, dass sich manche Aspekte seinem Willen entziehen, andere Dinge aber von seinen eigenen Entscheidungen abhängen."

Die Welt ist viel besser, als wir meinen. Auch die christliche. Und Gott ist wahrscheinlicher, als viele vermuten. Wo Hoffnung die Neugier weckt und Neugier die Hoffnung beflügelt, kann Christsein attraktiv werden für neue abrahamitische Minderheiten und durch sie über sie hinaus.

Zu viel Gott – zu wenig Gott?

Der Wiener Pastoraltheologe Paul Michael Zulehner hatte vor vielen Jahren bereits einen „Megatrend Religion" diagnostiziert. Hingegen stellte sein evangelischer Kollege Ulrich H. J. Körtner einen „Megatrend Gottvergessenheit" fest. Was im ersten Jahrzehnt seit der Jahrtausendwende als Interesse der Medien an religiös-spirituellen Fragen zu beobachten war, belegt wohl weniger eine Rückkehr der Religion als eine Wiederkehr des öffentlichen Redens über Religion. Allenfalls ein klein wenig mehr: die Sehnsucht, glauben zu können, eventuell wie andere hoffnungsvoll christlich leben zu können. Das, so vermutet der Philosoph Rüdiger Safranski, sei ein spannendes Kennzeichen der Gegenwart, ein womöglich klammheimlicher Wunsch: „Wie schön wäre es zu glauben" – ich selber aber kann es nicht. Nicht wenige sind zeitweise durchaus interessiert an der christlichen Hoffnung, auch wenn sie sich selber nicht darin beheimatet sehen. Dabei ist es in erster Linie die Gottesfrage selber, welche die Menschen da und dort neugierig macht.

Doch seit Langem redet die Kirche und reden die Medien samt der von ihnen geformten Öffentlichkeit fast nur noch über die Kirche. Das vor allem im Kontext des aufgedeckten schrecklichen sexuellen Missbrauchs von Kindern und Jugendlichen durch Geistliche. Selbst die einstige Atheismusdebatte scheint verstummt zu sein. Ist die Gottesrede nach den vielen Behauptungen einer angeblich beobachteten, dann aber doch ausgebliebenen Wiederkehr der Religion mittlerweile schlichtweg erschöpft? Die Menschen sind schweigsam geworden, vielleicht auch ein wenig ratlos wegen Gott. Eine gewisse Müdigkeit hat sich ausgebreitet.

Der Grazer Philosoph Peter Strasser bemängelt, es gebe „zu viel Gerede über Gott"[212]. Dabei würden sich die stets abstrakteren Gottesvorstellungen mehr und mehr auflösen in einen „Begriffsnebel". Wenn man nicht mehr dem alten Gottesbild des Mythos verhaftet sei, dem „archaischen, blutigen, irrationalen Mythos", sondern versuche, aufgeklärt an Gott zu glauben, werde man nicht mehr an „einen Gott glauben können oder wollen, der hunderttausende Menschen in einer Naturkatastrophe umkommen lässt, bloß um die Lebenden zur Rückkehr in den wahren Glauben zu ermahnen". Ein Gott, der mit solchen Katastrophen nichts bezweckt oder bezwecken will, der sie aber dennoch „zulässt", wäre ein purer Zyniker. Strasser unterstellt indirekt dem Gläubigen, der aufgeklärt und entmythologisiert versucht, Gott mit der Vernunft zu retten, diesen in Abstraktion aufzulösen. Das Mysterium gerate durch Überrationalisierung in eine – wie er meint – „Wischiwaschimystik ohne greifbaren Gehalt". Zugleich mutmaßt Strasser, dass der modern gedeutete Gott, der mit dem Stammesgott oder Provinzgott früherer Prägung nichts mehr zu tun hat, weil er zum universalen „Gott aller Menschen" geworden ist, mittlerweile „fast ein Nichts" werde. „Vom Standpunkt des altehrwürdigen Vatergottes aus leiden alle Rationalisierungen des Mythos darunter, dass der Gott der Neuerer immer schwächer und schwächer wird. Er greift in der Welt nicht mehr durch wie ein Patriarch, er durchbricht die Naturgesetze nicht mehr. Anstatt absoluter Herrscher zu sein, der nur ein Recht kennt, nämlich das der Gnade, wird er zusehends zu einem ethischen Gott, von dem anzunehmen, dass er von Menschen Unmoralisches verlange (wie etwa die Tötung des eigenen Sohnes), als unannehmbar erscheint."

Allerdings ist der Weg zurück zu einem anti-vernünftigen, naiven, anthropomorph-gegenständlichen Gottesglauben keine Lösung. Bereits im biblischen Gebot, sich kein Bild von Gott zu machen, wie man es sich von Götzen macht, setzt ein für die Entwicklung des Ein-Gott-Glaubens wesentlicher Abstraktions- und Rationalisierungsprozess ein. Diese kritische Sicht als „nebulös" zu denunzieren, wie Strassers Anspielungen zu entnehmen ist, wird den Fakten nicht gerecht. Der biblische Gott wurde zum wahren Gott gerade durch die damaligen „Neuerer", die archaische magische Gottesverständnisse läuterten, allen voran die Propheten. Als kritische Protagonisten der Gottesrede brachten sie Gott nahe, weil sie von ihm anders redeten als zuvor. Gott war nicht mehr im Sturm, nicht mehr im Erdbeben des alten Mythos, sondern im sanften leichten Säuseln – der Vernunft!

Strassers Beobachtungen kreuzen sich mit denen Safranskis, der meint, in der Geschichte des Christentums gebe es eine Entwicklung weg von einer „heißen Religion" des Anfangs hin zu einer „kalten Religion" der Gegenwart. Den Umschlag kennzeichnet er so: Heute verlange man lieber „Auskunft über den Glauben, nicht gläubige Auskunft"[213]. Denn letztere könnte womöglich eine Zumutung sein, so wie Paulus die Auferstehung Jesu Christi von den Toten seinen Hörern zugemutet habe. Das aber sei nicht der „milde Glaube an Versöhnung und an die Moral der ausgleichenden Gerechtigkeit" gewesen. Paulus „erwartet ein anderes, ein erlöstes Leben … Zu dieser Zeit war die christliche Religion also noch eine sehr heiße Angelegenheit. Unbedingt, den ganzen Menschen erfassend." Dann aber habe die Abkühlung begonnen. „So wurde die ursprünglich sehr konkrete Glaubenswelt psychologisiert, symbolisiert, ritualisiert. Am Ende wurde daraus das bekannte Gemisch aus Psychotherapie, Meditationstechnik, Kirchentagsfolklore, Politik, Kultur- und Sozialarbeit." Den einstigen Glauben an Jesus Christus, an die Erlösung durch seinen Tod und seine Auferweckung und damit an ein Leben nach dem Tod bei Gott habe man mithilfe der Vernunft heruntergekühlt „auf das Gesellschaftsdienliche", privatisiert. Gott sei ins Ungefährliche und Harmlose aufgelöst worden. Safranski: „Der eine Gott, der einmal den geistigen Zusammenhang der abendländischen Gesellschaft verbürgte, ist zersprungen in die vielen kleinen Hausgötter. Die großen Kirchen leeren sich, aber das Angebot für den religiösen Hobbykeller wächst."

Allerdings ist die „heiße Religion" des sperrigen Auferstehungsglaubens im Christentum – wenn auch zusehends versteckt – keineswegs erledigt. Soll, kann man nach Safranski darüber nicht mehr reden, oder müssen wir neu davon reden? Haben wir in unserer säkularen Kultur wie in der gängigen Kirchenkultur womöglich zu viel Gott in einer weichgespülten, gekühlten Fassung – und deshalb zu wenig Gott, den echten Gott?

Strasser legt nahe, die Gottesrede einzustellen: „Was soll ... das viele Gerede über Gott? Es ist genauso witzlos wie das Gerede der Liebenden über die Liebe, die gar nicht verstanden haben, was es heißt, einander zu lieben, weil ihnen das dafür notwendige Gefühl zu fehlen scheint." Für den Grazer Philosophen ist es sinnlos geworden, über und von Gott zu reden, weil alle Begriffe, die wir da zur Verfügung haben, letzten Endes aus menschlicher Ansicht stammen und sich am Ende im Nebulösen verlieren würden. Wir seien daher gezwungen, unsere Begriffe zu überdenken: „Im strengen Sinne des Wortes ist Gott weder eine Person (er hat keinen Körper, keine DNA, kein Gehirn) noch ein Wesen, das etwas verursachen kann. Ursachen und Wirkungen entfalten sich in Raum und Zeit, Gott aber ist ‚jenseits‘ davon, transzendent."214

Daraus zieht der Philosoph die Konsequenz und schlägt vor: Statt dauernd Gott im Munde zu führen, können wir den Gottesglauben nur leben, indem wir am Wunder der Schöpfung, an ihrem Vollzug, an ihrem Werden teilhaben. „Wir sind, ohne uns Göttlichkeit anzumaßen, Mitvollziehende der Schöpfung, und sei es nur, dass wir uns der Pflege unserer Orchideen hingeben. Wer einen anderen Menschen liebt und entsprechend dieser seiner Liebe handelt, der hat teil an der Schöpfung. Denn er bringt etwas Gutes in die Welt, das vorher noch nicht da war, und dafür mag es dann ein durchaus angemessener Ausdruck sein, Gott zu danken." Gottesverehrung also als bessere Orchideenpflege? Solche Schöpfungstheologie erscheint uns angesichts eines derart komplexen Gehirns, das uns zu hoher Abstraktion sowohl in den Wissenschaften als auch im Gottesverständnis befähigt, dann doch zu banal.

Andererseits sagt Strasser nicht viel anderes als das, was mit dem Doppelgebot von Gottes- und Nächstenliebe schon in den Zehn Geboten steht und was die Theologie der Fünfziger- und Sechzigerjahre als anthropologischen Wende verkündete: Gott liebt, wer die Welt und die Menschen liebt. Der Glaube bleibt der Erde treu. Jesuitisch gewendet: Gott finden in allen Dingen.

Das aber macht es nicht überflüssig, von Gott zu reden, ja von Gott mal anders zu reden und ihn als den Unbekannten ins Bewusstsein zu rufen.

Genauso wenig wie es überflüssig ist, über die Liebe zu reden. Das Reden über die Liebe hat teil am praktischen Lieben der Menschen. Das Reden in Liebe beflügelt die Liebe. Ich liebe dich – Gott! Aus der Liebe entwickelte sich das erste Sprechen der Kunst, erweckt bereits in der Höhlenmalerei aus dem Spannungsbogen von Geborenwerden und Sterben. Das sind die beiden Pole der Liebe. Über die Liebe reden – das ist das große Thema der Poesie, der Erzählungen, Romane, der Dramen und Komödien, der Opern und der Sinfonien, der Malerei, der Plastik, des Films, des Pop. Über die Liebe reden – das ist und bleibt das erregende Thema des Boulevard, der Illustrierten, bis hinab zu den kleinen Personennachrichten, wer jetzt wen liebt und wer wen nicht mehr liebt.

Auch im religiösen Unterhaltungsspiel, dem heiligen Spiel des Gottesdienstes, reden wir über Gott und betend zu Gott in der Sprache des Vertrauens, der Liebe. Es ist weniger Dogmatik als Poesie, durch die die Gläubigen ihr Herz ausschütten. Nein, über Gott reden ist alles andere als belanglos, dürftig, nebulös. Es ist der Ausdruck unserer dichterisch verdichteten Existenz. Im ständigen Ringen um Gott werden wir uns stets bewusst, wie ungenügend all das ist, was wir über ihn, von ihm und zu ihm sagen. Gott ist anders, unerschöpflich wie die Liebe. Das Reden über Gott mit allen Möglichkeiten der Gefühle und des Verstandes eines begrenzten Lebens ist alles andere als kalte Religion. Es ist heiße Religion im besten kritischen Sinn.

Der Theologe Gottfried Bachl (1933–2020) hat zu einer derart abenteuerlichen Gottesrede ermutigt, in der es stets um mehr geht als bloß um Worte: ums Existieren. Er warf der Kirche vor, Gott derart verkirchlicht, ins eigene System eingespannt zu haben, dass darüber das Sprengende, Überschreitende, Rebellische Gottes gezähmt und in der Folge verharmlost wurde. Der „Kirchenaufwand" habe vielfach die „Gottesaufmerksamkeit" überboten. Der Kleriker als Gottesvermittler übte etwa über die Wandlung in der Eucharistie sogar Macht über Gott aus. So lange sind diese Zeiten noch nicht her. Bachl erinnerte an seine eigene Diakonatsweihe 1958 in Rom: „Zur Kommunion hatten wir auf der obersten Stufe des Hochaltars hinzuknien, und der Bischof kam mit dem Ziborium, um uns das heilige Brot zu geben. Das tat er in folgender Weise: Er nahm die Hostie, drehte die Hand, dass der große, edelsteingeschmückte Ring vor dem Mund des Empfangenden lag. Dieser hatte den Ring zu küssen, dann drehte der Spender wieder die Hand und schob ihm das Sakrament in den Mund. Zuerst der Ring, dann das Brot. Diese Reihenfolge der Gesten ist mir bis heute lebhaft im Gedächtnis geblieben. In ihr spiegelt sich alles, was mit der Rolle des hierarchischen Amts in der religiösen Handlung zu tun hat."[215] Es stimmt nachdenklich, wenn tridentinische Riten jenes Umfelds als außerordentliche Form der Messfeier wieder empfohlen werden. Nur Ästhetik? Es geht auch um Inhalte, um Verstehensweisen von Gotteserfahrung. Es gab nicht nur in der Vergangenheit kirchlicher Welten die Gefahr, dass Gott enteignet und die Gnade kanalisiert wird. Das sind Probleme, die uns kritisch auch im Blick auf unser eigenes religiöses und kirchliches Leben weiter umtreiben (müssen).

Bachl verlangte eine Befreiung Gottes aus dem „Schatten der Kirche", was eine Befreiung der Gottesrede bedeutet. „Gott nennen, in der Mitte des Systems, als das Abenteuer des Lebens, ist eo ipso abenteuerlich und hat zuweilen etwas Narrenhaftes an sich. Aber vielleicht wäre das die aktuelle Prophetie: Gott, das Alpha und das Omega eines Abenteuers, wie es kein abenteuerlicheres geben kann. Die Bibel bezeugt es auf jeder Seite. In dieser Religion ist mehr Exodus vorgesehen als heimatliches Wohnen … Glauben heißt riskieren, weil das Kommende nicht gesehen und nicht kontrolliert werden kann, ob es auch wirklich Sicherheit bietet." An der Aktualität der Gottesfrage entscheidet sich für Bachl „die Geistesgegenwart des Christentums". Dazu reiche es nicht mehr, sich rein traditionalistisch mit altehrwürdigen Zitaten über Gott einzudecken, weil doch über Gott eigentlich alles gesagt sei, von der Bibel über die Dreifaltigkeitslehre bis zu den Dogmatik-Traktaten. Die „Lager-Sprache", wie der Theologe sie bezeichnet, hilft uns nicht mehr. Denn: „Das Gottesthema ist nicht im beruhigten Zustand und fertig verpackt zu haben. Das spannt sich von der eben jetzt aufspringenden Frische hin zur Vertrautheit einer liebevoll bewohnten Wahrheit, und nur in dieser geschehenden Wahrheit ist es vital da. Es ist ein Anfang gemacht, hinter den keine Generation zurückgehen kann, als wäre es leichthin möglich, nach zweitausend Jahren auf Null zu schalten. Der Anfang ist aber nicht schon ins Ziel gebracht, er ist als bewegtes Geschehen noch immer im Gang. Die Christen feiern in ihrem Credo nicht das Begräbnis des heiligen Wortes im Damals und Dort. Sie erleben seine Wahrheit jetzt."

„Dann sah ich einen neuen Himmel und eine neue Erde"

In dem von Johann Baptist Metz maßgeblich formulierten Dokument *Unsere Hoffnung* der Würzburger Synode der westdeutschen Bistümer aus den Siebzigerjahren heißt es: Wir dürften „die Maßstäbe unserer Hoffnung … nicht zurückschrauben oder verbiegen". Denn sie „gebieten uns auch ein hoffnungsvolles Ja zu jedem menschlichen Leben in einer Zeit, in der unterschwellig die Angst regiert, überhaupt Leben zu wecken". Die christliche Bereitschaft zu gesamtgesellschaftlichen Verpflichtungen bewähre sich „in unserem Einstehen für Gerechtigkeit, Freiheit und Frieden"[216]. Dabei rücke unsere Hoffnung auch anderen nahe, die in ähnlichem Einsatz engagiert sind.

Vor allem aber betont der Text, dass alle humanen Initiativen für Christen einen tiefen religiösen Grund und ein religiöses Ziel haben. Die Aktivitäten und Haltungen schweben nicht im leeren Raum. Sie „messen sich letztlich am Maß der ‚einen Hoffnung, zu der wir berufen sind' (Epheserbrief 4,4). Diese Hoffnung kommt nicht aus dem Ungewissen und treibt nicht ins Ungefähre. Sie wurzelt in Christus, und sie klagt auch bei uns Christen des späten 20. Jahrhunderts (jetzt des frühen 21. Jahrhunderts; *d. Verf.*) die Erwartung seiner Wiederkunft ein. Sie macht uns immer neu zu Menschen, die inmitten ihrer geschichtlichen Erfahrungen und Kämpfe ihr Haupt erheben und dem messianischen ‚Tag des Herrn' entgegenblicken: ‚Dann sah ich einen neuen Himmel und eine neue Erde … Und ich hörte eine gewaltige Stimme vom Thron her rufen: Seht das Zelt Gottes unter den Menschen! Er wird in ihrer Mitte wohnen, und sie werden sein Volk sein; und Gott selbst wird mit ihnen sein. Er wird jede Träne aus ihren Augen wischen: Der Tod wird nicht mehr sein, nicht Trauer noch Klage noch Mühsal … Und der auf dem Thron saß, sprach: Neu mache ich alles' (Offb 21,1.3–5)."

Die apokalyptische, das Neue Testament beschließende Schrift ist eine Trostschrift in schwerer Bedrängnis, eine Hoffnungsschrift der expressivsten und poetischsten Art. Es stünde den Christen und den Kirchen der Gegenwart gut an, sich auf das zu besinnen, statt sich mit moralisierenden Plattitüden unter die sonstigen inflationär verkündeten Plattheiten zu mischen. Die wahre Hoffnung kommt von ganz woandersher her als aus der Ethik. Sie kommt aus dem Innersten des Religiösen, aus dem christlichen

Glauben an die Auferweckung Jesu Christi und aus der Erwartung der Auferstehung der Toten. Die Verkündigung sollte sich wieder auf die existenzielle Ebene dessen begeben, was letztlich alle angeht: das Ewige, das Unendliche als Erwartung und echte Lebens-Hilfe mitten im Endlichen. Als wahre Sehnsucht, der viele nicht mehr zu trauen wagen. Aber sie ist der einzig echte Trost.

Papst Franziskus notierte in seinem Apostolischen Schreiben *Evangelii Gaudium* über die Verkündigung des Evangeliums in der Welt von heute: „Seine (Christi; *d. Verf.*) Auferstehung gehört nicht der Vergangenheit an; sie beinhaltet eine Lebenskraft, die die Welt durchdrungen hat … Es ist wahr, dass es oft so scheint, als existiere Gott nicht: Wir sehen Ungerechtigkeit, Bosheit, Gleichgültigkeit und Grausamkeit, die nicht aufhören. Es ist aber auch gewiss, dass mitten in der Dunkelheit immer etwas Neues aufkeimt, das früher oder später Frucht bringt … Das ist die Kraft der Auferstehung, und jeder Verkünder des Evangeliums ist ein Werkzeug dieser Dynamik."

Der Theologe Karlheinz Ruhstorfer sieht die christliche Verkündigung als Dauerauftrag, Zeugnis abzulegen von der Christusverbundenheit, die auch eine poetische Seite hat, ein „verdichtetes Wissen", das nicht nur äußerlich zu vermitteln, „sondern existentiell einzuüben" sei. Dem Tod und der Auferstehung Jesu Christi entspringe „der absolute Optimismus der Christen", auch wenn sie selber von Gewalt, von den Abgründen der Hoffnungslosigkeit, Krankheit, Unglücken und Tod nicht verschont bleiben. Vergesst die Hoffnung nicht!

Jesus lehrte die vollkommene Gelassenheit gegenüber der Welt. Wer die falsche Anhänglichkeit an die Sachen und Menschen lässt, dem kann „das wahre Gut des Menschen überhaupt erscheinen", so Ruhstorfer. „Das wahre Gut … ist das Gottesreich, das in nichts anderem besteht als in der Gegenwart Gottes selbst. Wir müssen begreifen, dass die Quelle des Lebens Gott selbst ist. Wir sind in Gott, und Gott ist in uns … Gott selbst ist das Licht … Das Licht der Gegenwart Gottes lässt uns eines Tages und mithin die Dinge der Welt erst erscheinen … Wer … wahrhaft liebt, leuchtet als Licht der Welt." Wenn es eine erste und letzte Hoffnung in der Drangsal unserer endlichen Existenz und endlichen Welt überhaupt gibt, dann diese: „Unsere Endlichkeit ist in der Unendlichkeit Gottes geborgen."[217]

Unser Trost, unser Glück

Alle geistliche wie geistige, spirituelle wie intellektuelle Kraft christlicher Verkündigung sollte bevorzugt den Menschen guten Willens gelten, den Nachdenklichen, den Tieferbohrenden, jenen, die mit Gott noch nicht ganz abgeschlossen haben. Diese kaum zu zählenden und nur schwer abzuschätzenden Einzelpersonen müssten die ersten Adressaten einer engagierten Bildungs- und Selbstbildungsoffensive des Christentums werden. Wir haben sie bitter nötig: die Option für die Gebildeten beziehungsweise umfassend Bildungshungrigen. Gebildeter sollten die Christen sein, ernsthafter für die Ernsthaften, sensibler für die Sensiblen, unruhiger mit den Unruhigen.

Wir haben auch als Hoffende, Glaubende, Liebende unsere Fragen und Zweifel. Sie bleiben. Wir tragen sie vor die Menschen und vor Gott. Wir finden Mut zur Ewigkeit. Und dieser Mut ist gut so. Er mag uns zunächst fremd vorkommen, er mag uns an uns selber überraschen. Aber er ist realistisch. Er ist gut begründet.

Niemand kann perfekt sein, auch religiös nicht. Gottes Welt, die Evolution, ist ebenfalls nicht perfekt. Nicht nur das Leben braucht Zeit, auch das Gottsuchen. Wir sollten uns freimachen von der Allmachtsfantasie, dass es immer nur ein „Alles oder nichts" gibt. Auch auf einem religiösen Erziehungsweg und Selbsterziehungsweg werden wir uns in kleinen Schritten und über unzählige Stufen weiter an Wahrheiten herantasten, die sich womöglich erst nachträglich als Wahrheit herausstellen. Solche Bescheidenheit kann uns helfen, uns nicht selber zu überfordern. Sie stärkt uns zugleich, nicht nachzulassen im Streben nach Weisheit und Erkenntnis.

Wir werden nie perfekt leben. Wir werden nie vollkommen beten. Wir werden nie vollkommen Gottesdienst feiern. Wir werden nie vollkommene Lieder singen und nie vollkommene Predigten hören. Wir werden unsere Kinder nie perfekt erziehen. Wir werden es nicht, und wir müssen es nicht. Vollkommenheit ist mehr ein Sein als ein Haben, mehr ein Streben als ein Besitzen. Als Suchende bleiben wir unruhige Pilger, in Bewegung. Wir sind nicht satt, unser Durst ist nicht gelöscht. Wir sind keine Götter und keine Halbgötter. Auch die Personen, für die wir mitverantwortlich sind, sind imperfekt, unser Lebenspartner, unsere Lebenspartnerin, unser Ehemann, unsere Ehefrau und unsere Kinder. Unsere Beziehung ist stets ebenso unvollendet wie unsere Erziehung. Das macht uns menschlich. Das lässt uns menschlich bleiben gerade in dem, wo alles für unseren Lebenssinn auf dem Spiel steht: im religiösen Glauben.

Die Religionswissenschaftlerin Susanne Heine vermutet, dass die Gegenwart für religiöse Erneuerung keineswegs so ungünstig ist, wie die Signale eines epochalen christlichen Abbruchs nahelegen. Sie will die Glaubensgemeinschaft ermutigen: „Alle sind auf der Suche nach Räumen der Menschenfreundlichkeit und Verlässlichkeit, die heute nicht gerade dicht gesät und in der Kirche keineswegs immer zu finden sind. Meinen wir aber auch beim Hinausgehen in die Welt nicht, Gott irgendwo hinbringen zu müssen; er könnte nämlich längst schon dort sein, und wir können höchstens versuchen, sein Wirken aufzudecken, das sich sehr oft auf eine Weise zeigt, die in den hergebrachten kirchlichen Erfahrungen nicht vorgesehen ist."[218] Rettung, Erlösung, Befreiung, Auferstehung, ewiges Leben: Solche Sehnsucht ist immer noch aktuell. Es ist die vielleicht größte unerkannte, geheimste, bestgehütete Sehnsucht von Individuen unserer Zeit.

Auch wenn sich Glaubende keine Illusionen machen, die Fakten nicht schönreden sollen, müssen sie dennoch die Hoffnung nicht fahren lassen. Gott ist größer als unser Herz. Nicht wir retten Gott, sondern Gott rettet uns. Der brasilianische Theologe Leonardo Boff sagte es einmal so: „Gott kommt früher als der Missionar."[219] Gott ist schon da, wenn wir ihn suchen. Er ist selber in Bewegung mit der gesamten Evolution, mit den belebten und den unbelebten Dingen, mit uns.

Solches Hoffen kann über den Weg innerer Erfahrung zu so etwas wie Wissen werden, zur Gewissheit eines tiefen Vertrauens – wenn wir sensibel werden, den anderen Blick auf das Mysterium von Sein und Werden zulassen. Dann können wir sogar in mancher Dunkelheit unseres Lebens vielleicht auch etwas erspüren vom göttlichen Licht, christlich in den Leuchtspuren Christi. Darüber mögen wir lieber schweigen. Darüber können wir aber auch beten. Darüber sollten wir reden. Der Gott des Lebens allein bewahrt uns vor dem Verglühen in ein ewiges Nichts. Wir haben unsere je eigene Berufung im Angesicht des Göttlichen. Nichts verbietet uns, eigenständig Ausschau zu halten nach jener Hoffnung, die uns im Diesseits und über den Tod hinaus trägt und unser einziger wahrer Trost ist wider jegliche Vertröstung.

Über die Zukunft des Gottesglaubens und damit auch des liturgischen, gottesdienstlichen, spirituellen Lebens entscheidet nicht ein optimierter Dienstleistungsbetrieb Kirche, sondern die Fähigkeit, Blockaden innerster Wahrnehmung zu öffnen, abzubauen. Die Gottesahnung braucht Resonanzräume, Bewegungsräume, Schwingungsräume, um sich sprachlich – und das heißt auch symbolisch – zu entwickeln und weiterzuentwickeln. Dazu muss jeder Einzelne Verantwortung wagen, heraustreten aus selbstverschuldeter religiöser Unmündigkeit, aus eigener Ignoranz und Bequemlichkeit. Jeder hat für sich selbst Mut zu gewinnen, sich auch auf dem Feld der Gottesfrage, der Gottessehnsucht und damit im religiösen Feiern, im Beten, im spirituellen Leben des eigenen Verstandes zu bedienen. Dann ist Christsein vielleicht nichts anderes als ein lebenslanges Ringen darum, den Gottesglauben nicht aufzugeben. Es ist wie bei Jakob ein ständiges Ringen mit Gott, ein Kampf um Gott. Das macht uns nicht immer glücklich. Aber es ist unser größtes Lebensglück.

Anmerkungen

1   Neue Zürcher Zeitung, 24. Dezember 2020

2   Neue Zürcher Zeitung, 27. Juli 2015

3   Kafka, Kulturzeitschrift für Mitteleuropa, vgl. CHRIST IN DER GEGEN-
WART, Nr. 16/2005)

4   ebd.

5   Die Furche, 18. November 2004

6   Rudolf Englert, Geht Religion auch ohne Theologie?, Freiburg 2020; vgl.
Hartmut Rosa, Resonanz. Eine Soziologie der Weltbeziehung, Frankfurt am
Main 2016

7   Thomas Söding, Das Christentum als Bildungsreligion. Der Impuls des Neu-
en Testaments, Freiburg 2016

8   Merkur, November 2016

9   Zur Debatte, Nr. 3/2009

10   ebd.

11   a.a.O.

12   ebd.

13   Frankfurter Allgemeine, vgl. CHRIST IN DER GEGENWART, Nr. 47/2018

14   a.a.O.

15   Zur Debatte, Nr. 3/2009

16   ebd.

17   Interview im Deutschlandfunk, „Predigt-Sprache ist verkommen", 26. Juni
2020

18   in: Ernesto Cardenal, Wir sind Sternenstaub, Wuppertal 1993

19   Neue Rundschau, Nr. 1/2003

20   ebd.

21   ebd.

22   Die Zeit, 15. September 2016

23   ebd.

24   ebd.

25   Universitas, September 2016

26   Augsburger Allgemeine, 23. Dezember 2020

27   Dean Falk, Wie die Menschheit zur Sprache fand. Mütter, Kinder und der Ursprung des Sprechens, München 2010

28 ebd.

29 ebd.

30 ebd.

31 Frankfurter Allgemeine, 21. Mai 2014

32 ebd.

33 ebd.

34 vgl. Karl Gebauer, Gerald Hüther, Kinder brauchen Wurzeln, Düsseldorf 2001; Kinder suchen Orientierung, Düsseldorf 2002

35 vgl. Johannes Röser, Mut zur Religion. Erziehung, Werte und die neue Frage nach Gott, Freiburg 2005

36 Interview in: Die Zeit, 21. Dezember 2005

37 Frankfurter Allgemeine, 9. Januar 2006

38 Geo, Januar 2006

39 Die Religion im Licht der Evolution, in: Johannes Röser (Hg.), Gott? Die religiöse Frage heute, Freiburg 2018

40 Universitas, September 2016

41 ebd.

42 Dean Hamer, Das Gottes-Gen. Warum uns der Glaube im Blut liegt, München 2006

43 Stimmen der Zeit, Januar 2009

44 ebd.

45 Christian Kummer, Der Fall Darwin. Evolutionstheorie contra Schöpfungsglaube, München 2009

46 Die Zeit, 31. Dezember 2008

47 Universitas, November 2005

48 Welt und Umwelt der Bibel, 3/2008

49 Hubert Irsigler, Gottesbilder des Alten Testaments. Von Israels Anfängen bis zum Ende der exilischen Epoche. Teilband I, Freiburg 2021

50 Welt und Umwelt der Bibel, 3/2008

51 CHRIST IN DER GEGENWART, Nr. 36/2020

52 Welt und Umwelt der Bibel, 3/2008

53 CHRIST IN DER GEGENWART, Nr. 38/2020

54 a.a.O.

55 Hubert Irsigler, Gottesbilder des Alten Testaments, Von Israels Anfängen bis zum Ende der exilischen Epoche. Teilband II, Freiburg 2021

56 Gottesbilder des Alten Testaments. Teilband I

57 ebd.

58 CHRIST IN DER GEGENWART, Nr. 48/2020

59 CHRIST IN DER GEGENWART, Nr. 51/2020

60 Neue Zürcher Zeitung, 19. Januar 2002

61 ebd.

62 ebd.

63 Universitas, August 2004

64 ebd.

65 Neue Zürcher Zeitung, 19. Januar 2002

66 ebd.

67 in: Gregor Maria Hoff u. a., Poesie der Theologie. Versuchsanordnungen zwischen Literatur und Theologie, Innsbruck 2012

68 ebd.

69 Eckhard Nordhofen, Corpora. Die anarchische Kraft des Monotheismus, Freiburg 2018

70 ebd.

71 in: Gregor Maria Hoff u. a., Poesie der Theologie

72 ebd.

73 vgl. Kapitel IV

74 Zeitzeichen, Dezember 2010

75 Jan Assmann, Moses der Ägypter, München 1998

76 Theologie und Philosophie, 2/2011

77 ebd.

78 Frankfurter Allgemeine, 8. Dezember 2010

79 Zeitzeichen, Dezember 2010

80 Peter Sloterdijk, Den Himmel zum Sprechen bringen. Über Theopoesie, Berlin 2020

81 zitiert in: CHRIST IN DER GEGENWART, Nr. 44/2000

82 Alfred North Whitehead, Prozess und Realität. Entwurf einer Kosmologie, Frankfurt 1987; vgl. Hans Küng, Existiert Gott?, München 1978

83 Julia Enxing, Gott im Werden. Die Prozesstheologie Charles Hartshornes, Regensburg 2013

84 Interview in: Der Spiegel, 25. Dezember 2000

85 zitiert in: Johannes Röser (Hg.), Mehr Himmel wagen. Spurensuche in Gesellschaft, Kultur, Kirche, Freiburg 1999

86 Catherine Keller, Über das Geheimnis. Gott erkennen im Werden der Welt. Eine Prozesstheologie, Freiburg 2013

87 Universitas, November 2011

88 Die Zeit, 24. Juni 2010

89 Augustinus, Predigt 117

90 Dionysios Areopagita, Über die himmlische Hierarchie. Über die kirchliche Hierarchie

91 Andreas Benk, Gott ist nicht gut und nicht gerecht. Zum Gottesbild der Gegenwart, Düsseldorf 2008

92 Dionysios Areopagita, Die Namen Gottes

93 Eckhart von Hochheim, zitiert nach Paul M. Zulehner, GottesSehnsucht. Spirituelle Suche in säkularer Kultur, Ostfildern 2008

94 Der blaue Reiter. Journal für Philosophie. Die Kunst des Zweifelns, Nr. 45, 1/2020

95 ebd.

96 Ludwig Wittgenstein, Tractatus logico-philosophicus – Logisch-philosophische Abhandlung, Frankfurt 1963

97 vgl. CHRIST IN DER GEGENWART, Nr. 3/2020

98 Überlegungen zur Wirklichkeit Gottes, in: Zur Debatte, Nr. 6/2012

99 Tomáš Halík, Geduld mit Gott. Die Geschichte von Zachäus heute, Freiburg 2010

100 Karl Rahner, Frömmigkeit heute und morgen, in: Zur Theologie des geistlichen Lebens, Schriften zur Theologie, Bd. VII, Einsiedeln 1966

101 Matthias Morgenroth, Weihnachts-Christentum, Gütersloh 2003; Heiligabend-Religion, München 2003

102 Zeitzeichen, Juli 2003

103 Tertullian, De ressurectione carnis VIII,2

104 Katechismus der Katholischen Kirche, Artikel 1015

105 Volker Demuth, Fleisch. Versuch einer Carneologie, Berlin 2016

106 Christoph Markschies, Gottes Körper. Jüdische, christliche und pagane Gottesvorstellungen in der Antike, München 2016

107 vgl. Michael Baigent, Richard Leigh, Verschlusssache Jesus. Die Qumranrollen und die Wahrheit über das frühe Christentum, München 1991

108 Frankfurter Allgemeine, 10. April 2006

109 Kirche auf gutem Grund?, Internationale katholische Zeitschrift Communio, November/Dezember 2020

110 Pierre Teilhard de Chardin, Die menschliche Energie. Werke, Bd. 6, Olten 1966

111 ders., Ein personales Universum. Werke, Bd. 6, Olten 1966

112 ebd.

113 Pierre Teilhard de Chardin, Gedanken über das Glück, in: Vom Glück des Daseins, Paris 1966

114 Stimmen der Zeit, April 2011

115 Concilium, März 2011

116 https://www.bundespraesident.de/SharedDocs/Reden/DE/Frank-Walter-Steinmeier/Reden/2020/04/200411-TV-Ansprache-Corona-Ostern.html

117 zitiert in: CHRIST IN DER GEGENWART, Nr. 19/2020

118 Thomas Frings, Gott funktioniert nicht. Deswegen glaube ich an ihn, Freiburg 2019

119 zitiert in: Norbert Scholl, Wer vertritt den abwesenden Gott?, CHRIST IN DER GEGENWART, Nr. 34/2011; vgl. Johannes Baptist Metz, In der Zeit der Gotteskrise, in: Memoria passionis. Gesammelte Werke, Bd. 4, Freiburg 2017

120 Die Zeit, 3. Mai 2012

121 ebd.

122 zitiert ebd.

123 Wort und Antwort, Nr. 2/2012

124 Interview in: Der Westen, 23. Dezember 2014

125 Theologische Quartalschrift, Nr. 1/2012

126 Universitas, Mai und Juni 2009

127 zitiert ebd.

128 Antonio Damasio, Im Anfang war das Gefühl. Der biologische Ursprung menschlicher Kultur, München 2017

129 ebd.

130 Byung-Chul Han, Vom Verschwinden der Rituale. Eine Topologie der Gegenwart, Berlin 2020

131 Peter Handke, Phantasien der Wiederholung, Frankfurt am Main 1996

132 Merkur, August 2019

133 Evangelischer Pressedienst, vgl. CHRIST IN DER GEGENWART, Nr. 21/2012

134 ebd.

135 Anselm Schubert, Gott essen. Eine kulinarische Geschichte des Abendmahls, München 2018

136 ebd.

137 vgl. CHRIST IN DER GEGENWART, Nr. 3/2003

138 ebd.

139 Pierre Teilhard de Chardin, Lobgesang des Alls. Die Messe über die Welt. Christus in der Materie. Die geistige Potenz der Materie, Olten und Freiburg 1964

140 CHRIST IN DER GEGENWART, Nr. 6/2003

141 https://www.vatican.va/content/benedict-xvi/de/letters/2009/documents/hf_ben-xvi_let_20090616_anno-sacerdotale.html

142 Karsten Lenz, Katholische Priester in der individualisierten Gesellschaft, Konstanz 2009

143 ebd.

144 Karl Rahner, Der Priester von heute, Freiburg 2009

145 Evangelische Theologie, Nr. 5/2005

146 ebd.

147 vgl. Kapitel VII, Auf dem Areopag

148 Zeitschrift für katholische Theologie, Nr. 3/2012

149 vgl. CHRIST IN DER GEGENWART, Nr. 46/2012

150 Michel Houellebecq, Unterwerfung, Köln 2015

151 zu den Interviews vgl. CHRIST IN DER GEGENWART, Nr. 14/2015

152 Michel Houellebecq, Ein bisschen schlechter. Neue Interventionen, Köln 2020

153 Johannes vom Kreuz, Die dunkle Nacht, Freiburg 1995

154 Ordenskorrespondenz, Nr. 1/2020

155 ebd.

156 zitiert ebd.

157 Eine Auswahl in: Johannes Röser u. a. (Hg.), Was sagt mir Gott? Was sag ich Gott? Jugendgebete und Gedanken, Freiburg 2006

158 Zur Debatte, Nr. 4/2015

159 ebd.

160 vgl. CHRIST IN DER GEGENWART, Nr. 42/2015

161 vgl. Kapitel VIII

162 vgl. Christ und Welt, Die Zeit, 30. Juli 2020

163 Universitas, März 2011

164 Zeitzeichen, April 2011

165 vgl. CHRIST IN DER GEGENWART, Nr. 17/2011

166 a.a.O.

167 Theologisch-Praktische Quartalschrift, Nr. 2/2011

168 vgl. Orientierung, 15./31. August 2001

169 Gaudium et Spes, Artikel 36

170 Wer ist schon normal? Eine kritisch-ethische Anfrage an Gesundheit und Krankheit, Universitas, Nr. 12/2019

171 vgl. CHRIST IN DER GEGENWART, Nr. 24, 2016

172 Evangelische Kommentare, September 1999

173 vgl. CHRIST IN DER GEGENWART, Nr. 2/2005

174 Theologie und Philosophie, Nr. 4/2014

175 Die Zeit, 31. Dezember 2018

176 ebd.

177 Neue Zürcher Zeitung, 27. Dezember 2018

178 Die Welt, 2. Januar 2019

179 a.a.O.

180 Kirche auf gutem Grund?, in: Internationale katholische Zeitschrift Communio, November/Dezember 2020

181 Geist und Leben, Nr. 3/2020

182 Gemeinsame Synode der Bistümer der Bundesrepublik Deutschland. Beschlüsse der Vollversammlung. Offizielle Gesamtausgabe I, Freiburg 1976

183 Tilman Moser, Von der Gottesvergiftung zu einem erträglichen Gott, Stuttgart 2003

184 vgl. CHRIST IN DER GEGENWART, Nr. 3/2014

185 Zeit online, 6. November 2013

186 Zur Debatte, Nr. 4/2017

187 Die Zeit, 10. März 2005

188 Gaudium et Spes, Artikel 10

189 Die Zeit, 8. Februar 2007

190 Fiorenzo Facchini, Die Ursprünge der Menschheit, Stuttgart 2006

191 Zur Debatte, Nr. 3/2007

192 ebd.

193 Johann Baptist Metz, Gott um Gott bitten, in: Mystik der offenen Augen. Gesammelte Schriften, Bd. 7

194 Zur Debatte, Nr. 3/2007

195 ebd.

196 Die Zeit, 8. Februar 2007

197 Hans Küng, Christ sein. Sämtliche Werke, Bd. 8, Freiburg 2016

198 vgl. CHRIST IN DER GEGENWART, Nr. 7/2017

199 Hans Joas, Kirche als Moralagentur?, München 2016

200 ebd.

201 Wolfgang Bergmann, Die letzten Päpste, Wien 2015

202 zitiert in CHRIST IN DER GEGENWART, Nr. 7/2017

203 Leonardo Boff, Kirche, Charisma und Macht, Düsseldorf 1985

204 vgl. CHRIST IN DER GEGENWART, Nr. 42/2020

205 vgl. CHRIST IN DER GEGENWART, Nr. 22/2020

206 ebd.

207 ebd.

208 Hélder Câmara, Die Wüste ist fruchtbar, Graz 1972

209 Christliche Politik – Ein Streifzug durch die Geschichte der Bundesrepublik Deutschland. Zur Debatte, Nr. 1/2017

210 Neue Zürcher Zeitung, 30. Mai 2017

211 Zeitschrift für katholische Theologie, Nr. 2/2017

212 Theologisch-praktische Quartalschrift, Nr. 1/2010

213 Der Spiegel, 18. Januar 2010

214 a.a.O.

215 Theologisch-praktische Quartalschrift, Nr. 1/2010

216 Gemeinsame Synode der Bistümer der Bundesrepublik Deutschland. Beschlüsse der Vollversammlung. Offizielle Gesamtausgabe I, Freiburg 1976

217 Karlheinz Ruhstorfer, Freiheit – Würde – Glauben. Christliche Religion und westliche Kultur, Paderborn 2015

218 Zeitzeichen, Nr. 7/2004

219 Leonardo Boff, Gott kommt früher als der Missionar. Neuevangelisierung für eine Kultur des Lebens und der Freiheit, Düsseldorf 1991